원리를 알면 실전에 강하다!

김동완의 사주명리학 강의 Vol.9

사주명리학 실전풀이

김동완
사주명리학 연구가

동학사

사주 상담의 시작은
사람을 아는 것이다 >>>

『사주명리학 초보탈출』로부터 시작된 사주명리학 시리즈가 이 책을 마지막으로 끝맺게 되었다. 이 책을 끝으로 사주명리학의 대덕 이론을 정리하고, 앞으로는 고전들을 번역하면서 대덕 이론에서 피치 못하게 빠뜨린 내용이나 미흡한 부분을 보강하려고 한다.

가장 중요한 작업은 오랜 기간 정리해온 풍수학과 인상학, 주역, 육임학 등에 대해 책을 쓰는 일이다. 이제까지 사주명리학 책을 마무리한 다음에 풍수학과 인상학, 주역, 육임학 등의 책을 쓰겠다고 했는데, 이제 그 때가 오지 않았나 생각한다.

아직 책이 나오지도 않았는데 새로운 책을 구상하며 걱정하고 있는 것을 보면 나 자신이 일중독이거나 역학이란 학문에 미쳐 있거나 둘 중 하나인 것 같다. 내가 내 자신을 돌아보아도 웃음이 나온다.

일단 원고를 마무리한 후에도 여러 차례 교정작업을 거치지만, 늘 마음 한 켠에는 제대로 연구하고 통계를 내고 정리했는지 걱정이 앞선다.

지금까지 40여 년간 몰입해온 학문이 서서히 세상에 알려지고 독자들로부터 큰 인기를 얻게 된 것은 너무나 큰 행복이고 무한한 영광이다. 사주명리학 시리즈의 마지막 책인 『사주명리학 실전풀이』가 이제까지 대덕 이론으로 사주명리학을 공부해온 많은 독자들에게 사주 상담에 유용하게 활용할 수 있는 실전지침서가 되길 간절히 바란다.

대덕이 동국대 사주명리학 전문가과정 강의를 하는 동안, 그 강의 내용을 꼼꼼하게 정리해서 이렇게 한 권의 책으로 출간할 수 있게 도와준 김재산 교육실장과 여러 제자분들께 진심으로 감사의 말씀을 전한다. 대학원 박사과정과 강의 그리고 강연과 상담과 임상으로 정신없이 바쁠 때, 대덕의 강의실 풍경을 빈틈없이 정리해주어 출간작업이 쉽게 진행될 수 있었다.

늘 당부하는 이야기지만, 사주 상담은 그 사람의 인생을 온전하게 살 수 있게 도와주는 것이어야 한다. 인생에 대한 혜안과 인간에 대한 사랑이 뒷받침되어야 한다. 사주명리학 시리즈를 공부하며 사주명리학 지식뿐만 아니라 그러한 혜안과 사랑이 함께 자라나길 바란다.

2010년 8월 김동완

<<< 일러두기

01 이 책은 『사주명리학 초보탈출』에서부터 『사주명리학 물상론분석』에 이르기까지 사주명리학 시리즈로 공부한 내용을 실전에서 활용할 수 있게 도와주는 사주상담 실전지침서이다. 사주명리학 각각의 이론을 유기적으로 통합하여 하나의 사주를 성격, 직업 적성, 건강, 육친복 등 다각도로 분석할 수 있게 자세하게 설명하였다. 또한 이전 책을 참고할 경우에는 찾아보기 쉽게 일일이 페이지를 달아놓았다.

02 이 책은 사주명리학 대덕 이론뿐만 아니라 일반적으로 많이 활용되는 일반 이론까지 상세하게 설명하고, 두 이론을 비교분석하였다. 대덕 이론은 일반 이론 중에서 사주 분석의 바탕이 되는 중요한 내용들을 계승하고, 현실에 맞지 않는 내용들은 임상을 거쳐 수정·보완하여 보다 적중률 높은 사주 분석이 가능하다. 특히 일반 이론으로 설명하기 어려운 사주의 용신과 격국 그리고 대운 분석 등에 명쾌한 답을 들려준다.

03 사주팔자에는 그 사람의 개성과 심리적 특징, 직업과 적성, 사회성과 사회관계 등 다양한 삶의 모습이 나타난다. 이 책은 실제 사주를 연예인, 방송인, 운동선수, 공직자, 예술가 등 직업 적성에 따라 분류하여 직업별 사주원국의 특징과 대운의 흐름을 한눈에 알기 쉽게 설명한다. 또한 살면서 부정적인 사건사고가 나타나는 사주와 긍정적인 변화변동이 나타나는 사주를 자세히 설명하여 긴 인생 흐름을 바라볼 수 있는 시야를 넓혀준다.

04 이 책은 독자가 직접 사주 분석을 할 수 있게 실전문제를 구성하였다. 사주상담 현장에서 사용하는 사주감정표에 독자가 직접 사주팔자를 분석하면서 실전 경험을 쌓을 수 있을 것이다. 실전문제마다 저자의 상세한 사주분석을 달아놓았다. 어렵게 느껴지더라도 먼저 사주를 직접 분석해본 후 저자의 해답과 맞춰보는 과정을 통해 사주 상담 노하우가 생길 것이다.

05 이 책은 인터넷 사주 카페 「사주를 사랑하는 사람들」의 사주토론방에서 회원들간에 이루어진 열띤 사주 토론을 소개하고 있다. 결혼, 직업 적성, 자녀문제 등 인생을 살면서 누구나 한번쯤 질문하게 되는 내용들을 대덕 이론과 일반 이론의 관점에서 각각 분석해보며 보다 합리적인 설명과 답을 찾을 수 있을 것이다. 각각의 질문에는 저자가 대덕 이론과 일반 이론을 아우르는 명쾌한 답변을 들려준다.

CONTENTS

머리말 4

일러두기 5

CHAPTER 1. 사주 분석 이론

1. 대덕 이론의 사주 분석법 10
   - 1) 천간 분석 11
   - 2) 지지 분석 21
   - 3) 합충 분석 24
   - 4) 오행 분석 28
   - 5) 육친 분석 36
   - 6) 지장간 분석 47
   - 7) 신살 분석 50
   - 8) 음양 분석 59
   - 9) 용신 분석 62
   - 10) 용신격 분석 63
   - 11) 격국 분석 64
   - 12) 대운 분석 64
   - 13) 물상 분석 72
   - 14) 허자 분석 73
   - 15) 궁성 분석 73
   - 16) 투간론 분석 73
   - 17) 궁합 분석 74
   - 18) 택일 분석 74
   - 19) 사주 용신 활용법 83
   - 20) 시간점 분석 85

2. 대덕 이론으로 보는 사주 해설 87
   - 1) 성격 · 직업 · 적성 88
   - 2) 배우자복 90
   - 3) 건강 92
   - 4) 사회성과 사회관계 93
   - 5) 변화변동과 사건사고 93

3. 일반 이론의 사주 분석법 96
   - 1) 용신 분석 97
   - 2) 용신격 분석 102
   - 3) 12운성 분석 102
   - 4) 형 · 충 · 파 · 해 · 원진살 · 고신살 · 과숙살 · 공망 분석 107
   - 5) 사길신과 사흉신 분석 111
   - 6) 대운 분석 112
   - 7) 근묘화실론 분석 113
   - 8) 허자 분석 115
   - 9) 궁성 분석 117
   - 10) 12신살 분석 117
   - 11) 각종 신살 분석 123
   - 12) 물상 분석 123
   - 13) 투파론 분석 124
   - 14) 당사주 분석 124
   - 15) 납음오행 분석 127
   - 16) 궁합 분석 134
   - 17) 택일 분석 136
   - 18) 일간점 분석 136

2 CHAPTER 실전 분석

1. 직업 적성 분류로 본 사주 분석 140
이혁재 (개그맨) 140
장동건 (영화배우) 148
조용필 (가수) 154
김태희 (탤런트) 160
유재석 (MC) 168
성기영 (아나운서) 174
박찬호 (야구선수) 180
김연아 (피겨스케이팅 선수) 186
손학규 (전 민주당 대표) 193
한명숙 (전 총리) 200
오세훈 (서울시장) 207
정몽준 (전 한나라당 대표) 214
유시민 (전 보건복지부장관) 220
고 박경리 (작가) 227
임진모 (음악평론가) 231
도종환 (시인) 235
H 검사장 239
L 법원장 242
L 경찰서장 244

2. 사건사고·변화변동으로 본 사주 분석 250
고 최진실 (탤런트) 250
고 김다울 (패션모델) 258
고 안재환 (탤런트) 262
김두관 (경상남도 지사) 268
안희정 (충청남도 지사) 274
송영길 (인천시장) 280

실전문제 286

3 CHAPTER 실전 토론

1. 제가 부모복이 없나요? 323
2. 고시생인데 시험에 합격할 수 있을까요? 326
3. 어떤 일을 하면 제 사주에 타고난 대로 살 수 있을까요? 330
4. 대운수 계산에 대한 질문입니다 336
5. 갑자기 뇌졸중으로 쓰러져 고생을 많이 했습니다 342
6. 지난 10년간 매우 힘들었습니다. 언제쯤 괜찮아질까요? 345
7. 10년 다닌 회사를 퇴직했습니다. 재취업을 할 수 있을까요? 350
8. 몸이 허약해요 353
9. 자리잡지 못하는 형제의 사주입니다 356
10. 제 궁합 좀 봐주세요 358
11. 아들을 어떻게 키워야 할지 너무 어렵네요 361
12. 어떤 분야의 사업이 저에게 맞을까요? 364
13. 궁합 때문에 반대가 심합니다 366
14. 직장에서 잘렸어요. 왜 이렇게 일이 꼬이나요? 372
15. 이 아이가 장애를 입을 사주인지요? 376
16. 일을 실패한 뒤 기가 죽어 아무 것도 못하겠습니다 380
17. 3년 후에 닥칠 좋지 않은 일에 어떻게 대처해야 할까요? 386
18. 강사와 대기업 취직 중 제 사주에 적합한 것은 무엇인가요? 392
19. 남편 사주의 용신을 무엇으로 봐야 하나요? 396
20. 남편이 제 인생의 걸림돌인 것 같습니다 400

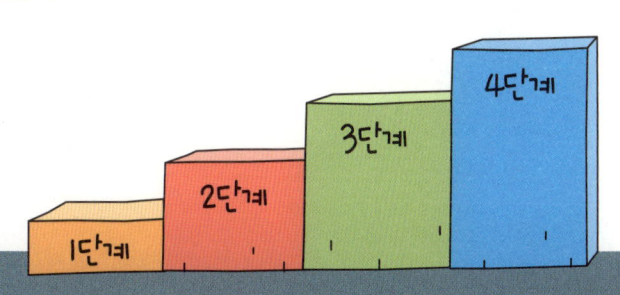

CHAPTER 01

사주팔자를 분석할 때 활용하는 이론들을

대덕 이론과 일반 이론의 관점에서 하나 하나 비교분석하였다.

예를 들어 용신을 보자. 용신은 사주에 가장 필요한 오행이나 육친을 말하는데,

일반 이론에서는 용신이 사주의 균형을 맞추어준다고 하여 매우 중요하게 다룬다.

또한 일반 이론에서는 누구나 용신을 하나만 가진다고 보고, 용신격은 하나뿐이라고 한다.

그러나 대덕 이론에서는 오행(육친)의 무존재 · 고립 · 발달 · 과다 등 사주 구성을 바탕으로

용신을 행운용신과 고립용신으로 구분한다.

따라서 사주에 따라 용신이 없을 수도, 여러 개일 수도, 일반 이론처럼 하나일 수도 있다.

또한 용신격을 격국의 하나로 보고, 사람에 따라 여러 개의 격국을 가지고 있다고 분석한다.

이러한 일반 이론과 대덕 이론의 차이점과 공통점을 공부하면서

보다 깊이 있는 사주 공부와 적중률 높은 사주 분석을 할 수 있을 것이다.

사주 분석 이론 ①

1. 대덕 이론의 사주 분석법
2. 대덕 이론으로 보는 사주 해설
3. 일반 이론의 사주 분석법

CHAPTER 01 사 주 명 리 학 실 전 풀 이

사주 분석 이론

1. 대덕 이론의 사주 분석법

대덕 이론의 사주 분석법에서는 ① 천간, ② 지지, ③ 합충, ④ 오행, ⑤ 육친, ⑥ 지장간, ⑦ 신살, ⑧ 음양, ⑨ 용신, ⑩ 용신격, ⑪ 격국, ⑫ 대운, ⑬ 물상론, ⑭ 허자론, ⑮ 궁성론, ⑯ 투간론, ⑰ 궁합, ⑱ 택일, ⑲ 사주 용신과 실내·코디 인테리어, ⑳ 시간점 등을 설명할 것이다.

하나의 사주를 분석할 때 이렇게 다양한 이론들을 모두 활용하는 것은 아니다. 사주에 따라 한 가지 이론으로 설명이 가능한 경우도 있고, 몇 가지 이론들로 복합적으로 살피는 경우도 있다. 또한 이 이론들을 대덕 이론에서 모두 활용하는 것도 아니다. 이 중에는 일반 이론에서는 활용하지만 대덕 이론에서는 활용하지 않는 이론도 있다. 이제부터 이 이론들을 대덕 이론에서는 어떻게 활용하는지 하나하나 살펴보겠다.

1 천간 분석

1) 단순 분석

사주팔자 연월일시의 천간이 각각 무엇이고 같은 것이 몇 개가 있는지, 나란히 있는지, 일간에 있는지 아니면 다른 천간에 있는지를 보고 사주주인공의 성격과 직업과 적성 등 특성을 분석한다. 자세한 내용은 『사주명리학 초보탈출(pp.59~65)』, 『사주명리학 심리분석(pp.82~93)』, 『사주명리학 물상론분석(pp.15~27)』 등을 참고한다.

> **POINT**
> **천간의 단순 분석**
> 사주팔자의 천간으로 성격과 직업과 적성 등을 분석한다. 특히 사주주인공을 의미하는 일간에 그 사람의 성격, 특성, 개성이 뚜렷하게 나타난다.

❶ 일간

사주의 일간은 사주주인공을 나타내기 때문에, 사주팔자 여덟 글자 중에서 그 사람의 성격, 특성, 개성이 가장 뚜렷하게 나타난다.

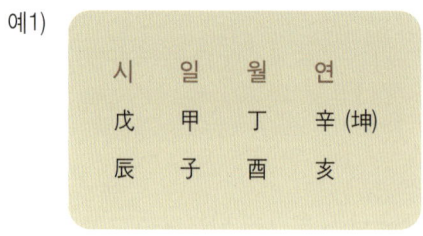

예1)

일간이 갑(甲)이다. 갑목(甲木)은 자유지향적이고 배려지향적이며 인간지향적인 성격이다. 사주의 주인공은 탤런트 유혜정이다.

예2)

일간이 기(己)다. 기토(己土)는 안정적이고 관계성(대인관계)이 무난하다. 사주의 주인공은 리포터 김생민이다.

❷ 천간별 개수

사주팔자 중에서 일간에 그 사람의 성격이 가장 뚜렷하게 나타나지만, 사주팔자에 같은 천간이 여러 개 있는 경우 역시 그 천간의 성격이 나타난다. 다만, 일간이 가장 강하고, 연월시의 천간은 일간만큼 뚜렷하지 않다.

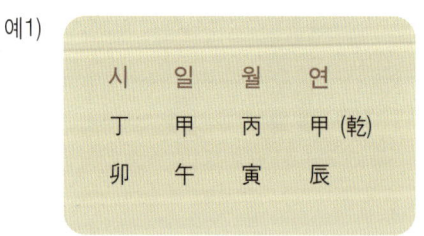

예1)

연간과 일간이 갑(甲)이다. 일간이 갑목(甲木)이면서 연간도 갑목(甲木)이므로 갑목(甲木)의 성격이 강하게 나타난다. 사주의 주인공은 국회의원 원희룡이다.

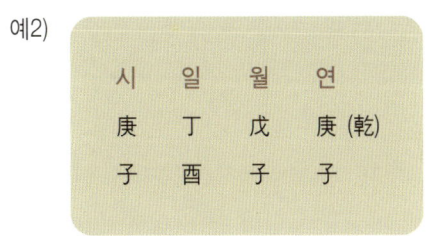

연간과 시간이 경(庚)이다. 연간과 시간이 경금(庚金)이므로 경금(庚金)의 성격이 나타나지만, 일간에 있지 않아 강하게 나타나지는 않는다. 사주의 주인공은 서울시장 오세훈이다.

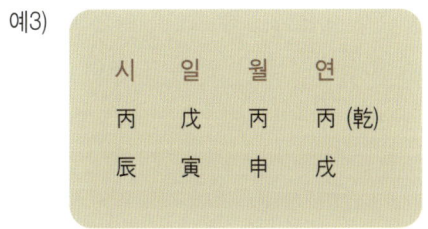

연간, 월간, 시간이 병(丙)이다. 일간에 있지는 않지만, 연월시에 3개의 병화(丙火)가 있으므로 표현력이 강하고 열정적이며 모험적이고, 가끔 다혈질적인 면이 있다. 사주의 주인공은 고 노무현 전 대통령이다.

예4)

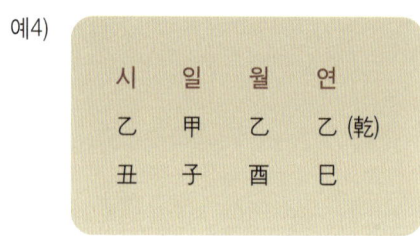

연간, 월간, 시간이 을(乙)이다. 일간에 있지는 않지만, 연월시에 3개의 을목(乙木)이 있으므로 을목(乙木)이 가진 신중하며 끈기 있고, 명예지향적이며 인간지향적인 성격이 나타난다. 사주의 주인공은 중국의 정치인 등소평이다.

❸ 천간의 병존 · 삼존 · 사존

천간 병존은 연월일시의 천간 중에 두 글자가 나란히 붙어 있는 것을 말하고, 천간 삼존은 연월일시의 천간 중에 세 글자가 나란히 있는 것을 말하며, 천간 사존은 연월일시의 천간 네 글자가 나란히 있는 것, 즉 천간 네 글자가 모두 같은 것을 말한다. 그 중에서도 일간에 천간이 하나 있고 그 옆인 월간이나 시간에 똑같은 천간이 나란히 있으면, 일간에 하나만 있을 때보다 그 천간의 성격 특성이 더 강하게 나타난다.

> **POINT**
> **천간 병존의 위치와 성격**
> 병존이 연월일시 중 어디에 위치하는가에 따라 성격 특성이 강하게 나타날 수도, 약하게 나타날 수도 있다. 즉, 일간과 월간 그리고 일간과 시간의 병존처럼 일간이 포함된 병존에 성격 특성이 가장 강하게 나타난다.

예1)

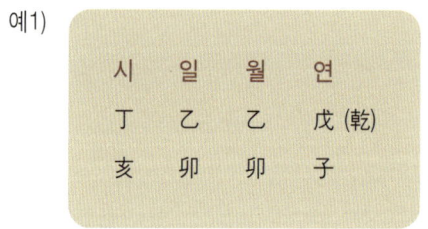

월간과 일간 2개가 을(乙)로 이루어졌고, 또한 을(乙) 2개가 나란히 있는 을을(乙乙) 병존 사주이다. 사주의 주인공은 전 국회의원 강재섭이다.

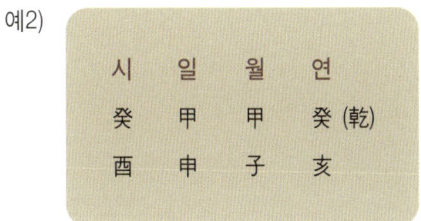

위 사주 역시 월간과 일간 2개가 갑(甲)으로 이루어졌고, 또한 갑(甲) 2개가 나란히 있는 갑갑(甲甲) 병존 사주이다. 사주의 주인공은 고 김대중 전 대통령이다.

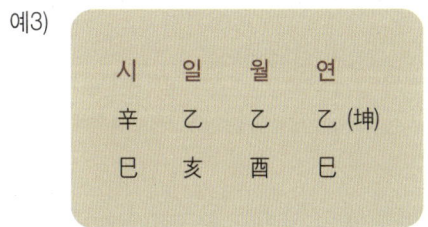

연간, 월간, 일간 3개가 을(乙)로 이루어졌고, 또한 을(乙) 3개가 나란히 있는 을을을(乙乙乙) 삼존 사주이다. 이렇게 일간을 포함해 3개 이상 같은 천간이 있으면 천간의 성격 특성이 강하게 나타난다. 사주의 주인공은 〈스포츠서울〉 부장이다.

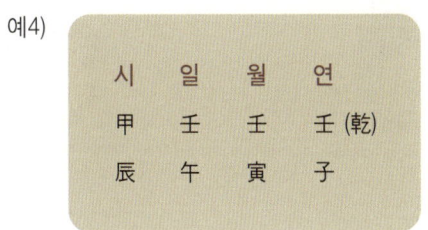

연간, 월간, 일간 3개가 임(壬)으로 이루어졌고, 또한 임(壬) 3개가 나란히 있는 임임임(壬壬壬) 삼존 사주이다. 삼존으로 인해 임수(壬水)의 성격 특성이 강하게 나타난다. 사주의 주인공은 가수 서태지다.

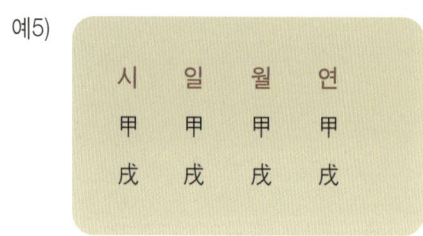

예5)

시	일	월	연
甲	甲	甲	甲
戌	戌	戌	戌

연월일시 천간이 모두 갑(甲)으로 이루어졌고, 또한 갑(甲) 4개가 나란히 있는 갑갑갑갑(甲甲甲甲) 사존 사주이다. 사주의 주인공은 영조대왕과 논개로 알려져 있다.

2) 천간의 장점과 단점

천간 10개는 각각 장점과 단점을 모두 가지고 있다. 그러면 언제 장점이 나타나고 언제 단점이 나타나는가? 만약 어느 한 천간이 고립되거나 합충이 많거나 너무 과다하면, 장점과 단점이 동시에 나타나면서 단점의 작용이 좀더 많이 나타난다. 반대로 천간이 고립되지 않고 합충이 없거나 하나만 있으면, 장점과 단점이 동시에 나타나면서 장점이 좀더 많이 나타난다.

POINT

천간의 장단점이 나타나는 경우

천간이 고립되거나 너무 과다하거나 합충이 많으면 단점이 좀더 많이 나타나고, 반대로 천간이 고립되지 않고 합충이 없거나 하나만 있으면 장점이 좀더 많이 나타난다.

● 천간의 장점과 단점

천간	장점	단점
갑목	인정이 있고 자상하다 리더십이 강하고 진취적이다 타인의 입장을 생각하고 배려적이다 예의바르고 타협적이다 부드럽고 설득력이 있다 성품이 인자하고 따뜻하다 자신의 의견을 논리적으로 설득하여 관철시킨다 목표가 설정되면 끈기 있고 중후하게 성취해 나간다	고지식하고 융통성이 없다 마음을 쉽게 드러내지 않는다 좋아하는 사람을 지나치게 믿는다 자기 세계가 너무 뚜렷하고 고집이 세다 결정적인 순간에 자기 의견을 내세우지 못하고 마음 속에만 담아둔다 자기 생각을 잘 굽히지 않고 은연중에 관철시키려고 한다 능력보다 인간성을 중시하다가 진행이 늦다 인정과 배려 때문에 손해가 심할 수 있다 이해되지 않으면 마음을 바꾸지 않는다
을목	주변과 협동하고 화합하려고 한다 끈기가 강하고 인내심이 있다 순간적인 재치가 뛰어나다 부드럽고 배려적이며 섬세하다 자신을 낮추고 예의바르며 겸손하다 어디서나 잘 적응하고 누구와도 잘 어울린다 순간 판단력이 뛰어나 대처능력이 빠르다 자신의 감정을 잘 드러내지 않고 분위기에 순응한다	과장된 면이 있어 속마음을 알기 어렵다 환경에 따라 변화하고 즉흥적이다 시샘과 질투심이 강하다 신경이 예민하고 까다롭다 인내심이 부족하고 주위 반응에 민감하다 의존적이고 이기적이며 집착이 심하다 처세술이 뛰어나고 매사에 정치적으로 행동하는 타입이다 자책감이 있고 결정적일 때 판단력이 떨어지며 감정 기복이 있다
병화	예의바르고 활발하며 명랑하다 표현력이 뛰어나다 사람들과 대인관계가 좋고 인간적이다 하려는 일을 시원스럽게 추진한다 자신의 감정을 숨기지 않고 표현한다 옳고 그름에 대해 명확하다 추진력이 강하고 적극적이며 돌파력이 있다 타인을 이끄는 리더십이 있다	절제력이 부족하고 분위기에 편승한다 허례허식이나 사치심이 있어서 자신을 꾸미기 좋아한다 주변을 의식하지 않고 마음대로 행동한다 자기 주장이 강하고 성급하게 서두른다 타인을 무시하는 경향이 있다 집착과 소유욕이 강하여 이기적으로 보인다 다혈질이라서 조급하고 흥분을 잘한다 사람들과 방만하게 어울리는 성향이 있다
정화	침착하고 온화하며 섬세한 성품이다 따뜻하고 자신을 절제할 줄 안다 은근한 끈기와 열정이 있다 자기 관리를 잘한다	우유부단하고 의지가 약하다 타인의 말에 쉽게 동화되고 흔들린다 자신의 감정을 잘 표현하지 못한다 가슴 속에 감추어진 무언가가 있다

천간	장점	단점
정화	예의바르고 주변 환경과 조화를 잘 이룬다 타인을 세심하게 배려한다	겉으로 드러나지 않는 자기 보호본능과 자기 중심적인 면이 있다 결정적인 순간에 뒤로 물러서고 포기한다 예민하고 민감하다 상상력이 너무 많고 순간 순간 변화가 많다 순간적으로 폭발하는 성향이 있다
무토	듬직하고 신뢰할 수 있다 인품이 중후하고 포용력과 품격이 있다 대인관계가 원만하고 성품이 온화하다 자신이 원하는 일을 끈기 있게 밀고 나간다 타인들을 포용하고 이끌어 가는 타입이다 은근한 고집과 성실함으로 일을 완성한다 여유 있고 스트레스를 쉽게 받지 않는다	자신이 생각한 것에 강하게 집착한다 지나치게 느긋하고 게으르기까지 하다 융통성이 부족하고 일과 대인관계에 집착한다 한꺼번에 몰아치기를 할 때가 많다 보수적인 타입이다 주관이 너무 강하고 고집불통이다 행동이 느리고 순간 대처능력이 약하다 자기 과시와 자만심에 빠져 공상에 사로잡힐 때가 있다
기토	섬세하고 다정다감하다 자기관리능력이 뛰어나다 치밀하고 꼼꼼하며 정리정돈을 잘한다 주관이 뚜렷하고 끈기가 있다 많이 표현하지 않으면서 대인관계를 잘 이끌어 나간다 사람들과 관계가 무난하고 순응을 잘한다 언어능력이 발달하여 표현력이 뛰어나다 은근한 고집과 부드러운 추진력으로 밀고 나간다	쉽게 토라지고, 겉으로는 활발해 보이지만 속으로는 쉽게 상처받는다 질투심이 강하고 이기적이며 욕심이 많다 감정 변화가 심하고, 주변 상황에 따라 순간 대처능력이 떨어진다 자기 감정을 우선하고 손해 보는 일을 하지 않으려 한다 자기 감정을 감출 때가 많다 타인의 억압이나 강압에 스트레스가 심하고 적응하지 못한다
경금	원리원칙적이고, 완벽주의자 기질과 결단력이 있다 계획적이고 끈기가 강하다 정의감이 강하다 자신이 하고자 하는 일을 완수하고, 한번 맡겨진 일은 반드시 책임진다 총명하고 기억력이 탁월하다 성실하고 논리적이다 자신의 능력에 대해 확신과 자긍심이 있다	자기 생각을 고집하고, 뜻대로 안 되면 스트레스가 심하다 결벽증이 있어 자기 스스로 피곤해한다 까다롭고 사람을 가려 사귄다 한번 아니라고 생각하면 끝까지 거부한다 자신이 정한 규칙대로 움직이길 바란다 융통성이 부족하고 독선적이다 자신감이 넘치고 잘난 척한다 따지기 좋아하고 주위 사람을 피곤하게 한다

천간	장점	단점
경금	부지런하고 일의 결과가 완벽하다	
신금	분석적이며 냉철하게 판단한다 한번 결정한 것은 끝까지 밀고 나간다 절제력이 있고 일을 완벽하게 마무리한다 자기관리능력이 뛰어나고 침착하며 실수가 없다 생각이 깊고 안정적이고 침착하다 총명하고 두뇌가 명석하다 원리원칙적이고 계획적이며 치밀하다 논리적이고 언어능력이 있어 언변이 좋다	자신이 생각한 대로 이끌어간다 주관적이고 타협이 없다 논리적이고 분석적이어서 타인의 실수를 용납하지 않는다 욕심이 많고 이기적이며 지기 싫어한다 냉소적이며 냉정하며 잔소리가 심하다 예민하고 까다롭고 섬세하다 자기중심적이고 양보심이 부족하다 부정적인 성격으로 타인에게 비판적이다 작은 것 하나 하나 꼼꼼하게 따진다
임수	지혜롭고 총명하다 순간적인 판단력과 적응력이 탁월하다 정보 수집력이 뛰어나고 숫자감각이 있다 두뇌 회전이 빠르고 대범하다 기획력과 아이디어가 탁월하다 예지력과 마음을 읽는 능력이 뛰어나다 마음이 넓어 포용력이 있다 친화력이 있고 대인관계가 무난하다 부지런하고 성실하다 실천적이고 활동성이 강하다	권모술수가 뛰어나고 모사에 능하다 참을성이 부족하고 변덕이 심하다 허세가 심하며 일확천금을 꿈꾼다 이기적이고 자기중심적이다 급하고 끈기가 부족하다 생각이 너무 많고 쓸데없는 걱정이 많다 타인을 무시하고 앞장서려고 하며 허세를 잘 부린다 일을 잘 저지르고 시작은 잘하지만 끝마무리가 약하다
계수	부드럽고 배려적이다 섬세하고 온화한 성품이다 합리적이고 현실적이다 수리능력이 뛰어나다 머리가 총명하고 재주가 있다 감정 조절을 잘하고 적응력이 뛰어나다 합리적이고 계획적이며 구조화된 일에서 능력을 발휘한다 꼼꼼하며 치밀하다 어디서든 있는 듯 없는 듯 자기를 드러내지 않고 친절하고 원만하다 감수성이 뛰어나고 감각이 발달되어 있다	감정 기복이 심하고 예민하다 일확천금의 꿈이 강하다 이중적인 태도로 속마음을 알기 어렵다 손해 보는 일을 하지 않고 자기중심적이다 예민하고 까다로운 성격으로 의지력이 약하고, 우울한 생각이 많다 이익에 따라 행동할 때가 있다 의지력과 끈기가 약하고 적극성이 부족하다 정이 많아 실속이 없고 타인에게 배신을 당하기 쉽다

> **POINT**
> **천간의 직업 적성**
> - 갑목 : 활동적·독립적인 일, 리더십을 발휘하는 일
> - 을목 : 끈기와 융통성이 필요한 일, 대인관계로 이루어진 일
> - 병화 : 말이나 대인관계가 필요한 일, 명분이 있고 정열적인 일
> - 정화 : 창조적이고 섬세한 일, 승부욕과 추진력이 필요한 일
> - 무토 : 사람과 사람 사이에서 중재 역할을 하는 일,
> - 기토 : 포용력이 있고, 안정적이고 사교성이 필요한 일
> - 경금 : 결단력과 완벽함이 필요한 일, 냉철함이 필요한 일
> - 신금 : 단호하게 밀고 나가야 하는 일, 엄격함이 필요한 일
> - 임수 : 정보수집 능력과 탐구정신이 필요한 일
> - 계수 : 응용력과 수리능력이 필요한 일, 배려가 필요한 일

3) 천간의 직업 적성

각각의 천간이 나타내는 직업 적성은 다음과 같다. 같은 천간이 여러 개면 직업 적성이 강화되어 나타난다.

❶ 갑목(甲木)

활동적인 직업, 명예롭거나 독립적으로 움직이는 일(프리랜서), 리더십을 발휘하는 직업, 활동의 제약이 심하지 않은 일. 예를 들어 교수, 교사, 법조인, 전문직, 사업가, 공무원, 사회사업가 등이 있다.

❷ 을목(乙木)

인내심을 요구하고 끈기 있게 마무리할 수 있는 일, 융통성이 필요한 일, 대인관계로 이루어진 일. 예를 들어, 공무원, 교사, 연구원, 회사원 등이 있다.

❸ 병화(丙火)

말이나 대인관계가 필요한 직업, 정열적인 일, 활동적인 직업, 명분과 자존감이 뚜렷한 일. 예를 들어, 교수, 사업가, 정치인, 방송인, 연예인, 예술가 등이 있다.

❹ 정화(丁火)

섬세한 일, 창조적인 일, 승부욕이 있는 직업, 돌파력과 추진력이 필요한 직업. 예를 들어, 연예인, 방송인, 예술가, 사업가, 직장인, 연구원 등이 있다.

❺ 무토(戊土)

포용력이 있는 일, 관대함이 있어서 사람을 아우르는 일, 중재 역할을 하는 직업. 예를 들어, 정치인, 공무원, 건축사, 중개업, 통역, 관광 관련 직업이 있다.

❻ 기토(己土)

포용력이 있는 일, 안정적이고 사교성이 필요한 직업, 대인관계가 필요한 직업. 예를 들어, 직장인, 영업직, 공무원, 회사원 등이 있다.

❼ 경금(庚金)

결단력과 완벽함이 필요한 직업, 정해진 규칙을 따르고 정확함이 필요한 직업, 계획성이 필요한 직업, 맺고 끊음이 있는 직업, 냉철함이 필요한 일. 예를 들어, 군인, 경찰, 회사원, 정보통신, 컴퓨터, 기계직, 기술직 등이 있다.

❽ 신금(辛金)

냉철함과 냉정함이 필요한 일, 단호하게 밀고 나가야 하는 직업, 엄격함이 필요한 직업. 예를 들어, 기계, 기술직, 회사원, 공무원, 컴퓨터, 정보통신 관련 직업이 있다.

❾ 임수(壬水)

창조력이 필요한 직업, 적극적으로 활용하는 일, 변화가 필요한 일, 활동성이 많은 일, 탐구정신이 필요한 일, 정보 수집 능력이 필요한 일. 예를 들어, 연구직, 정보통신, 회사원, 회계 · 경제 관련 일 등이 있다.

❿ 계수(癸水)

지식과 정보 수집이 필요한 일, 섬세하고 조용한 일, 배려가 필요한 일, 주변과 조화가 필요한 일, 응용력이 필요한 일, 수리능력이 필요한 직업. 예를 들어, 금융, 연구직, 정보통신, 회사원 등이 있다.

2 지지 분석

천간 분석은 천간 자체를 보는데, 지지는 띠동물을 본다. 그 이유는 지지 자체보다 띠동물을 분석할 때 지지의 성격 특성이 강하게 나타나기 때문이다.

1) 띠동물의 음양

① 양 : 소(丑), 호랑이(寅), 용(辰), 말(午), 원숭이(申), 개(戌).
② 음 : 쥐(子), 토끼(卯), 뱀(巳), 양(未), 닭(酉), 돼지(亥).

POINT
띠동물의 음양
- 양 : 소(丑), 호랑이(寅), 용(辰), 말(午), 원숭이(申), 개(戌)
- 음 : 쥐(子), 토끼(卯), 뱀(巳), 양(未), 닭(酉), 돼지(亥)

2) 띠동물의 특징

각각의 띠동물이 가진 성격 특징은 다음과 같다.

❶ 쥐(子)

① 머리가 좋다.

② 지혜가 있다.

③ 감수성이 있고 아이디어가 뛰어나다.

❷ 소(丑)

① 은근한 고집이 있다.

② 기획력이 있고 아이디어가 반짝인다.

③ 자신의 일에 열정을 다한다.

❸ 호랑이(寅)

① 주관이 뚜렷하다.

② 명예를 중시하고 품위를 지키려고 한다.

③ 한꺼번에 몰아서 하기를 좋아한다.

❹ 토끼(卯)

① 개성이 뚜렷하다.

② 남에게 베풀기를 좋아한다.

③ 쓸데없는 일에 고집을 피운다.

❺ 용(辰)

① 완벽을 추구하는 타입이다.

② 고집이 매우 세다.

③ 끈기와 추진력이 있다.

❻ 뱀(巳)

① 내성적이면서도 표현력이 뛰어나다.

② 정열적이지만 끈기가 부족하다.

③ 활동적인 면이 강하다.

❼ 말(午)

① 활동적이고 적극적이다.

② 대인관계가 원만하다.

③ 감각이 발달하고 감수성이 풍부하다.

❽ 양(未)

① 신경이 예민하다.

② 자존심이 강하고 외유내강의 성격이다.

③ 은근한 끈기가 있다.

❾ 원숭이(申)

① 여러 가지 재주가 많고 재치가 있다.

② 감각이 뛰어나다.

③ 끈기가 부족하고 집중력이 모자란다.

⑩ 닭(酉)
① 내성적이고 섬세하며 분명한 것을 좋아한다.
② 재주가 있고 꾸준히 노력한다.
③ 자기 주장이 약하고 안정적이다.

⑪ 개(戌)
① 자존심이 강하고 은근한 끈기가 있다.
② 몸과 마음이 항상 바쁘다.
③ 성공 아니면 실패하는 극단적인 모습을 보인다.

⑫ 亥(돼지)
① 머리가 좋고 타인에게 베푸는 것을 좋아한다.
② 성격이 온순하고 우직하며 믿음직스럽다.
③ 사람을 가려서 사귀는 타입이며 소심하다.

3 합충 분석

1) 합충으로 보는 사건사고

천간과 지지에 합충이 얼마나 있는지 분석하고, 합충의 개수를 합산하여 사주주인공이 살면서 겪게 되는 사건사고를 다음과 같이 판단한다.

① 합충이 많을수록 사건사고가 많다 : 천간과 지지에 합충이 6개 이상 있으면 사건사고가 많이 일어난다고 본다. 7개 이상 있으면 커다란 사건사고가 있게 된다.
② 합충이 적을수록 사건사고가 적다 : 천간과 지지에 합충이 3개 이하 있으면 사건사고가 적게 일어난다고 본다.
③ 합충의 수가 적당하면 사건사고가 적다 : 천간과 지지에 합충이 3~6개 있으면 적당하다고 본다. 그러나 천간과 지지의 합충을 합산하여 그 수가 너무 많거나 너무 적으면 대운에서 합충

이 몰려올 때 사건사고가 발생하기 쉽다.

2) 천간의 합충

어느 한 천간에 합충이 중복되어 두 줄 이상 금이 가면 그 천간에 해당하는 육친에게 부정적인 사건사고가 발생할 가능성이 높다. 긍정적인 변화변동이 나타나는 경우도 있지만 매우 드물다.

예를 들어 관성이나 재성을 보자. 여자 사주에 남편복(관성복)이 없는데 천간의 관성에 2개 이상 금이 가거나, 남자 사주에 부인복(재성복)이 없는데 천간의 재성에 2개 이상 금이 가면 구체적으로 어떤 상황 때문에 이혼했는지 알 수 있다.

그 밖에 재성이 고립되거나 과다하면 재성과 관련된 사건사고가 벌어질 수 있는데, 이 사주의 천간에 합충으로 인해 2개 이상 금이 가면 구체적으로 어떻게 재성의 문제, 즉 재물 문제가 발생하는지 알 수 있다. 다른 육친도 이와 같이 판단한다.

3) 지지의 합충

지지에 합과 충이 7개 이상 있으면 자살, 암, 교통사고 등의 사건사고나 그로 인해 부검 등을 할 수 있다. 합충의 수가 8개면 생명이 위태로울 정도이고, 6개면 사건사고를 의미한다.

POINT

합충 분석

- 천간의 합충 : 합충에 의해 천간에 2줄 이상 금이 가면 그 천간에 해당하는 육친에게 부정적인 사건사고 또는 긍정적인 변화변동이 발생할 가능성이 높다.
- 지지의 합충 : 지지에 합충이 과다하면 생명이 위태로울 정도로 부정적인 사건사고를 암시한다.

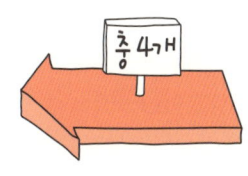

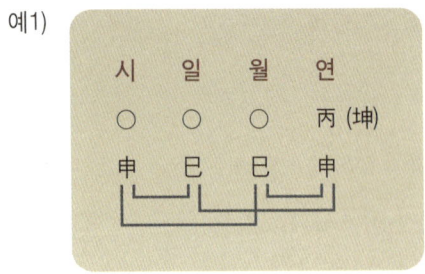

예1)

위 사주는 모든 지지에 사신합(巳申合)이 중복되어 나타난다. 사주의 주인공은 유방암 말기 환자다.

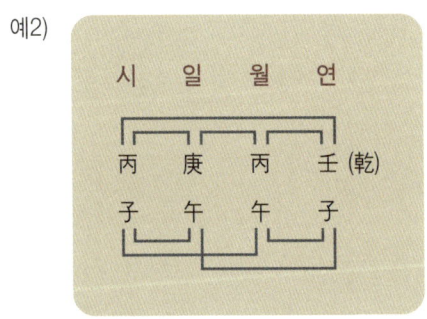

예2)

위 사주의 천간은 병임충(丙壬沖)과 병경충(丙庚沖)이 중복되어 나타나고, 지지가 모두 자오충(子午沖)으로 금이 가 있다. 사주의 주인공은 갑작스러운 자살로 많은 사람들을 안타깝게 한 탤런트 고 안재환이다.

4) 삼합과 육합으로 인한 지지 오행의 편중

지지가 삼합이나 육합으로 인해 어느 한 가지 오행(육친)으로 편중될 때 사주주인공에게 과도한 욕망이 생기거나, 커다란 변화변동을 추구하게 된다. 그 결과 사건사고에 휘말릴 가능성이 매우 높다.

POINT

합으로 인한 지지 오행의 편중

삼합이나 육합으로 지지 오행이 특정 오행(육친)으로 편중되면 과도한 욕망이 생겨서 부정적인 사건사고에 휘말릴 가능성이 매우 높다.

예1)

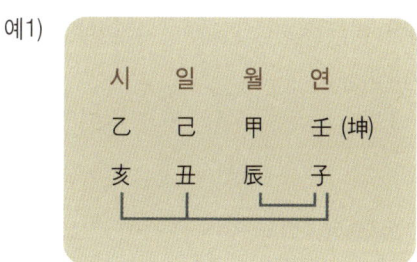

위 사주는 지지가 자진합수(子辰合水), 해자축합수(亥子丑合水)로 인해 수(水)로 편중되어 있다. 사주의 주인공은 '신정아 사건'의 주인공인 신정아다.

예2)

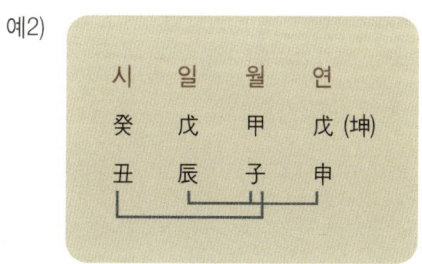

위 사주는 지지가 신자진합수(申子辰合水)와 자축합수(子丑合水)로 인해 수(水) 기운이 매우 강하다. 사주의 주인공은 고 최진실이다.

예3)

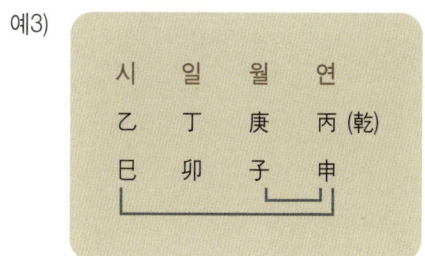

위 사주 역시 지지가 신자합수(申子合水)와 사신합수(巳申合水)로 인해 수(水)로

편중되어 있다. 사주의 주인공은 사기 혐의로 기소된 JU그룹 회장 주수도다.

4 오행 분석

사주팔자 안에 있는 오행의 과다, 발달, 고립, 무존재를 보고 사주주인공의 성격과 건강을 판단한다.

1) 오행의 과다 분석

사주원국에 어느 한 가지 오행이 4개 이상이거나 점수로 50점 이상이면 과다로 판단한다. 사주팔자 여덟 글자 중에서 4개 이상, 사주원국의 총점수 110점 중에서 50점 이상이므로 쉽게 말해 과다는 사주팔자에 특정 오행이 너무 많은 것을 말한다. 그 결과 그 오행이 지나치게 작용하여 그 오행의 성격 특성이 강하게 나타나게 된다. 더불어 그 오행이 나타내는 인체 부위의 건강문제까지 알 수 있다.

> **POINT**
> **오행의 과다**
> 사주원국에서 한 오행이 4개 이상이거나 50점 이상으로 너무 많은 것을 말한다. 그로 인해 그 오행이 지나치게 작용하여 성격 특성이 강하게 나타나게 된다.

❶ 과다한 오행의 성격

사주원국에 어느 한 가지 오행이 과다하면 그 오행의 성격이 강하게 나타난다.

예1)

시	일	월	연
甲	甲	丙	甲 (坤)
子	午	寅	寅

위 사주는 목(木)이 5개이므로 목(木) 과다이다. 따라서 목(木)의 성격인 배려적이면서도 명예지향적이고 자유지향적인 성향이 강하게 나타난다.

예2) 1970년 8월 27일(음) 자(子)시생

시	일	월	연
丙	庚	乙	庚 (乾)
子	戌	酉	戌

74	64	54	44	34	24	14	4
癸	壬	辛	庚	己	戊	丁	丙
巳	辰	卯	寅	丑	子	亥	戌

위 사주는 금(金)이 3개이고 점수는 50점이면서, 합과 생으로 인해 더욱 강해진 상태이다. 금(金) 과다로 금(金)의 성격인 계획적이고 원칙적이면서 구조적이고 완벽주의적 성향이 강하게 나타난다. 사주의 주인공은 개그맨 박명수다.

예3) 1972년 10월 8일(양) 자(子)시생

	시	일	월	연
	庚	壬	己	壬 (乾)
	子	申	酉	子

71	61	51	41	31	21	11	1
丁	丙	乙	甲	癸	壬	辛	庚
巳	辰	卯	寅	丑	子	亥	戌

위 사주 역시 금(金)이 3개이고 점수로는 55점인 금(金) 과다로, 금(金)의 성격인 계획적이고 원칙적이면서 구조적이고 완벽주의적인 성향이 강하게 나타난다. 사주의 주인공은 탤런트 김명민이다.

❷ 과다한 오행의 건강

사주원국의 오행이 과다한데 대운에서도 반복적으로 과다한 오행이 더 들어오거나, 사주원국에서는 과다하지 않지만 대운에서 합국으로 인해 과다해지면 그 오행의 건강에 문제가 발생한다.

예) 1968년 11월 5일(음) 축(丑)시생

	시	일	월	연
	癸	戊	甲	戊 (坤)
	丑	辰	子	申

76	66	56	46	36	26	16	6
丙	丁	戊	己	庚	辛	壬	癸
辰	巳	午	未	申	酉	戌	亥

위 사주는 사주원국에서 수(水)가 55점으로 과다한데, 대운 또한 40여 년간 수(水)와 금(金)으로 흘러간다. 이렇게 수(水) 과다가 더욱 과다해져서 우울증(조울증)으로 자살하게 되었다. 사주의 주인공은 고 최진실이다.

2) 오행의 발달 분석

일반적으로 사주원국에 어느 한 오행이 3개(월지를 포함하는 경우에는 2개)이거나 점수로 30~45점이면 발달로 본다. 그러나 갑인(甲寅)처럼 오행이 천간과 지지로 이어져 뿌리를 내리고 있으면 20~25점도 발달로 판단한다.

❶ 발달한 오행의 성격

사주원국에서 어느 한 오행이 발달하면 그 오행의 안정적이고 모험하지 않는 성격 특성이 나타난다.

❷ 발달한 오행의 건강

오행 발달로 건강을 판단할 때는 발달 자체보다 고립된 오행이 있는지를 주의 깊게 살펴야 한다. 발달이면 건강에 문제가 없을 것 같지만, 고립이 없는 발달이어야 한다. 오행이 발달했다고 해도 사주팔자 어느 한 글자가 고립되어 있으면 그로 인해 건강에 문제가 발생할 수 있다. 반대로 고립된 글자가 없이 오행이 발달하면 사주주인공이 건강하다고 판단한다.

예1)

시	일	월	연
乙	乙	癸	癸 (坤)
酉	亥	亥	卯

위 사주는 사주원국에서 목(木)이 30점으로 발달이지만, 연지 묘목(卯木)이 고립되어 있다. 이렇게 발달과 고립이 동시에 있는 사주는 오행이 발달 구실을 하지

POINT
오행의 발달
사주원국에서 한 오행이 3개(월지를 포함하면 2개)이거나 30~45점이면 발달이다. 이 때 그 오행의 안정적인 성격 특성이 나타난다.

못하게 된다. 더불어 사주원국에서 고립되었던 오행이 대운 간지와 합국(合局)을 이루면서 과다해지면 건강상 매우 위험해질 수 있다.

예2)
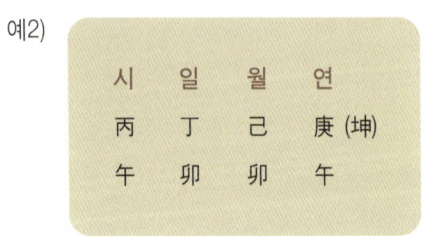

위 사주는 목(木)이 45점으로 발달되어 있고 고립도 없으므로 목(木) 오행이 매우 안정되어 목(木) 건강인 간과 뼈가 튼튼하다.

그러나 화(火) 오행은 45점으로 발달되어 있지만, 연지 오화(午火)가 고립되어 있어 혈압약을 복용중이다. 다행히 사주의 주인공은 2010년 현재 81세로 건강하게 생활하고 있다.

POINT
오행의 고립
사주원국에서 어느 한 글자가 주위의 다른 오행으로부터 생을 받지 못하거나 집중공격을 당하는 것을 말한다. 그 결과 그 오행의 부정적인 성격 특성이 나타나고, 사주원국에서 고립된 오행이 대운에서 또 다시 고립되면 그 오행의 건강이 위험해진다.

3) 오행의 고립 분석
오행의 고립이란 사주팔자 여덟 글자 중 어느 한 글자가 주위의 다른 오행으로부터 생(生)을 받지 못하거나, 같은 오행을 만나지 못해서 집중적으로 공격당하는 것을 말한다. 너무 강한 생을 받을 때도 고립이라고 한다.

❶ 고립된 오행의 성격
사주원국에서 어느 오행이 고립이면 그 오행의 부정적인 성격 특성이 나타난다. 특히 스트레스가 심할 때 고립된 오행의 부정적 특성이 나타나기 쉽다. 자세한 내용은 『사주명리학 심리분석(pp.77~82)』, 『사주명리학 가족상담(pp.25~28)』을 참고한다.

❷ 고립된 오행의 건강
사주원국에서 고립된 오행이 대운에서도 반복적으로 고립될 때 가장 위험하고,

사주원국에서 고립이 아닌 오행이 대운에서 반복적으로 고립되는 경우 역시 그 오행의 건강이 위험해진다. 오행의 고립으로 인해 발생하는 건강문제는 『사주명리학 완전정복(pp.80~95)』을 참고한다.

4) 오행의 무존재 분석
오행의 무존재는 사주원국에 특정 오행이 없는 것을 의미한다.

❶ 무존재인 오행의 성격
무존재 오행 또한 고립 오행과 마찬가지로 스트레스가 매우 심할 때 그 오행의 단점, 즉 부정적 성격이 나타난다.

❷ 무존재인 오행의 건강
오행의 무존재는 원칙적으로 있을 수 없다. 사주원국에는 없는 특정 오행이 대운이나 연운에서 들어오면 고립의 형태가 되거나, 발달이 되거나, 과다가 되는 등, 변화가 생기기 때문이다. 그러므로 무존재 또한 고립과 마찬가지로 해당 오행의 건강문제가 나타날 가능성이 매우 높다.

다만, 무존재는 고립에 비해 해당 오행의 건강문제가 발생할 가능성이 낮다.

5) 오행의 장점과 단점
오행 역시 장점과 단점을 모두 가지고 있다. 장점과 단점이 나타나는 조건은 천간의 장점과 단점이 나타나는 경우와 동일하다. 즉, 어느 한 오행이 고립되거나 합충이 많거나 너무 과다하면 그 오행의 장점과 단점이 동시에 나타나면서 단점이 좀더 많이 나타난다.

반대로 오행이 고립되지 않고, 합충이 없거나 하나만 있으면 장점과 단점이 동시에 나타나면서 장점이 좀더 많이 나타난다.

> **POINT**
> **오행의 무존재**
> 사주원국에 특정 오행이 없는 것을 뜻하며, 스트레스가 매우 심할 때 그 오행의 부정적 성격이 나타나기 쉽다. 또한 사주원국에 없는 오행이 대운에서 들어와 고립되면 그 오행의 건강이 위험해진다.

오행의 장점과 단점

오행	장점	단점
목	경청한다 명예를 존중한다 신중하다 이지적이다 인정이 있다 중용을 지킨다 집중력이 강하다 사교적이다 창조적이다 활동적이다	끈기가 부족하다 담력이 부족하다 동정심에 이끌린다 이상에 치우친다 일과 사람을 분리하지 못한다 정신력이 약하다 지나치게 신중하다 집념이 부족하다 추진력이 부족하다 판단력이 부족하다
화	감각적이다 창조적이다 강한 근성이 있다 배짱이 있다 결단력이 있다 개혁적이다 혁명적이다 자유를 중시한다 적극적이다 현실적이다	경솔하다 성급하다 즉흥적이다 끝맺음이 약하다 탐욕스럽다 집착이 강하다 타인을 무시한다 일을 중시한다 생각이 부족하다 감정적이다
토	사명감이 있다 성실하다 솔선수범한다 억제할 줄 안다 지구력이 있다 책임감이 있다 통제력이 있다 투지와 집념이 있다 주관이 뚜렷하다 패기만만하다	고집이 세다 독선적이다 독재적이다 아집이 있다 융통성이 부족하다 자존심이 세다 편협하다 권력지향적이다 분열적이다 의욕이 지나치다
금	구조화를 잘한다 원리원칙을 중시한다	독선적이다 아집이 강하다

오행	장점	단점
금	물질적이다 실리적이다 신중하다 예리하다 의리가 있다 이지적이다 절제력이 있다 정확하다	융통성이 부족하다 이해력이 부족하다 자만한다 자신만의 생각을 고집한다 자존심과 집착이 강하다 타인과 융화가 부족하다 타인에 대한 배려가 부족하다 편협하다
수	감각적이다 배려심이 있다 상담을 잘한다 생각이 깊다 신중하다 이지적이다 이해력이 높다 자신을 억제할 줄 안다 참모 역할을 잘한다 판단력이 있다	결단력이 부족하다 끈기가 부족하다 담력이 부족하다 배타적이다 사교성이 부족하다 우유부단하다 이상을 지나치게 추구한다 주관이 지나치게 강하다 추진력이 부족하다 현실감이 부족하다

6) 오행의 직업

각각의 오행이 가지고 있는 성격 특성의 영향으로 다음과 같은 직업 적성이 나타난다.

● 오행의 직업

종류	직업
목	가구, 농장, 교육, 디자인, 원예, 조경, 산림, 임업, 약초, 청과, 섬유, 피복, 직물, 의류, 의약, 인테리어, 문구, 출판, 침술, 통신, 공무원, 행정공무원, 행정가, 방송, 기자, 언론인, 기획자, 동시통역사, 법학, 법조인, 변호사, 사회복지, 복지사, 비서, 사무직, 상담가, 직업상담가, 역사학자, 역술인, 역학자, 연설가, 음악, 문인, 작가, 화가, 정치인, 종교인, 커플매니저, 평론가

종류	직업
화	경호, 무역, 교육, 방송, 정치, 언론, 예술, 예능, 디자인, 발명, 장식, 공예, 무대조명, 스포츠 댄스, 화장품, 메이크업, 성형외과, 예식장, 사진관, 조명, 극장, 연극, 안경, 천문기상, 항공, 운수업, 정치가, 법관, 공무원, 기자, 의사, 약사, 설계사, 영화배우, 연예인, 연설가, 평론가, 무용가, 안무가, 헤어디자이너, 의상디자이너, 체육인, 컴퓨터그래픽디자이너
토	건축, 토목, 부동산, 공원묘지, 교육, 낙농, 축산, 원예, 농산물, 조경, 임업, 도공예, 고전품, 골동품, 독서실, 정육점, 무속, 무역업, 유통, 소개업, 스포츠, 시찰, 예술, 정치, 종교, 철학, 관광안내인, 교도관, 군인, 변호사, 판사, 비행사, 스튜어디스, 사회복지사, 상담사, 연예인, 외교관, 운동선수, 자원봉사자, 종교인, 지압사, 통역사
금	금융업, 기획, 경호, 경비, 기계, 선박, 철도, 항공, 운수업, 자동차정비, 모터사이클, 중장비, 과학, 피부미용, 철물, 금은보석, 도축업, 사채, 광업, 치과, 도자기예술, 조각예술, 노동단체, 재야운동단체, 법관, 정치가, 공무원, 군인, 경찰, 교도관, 의사, 세무사, 은행원, 회계사, 편집자, 소설가, 구성작가, 방송작가, 문화평론가, 문학평론가, 영화평론가, 정치평론가, 요리사, 의상디자이너, 헤어디자이너, 엔지니어, 프로그래머, 금속기술자, 기계기술자, 연구원, 과학자, 체육인
수	교육, 금융, 경제, 보험, 외교, 무역, 관광경영, 유통, 호텔, 목욕탕, 냉동업, 수산물, 해운업, 수도사업, 유흥업, 양조장, 정수기, 양어장, 식품, 요식업, 접객, 정치, 회계, 통계, 수학, 문학, 생물, 화학, 과학, 물리, 의학, 의약, 컴퓨터, 경제학, 회계학, 통계학, 외국어, 의사, 약사, 법관, 경영지도자, 공인회계사, 은행원, 시스템엔지니어, 시스템분석가, 음악가, 패션디자이너, 헤어디자이너, 장의사

5 육친 분석

육친도 오행과 마찬가지로 사주원국을 구성하는 육친의 개수와 점수를 계산하여 과다, 발달, 고립, 무존재를 판단한다. 육친은 인생을 살면서 우리가 만나게 되는 가족과 친구를 포함한 다양한 인간관계와 사회관계를 포함하고 있다. 따라서 육친을 분석하면 사주주인공의 성격과 사회성을 판단할 수 있다.

1) 육친의 과다 분석

오행과 마찬가지로, 사주원국에 어느 한 가지 육친이 4개 이상이거나 점수로 50점 이상이면 과다로 판단한다.

❶ 과다한 육친의 성격

육친 과다는 긍정적인 성격과 부정적인 성격이 동시에 나타난다. 안정적이고 편안한 상태, 즉 자신이 원하는 것이 잘 이루어지고 있는 상태에서는 장점인 긍정적 성격이 나타난다. 그러나 스트레스가 심해지면 단점인 부정적인 성격이 나타난다.

  육친이 과다한 사주주인공은 감정을 조절하는 부분이 약하여 감정 조절이 어려운 편이다. 그러다 보니 기분이 좋으면 바로 감정이 업(up) 되고, 기분이 나쁘면 감정이 바로 다운(down) 되는 감정 변화의 기복이 크다.

  특히 어릴 적 부모와 생사이별을 겪으며 심리적 충격을 받았거나, 부모가 폭력적이었거나, 부모의 맞벌이로 인해 이 집 저 집 옮겨 다니며 다른 사람들 손에 양육되었거나, 청소년기의 짝사랑이나 애인과의 생사이별 또는 결혼 후 배우자의 폭력이나 생사이별 등을 겪으며 충격받은 경험이 있는 사람은 육친 과다로 인한 부정적인 성격 특성이 강하게 나타난다.

> **POINT**
> **육친의 과다**
> 사주원국에서 한 육친이 4개 이상이거나 50점 이상일 때.
> - 성격 : 안정적이고 편안할 때는 긍정적 성격(장점)이, 스트레스가 심하면 부정적인 성격(단점)이 나타난다.
> - 사회성 : 육친이 과다하면 성공에 대한 집착, 자유롭고 싶은 열망, 지배당하고 싶지 않은 고집 등이 나타나게 된다.

❷ 과다한 육친의 건강

사주주인공의 건강은 육친이 아닌 오행으로 판단한다. 그러나 육친 과다가 건강과 전혀 상관 없는 것은 아니다. 육친이 너무 과다하면 변화와 성공에 집착하게 되고, 성공에 집착하면 그렇지 않은 사람보다 실패의 아픔도 크게 느끼게 된다. 그 결과 스트레스로 인한 건강 악화를 초래할 수도 있다.

❸ 과다한 육친의 사회성

육친이 과다하면 성공에 대한 집착, 자유롭고 싶은 열망, 지배당하고 싶지 않은 고집 등이 나타나게 된다.

　육친 과다에는 사주원국과 대운의 단순 과다, 사주원국의 합국에 의한 과다, 그리고 사주원국과 대운의 합국에 의한 과다가 있다. 쉽게 말해 원래 육친이 과다한 경우와, 합국으로 육친이 과다해지는 경우가 있다는 의미다. 이 중에 사주원국과 대운에서 본래 과다한 육친보다 합국으로 인해 과다해지는 육친이 욕망이나 자유의지나 변화 욕구 등이 더 강력하다. 따라서 변화변동이나 사건사고의 영향력도 크다고 본다.

2) 육친의 발달 분석

오행과 마찬가지로 사주원국에 어느 한 육친이 3개(월지를 포함하는 경우에는 2개)이거나 점수로 30~45점이면 발달로 본다. 또한 동일한 육친이 천간과 지지로 이어져 뿌리를 내리고 있으면 20~25점도 발달로 판단한다.

❶ 발달한 육친의 성격

발달한 육친은 그 육친의 성격상 장점이 나타난다. 다만, 육친 점수가 발달이면서 고립이 없는 경우와, 육친 점수가 발달이면서 고립된 경우가 있으므로 섬세하게 살펴야 된다. 똑같은 발달이라고 해도 고립이 없는 경우가 고립이 있는 경우보다 더 안정적이고, 성격 특성의 장점이 뚜렷하게 나타난다.

POINT

육친의 발달

사주원국에서 한 육친이 3개(월지 포함하면 2개)이거나 30~45점일 때.

- 성격 : 발달한 육친은 그 육친의 성격상 장점이 나타난다. 다만, 고립이 없는 경우가 고립이 있는 경우보다 더 안정적이고, 장점이 뚜렷하게 나타난다.
- 사회성 : 안정적인 직장생활이나 안정된 직업, 전문직을 갖는 경우가 많다.

❷ 발달한 육친의 건강

앞서 육친 과다에서 설명한 것처럼, 육친으로 건강을 분석하지는 않는다. 다만, 사주에 발달한 육친만 존재하면 안정적인 성격과 특성이 나타나므로 사주주인공은 크게 모험하지 않고 꾸준한 발전을 추구하며 건강문제가 생길 가능성이 거의 없다. 그러나 육친 발달이라도 지지가 합충으로 인해 모두 깨져 있는 경우에는 사건사고에 휘말릴 수 있으므로 조심한다.

❸ 발달한 육친의 사회성

육친이 발달한 사람은 안정적인 직장생활이나 안정된 직업, 전문직을 갖는 경우가 많다. 독립적이고 자유로운 직업을 선택했다고 해도 크게 욕심부리지 않고 욕망을 자제하는 능력이 있어서 대인관계가 무난하고, 안정된 직업을 유지하게 된다.

3) 육친의 고립 분석

육친의 고립 역시 오행의 고립과 같은 기준으로 판단한다. 즉, 사주팔자 여덟 글자 중 어느 한 글자가 주위의 다른 육친으로부터 생을 받지 못하거나, 같은 육친을 만나지 못해서 집중적으로 공격당하는 것이 바로 고립이다.

❶ 고립된 육친의 성격

육친이 고립되면 그 육친의 단점이 나타날 가능성이 높다. 특히 어릴 적 부모의 폭력이나 부모와의 생사이별 등으로 충격을 받은 사람, 또는 부모가 맞벌이여서 이 집 저 집으로 옮겨 다니며 양육된 경우, 또는 청소년기나 청년기에 짝사랑이나 실연을 경험한 경우, 성인이 된 후 배우자와 생사이별의 아픔을 겪은 사람은 고립의 부정적 성격이 강하게 나타난다.

❷ 고립된 육친의 건강

육친 고립으로 인해 직접적인 건강문제가 나타나지는 않는다.

POINT

육친의 고립

사주원국에서 어느 한 글자가 주위의 다른 육친으로부터 생을 받지 못하거나 집중적으로 공격당할 때.

- 성격 : 고립된 육친의 단점이 나타날 가능성이 높다. 특히 어려서 불우한 환경에서 자란 사람은 고립의 부정적 성격이 더욱 강하게 나타난다.
- 사회성 : 사회성과 직업에서 부정적 특성이 강하게 나타나고, 삶의 굴곡이 크다.

❸ 고립된 육친의 사회성

사주에서 고립된 육친은 성격뿐만 아니라 직업에서도 부정적 특성이 강하게 나타난다. 고립된 육친이 나타내는 직업을 선택하거나 고립된 육친에 집착하는 사람은 살면서 반드시 어려움을 겪게 되고, 삶의 굴곡이 심하게 나타난다. 그러므로 적성과 직업은 발달한 육친이나 과다한 육친 중에서 선택하는 것이 좋다.

또한 고립된 육친이 상징하는 관계성과 사회성에도 부정적인 영향이 강하게 나타난다. 이렇게 고립된 육친의 관계성과 사회성을 활용하기보다는, 과다나 발달인 육친의 관계성과 사회성을 활용하는 것이 사주팔자가 지닌 삶을 행복하게 영위하는 방법이라고 할 수 있다.

4) 육친의 무존재 분석

육친의 무존재 역시 오행의 무존재와 마찬가지로 사주원국에 특정 육친이 없는 것을 의미한다.

❶ 무존재인 육친의 성격

고립된 육친이 부정적으로 작용하는 것에 비해 무존재인 육친은 별다른 작용을 하지 않는다. 다만, 육친이 사주원국에서는 무존재인데 대운이나 연운에서 들어오는 경우, 간지로 이어지며 힘있게 들어오지 않으면 고립의 형태가 되어 부정적인 작용이 나타날 수 있다.

그러나 고립되지 않은 무존재 육친은 그 육친의 성격적 특성이 나타나지 않아서 불편할 뿐, 부정적인 성격 특성이나 성격상 단점으로 인한 사건사고가 나타나지는 않는다. 엄밀하게 말하면 고립된 육친 〉과다한 육친 〉무존재 육친 순서로 부정적 특성이 강하게 나타난다. 그러나 이 또한 사람에 따라, 사주에 따라 조금씩 변화가 있음을 주의하고 사주 상담에 응용해야 한다.

❷ 무존재인 육친의 건강

무존재인 육친, 즉 사주원국에 없는 육친으로 건강을 분석하는 것은 불가능하다. 육친 자체에 건강문제는 나타나지 않기 때문이다.

다만, 고립과 마찬가지로 무존재 육친에 집착하다 보면 그 해당 육친에게 오행의 건강문제가 발생할 수 있다.

❸ 무존재인 육친의 사회성

무존재, 즉 사주팔자에 없는 육친의 직업 적성은 선택하지 않는 것이 좋다. 육친 자체는 문제가 없지만, 대운이나 연운이 들어오면서 고립될 가능성이 매우 높기 때문이다. 무존재인 직업 적성을 선택하면 사건사고로 인한 변동이 매우 크고, 직업의 안정성이 떨어지며, 사주주인공 본인도 자신의 직업에 만족하지 못하고 불만이 가득한 삶을 살게 된다.

다만, 무존재인 육친이 대운에서 간지의 형태로 20년간 뭉쳐서 들어오면 직업 적성의 장점이 나타난다고 본다.

5) 육친의 합충 분석

육친의 합과 충은 그 육친의 변화변동과 사건사고를 암시한다. 예를 들어, 여자 사주에서 관성은 남편을 상징한다. 남편복이 없는 여자 사주에서 관성이 하나의 합이나 충을 하면 남편과 관련된 변화변동과 사건사고를 암시한다. 다른 육친도 마찬가지로 해석한다.

POINT

육친의 무존재

사주원국에 특정 육친이 없는 것을 뜻한다.

- 성격 : 사주원국에서는 무존재인데 운에서 약하게 들어와 고립되는 경우를 제외하면 무존재 육친은 별다른 작용을 하지 않는다.
- 사회성 : 사주팔자에 없는 육친의 직업 적성은 선택하지 않는 것이 좋다. 사주원국에서 강한 육친을 직업으로 선택하는 것이 좋다.

POINT

육친의 합충

육친의 합충은 그 육친의 변화변동과 사건사고를 암시한다. 사주원국에도 합충이 있는데 대운에서 또 다시 합충이 들어오면 그 영향력이 더욱 강하게 나타난다.

예1)

시	일	월	연
辛	壬	丁	辛 (坤)
丑	寅	酉	亥

위 사주는 시지에 있는 축토(丑土) 관성이 고립되어 있어서 남편과 인연이 없다. 또한 축토(丑土)가 인성 유금(酉金)과 유축합금(酉丑合金)으로 합을 하여 사라지니 성격 차이로 합의이혼하게 되었다.

예2)

시	일	월	연
壬	甲	辛	丙 (坤)
申	寅	未	寅

위 사주는 시지에 있는 신금(申金) 관성이 고립되어 있으므로 남편과 인연이 없다. 천간의 관성 신금(辛金)은 연간 병화(丙火)와 병신합(丙辛合)을 하므로 관성과 식신이 합을 하는 상황이다. 그래서 자식을 낳은 뒤 남편과 이혼하거나, 또는 남편이 의식주도 해결하기 힘들 정도로 경제적으로 어려워져 이혼하거나, 또는 본인이 자식이 있는 남자와 만나거나, 남편이 바람을 피우게 되는 형국이다.

배우자복이 없는 사주와 더불어 합충을 보고 배우자와의 이혼 여부, 그리고 이혼 사유를 살펴볼 수 있다. 배우자복이 없는 사주는 『사주명리학 용신특강(pp.171~181)』을 참고한다.

또한 하나의 육친에 충과 합이 2개 이상 겹칠 때는 바로 그 육친이 사건사고나 변화변동을 겪게 된다. 특히 사주원국에 충과 합이 있는데 대운에서 다시 충과 합이 들어오면 더욱 강력한 변화변동과 사건사고가 있다. 대운에서 똑같이 합충이 들어오더라도, 사주원국에 충과 합이 없는 것이 사주원국에 충과 합이 있는 경우보다는 작은 변화변동과 사건사고가 따른다.

6) 육친의 장점과 단점

육친은 대인관계와 사회성을 나타내므로 사주원국의 육친 분포를 보면 사주주인공의 성격 특성을 알 수 있다. 오행과 마찬가지로 각각의 육친은 모두 장점과 단점을 가지고 있는데, 육친이 발달하거나 과다하면 긍정적 특성이 나타나고, 육친이 고립되거나 지나치게 과다하면 부정적 특성이 나타난다.

● **육친의 장점과 단점**

종류	장점	단점
비견	인정과 배려심이 있다 심성이 착하다 타인을 이해하는 능력이 있다 자유지향적이다 솔직담백하다 긍정적이다 자주적이며 주체적이다 추진력이 강하다 독창성이 있다 아름다움을 추구한다	자존심이 강하고 고집이 세다 간섭과 비교에 민감하다 승부욕이 강하다 자기중심적이고 독선적이다 타인의 의견을 무시한다 무모할 정도로 추진력이 강하다 집착이 강하다(의처증·의부증) 고독하다고 느낀다 삐딱한 성격이다 배타적이다
겁재	인정이 있고 배려적이다 심성이 착하다 공감을 잘하고 타인의 말을 경청한다 청각이 발달되어 있다 순발력이 있다 자유지향적이다 결단력이 강하다 호기심이 많다 미적 감각이 뛰어나다 독립적이며 주관적이다 책임감이 있다	자존심이 강하고 고집이 세다 간섭에 민감하다 비교에 민감하다 계산적이다 집착이 강하다(의처증·의부증) 자신의 기준으로 구분한다 자기본위적이다 독선적·이기적·이중적이다 삐딱한 성격이다 질투심이 있다 요행을 바란다

종류	장점	단점
식신	차분하고 침착하다 정적이고 지적이다 논리적이고 연구능력이 있다 창의적이고 사색적이다 인정이 많아 잘 베푼다 언어구사능력이 있다 승부근성이 강하다 이해하고 배려한다 계획적이다	자기중심적이다 자기 주관이 강하다 과시한다 폼을 잡는다 변화변동이 매우 잦다 원칙이 없다 자존심이 강하다 엉뚱한 일에 몰입한다 보수적이다
상관	발산하는 성격이다 융통성이 있다 화려함을 추구한다 인정이 많아 적극적으로 베푼다 대인지향적이다 창의적이고 다재다능하다 호기심이 많고 활동성이 넓다 활발하고 명랑하다 표현(언어구사)이 화려하다 순간적 재치가 있다 자유지향적이다 승부근성이 강하다	요란하고 즉흥적이다 엉뚱한 일에 관심이 크다 생색을 잘 낸다 한 가지 지식에 만족하지 않는다 덜렁거리고 안정감이 없다 무위도식하는 경우가 많다 자유분방하고 얽매이기 싫어한다 적당히 넘어간다 모험심이 있다 변덕이 있다
편재	민첩하고 순발력이 있다 총명하고 두뇌 회전이 빠르다 계산능력이 있다 모험심이 있다 솔직담백하다 표현력이 좋다 배려적이고 대인관계가 좋다	투기성이 강하고 탐욕적이다 분주하고 여유가 없다 이성에 대해 집착이 강하다 비계획적이다 산만하다 방만한 관계를 갖는다 즉흥적이다
정재	안정적이고 성실하다 정직하다 계획적이다 긍정적이고 낙천적이다 부드럽고 대인관계가 좋다 치밀하다	산만하다 방만한 관계를 갖는다 집착이 있다 소극적이고 현실에 안주한다 편협한 면이 있다 계산적이고 원칙적이다

종류	장점	단점
편관	의협심이 있다 원칙적이다 인내심이 있다 통솔력이 있다 배짱이 있다 절제력과 결단력이 있다 의지력이 강하다 완성하는 힘이 있다 긴 안목이 있다 전체를 보는 능력이 있다 일의 중요성을 쉽게 파악한다	실수를 용납하지 않는다 명령적이고 지배하려고 한다 다혈질적이고 공격적이다 융통성이 없고 극단적이다 자기중심적이다 타인과 불화가 잦고 위아래가 없다 폭력적이고 억압하려고 한다 작은 것을 큰 것으로 포장한다 조금 알면서 많이 아는 것처럼 행동한다 자만심으로 똘똘 뭉쳐 있다 명예욕이 강하다
정관	명예를 소중히 한다 합리적이다 인품이 중후하다 안정적이다 계획적이다 모성본능과 보호본능이 있다 인정이 많다 느긋하고 여유가 있다 침착하고 차분하다 책임감이 있다	만용을 부리고 독선적이다 극단적이고 부정적이다 돌격적이다 쓸데없는 체면을 중시한다 자기 주장이 강하다 융통성이 없다 체면을 중시하고 명예욕이 강하다 느리다 끝마무리가 약하다 우유부단하다
편인	개성이 강하다 학문적 호기심이 많다 타인을 배려한다 자아 만족도가 높다 명예지향적이다 다재다능하고 재치가 있다 인간관계가 다양하다 모성본능이 강하다 감수성이 예민하다	고독하고 의존적이다 사고가 편협하다 일관성이 부족하다 자기본위적이다 마무리가 약하다 너무 많은 일을 벌리려고 한다 자유주의자 기질이 있다 규칙이나 구조화를 싫어한다 불평이 있다
정인	헌신적이고 모성본능이 강하다 학문에 깊이 심취한다 학문적 호기심이 많다	집착적이고 편중된 사랑을 한다 의처증, 의부증이 있기 쉽다 예민하다

종류	장점	단점
정인	실용적이고 대중적이다 명예지향적이다 감수성이 예민하다	자만심이 강하다 의존적이고 남에게 의지하려고 한다 자립정신이 약하고 우유부단하다 고독하다고 생각한다

7) 육친의 직업

육친은 우리가 살아가면서 만나게 되는 가족이나 친구나 직장동료 등 다양한 인간관계와 대인관계를 포함하고 있다. 더불어 그 속에서 이루어지는 사회성과 사회관계를 내포하고 있다. 따라서 육친에는 사주 당사자의 성격과 사회성 그리고 직업 적성이 나타나게 된다.

● 육친의 직업

종류	직업
비견	기획, 편집, 아나운서, MC, 리포터, 예술가(성악가 · 음악가 · 화가 · 무용가), 연예인(영화배우 · 탤런트 · 가수 · 패션모델), 연구원, 디자이너, 발명가, 작가, 정치인, 공무원, 사업가, PD, 교수, 교사, 공장장
겁재	기획, 편집, 아나운서, MC, 리포터, PD, 연예인(영화배우 · 연극배우 · 탤런트 · 가수 · 패션모델), 예술가(성악가 · 음악가 · 화가 · 무용가), 연구원, 디자이너, 발명가, 작가, 군인, 정치인, 사업가, 교수, 교사, 공무원, 공장장, 사업가
식신	회계, 토목, 건축, 법, 생산, 보건, 사무직, 판매, 서비스, 학원사업, 어린이집, 음식점 등 요식업, 말하는 직업(아나운서 · MC · 리포터), 의사, 변호사, 검사, 판사, 공무원, 경찰, 회사원, 연예인(영화배우 · 연극배우 · 탤런트 · 가수 · 패션모델), 교수, 학원강사, 교사, 목사, 신부, 스님, 가정주부
상관	법학, 토목, 건축, 회계, 경제학, 과학, 수학, 순수과학, 통계, 연구소, 엔지니어링, 발명, 판매, 학원사업, 어린이집, 음식점 등 요식업, 사무직, 서비스업, 검사, 변호사, 판사, 언론인, 아나운서, 연예인(영화배우 · 연극배우 · 탤런트 · 가수 · 패션모델), 목사, 신부, 스님, 의사, 사무총장, 기획실장, 교사, 교수, 학원강사

종류	직업
편재	연예인(영화배우·연극배우·탤런트·가수·패션모델), 비정기적인 수입을 올리는 사업(사업가·세일즈맨·운동선수), 의사, 경제학과 교수, 경영학과 교수, 회계사, 변리사, 경제부처 공무원, 유흥업, 감독, 분쟁조정가, 레크레이션 지도, 외교관, 학자, 비서, 사무직, 서비스, 간호, 경찰, 요식업, 신용조사, 마케팅
정재	금융업, 순수과학, 연구, 철학, 심리학, 개발, 자영업, 회사원·공무원·교사·교수 등 고정적인 월급을 받는 직업, PD, 감독, 비서, 세일즈맨, 여학교 교사(남성의 경우)
편관	자유로운 직장(공장장·전문경영인·공무원·교사·교수), 세일즈맨(보험 영업·자동차 판매), 사업가, 정치인, 의사, 판사, 검사, 변호사, 경제학자, 정치학자, 건축가, PD
정관	사업, 자유로운 직장, 내근직, 연구직, 심리학자, 상담학자, 정신과의사, 사회복지사, 자선사업가, 상담가, 문인(소설가), 구성작가, 편집장, 목사, 성직자, 학자, 과학자, 교수, 교사, 공무원, 회사원, 예술가, 성격배우, 연예인
편인	컴퓨터그래픽, 토목업, 건설업, 부동산업, 건축가, 예술가(성악가·음악가·화가·무용가), 연예인(영화배우·탤런트·가수·패션모델), 체육인, 엔지니어, 발명가, 과학자, 의료인(의사·한의사·간호사), 컴퓨터 분석가, 애널리스트, 펀드매니저, 통역관
정인	부동산업, 건축, 토목, 건설업, 상담, 광고, 예술, 문학, 외교, 판매, 교수, 교사, 판사, 검사, 의사, 성직자, 시인, 작가, 저널리스트, 예술가(성악가·음악가·화가·무용가), 연예인(영화배우·탤런트·가수·패션모델), 체육인, 발명가, 연구원

6 지장간 분석

지장간(支藏干)은 지지에 감추어진 천간을 뜻한다. 12개의 지지에는 제각각 천간의 기가 간직되어 있는데, 일반 이론에서는 지지마다 지장간을 초기, 중기, 정기의 3가지로 구분하고, 대덕 이론에서는 1순위와 2순위로 구분하여 사주 분석에 활용한다.

그렇다면 지장간을 어떻게 활용하는가? 사주명리학 일반 이론에서는 용신이 사주원국에서는 힘이 없더라도 지장간으로 들어 있는 용신이 힘이 있으면 좋다 또는 지장간이 천간으로 투간되면 힘이 있다고 설명하는데, 대덕 이론에서는 유

> **POINT**
> **지장간의 의미와 활용**
> 지장간은 각각의 지지에 간직된 천간의 기를 말한다. 일반 이론에서는 초기, 중기, 정기로 구분하여 사주와 용신의 강약 분석에 활용한다. 대덕 이론에서는 육친, 특히 배우자 자리를 볼 때 지장간을 참고한다.

의미한 임상 결과를 얻을 수 없었으므로 판단을 유보하고 사주 분석에 활용하지 않는다.

다만, 사주팔자에서 격국과 육친을 살펴볼 때에 한해 대덕 이론에서도 지장간을 중요하게 활용한다. 특히 배우자 자리를 볼 때 사주원국에는 없지만 사주팔자의 지지에 배우자에 해당하는 천간이 숨어 있다면, 비록 지장간이라고 해도 충분히 배우자 작용을 할 수 있다고 본다.

지장간과 관련하여 일반 이론과 대덕 이론의 가장 큰 차이점은 지지마다 지장간을 배정하는 방법이다.

먼저 일반 이론에서는 지지 속의 지장간을 초기, 중기, 정기의 세 가지로 구분하고 각각 활동기간을 정한다.

먼저 초기(初氣)는 처음의 기를 뜻한다. 전달에서 현재의 달로 넘어오면서 전달의 기가 모두 사라지는 것이 아니라 현재의 달에 영향을 미치는데, 남아 있는 기운이라는 의미에서 여기(餘氣)라고도 한다.

다음으로 중기(中氣)는 초기와 정기의 중간에 해당하며, 계절과 방위의 중앙인 자오묘유(子午卯酉)와 오행이 같은 천간을 사용한다.

마지막으로 정기(正氣)는 지지 본래의 기와 같은 기를 가진 천간으로, 해당 지지에서 가장 강한 기를 의미한다.

그러나 대덕 이론은 지장간을 초기, 중기, 정기로 구분하지 않고 1순위와 2순위로 구분한다. 1순위는 일반 이론의 정기와 같은 것으로, 해당 지지와 음양오행이 같은 천간이다. 2순위는 일반 이론의 초기와 중기에 해당한다.

여기서 1순위 천간이 2순위 천간보다 힘이 좀더 강하지만, 그 차이는 아주 미세하므로 구분에 크게 신경 쓰지 않아도 된다.

1순위와 2순위는 대덕 이론에서 격국과 육친(배우자 자리)과 관련해 중요하게 활용한다.

● 일반 이론의 지장간 구성과 활동 기간

지지 기간	子	丑	寅	卯	辰	巳	午	未	申	酉	戌	亥
초기	壬 10일 1시간	癸 9일 3시간	戊 7일 2시간	甲 10일 3시간	乙 9일 3시간	戊 7일 2시간	丙 10일 3시간	丁 9일 3시간	戊 7일 2시간	庚 10일 3시간	辛 9일 3시간	戊 7일 2시간
중기		辛 3일 1시간	丙 7일 2시간		癸 3일 1시간	庚 7일 3시간	己 10일 1시간	乙 3일 1시간	壬 7일 2시간		丁 3일 1시간	甲 7일 1시간
정기	癸 20일 2시간	己 18일 6시간	甲 16일 5시간	乙 20일 6시간	戊 18일 5시간	丙 16일 6시간	丁 11일 2시간	己 18일 6시간	庚 16일 5시간	辛 20일 6시간	戊 18일 6시간	壬 16일 5시간

● 대덕 이론의 지장간 구성과 활동 기간

지지 순위	子	丑	寅	卯	辰	巳	午	未	申	酉	戌	亥
1순위	癸	己	甲	乙	戊	丙	丁	己	庚	辛	戊	壬
2순위	없음	癸辛	戊丙	없음	乙癸	戊庚	丙己	丁乙	戊壬	없음	辛丁	戊甲

7 신살 분석

신살은 사주 분석에서 중요한 도구로 활용되고 있음에도 불구하고, 대부분의 사주를 부정적으로 판단한다는 이유로 비판의 중심에 서 있기도 하다.

우리나라를 비롯하여 사주명리학이 활성화되어 있는 나라에 존재하는 신살을 종합하면 수백 개에 이른다. 우리나라에 존재하는 신살만 해도 300여 종류나 된다. 그런데 이렇게 많은 신살을 모두 사주 분석에 활용하기란 불가능하다. 그 모든 신살이 사주명리학 이론상 타당성을 가진 것도 아니고, 임상에 의해 확인된 의미 있는 통계도 부족하다. 따라서 대덕 이론에서는 학문적 타당성이 있는 신살들을 골라 그 신살들만 사주 분석에 활용한다. 신살 중 대덕 이론에서 활용하는 것은 도화살, 역마살, 명예살, 귀문관살, 괴강살·백호대살·양인살, 현침살, 천문성, 탕화살 등이다.

일반 이론에서 널리 사용하는 신살이라고 해도 무조건적으로 사주 분석에 활용하기보다는, 임상과 유의미한 통계를 분석하여 학문적으로 검증한 후 사주 분석에 활용해야 한다. 또한 검증을 통해 사용할 수 있는 신살과 사용하지 말아야 할 신살을 구분해야 사주명리학이 한 단계 성장할 수 있을 것이다. 신살이 사주명리학 이론으로 자리잡기 위해서는 사주명리학 이론에 맞는 학문적 분석과 분류 작업이 반드시 이루어져야 한다고 본다.

1) 신살의 성격과 직업 적성

사주원국에 존재하는 신살뿐만 아니라 대운이나 연운에서 신살이 들어와도 영향력이 나타난다. 이 때 사주원국 내에 특정한 신살이 많이 있고 작용력이 큰데, 운에서 그 신살이 또 다시 들어오면 작용력이 매우 커진다. 그러나 사주원국 내에 전혀 없는 신살이 운에서 들어오는 경우에는 그 작용력이 매우 작다.

도화살

❶ 종류
자(子), 오(午), 묘(卯), 유(酉), 임임(壬壬) 병존, 계계(癸癸) 병존.

❷ 작용

① 사주의 지지에 많을수록 작용력이 크다.

② 일지에 있을 때 작용력이 가장 강하고, 월지가 그 다음이고, 연지와 시지에 있을 때 작용력이 가장 약하다.

③ 일지에 1개만 있는 것보다는 일지와 월지에 각각 1개씩 2개 있을 때, 또한 연월일시에 여러 개가 있을 때 작용력이 더 강하다.

④ 같은 도화살 여러 개가 있는 경우와 서로 다른 도화살이 섞여 있는 경우 모두 동일하게 작용한다.

❸ 특징

① 사람들에게 인기를 얻는다.

② 끼가 있어서 연예, 예술, 방송 분야에 적성이 있다.

③ 탤런트, 영화배우, 연극배우, 가수, 성악가, 화가, 무용가, 아나운서, MC 등의 직업이 좋다.

> **POINT**
> **도화살**
> 자(子), 오(午), 묘(卯), 유(酉), 임임(壬壬)·계계(癸癸) 병존 등이 있다. 사람들에게 인기를 얻고, 끼가 있어서 연예, 예술, 방송 분야에 적성이 있다.

예) 1972년 1월 22일(음) 인(寅)시생

시	일	월	연
壬	丁	癸	壬(乾)
寅	酉	卯	子

80	70	60	50	40	30	20	10
辛	庚	己	戊	丁	丙	乙	甲
亥	戌	酉	申	未	午	巳	辰

위 사주는 연지, 월지, 일지에 자(子), 묘(卯), 유(酉) 3개가 있어서 도화살이 강하다. 사주의 주인공은 영화배우 장동건으로, 직업적으로 자신의 사주를 최대한 발휘했다고 볼 수 있다.

역마살

> **POINT**
> **역마살**
> 인(寅), 신(申), 사(巳), 해(亥), 술(戌), 기기(己己)·병병(丙丙)·경경(庚庚)·무무(戊戊)·술술(戌戌) 병존 등이 있다. 활동적이고 움직임이 크기 때문에 앉아서 일하는 직업보다 활동적으로 움직이는 직업이 잘 어울린다.

❶ 종류

① 인(寅), 신(申), 사(巳), 해(亥), 술(戌), 기기(己己) 병존, 병병(丙丙) 병존, 경경(庚庚) 병존, 무무(戊戊) 병존, 술술(戌戌) 병존.

② 활동 범위로 보면 기기(己己)는 집 근처, 병병(丙丙)은 도지역, 경경(庚庚)은 국내, 무무(戊戊)와 술술(戌戌)은 해외에 해당한다.

❷ 작용

① 사주의 지지에 많을수록 작용력이 크다.

② 일지에 있을 때 작용력이 가장 강하고, 월지가 그 다음이고, 연지와 시지에 있을 때 작용력이 가장 약하다.

③ 일지에 1개만 있는 것보다는 일지와 월지에 각각 1개씩 2개 있을 때, 또한 연월일시에 여러 개가 있을 때 작용력이 더 강하다.

④ 같은 역마살 여러 개가 있는 경우와 서로 다른 역마살이 섞여 있는 경우 모두 동일하게 작용한다.

❸ 특징

① 활동적이고 움직임이 크다.

② 앉아서 일하는 직업보다는 활동적으로 움직이는 직업이 좋다.

③ 비행사, 스튜어디스, 외교관, 군인, 경찰, 무역, 관광안내, 통역, 영업 등의 직업이 좋다.

예) 1917년 9월 30일(음) 인(寅)시생

시	일	월	연
戊	庚	辛	丁(乾)
寅	申	亥	巳

72	62	52	42	32	22	12	2
癸	甲	乙	丙	丁	戊	己	庚
卯	辰	巳	午	未	申	酉	戌

위 사주는 지지에 인신사해(寅申巳亥) 역마살을 모두 가지고 있다. 사주의 주인공은 고 박정희 대통령으로, 젊어서는 일제 조선총독부의 일본군 장교로 만주에서 근무하고, 해방 후 군인으로 전국을 돌아다녔으며, 대통령이 되어서는 해외를 왕래하는 등 역마살의 운을 확실히 발휘하였다.

명예살

❶ 종류

진(辰), 술(戌), 축(丑), 미(未).

❷ 작용

① 사주에 많을수록 작용력이 크다.

② 일지에 있을 때 작용력이 가장 강하고, 월지가 그 다음이고, 연지와 시지에 있을 때 작용력이 가장 약하다.

POINT

명예살

진(辰), 술(戌), 축(丑), 미(未) 등이 있다. 고집 세고 지배당하는 것을 싫어하는 반면, 맡겨주고 인정해주면 능력을 2배로 발휘한다. 독립적이고 자유로운 직업이 좋다.

③ 일지에 1개만 있는 것보다는 일지와 월지에 각각 1개씩 2개 있을 때, 또한 연월일시에 여러 개가 있을 때 작용력이 더 강하다.
④ 같은 명예살 여러 개가 있는 경우와 서로 다른 명예살이 섞여 있는 경우 모두 동일하게 작용한다.

❸ 특징
① 고집이 세고 지배당하는 것을 싫어한다.
② 맡겨주고 인정해주면 능력을 2배로 발휘한다.
③ 독립적이고 자유로운 직업이 좋다.

예) 1975년 8월 8일(양) 진(辰)시생

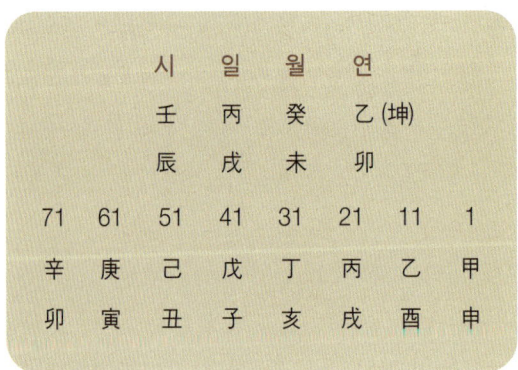

시지, 일지, 월지에 진(辰), 술(戌), 미(未) 등 명예살 3개가 있다. 사주의 주인공은 아나운서 이지연이다.

귀문관살

❶ 종류
진해(辰亥), 자유(子酉), 미인(未寅), 사술(巳戌), 오축(午丑), 묘신(卯申).

❷ 작용
① 신살을 구성하는 두 글자가 사주원국에 함께 있어야만 작용한다.

② 글자끼리 붙어 있는 것이 서로 떨어져 있는 것보다 작용력이 크고, 신살이 여러 개 있어도 작용력이 크다.

❸ 특징

① 신경이 예민하고 감각이 빠르다.

② 감수성이 발달되어 있고 끼가 있다.

③ 배짱이나 추진력이나 결단력이 다른 사람에 비해 약하므로 사업은 되도록 삼가는 것이 좋다.

④ 문학가, 예술가, 상담가, 사회복지사 등의 직업이 좋다.

> **POINT**
>
> **귀문관살**
>
> 진해(辰亥), 자유(子酉), 미인(未寅), 사술(巳戌), 오축(午丑), 묘신(卯申) 등이 있다. 예민하고 감각이 빠르며 감수성이 발달한 반면, 배짱이나 추진력이 약하다. 사업을 삼가고, 예술가나 상담가 등의 직업이 좋다.

예) 1959년 9월 25일(음) 술(戌)시생

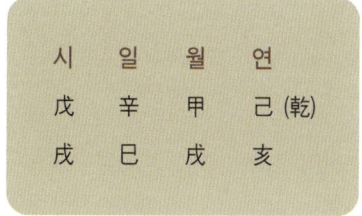

시	일	월	연
戊	辛	甲	己 (乾)
戌	巳	戌	亥

위 사주는 시지, 일지, 월지에 술사술(戌巳戌)의 귀문관살이 있다. 서정적인 작품으로 많은 사랑을 받고 있는 화가 이수동의 사주이다.

POINT

괴강살·백호대살·양인살

- 괴강살 : 무진(戊辰), 무술(戊戌), 경진(庚辰), 경술(庚戌), 임진(壬辰), 임술(壬戌)
- 백호대살 : 갑진(甲辰), 을미(乙未), 병술(丙戌), 정축(丁丑), 무진(戊辰), 임술(壬戌), 계축(癸丑)
- 양인살 : 병오(丙午), 무오(戊午), 임자(壬子)
- 세 가지 모두 고집 세고 지배당하는 것을 싫어하므로 독립적이고 자유로운 직업이 좋다.

괴강살 · 백호대살 · 양인살

❶ 종류

① 괴강살 : 무진(戊辰), 무술(戊戌), 경진(庚辰), 경술(庚戌), 임진(壬辰), 임술(壬戌)

② 백호대살 : 갑진(甲辰), 을미(乙未), 병술(丙戌), 정축(丁丑), 무진(戊辰), 임술(壬戌), 계축(癸丑)

③ 양인살 : 병오(丙午), 무오(戊午), 임자(壬子)

❷ 작용

① 신살이 많으면 많을수록 작용력이 크다.

② 일주에 있을 때 작용력이 가장 강하고, 월주에 있을 때 그 다음으로 강하고, 연주와 시주에 있을 때 가장 작용력이 작다.

③ 일주에 1개만 있는 것보다는 일주와 월주에 각각 1개씩 2개 있을 때, 또한 일주, 월주, 연주, 시주에 모두 있을 때 더욱 강하다.

❸ 특징

① 고집이 세고 남에게 지배당하는 것을 싫어한다.

② 자신에게 맡겨주고 인정해주는 것을 좋아한다.

③ 추진력이 있고 배짱이 있으며, 명예지향적인 성격이다.

④ 독립적이고 자유로운 직업이 좋다.

⑤ 다른 사람들에 비해 어려서 사고로 다치거나 작은 수술을 하는 경우가 많다.

현침살

❶ 종류

갑(甲) · 신(辛) · 오(午) · 미(未) · 신(申).

POINT

현침살

갑(甲)·신(辛)·오(午)·미(未)·신(申) 등이 있다. 의사, 한의사, 문인, 기자 등 뾰족한 도구를 사용하는 직업이 좋다.

❷ 작용

① 사주에 신살이 많을수록 작용력이 크다.

② 신살에 해당하는 글자가 3개 이상 있으면 작용력이 더 커진다.

③ 동일한 현침살이 여러 개 있거나 서로 다른 현침살이 여러 개 섞여 있거나 작용력은 동일하다.

❸ 특징
① 뾰족한 도구를 사용하는 직업이 좋다.

② 의사, 한의사, 간호사, 문인, 기자, 침술사, 자동차정비사, 영양사, 정육점 등의 직업이 좋다.

천문성

❶ 종류
작용력의 크기에 따라 1순위와 2순위로 구분한다. 1순위 신살 하나가 2순위 신살 2개의 작용력을 가지고 있다.

① 1순위 : 묘(卯), 술(戌), 해(亥), 미(未)

② 2순위 : 인(寅), 유(酉)

❷ 작용
① 사주에 많을수록 작용력이 크다.

② 일지에 1개만 있는 것보다는 일지와 월지에 각각 1개씩 2개 있을 때, 또한 연월일시에 여러 개가 있을 때 작용력이 더 강하다.

③ 같은 천문성 여러 개가 있는 경우와 서로 다른 천문성이 섞여 있는 경우 모두 동일하게 작용한다.

❸ 특징
① 사람의 생명을 다루는 직업이 잘 맞는다.

② 의사, 한의사, 간호사, 약사, 변호사, 검사, 판사, 역학자 등의 직업에 적성이 있다

> **POINT**
> **천문성**
> 묘(卯)·술(戌)·해(亥)·미(未)는 1순위, 인(寅)·유(酉)는 2순위다. 의사, 법조인, 역학자 등 사람의 생명을 다루는 직업이 좋다.

예) 1963년 2월 26일(음) 자(子)시생

시	일	월	연
壬	癸	乙	癸 (乾)
子	亥	卯	卯

75	65	55	45	35	25	15	5
丁	戊	己	庚	辛	壬	癸	甲
未	申	酉	戌	亥	子	丑	寅

위 사주는 연지, 월지, 일지의 묘묘해(卯卯亥)가 천문성이다. 사주의 주인공은 민주당 최고위원을 거쳐 인천시장에 당선된 송영길이다. 사법고시 합격 후 인권변호사로 활동하다가 정계에 진출하였다.

탕화살

> **POINT**
>
> **탕화살**
> 인(寅), 오(午), 축(丑) 등이 있으며, 사주원국에 탕화살이 많으면 사건사고를 주의해야 한다.

❶ 종류

인(寅), 오(午), 축(丑).

❷ 작용

① 일지에 탕화살이 있으면 화상이나 독극물 등의 사건사고가 반드시 생긴다.
② 사주원국에 탕화살이 많으면 사건사고가 반드시 생긴다.

2) 신살의 건강

신살의 건강 분석은 귀문관살의 소심함과 예민함, 괴강살·백호대살·양인살의 독립성, 명예성, 자유로움 등 신살이 가지고 있는 심리 특성에 크게 좌우된다.

먼저 귀문관살이 있는 사람은 과민성대장 증후군, 신경성 위장증세, 알레르기, 우울증, 스트레스성 두통 등이 나타날 가능성이 높다.

또한 괴강살·백호대살·양인살이 있으면 화병이나 조울증 또는 갑상선의 이상이 나타날 가능성이 높다.

한편 탕화살은 화상이나 음독을 조심해야 하고, 그 밖의 신살은 특별한 건강문제를 일으키지 않는다.

3) 신살의 직업 적성
신살이 나타내는 직업 적성 역시 신살마다 가지고 있는 고유한 성격 특성에 의해 결정된다.

① 괴강살, 백호대살, 양인살 : 사업, 정치, 교육
② 천문성, 현침살, 활인성, 천의성 : 법학, 의학, 수의학, 심리학, 역학
③ 도화살, 명예살 : 예체능, 문학
④ 역마살 : 외교, 관광, 홍보, 어문, 무역, 항공
⑤ 천문성, 천의성 : 의학, 한의학, 약학, 법학, 종교, 역학
⑥ 명예살 : 정치, 행정, 경영, 법학, 외교, 종교

8 음양 분석

사주팔자의 천간과 지지, 오행, 신살, 육친 등의 분포를 보면 음의 기운이 강한지 양의 기운이 강한지 판단할 수 있고, 음양의 성격상 장단점을 알 수 있다.

그렇다면 어느 때 장점이 나타나고 어느 때 단점이 나타나는가? 어려서 부모로부터 사랑받고 성인이 되기까지 별 탈 없이 무난하게 성장한 사람은 성격상 장점이 나타나기 쉽다.

반대로 어려서 부모와 일찍 생사이별을 하거나, 성인이 되어 실연 등을 경험한 사람은 성격상 단점이 나타나기 쉽다. 여기에 사주에서 음이나 양의 기운이 한쪽으로 지나치게 편중되거나, 사주팔자가 형충합으로 복잡하게 얽혀 있거나, 고립된 육친이나 무존재인 육친이 많은 경우 역시 단점이 나타나기 쉽다.

> **POINT**
> **음양의 장단점**
> 음과 양은 장점과 단점을 모두 가지고 있다. 단, 성장환경이 불우했거나 성인이 되어 실연 등을 경험한 사람, 사주에서 음이나 양의 기운이 한쪽으로 과도하게 편중된 사람, 사주팔자에 형충합이 과도하게 중복된 사람, 고립이나 무존재 육친이 많은 사람은 단점이 나타나기 쉽다.

1) 음양의 종류

사주는 천간과 지지의 음양, 오행의 음양, 신살의 음양, 육친의 음양 등 다양한 종류의 음양이 결합되어 나타난다.

❶ 천간과 지지의 음양

① 천간 : 갑병무경임(甲丙戊庚壬)은 양, 을정기신계(乙丁己辛癸)는 음이다.

② 지지 : 천간은 음양 구분이 쉽지만, 지지는 음양 구분이 다소 복잡하다. 그 이유는 십이지지 중에서 체(體)와 용(用)이 달라지는 경우가 있기 때문이다. 먼저 자(子)와 오(午)는 본래 양이지만 사주 분석에서 음의 구실을 하고, 반대로 해(亥)와 사(巳)는 본래 음이지만 사주 활용에서는 양의 구실을 한다.

그러나 계절감을 중시하고 기온 차이를 중시하는 월지와 시지에서는 타고난 체(體)를 중시하여 음양을 판단한다. 즉, 월지와 시지에 있는 자(子)는 양으로, 해(亥)는 음으로, 오(午)는 양으로, 사(巳)는 음으로 본다.

❷ 오행의 음양

① 양 : 목화(木火)

② 음 : 금수(金水)

❸ 신살의 음양

① 양 : 괴강살, 백호대살, 양인살

② 음 : 귀문관살, 현침살

❹ 육친의 음양

① 양 : 육친이 편중되어 있으면 모험적 성향으로 보아 양으로 판단한다.

② 음 : 육친이 골고루 있으면 안정적 성향으로 보아 음으로 판단한다.

2) 음양의 심리

음과 양은 대립되는 반대의 성격을 가지고 있다. 여기서 주의할 것은, 음이라고 해서 무조건 나쁘지도 않고, 양이라고 해서 무조건 좋지도 않다는 것이다. 음과 양은 성격상 장점과 단점을 모두 가지고 있다는 것을 반드시 주의한다.

● **음양의 심리적 특성**

음의 심리	양의 심리	음의 심리	양의 심리
수축 심리	팽창 심리	느림 심리	빠름 심리
생각 심리	행동 심리	인내적 심리	조급적 심리
은폐 심리	개방 심리	증오 심리	사랑 심리
내향 심리	외향 심리	슬픔 심리	기쁨 심리
안정 심리	모험 심리	약자 심리	강자 심리
현실지향적 심리	미래지향적 심리	보수 심리	진취 심리
수수함 심리	화려함 심리	소극적 심리	적극적 심리
냉소적 심리	희망적 심리	수축감 심리	자신감 심리
우울 심리	명랑 심리	피동적 심리	능동적 심리
침묵 심리	표현 심리	의지적 심리	통계적 심리
검소 심리	낭비 심리	부드러운 심리	힘찬 심리
배타성 심리	수용성 심리	포용적 심리	통솔적 심리
방어적 심리	공격적 심리	배려적 심리	돌파적 심리
따뜻한 심리	화끈한 심리	물러나는 심리	앞장서는 심리
참모적 심리	대장적 심리	준비형 심리	실천형 심리
1:1 만남 선호 심리	다자간 만남 선호 심리	일지향 심리	명예지향 심리
감각적 심리	직관적 심리	원칙 심리	사람 심리

3) 음양의 건강

사주주인공의 건강을 판단할 때 음양 분석은 매우 중요하게 활용된다.

❶ 음의 기운이 강할 때

우울증, 무기력증, 자폐증, 강박장애, 신경쇠약, 신경과민, 불면증, 알레르기, 위장·대장·호흡기·기관지의 이상.

❷ 양의 기운이 강할 때

화병, 조울증, 혈관질환, 가르시아 증후군, 정서불안, 순환기계통 질환, 갑상선 질환.

9 용신 분석

POINT

대덕 이론의 용신 분석

대덕 이론은 용신 분석에 사주의 신강이나 신약, 사길신이나 사흉신, 천간 지지, 지장간 등을 활용하지 않는다. 대신 사주원국과 대운의 오행과 육친을 분석하여 용신의 발달, 과다, 무존재, 고립 여부를 따져 사주를 판단한다.

대덕 이론은 신강과 신약을 구분하지 않기 때문에 용신과 용신격도 구분하지 않는다. 우선 신강이나 신약에 상관 없이 사주 구성이 좋으면 길한 사주로 보고, 사주 구성이 나쁘면 흉한 사주로 본다.

또한 사길신과 사흉신도 구분하지 않는다. 사길신과 사흉신 모두 자신의 특성과 장점을 잘 살리면 길한 삶을 살고, 자신의 특성과 장점을 제대로 살리지 못하면 흉한 삶을 산다고 본다.

더불어 사주에서 용신이 천간에 있는가, 지지에 있는가, 지장간으로 들어 있는가도 살피지 않는다.

또한 일반 이론에서는 용신은 반드시 하나여야 한다고 설명하지만, 대덕 이론에서는 어떤 오행과 육친이 들어와도 불안할 수 있고, 반대로 어떤 오행이나 육친이 들어와도 모두 길할 수도 있다고 설명한다.

이렇듯 대덕 이론의 용신은 사주에서 신강이나 신약, 사길신이나 사흉신, 천간 지지, 지장간 등의 영향이 적다. 다만, 용신이 사주에서 힘이 있으면 대운에서 드문드문 들어와도 길하지만, 사주에서 힘이 없거나 존재하지 않으면 대운에서 간지로 뭉쳐서 들어와야 한다고 본다. 사주원국에서 용신의 힘이 약하면 대운에서 간지로 힘이 있게 들어오는 것이 좋지만, 사주원국에서 용신의 힘이 강하면 대운에서 힘이 약하게 들어와도 좋다.

또한 대덕 이론은 사길신인 용신과 사흉신인 용신을 구분하지 않고, 사주원국과 대운에서 오행과 육친을 살펴서 용신이 무존재인지, 고립되어 있는지, 발달되어 있는지, 과다한지를 구분하여 고립된 오행과 육친은 도와주고, 발달한 오행과 육친은 현상 유지를 할 수 있게 해주며, 과다한 용신과 육친은 힘을 빼주는 다양한 용신 분석 방법을 활용한다.

10 용신격 분석

용신격은 쉽게 말해 용신과 격국을 하나로 묶은 개념이다. 사주 안에 있는 오행의 생극제화를 따져 사주의 구조를 판단하고 격의 이름을 붙인다.

일반 이론에서는 용신격을 크게 신강과 신약에 따라 억부용신격으로 구분하거나, 조후 또는 월지의 힘을 구분하는 10정격(또는 8정격) 용신격으로 구분한다. 신강신약의 억부용신격은 신강하면 식재관(食財官) 중에서 용신을 정하고, 신약하면 인성이나 비겁 중에서 용신을 정하는 것으로, 사주명리학자에 따라 자신이 선호하는 용신격을 활용한다. 억부용신격은 『적천수』의 입장을 따르고, 조후(월지) 용신격은 『난강망』의 입장을 따르는데, 둘 다 일반 이론에서는 매우 중요하게 활용된다.

그러나 대덕 이론에서는 용신격을 격국의 일부로 활용한다. 즉, 용신격을 구분하여 사주의 길흉을 따지지 않고, 격국을 분석하여 사주주인공의 직업, 적성, 성격, 특성 등을 판단하는 도구로 활용할 뿐이다.

11 격국 분석

POINT
대덕 이론의 격국 분석
대덕 이론은 사주의 오행, 육친, 신살로 격국을 정한다. 하나의 사주에 여러 개의 격국이 존재할 수 있는데, 격국의 통일성이 있으면 직업, 적성, 성격 등의 특성이 뚜렷하게 나타난다.

앞서 용신격에서 설명한 것처럼, 대덕 이론에서는 격국을 분석하여 사주주인공의 직업, 적성, 성격, 특성 등을 판단하는 도구로 활용한다.

1) 격국의 특성

대덕 이론은 격국을 신살격, 오행격, 육친격 등으로 구분하는데, 신살격은 신살 분석을, 오행격은 오행 분석을, 육친격은 육친 분석을 참고한다.

대덕 이론은 누구나 여러 개의 격국을 가지고 있다고 보고, 하나의 사주에 나타난 여러 개의 격국을 종합하여 그 사주를 분석한다. 이 때 격국마다 통일성이 있으면 직업, 적성, 성격, 특성이 뚜렷하게 나타나 사주주인공이 자신의 삶을 선택하기 쉬운 반면, 격국이 다양하여 통일성이 없으면 인생을 살면서 이것저것 욕심이 생겨 모험을 하다 굴곡진 삶을 살 가능성이 높다.

2) 격국의 장점과 단점

오행, 육친, 신살 등의 장점과 단점을 참고한다. 즉, 육친격의 성격 장단점은 육친의 장점과 단점을, 오행격의 성격 장단점은 오행의 성격 장단점을, 신살격의 성격 장단점은 신살의 장점과 단점을 참고한다.

3) 격국의 건강

격국으로는 건강을 분석하지 않는다.

12 대운 분석

인생에서 장기간 큰 영향을 미치는 운이 대운이다. 사주에 의해 결정된 사람의 성격, 적성, 특징, 개성 등이 인생에서 일정한 시기를 지배하는 각 대운의 음양오행과 육친의 영향으로 발전, 정지, 후퇴하게 된다. 따라서 대운을 알면 인생의 변화가 있을 때마다 그 흐름을 미리 읽고 인생을 긍정적이고 희망적으로 이끌어 갈 수 있다.

1) 대운의 분석 방법

대운의 분석 방법은 매우 다양하고 복잡하다. 대운과 관련해 일반 이론에서 가장 많이 사용하는 것이 용신론이고, 그 다음으로 형충합, 사길신·사흉신론, 음양론 (조후음양론·간지음양론), 12운성론 등이다. 그 밖에 12신살이나 공망 등 각종 신살을 대입하는 방법, 허자론을 대입하는 방법, 물상론을 대입하는 방법, 궁성론을 대입하는 방법 등이 있다.

한편 대덕 이론에서는 점수론(오행론·육친론), 형충합, 음양론(조후음양론·간지음양론), 천간론, 지지론, 무존재·고립·발달·과다론, 복음론을 중심으로 분석한다. 여기에 물상론, 허자론, 궁성론을 참고한다.

2) 대운의 점수 분석

대덕 이론에서는 대운의 점수론을 통해 무존재·고립·발달·과다를 분석한다. 즉, 사주원국의 점수와 대운의 점수(또는 연운의 점수)를 합산한 운명점수를 기준으로 무존재·고립·발달·과다를 판단한다.

점수론 역시 사주원국 분석과 마찬가지로 오행(육친) 점수를 먼저 계산한다. 사주원국의 총점수인 110점에, 대운 점수로 천간 10점과 지지 20점을 추가하면 총점수가 140점이 된다. 연운까지 볼 때는 천간 10점과 지지 10점을 추가로 더 주어 총 160점이 된다.

점수론의 점수 계산에서 가장 중요한 것은 합(合)을 점수에 반영한다는 것이다. 원래 사주원국의 기본 분석에서는 간지끼리의 합을 점수에 포함시키지 않는다. 그러나 점수론에서는 합으로 인한 오행과 육친의 변화를 반영하기 위해서 사주원국 자체의 합뿐만 아니라 사주원국과 대운·연운의 합까지도 점수에 포함시킨다. 자세한 점수 계산법은 『사주명리학 운세변화(pp.44~59)』를 참고한다.

이렇게 계산한 운명점수를 어떻게 활용하는가? 우선 오행의 무존재·고립·발달·과다로는 건강과 성격을 분석한다. 다음으로 육친의 무존재·고립·발달·

POINT

대덕 이론의 점수론

사주원국의 점수와 대운(또는 연운) 점수를 합산한 것으로 운명점수론이라고도 한다. 사주원국의 총점수인 110점에 대운 천간 10점과 대운 지지 20점을 추가하여 총점수가 140점이다. 연운까지 볼 경우 연운 천간 10점, 연운 지지 10점을 더 추가하여 총 160점이 된다. 사주원국만 계산할 때는 합을 점수에 포함시키지 않지만, 운 점수를 계산할 때는 간지끼리의 합을 점수에 포함시킨다.

과다로는 성격, 직업, 적성을 비롯하여 승진, 시험, 합격, 당선, 이사, 확장 등의 변화변동 그리고 소송, 손재, 상해, 시비, 구설, 관재 등의 사건사고를 분석한다.

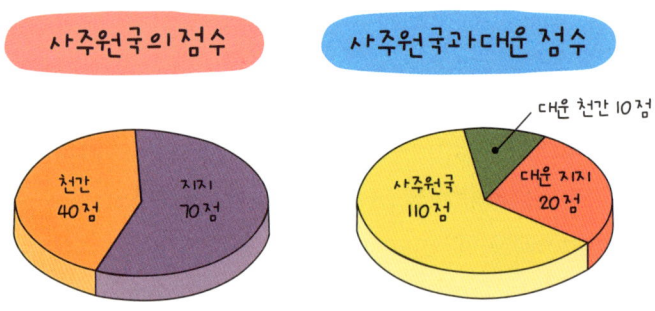

POINT

대운 점수의 고립·과다·발달·무존재

- **고립** : 사주원국, 대운, 연운의 총점수가 20점 이하로, 고립 오행의 건강문제와 고립 육친의 변화변동 또는 사건사고가 생긴다.
- **과다** : 사주원국과 대운의 총점수가 100점 이상으로, 점수가 과다할수록 긍정적인 변화변동보다 부정적인 사건사고가 많다.
- **발달** : 사주원국과 대운의 총점수가 40~90점으로, 육친의 긍정적인 변화변동이 있다.
- **무존재** : 사주원국과 대운에 오행이 전혀 없는 것으로, 사주원국에서는 없지만 운에서 들어와 고립되어 육친 문제가 생길 가능성이 높다.

❶ 고립

원래 고립은 사주원국에서 어떤 오행이 다른 오행들에게 둘러싸여 있을 때를 말하는데, 이러한 사주원국의 고립이 대운에서 더욱 심화되는 경우, 그리고 사주원국에서 점수가 낮았던 것이 대운에서도 도움을 받지 못해 더욱 약해지는 경우를 고립이라고 한다. 사주원국·대운·연운의 합산 점수가 20점 이하면 고립으로, 고립된 오행의 건강문제와 고립된 육친의 변화변동이나 사건사고가 생긴다.

여기서 승진, 시험, 합격, 당선, 이사, 확장 등의 변화변동은 즉시 나타나지만, 부부문제와 건강문제 등은 순간적으로 발생하는 경우가 드물고 대개 10여 년 이상 지속적으로 고립될 때 발생한다. 예를 들어, 암처럼 건강을 위협하는 심각한 질병은 어느 한순간에 갑자기 발병하는 경우가 매우 드물고, 오랜 기간 맵고 짠 자극적인 음식을 섭취하거나 오랜 기간 심각한 스트레스에 노출되었을 때 생긴다. 부부문제 역시 마찬가지다. 오랫동안 부부 사이에 갈등이 지속되다가 어느 순간 문제가 터지는 경우가 많을 것이다.

그렇다면 그런 문제들은 왜 생기는가? 생각해보자. 특정 오행이 고립되면 그 오행이 나타내는 건강에 부정적인 행동을 하게 되고, 그로 인해 건강이 나빠지게 된다. 같은 이치로, 어느 육친이 고립되면 그 육친의 사회성이 대인관계나 사회관계에서 불리한 행동을 하게 만든다. 예를 들어, 오행 중 화(火)가 고립되면 혈압이나 심장에 안 좋은 짠 음식이나 기름진 고기나 술을 과도하게 섭취하거나, 스트레스를 쉽게 받고 성급한 행동을 하게 된다. 또한 여자의 경우 육친 중에서 관성이 고립되면 남편과의 일들이 항상 마음에 들지 않거나, 사소한 일로 다투게 되거나, 남편에 대한 집착이 과도해질 수 있다.

❷ 과다

점수론에서 사주원국과 대운의 점수는 총 140점이다. 이 중에서 사주원국의 점수가 110점이고, 대운은 천간 10점과 지지 20점으로 30점이다. 총점수 140점에서 어느 한 오행이나 육친이 100점 이상이면 과다에 속한다.

상황에 따라 90점 정도에서도 과다의 현상인 사건사고나 변화변동이 나타날 수 있지만, 일반적으로 100점 이상일 때 과다의 사건사고나 변화변동이 나타난다. 다만, 120점 이상일 때도 사건사고나 변화변동이 나타나지 않는 경우가 있다. 수녀, 신부, 승려 같은 수도자들은 점수가 많아도 변화변동이나 사건사고가 없다. 이들은 심리적으로 욕심 없이 소박하므로 삶 또한 역동적이기보다는 평온한 경우가 많다.

한편 대운 점수가 과다할 때는 긍정적인 변화변동보다는 부정적인 사건사고가 더 많다고 보아야 한다. 또한 직업적으로 보아 공무원이나 교사처럼 안정적인 직장을 가진 사람에게는 변화변동이, 사업가처럼 모험을 시도해야 하는 사람은 사건사고가 발생할 가능성이 높다. 물론 메이저리그 투수인 박찬호처럼 사주가 타고난 기량을 모두 긍정적으로 발휘하는 사람은 부정적인 사건사고보다 긍정적인 변화변동이 나타날 확률이 높다.

❸ 발달

사주원국과 대운의 점수가 40~90점 정도면 발달의 형태인데, 발달 사주는 긍정적인 변화변동이 나타날 가능성이 높다. 그러므로 해당 육친의 긍정적 변화변동인 매매, 승진, 합격, 당선, 확장 등의 긍정적인 일이 생기게 된다.

다만, 발달인 육친으로 인해 고립되는 육친이 생기면 발달 육친의 긍정적인 변화와 고립된 육친의 부정적인 문제가 동시에 발생하게 된다.

❹ 무존재

무존재는 육친의 문제가 없지만, 대운이나 연운에서 고립이 될 가능성이 높기에 이 또한 육친 문제가 있다고 보는 것이 타당하다. 다만, 대운이나 연운에서 무존재 육친이 간지로 뭉쳐서 들어오면 고립이 해소되므로 육친의 긍정적인 일이 생기게 된다.

3) 대운의 육친 분석

육친은 사회성과 사회관계를 보여주므로 대운의 육친 분석을 통해 인생을 살면서 겪게 되는 여러 가지 변화변동을 읽어낼 수 있다. 우리 인생은 어려서 부모에게 전적으로 의지하는 초년부터, 성장하여 독립적으로 자신의 삶을 꾸려가는 장년기까지 여러 시기로 구분된다. 이 중에서 초년기는 부모의 영향력이 강한 시기이므로 대운 자체의 육친에 초점을 두고 분석하고, 부모의 영향력에서 벗어나기 시작하는 청년기 이후(일반적으로 대학을 졸업이나 취업 이후)부터는 타고난 사주팔자의 영향력이 나타나므로 사주원국과 대운의 관계를 중요하게 본다.

> **POINT**
> **시기별 대운의 육친 분석**
> 부모에게 전적으로 의존하는 초년기에는 대운 자체의 육친에 초점을 두고 분석하지만, 부모의 영향력에서 점차 벗어나는 청년기 이후에는 사주원국과 대운의 육친을 분석한다.

❶ 초년기의 학습

대운 중에서 초년은 학교생활(학습)이 주된 시기다. 이 때는 부모에게 전적으로 의지하고 부모의 영향력이 강한 시기이므로 점수와 상관 없이 육친이 무엇인지에 따라 부모의 대처방법이 달라져야 학습성과를 높일 수 있다. 자녀의 육친 대운에 따라 다음과 같은 교육방법이 효과적이다.

① 비견·겁재 대운 : 주위 사람들에게 인정받고 싶은 요구가 커지는 시기이므로 최대한 칭찬해주고 인정해준다.
② 식신·상관 대운 : 학습욕구가 극대화되는 시기이므로 최상의 학습 분위기를 만들어준다.
③ 편재·정재 대운 : 돈에 대한 관심이 커지므로 여러 가지 대회에 나가 상금을 타게 하면 좋다. 사주에 도화살이 있는 경우에는 연예, 예술, 방송 분야에 진출할 수도 있다. 학습방법으로는 동영상, 놀이 학습이 좋다.
④ 편관·정관 대운 : 관성은 명예를 의미하므로 이 시기에는 명예욕이 커진다. 즉, 우두머리가

되거나 1등이 되기를 원한다. 부모의 지지가 필요한 시기다.
⑤ 편인 · 정인 대운 : 새로운 것에 대한 관심이 많아지고 적극적으로 배우고자 하므로 학습 분위기만 만들어주면 스스로 공부하게 된다.

❷ 초년기의 육친관계

초년 대운으로는 아버지복과 어머니복을 알 수 있다.

① 아버지복이 없는 사주 : 재성 과다 사주가 초년 대운에 재성운이나 식상운이 들어올 때. 재성 고립 사주가 초년 대운에 비겁운이나 인성운이나 관성운이 들어올 때.
② 어머니복이 없는 사주 : 인성 과다 사주가 초년 대운에 인성운이나 관성운이 들어올 때. 인성 고립 사주가 초년 대운에 비겁운이나 식상운이나 재성운이 들어올 때.

❸ 청년기의 육친관계

청년 대운으로는 직업 선택, 배우자운을 알 수 있다.

① 직업 : 청년 대운(20~35세)에 들어오는 육친에 따라 직업이 결정되는 경우가 많다.
② 배우자운 : 청년 대운(20~35세)에 남성은 재성이 들어오면 부인이나 배우자를 만날 확률이 높고, 여성은 관성이 들어오면 남편이나 애인을 만날 확률이 높다.

❹ 장년기의 대운
여자 사주에서 사주원국이 무관(無官) 사주이고, 장년 대운(30~60세)에 관성이 들어오지 않거나 드물게 들어오면 남편과 생사이별한다.
　남자 사주에서 사주원국이 무재(無財) 사주이고, 장년 대운(30~60세)에 재성이 들어오지 않거나 드물게 들어오면 부인과 생사이별한다.

4) 대운의 용신 분석

일반 이론에서는 대운이나 연운에서 용신이나 희신이 들어오면 용신 육친복이 있지만, 기신이나 구신이 들어오면 용신 육친복이 없다고 본다. 또한 용신과 희신이 충이나 형을 만나면 좋지 않고, 공망이 되어도 좋지 않다고 본다. 반대로 기신이나 희신이 충이나 형이나 공망을 만나면 오히려 운이 좋아진다고 본다.
　대덕 이론의 용신은 일반 이론의 용신과는 다르다. 무엇보다 용신에 대한 개념 자체가 다르다. 대덕 이론에서는 고립된 것을 발달로 늘리고, 과다한 것은 합을 하여 발달로 줄이고, 발달은 유지시켜주는 것을 용신이라고 부른다. 즉, 사주의 오행과 육친이 고립·과다·무존재가 아니라 발달을 이룰 수 있게 도와주는 것이 용신으로, 대운에서 용신이 들어오면 해당 육친의 복이 있고 해당 오행의 건강도 좋아진다고 설명한다.

5) 대운 간지 분석

대운의 천간과 지지만으로도 변화변동과 사건사고를 분석해낼 수 있다. 먼저 천간의 갑(甲) 대운은 새로운 시작을 상징하고, 무(戊) 대운은 휴식을 상징한다.
　지지의 자(子) 대운은 새로운 시작을 상징하고, 오(午) 대운은 개점휴업을 상징한다. 진술축미(辰戌丑未)는 새로운 변화의 준비기간을 나타내는데, 이 시기에 변화에 능동적으로 대응하면 새로운 희망을 일굴 수 있다.

6) 대운의 음양 분석

대운의 음양 분석은 조후, 신살, 그리고 사주 구조상 균형과 편중에 따라 판단한다.

> **POINT**
> **대덕 이론의 대운 용신**
> 대덕 이론의 용신은 고립, 과다, 무존재인 오행(육친)을 발달 상태로 만들어주는 것이다. 따라서 대운에서 용신이 들어오면 그 육친의 복이 있고 그 오행의 건강도 좋아진다.

먼저 조후의 음양 분석에서 대운이 반복적으로 음(陰)의 조후에 해당하는 금수(金水)로 흘러가면 우울증이나 조울증이 발생할 가능성이 높고, 자살 충동이나 쓸데없는 걱정과 강박장애 등의 정신질환을 부를 가능성이 매우 높다. 또한 스트레스, 과민성 두통, 복통, 사지 마비, 알레르기 등도 조심해야 한다. 반대로 대운이 양(陽)의 조후에 해당하는 목화(木火)로 흘러가면 갑상선질환, 순환기계통의 질병인 심장병, 뇌출혈, 뇌일혈, 중풍, 당뇨 등을 주의해야 한다.

문제는 건강뿐이 아니다. 조후가 음이나 양으로 편중되어 반복적으로 몰려오면 뜻대로 이루어지는 일이 없다. 금수(金水)는 사기, 구설, 음란, 소송과 같은 몰래 발생하는 사건사고, 목화(木火)는 관재, 사고, 확장 등 겉으로 드러나는 일로 문제가 발생하게 된다.

또한 귀문관살이 반복되면 신경성, 알레르기성 질환, 괴강살·백호대살·양인살 등의 신살이 반복되면 화병이나 혈관질환의 문제가 나타날 수 있다.

> **POINT**
> **대운의 음양과 건강 분석**
> - 음의 조후 : 금수(金水) 대운이 반복되면 우울증, 조울증 등의 정신질환을 암시한다.
> - 양의 조후 : 목화(木火) 대운이 반복되면 갑상선질환과 순환기계통의 질병을 암시한다.

7) 대운의 성격 분석

사주주인공의 성격을 파악하려면 대운이 아닌 사주원국을 보아야 한다. 사람의 성격은 사주원국에 의해 결정되고, 대운에서 특정 오행과 육친이 과다 또는 발달의 형태로 10년 이상 반복적으로 흘러가면서 성격이 나타나게 된다. 타고난 성격이 살아온 환경에 의해 전혀 다른 성격으로 변화하거나 세월이 갈수록 더욱 굳어지는 것을 볼 수 있는데, 그것은 모두 대운에서 특정 오행과 육친에 반복적으로 노출되었기 때문이다.

사주원국의 성격 분석이 우선이고, 사주원국의 성격 분석을 바탕으로 대운에서 반복되는 오행과 육친을 결합시켜 성격 분석을 한다는 것을 반드시 기억한다.

8) 대운의 직업 적성 분석

성격 분석과 마찬가지로 직업과 적성도 사주원국이 우선이다. 즉, 사주원국의 오행, 육친, 신살로 직업과 적성을 먼저 분석하여 과다나 발달인 것을 우선적으로 선택하고, 여기에 대운의 직업 적성을 참고한다.

한편, 20세 이전의 대운에서는 연예, 예술, 방송 분야의 특성이 빠르게 나타날 수 있고, 25세 전후의 대운에서는 오행과 육친이 10여 년 동안 반복적으로 들어와서 강력하게 작용하면, 그 오행(육친)의 작용으로 직업 적성이 나타나 직업 선택에 큰 영향을 주게 된다.

9) 대운의 변화변동과 사건사고 분석

대운의 변화변동과 사건사고를 분석하는 방법은 매우 다양하고 방대하다. 대운의 천간과 지지, 형충합, 신살, 육친, 음양, 무존재·고립·발달·과다, 오행, 복음, 용신 등으로 분석하는데 이제까지 설명한 내용들을 종합적으로 적용하면 된다. 자세한 내용은 『사주명리학 완전정복(pp.213~234)』, 『사주명리학 용신특강(pp.200~237)』, 『사주명리학 운세변화(pp.314~383)』 등을 참고하기 바란다.

13 물상 분석

POINT

물상론의 의의

사주팔자의 천간과 지지를 자연환경이나 사물, 음양오행의 기운 등으로 변화시킨 그림사주로, 사주에 필요한 것이 무엇인지를 쉽게 파악할 수 있는 장점이 있다.

1) 물상의 성격 분석

물상론은 사주를 사물이나 자연환경이나 음양오행의 기운 등으로 변화시켜 인간 삶의 희로애락을 분석하는 이론으로, 대덕 이론에서 중요하게 활용하고 있다. 사주를 한눈에 보여주기 때문에 이해하기 쉽고 흥미 있는 이론이지만, 사주명리학자마다 의견이 서로 달라서 자칫 사이비 물상론에 속아 넘어갈 가능성도 높다. 자세한 내용은 『사주명리학 물상론분석』을 참고한다.

2) 물상의 건강 분석

물상의 건강 분석은 오행의 건강 분석과 유사하다. 다양한 분석 방법이 나올 수 있기 때문에 오행의 건강 분석을 활용하는 것이 편할 것이다. 『사주명리학 초보탈출(p.60·p.68)과 『사주명리학 완전정복(pp.78~106)』, 『사주명리학 심리분석(pp.371~443)』에 건강문제가 자세하게 다루어져 있다.

14 허자 분석

허자(虛字)는 사주팔자에 없는 글자(오행이나 육친)를 말하고, 허자론은 이렇게 사주팔자에 없는 글자(오행이나 육친)에 심리적으로 끌리는 현상을 설명한다.

사실 허자론은 대덕 이론에서 중요한 부분이 아니다. 격국과 심리 분석에서 일부 활용하고 있는 정도이다. 허자는 겉으로 드러나는 운명보다는 내면에 감추어진 심리를 읽는 데 활용하면 좋을 것이다. 자세한 내용은 『사주명리학 격국특강(pp.76~90)』과 『사주명리학 심리분석(pp.221~279)』을 참고한다.

> **POINT**
> **허자론의 의의**
> 허자는 사주팔자에 없는 오행이나 육친을 말하며, 대덕 이론에서는 특정한 시기에 내면에 감추어진 심리를 파악하는 데 허자론을 활용한다. 사주팔자에 없는 글자에 집착하지 말고 사주에 발달한 글자를 활용하자는 것이 대덕 이론의 입장이다.

15 궁성 분석

궁성론 역시 대덕 이론에서는 많이 활용하고 있지 않다. 일반 이론에서는 중요하게 활용하지만, 아직 뚜렷한 임상 결과를 확보하지 못한데다 과학적 타당성 또한 입증하지 못했다고 본다. 나중에 더 많은 임상을 거치며 의미 있는 통계를 구할 때 비로소 궁성론에 대해 판단하려고 한다. 『사주명리학 심리분석(pp.202~220)』에 궁성론으로 보는 성격과 심리를 다룬 바 있으니 참고하기 바란다.

16 투간론 분석

투간론은 지지의 지장간이 천간에 투출(투간)되어 통근(通根)된 것을 긍정적인 사주로 보고 천간의 글자를 중심으로 사주를 분석하는 이론이다. 천간이 지지에 뿌리가 있으면 가장 좋은 것으로, 천간이 뿌리가 없으면 그 다음으로, 천간에 없는 글자는 나쁜 것으로 육친을 판단하는 이론이다.

투간론은 투파론으로 발전했는데, 투파론은 천간의 병존이나 천간의 합충이나 천간의 격(내격·10정격)을 분석하는 이론이며, 천간론과 물상론 등에 혼합되어 있다.

17 궁합 분석

궁합은 사람들끼리의 사주를 음양오행으로 맞추어 보아 서로에게 길한 인연인지 흉한 인연인지를 따져보는 것이다. 일반적으로 결혼을 앞둔 애인이나 부부 사이의 궁합을 많이 맞춰보지만, 동업자나 부모자식처럼 긴밀한 관계인 사람들 역시 궁합을 따지는 경우가 많다.

궁합을 보는 방법은 많이 존재하지만, 당사자들의 사주를 종합적으로 살펴서 두 사람의 성격, 적성, 취미 등을 모두 고려하여 궁합의 길흉 여부를 따져야 한다. 각자의 성격과 장단점을 고려하지 않고 단순히 궁합만으로 좋은 관계 혹은 나쁜 관계라고 단정할 수는 없다.

궁합을 보는 방법은 앞서 『사주명리학 초보탈출(pp.186~197)』과 『사주명리학 가족상담(pp.320~343)』에서 다루었다. 『사주명리학 초보탈출』에서는 일반 이론에서 궁합을 보는 방법들을 자세하고 다루었고, 『사주명리학 가족상담』에서는 사주명리학 이론을 바탕으로 남자와 여자의 속궁합에 대해 자세하게 다루었다.

18 택일 분석

택일(擇日)은 말 그대로 결혼이나 이사 등 큰일을 치르거나 여행을 떠날 때 좋은 날을 고른다는 의미다. 택일의 종류에는 이사 택일, 결혼 택일, 만남 택일, 제왕절개 택일(출산 택일), 수술날짜 택일, 계약성사 택일 등 다양한 택일이 있다. 택일을 하는 방법 또한 삼합법, 구성법, 복덕일법, 손 없는 날, 삼재법 등 복잡하고 다양한 방법이 있다. 그러나 택일법은 타당성이 없는 것이 대부분이고, 타당성이 있는 택일법은 일부분이라고 할 수 있다.

한편 택일 중에서 반드시 지켜야 할 것은 제왕절개 수술을 할 때 필요한 출산 택일이다. 현대에 제왕절개로 출산하는 사람들이 늘어나면서 제왕절개 택일 역시 급속도로 늘어났다. 가정마다 아이를 한두 명밖에 낳지 않기 때문에 부모 입장에서 아이가 좋은 사주팔자를 가지고 태어나기를 바라고, 제왕절개를 권하는 의

사 입장에서도 어차피 수술로 아이를 낳아야 한다면 부모가 원하는 날과 시간에 수술을 하는 것이 부담이 적을 것이다. 그렇다면 출산 택일은 어떻게 하는가. 먼저 아이의 사주팔자에서 합충이 너무 많으면 안 되고, 고립된 오행(육친)이 너무 많으면 안 된다. 더불어 사주 구조가 편중되지 않아야 한다.

이제 출산 택일의 예를 들어본다. 2010년 4월 26일부터 30일까지, 그리고 아침 7시부터 저녁 7시까지 정해진 시간 중에서 출산 택일을 한다. 다만, 제왕절개 택일은 의사의 근무시간을 고려해야 하므로 저녁이나 밤, 새벽은 불가능하다.

2010년 4월 26일		
출생시간 05:31~07:30 辛 丙 庚 庚 卯 午 辰 寅	신금(辛金)과 묘목(卯木)이 고립된다 고립오행이 둘이나 있어서 아이를 낳기에는 부담스럽다	나쁨
출생시간 07:31~09:30 壬 丙 庚 庚 辰 午 辰 寅	임수(壬水)가 고립이지만, 다른 간지에 비해 임수(壬水)는 큰 부담이 없다 현무당권격이 있기 때문에 진토(辰土)는 어느 정도 목(木)의 기운으로 간다고 본다 지지에 인오합화(寅午合火), 천간에 병경충(丙庚沖)이 중복되고 병임충(丙壬沖)이 있다 비겁 발달, 재성 발달, 식상도 운에서 발달이 된다 관성이 고립되므로 여자 사주라면 부담스럽다	보통
출생시간 09:31~11:30 癸 丙 庚 庚 巳 午 辰 寅	계수(癸水) 고립이므로 좋지 않다	나쁨

출생시간 11:31~13:30		
甲 丙 庚 庚 午 午 辰 寅	갑목(甲木) 고립이므로 좋지 않다	나쁨
출생시간 13:31~15:30		
乙 丙 庚 庚 未 午 辰 寅	을목(乙木) 고립이므로 좋지 않다	나쁨
출생시간 15:31~17:30		
丙 丙 庚 庚 申 午 辰 寅	신금(申金) 고립이므로 좋지 않다	나쁨
출생시간 17:31~19:30		
丁 丙 庚 庚 酉 午 辰 寅	유금(酉金) 고립이므로 좋지 않다	나쁨

2010년 4월 27일

출생시간 05:31~07:30

癸	丁	庚	庚
卯	未	辰	寅

계수(癸水) 고립
지지에서 묘목(卯木)은 수생목(水生木)이므로 좀 낫지만, 인묘진합목(寅卯辰合木)과 묘미합목(卯未合木)까지 있어서 지지가 완전히 목(木)국으로 가는 것이 문제다
목(木)인다 사주로 나중에 굴곡이 심할 가능성이 있다

나쁨

출생시간 07:31~09:30

甲	丁	庚	庚
辰	未	辰	寅

갑목(甲木)과 정화(丁火) 고립
지지의 연지 인목(寅木)은 대운에서 평생 고립 형태로 간다. 어떤 날이든 연월이 결정된 상태이기 때문에 고립은 피할 수 없다
진(辰)월 진(辰)시에 목(木)의 기운이 있어서 목(木)의 고립은 괜찮다
식재인다 신약 사주(식상 발달, 재성 발달, 인성 발달)

나쁨

출생시간 09:31~11:30

乙	丁	庚	庚
巳	未	辰	寅

을목(乙木) 고립
비겁 발달, 식상 발달, 재성 발달
크게 부담스럽지는 않지만, 아주 좋은 사주 또한 아니다

보통

출생시간 11:31~13:30

丙	丁	庚	庚
午	未	辰	寅

비겁 발달
안정감은 있다. 대운에서 보면 식상이 발달되고, 경금(庚金) 재성이 토생금(土生金)까지 받고 있다. 이러면 오미합화(午未合火)와 인오합화(寅午合火)로 인해 비겁이 많아져도 진토(辰土)가 화(火)로 갈 일은 없다. 그 점은 긍정적이다. 진(辰)이 술(戌)이었으면 위험하겠지만 진(辰)이기에 매우 좋다

좋음

출생시간 13:31~15:30		
丁 丁 庚 庚 未 未 辰 寅	정정(丁丁) 병존은 인덕이 없고 외롭기 때문에 부담스럽다	나쁨
출생시간 15:31~17:30		
戊 ㉠ 庚 庚 申 未 辰 寅	토(土) 발달, 금(金) 발달 대신에 정화(丁火)는 고립이다 이 정도 시간은 출산을 생각해볼 만하다	보통
출생시간 17:31~19:30		
己 ㉠ 庚 庚 酉 未 辰 寅	정화(丁火) 고립 이 정도 시간은 출산을 생각해볼 만하다	보통

2010년 4월 28일

출생시간 05:31~07:30		
乙 戊 庚 庚 卯 申 辰 寅	금(金) 고립 없고, 토(土)도 괜찮고, 을묘(乙卯)도 괜찮다 다만, 지지에서 인묘진합목(寅卯辰合木)을 하고, 천간에서 을경합금(乙庚合金)을 하므로 금목(金木) 상쟁을 조심해야 한다 사주 자체는 안정되어 있다 목(木) 발달, 토(土) 발달, 금(金) 발달	보통
출생시간 07:31~09:30		
㉠ 戊 庚 庚 辰 申 辰 寅	토(土) 발달, 금(金) 발달 병화(丙火)가 고립이지만, 진(辰)일 진(辰)시라서 큰 걱정은 안 해도 된다 대운 흐름이 신왕식상왕이므로 쓸 만한 사주다	좋음

출생시간 09:31~11:30		판정
丁 戊 庚 庚 巳 申 辰 寅	인성 발달, 식상 발달, 비겁 발달 사신합수(巳申合水)를 하여 정화(丁火)가 꺼져가는 것은 부담이 있다	보통
출생시간 11:31~13:30		
戊 戊 庚 庚 午 申 辰 寅	비겁 발달, 식상 발달로 이 정도면 괜찮다 오화(午火)가 고립이지만, 인오합화(寅午合火)로 고립을 늘 해소시켜주므로 괜찮다	좋음
출생시간 13:31~15:30		
己 戊 庚 庚 未 申 辰 寅	전체적으로 균형잡혀 있고 안정적이다 신왕식관왕인 것도 괜찮다	좋음
출생시간 15:31~17:30		
庚 戊 庚 庚 申 申 辰 寅	완전히 금(金)으로만 이루어져 있다 금(金)이 너무 많다	나쁨
출생시간 17:31~19:30		
辛 戊 庚 庚 酉 申 辰 寅	이 역시 금(金)으로만 이루어져 있다 금(金)이 너무 많다	나쁨

2010년 4월 29일

출생시간	사주	설명	평가
05:31 ~ 07:30	丁 己 庚 庚 卯 酉 辰 寅	묘목(卯木)이 고립이지만 인묘진합목(寅卯辰合木)을 하므로 고립에서 벗어난다 그 대신 진유합금(辰酉合金)에 인묘진합목(寅卯辰合木)으로 인해 목(木)과 금(金)이 서로 강하면 금목(金木)상쟁이 될 가능성이 있다	보통
07:31 ~ 09:30	戊 己 庚 庚 辰 酉 辰 寅	진유합금(辰酉合金)이 반복되어 식상다신약이 될 가능성이 있다 긍정적이지는 않다	나쁨
09:31 ~ 11:30	己 己 庚 庚 巳 酉 辰 寅	사유합금(巳酉合金)과 진유합금(辰酉合金)을 하여 금(金) 기운이 매우 강해지므로 연지에 있는 목(木)이 엄청난 공격을 받게 된다	나쁨
11:31 ~ 13:30	庚 己 庚 庚 午 酉 辰 寅	진유합금(辰酉合金)과 인오합화(寅午合火)를 하지만, 금(金) 기운이 너무 강해서 화(火) 기운은 힘을 발휘하기 어렵다 금(金)이 75점인 반면, 화(火)는 인오합화(寅午合火)를 해도 25점밖에 안 되기 때문에 늘 문제가 된다	나쁨
13:31 ~ 15:30	辛 己 庚 庚 未 酉 辰 寅	금(金) 기운이 강하여 인목(寅木)이 공격받게 된다	나쁨

출생시간 15:31~17:30 壬己庚庚 申酉辰寅	진유합금(辰酉合金)과 신유합금(申酉合金)이 중복되어 인목(寅木)이 공격받는다	나쁨
출생시간 17:31~19:30 癸己庚庚 酉酉辰寅	진유합금(辰酉合金)이 중복되어 인목(寅木)이 공격받는다	나쁨

2010년 4월 30일

출생시간 05:31~07:30 己庚庚庚 卯戌辰寅	인묘진합목(寅卯辰合木)과 묘술합화(卯戌合火)로, 금(金) 일간에 지지는 목화(木火)로 가고 있다. 신왕재관왕이 된다 천간의 경경경(庚庚庚)은 충분히 이겨나갈 수 있다. 상당히 카리스마가 있을 가능성이 높다 인묘진합목(寅卯辰合木)으로 인해 묘목(卯木)과 인목(寅木)이 고립에서 해소된다	좋음
출생시간 07:31~09:30 庚庚庚庚 辰戌辰寅	토(土) 인성과 금(金) 비겁으로만 뭉쳐 있다. 인목(寅木)은 위험해진다. 영원히 고립되어버린다 다만, 진(辰)월 진(辰)시의 목(木) 기운이 목(木)의 고립을 현저히 낮추어준다	보통
출생시간 09:31~11:30 辛庚庚庚 巳戌辰寅	인목(寅木)은 그렇게 긍정적이지 않다. 화(火), 토(土), 금(金)으로만 이루어져 있고, 합도 없어서 목(木)이 영원히 고립된다	나쁨

출생시간 11:31~13:30 壬 庚 庚 庚 午 戌 辰 寅	인오술합화(寅午戌合火)로, 대운에서 보면 신왕관왕이 된다 금수(金水)쌍청과 경경(庚庚) 병존으로 관왕의 기운이 있다 인목(寅木)은 조금 약해질 가능성이 있다	보통
출생시간 13:31~15:30 癸 庚 庚 庚 未 戌 辰 寅	인성과 비겁으로만 뭉쳐 있다 인목(寅木)은 고립된다	나쁨
출생시간 15:31~17:30 甲 庚 庚 庚 申 戌 辰 寅	갑목(甲木)과 인목(寅木)이 고립된다	나쁨
출생시간 17:31~19:30 乙 庚 庚 庚 酉 戌 辰 寅	지지에 유술합금(酉戌合金)과 진유합금(辰酉合金), 천간에 을경합금(乙庚合金)이 3개나 있어서 최악의 상태다	나쁨

19 사주 용신 활용법

대덕 이론에서는 사주의 오행 용신으로 사주를 판단하지 않는다. 대신에 실내 인테리어, 풍수, 의상 코디 등 실생활에서 적극적으로 활용한다. 즉, 자신의 집과 방문의 방향, 자신이 일하는 사무실 문의 방향, 잠자리 방향, 책상 방향, 실내 인테리어 색상, 자신이 입고 다니는 옷의 색상 등 일상적으로 자주 접하는 것들에 용신을 활용하는 것이다. 이렇게 용신 색상으로 옷을 입고, 용신 색상으로 실내 인테리어를 하고, 용신 방향으로 방문을 내고, 용신 방향으로 잠을 자는 것은 크게 어렵지 않고 자신의 운명 또한 좋아지게 하므로 일상생활에 꼭 반영해보면 좋을 것이다. 오행 용신에 따른 활용법은 다음과 같다.

> **POINT**
> **용신 오행의 색상과 방향**
> - 목(木) : 청색 계통, 동쪽 방향
> - 화(火) : 적색 계통, 남쪽 방향
> - 토(土) : 황색 계통, 방향은 사주 상황에 따라 결정된다
> - 금(金) : 백색 계통, 서쪽 방향
> - 수(水) : 흑색 계통, 북쪽 방향

1) 목(木) 용신
① 청색 계통(파랑·초록·연녹색)의 옷을 입는다.
② 청색 계통(파랑·초록·연녹색)의 색상으로 실내 인테리어를 한다.
③ 목제 책상을 사용한다.
④ 책상은 동쪽을 향하게 놓는다.
⑤ 침대는 머리가 동쪽을 향하게 놓는다.
⑥ 나무, 숲 등의 그림이나 청색 계통의 그림을 걸어놓는다.
⑦ 실내에 화분을 놓는다.
⑧ 동쪽으로 난 대문, 현관문, 방문, 가게문, 공장문이 좋고 다른 방향은 막혀 있으면 좋다.

2) 화(火) 용신
① 적색 계통(빨강·분홍)의 옷을 입는다.
② 적색 계통(빨강·분홍)의 색상으로 실내 인테리어를 한다.
③ 목제 책상을 사용한다.
④ 책상은 남쪽을 향하게 놓는다.
⑤ 침대는 머리가 남쪽을 향하게 놓는다.
⑥ 태양, 노을 등 불이나 적색 계통의 그림을 걸어놓는다.

⑦ 실내에 벽난로를 놓는다.

⑧ 남쪽으로 난 대문, 현관문, 방문, 가게문, 공장문이 좋고 다른 방향은 막혀 있으면 좋다.

3) 토(土)의 용신

① 황색 계통(노랑 · 황토색 · 갈색)의 옷을 입는다.

② 황색 계통(노랑 · 황토색 · 갈색)의 색상으로 실내 인테리어를 한다.

③ 책상은 목제와 철제 모두 무방하지만 사주 상황에 따라 결정한다.

④ 책상을 어느 방향에 놓든 무방하지만 사주 상황에 따라 결정한다.

⑤ 침대는 어느 방향에 놓든 무방하지만 사주 상황에 따라 결정한다.

⑥ 들판, 사막 등 땅이나 황색 계통의 그림을 걸어 놓는다.

⑦ 마당이 있는 집이나 황토집이 좋다.

화 · 토가 용신인 경우

4) 금(金)의 용신

① 백색 계통(하양 · 회색 · 상아색)의 옷을 입는다.

② 백색 계통(하양 · 회색 · 상아색)의 색상으로 실내 인테리어를 한다.

③ 철제 책상을 사용한다.

④ 책상은 서쪽을 향하게 놓는다.

⑤ 침대는 머리가 서쪽을 향하게 놓는다.
⑥ 바위산, 기차, 비행기 등 금속이나 백색 계통의 그림을 걸어 놓는다.
⑦ 금속성의 소품이나 장식품을 놓는다.
⑧ 서쪽으로 난 대문, 현관문, 방문, 가게문, 공장문이 좋고 다른 방향은 막혀 있는 것이 좋다.

5) 수(水)의 용신

① 흑색 계통(검정·보라색)의 옷을 입는다.
② 흑색 계통(검정·보라색)의 색상으로 실내 인테리어를 한다.
③ 철제 책상을 사용한다.
④ 책상은 북쪽을 향하게 놓는다.
⑤ 침대는 머리가 북쪽을 향하게 놓는다.
⑥ 바다, 강, 호수 등 물이나 검정 계통의 그림을 걸어 놓는다.
⑦ 실내에 수족관을 놓거나 마당에 샘이 있으면 좋다.
⑧ 북쪽으로 난 대문, 현관문, 방문, 가게문, 공장문이 좋고 다른 방향은 막혀 있으면 좋다.

20 시간점 분석

역학에는 사주팔자를 분석하여 태어나면서 결정되어지는 성격이나 기질 등을 알려주는 명학이 있고, 평생을 사는 동안 순간순간 스쳐 지나가는 인연과 같은 삶의 변화변동과 사건사고를 알려주는 운학이 있고, 명학과 운학으로는 알기 어려운 상황을 판단하는 점학이 있다.

　시간점은 사주명리학 점학의 한 가지로 정확한 명칭은 사주팔자 시간점이며, 간단히 줄여 시간점이라고 한다. 대덕 이론에서는 시간(時干)을 질문자(내담자)로 보고 순간적으로 결정되는 일들을 예측한다. 시간점은 일반적인 사주 분석이 아닌 직접 사람을 만나 상담할 때 매우 유용하게 사용되는데, 매우 중요하고 최선의 노력을 기울인 문제에만 활용해야 한다.

　시간점에서 보는 사주팔자는 태어난 생년월일시로 만든 것이 아니다. 즉, 무엇

> **POINT**
> **시간점의 사주팔자**
> 내담자가 상담실에 들어선 순간을 시간으로 환산하여 사주팔자 여덟 글자를 찾는다. 사주명리학의 사주 분석과 달리 시간점에서는 시천간을 사주주인공으로 보고, 내담자가 알고 싶어 하는 내용을 용신으로 본다.

인가 알고 싶은 것이 있는 내담자가 자신의 의지로 직접 상담실에 들어서는 그 순간을 시간으로 환산하여 사주팔자 여덟 글자를 찾는다. 또 일간이 아닌 시천간(시간)을 내담자 본인으로 보고, 연월일시 팔자(八字)를 육친으로 변환하여 육친관계와 오행관계를 살펴 내담자의 질문에 해답을 찾아준다.

용신 역시 사주명리학의 용신과 다르다. 사주명리학에서는 사주팔자에 필요한 오행이나 육친을 용신이라고 하지만, 시간점에서는 내담자가 알고 싶어하는 질문의 대상(목적)을 용신으로 정하고, 그 용신이 시간점을 보기 위해 만든 사주팔자 안에서 어떤 역할을 하는지를 살펴서 질문에 대한 해답을 찾는다. 이 때 먼저 사주원국을 분석한 다음 시간점으로 분석하는 두 가지 방법을 병행하는 것이 사주 분석의 정확도를 높일 수 있다.

시간점으로 뽑은 천간과 지지 네 기둥을 어떻게 해석하는지 아래에 정리하였다. 시간점의 사주팔자를 뽑는 자세한 내용은 『사주명리학 운세변화(pp.391~443)』를 참고한다.

1) 연주

시간점에서 연주는 아주 먼 과거의 상황을 알려준다.

첫째, 연주의 상황과 용신의 관계를 본다. 예를 들어, 연주가 용신을 도와준다면 먼 과거의 상황은 매우 긍정적이고 용신에게 유리한 상황이었다고 해석한다.

둘째, 연주의 육친관계와 용신의 관계를 살펴본다. 예를 들어, 내담자가 재물에 대해 질문했을 때 연주에 비겁이 있으면 먼 과거에 재물 손실이 매우 컸음을 뜻한다. 반대로 연주에 식상이나 재성이 있으면 먼 과거에 재물의 이익이 매우 컸음을 말해준다.

월주, 월주, 시주에 대해서도 위와 같은 방법으로 판단한다.

2) 월주

시간점에서 월주는 가까운 과거를 알려준다.

첫째, 월주의 상황과 용신과의 관계를 본다.

둘째, 월주의 육친관계와 용신의 관계를 본다.

3) 일주

시간점에서 일주는 질문 내용과 관련해 아주 가까운 근래의 상황이나 현재 상황을 알려주거나, 질문 내용이 발생한 원인을 알려준다.

  첫째, 일주의 상황과 용신의 관계를 본다.
  둘째, 일주의 육친관계와 용신의 관계를 본다.

4) 시주

시간점에서 시주는 현재의 상황과 미래의 상황, 그리고 일의 결과를 알려준다.

  첫째, 시주의 상황과 용신의 관계를 본다. 특히 시간(時干)은 용신과 함께 매우 중요한 의미를 지니고 있으므로 꼼꼼하게 살펴야 한다. 시간점에서는 시간이 사주의 주인공인 내담자 자신을 의미하기 때문이다.
  둘째, 시주의 육친관계와 용신의 관계를 본다.

2. 대덕 이론으로 보는 사주 해설

앞에서는 대덕 이론에서 활용하는 사주 분석 이론들을 정리했다면, 여기서는 그 이론들로 사주에서 무엇을 볼 것인가를 설명한다. 쉽게 말해서 앞서 설명한 이론들이 사주 분석을 위한 도구였다면, 지금 설명하는 내용은 그 도구들로 찾아내는 사주에 담긴 내용들이다. 다양한 사주 이론을 공부했지만, 막상 사주를 분석하려니 무엇부터 시작해야 할지 막막한 사람들에게 도움이 되리라 생각한다.

  사주팔자에는 성격, 직업, 적성, 건강, 심리, 가족관계, 사회관계, 변화변동, 사건사고 등 사주주인공의 다양한 특성과 모습이 나타난다. 여기에서는 그러한 특성과 모습들을 보는 방법, 즉 사주팔자를 어떻게 분석해야 할지, 어디서부터 분석해야 할지를 설명할 것이다. 지금까지 공부한 내용들을 꿰뚫는 안목이 생길 것이고, 분석을 반복하면서 사주를 보는 혜안이 열리리라 본다.

 다만, 처음부터 사주를 한눈에 보겠다는 욕심을 버리고 천천히 하나씩 하나씩 분석해 나가길 바란다. 사주 상담은 도사가 되거나 족집게가 되기보다는, 얼마나 상대방을 배려하면서 따뜻한 상담을 할 것인가가 우선이다. 열심히 분석하고 사주에 직접 대입해보며 상담하다 보면 사주팔자에 나타난 성격, 직업, 적성, 건강, 심리와 육친의 가족관계와 사회관계, 그리고 대운과 연운의 변화변동과 사건사고 등을 한눈에 볼 수 있는 날이 올 것이다.

1 성격 · 직업 · 적성

POINT

과다와 성격 특성의 관계

오행, 천간지지, 육친, 신살, 띠동물, 음양, 격국 등 사주팔자의 모든 요소에서 과다는 긍정적 모습과 부정적 모습을 모두 가지고 있다. 사주주인공의 성장 배경이나 스트레스 등에 따라 장점이 나타날 수도 있고, 단점이 나타날 수도 있다.

 먼저 사주팔자로는 사람의 성격과 심리를 알 수 있다. 우리는 누구나 한 가지 성격만 갖고 있지 않고 여러 가지 성격을 복합적으로 가지고 있다. 장점만 가진 사람이나 단점만 가진 사람이 드물고, 장점과 단점을 모두 가진 사람이 대부분이다.

 다음은 사주팔자에서 성격을 보는 방법으로, 오행이나 천간지지 등을 하나씩 단편적으로 판단하지 말고 모든 결과를 종합해야만 비로소 그 사람의 성격을 정확하게 분석해낼 수 있다.

 다음 표에서 과다한 오행, 과다한 천간과 지지, 과다한 육친, 과다한 신살, 과다한 띠동물, 과다한 음양, 과다한 격국은 긍정적 성격(장점)과 부정적 성격(단점)을 모두 가지고 있다. 두 가지 모습 중에 어떤 모습이 더 강하게 나타나느냐는 사주주인공의 성장배경, 그리고 스트레스에 얼마나 노출되느냐에 따라 결정된다.

직업과 적성 역시 성격 분석과 비슷하다. 성격을 알면 직업과 적성이 보인다. 성격이 외향적이면 활동적 직업, 성격이 내성적이면 안정적 직업 등 성격과 직업은 연관관계가 있다.

● 성격 분석 기준

종류	긍정적 성격	부정적 성격
오행	일간의 오행 오행의 발달 오행의 과다 (오행의 과다는 장점과 단점이 동시에 나타난다)	오행의 고립 오행의 무존재 오행의 과다 (오행의 과다는 장점과 단점이 동시에 나타난다)
천간과 지지	일간 반복되는 천간과 지지 천간 병존 지지 병존 월지(병존)	반복되는 천간과 지지 천간 병존 지지 병존
육친	육친의 발달 육친의 과다 (육친의 과다는 장점과 단점이 동시에 나타난다)	육친의 고립 육친의 무존재 육친의 과다 (육친의 과다는 장점과 단점이 동시에 나타난다)
신살	각종 신살(적당한 신살)	과다한 신살(편중된 신살)
띠동물	많은 띠동물 일지의 띠동물 연지의 띠동물	과다한 띠동물
음양	음 과다 양 과다 음양의 조화	과다한 음 과다한 양
격국	각종 격국의 장점이 평생 나타난다	통일성이 없는 격국. 예를 들어 식신격과 편관격처럼 성격이 다른 격국

POINT
배우자복 분석

남자 사주에서는 재성, 여자 사주에서는 관성을 본다. 배우자복이 없는 대표적인 경우는 재성이나 관성이 합을 하여 사라지거나 고립되는 것이다.

2 배우자복

배우자복 중 부부관계 역시 사주 분석에서 자주 보는 내용이다. 보통 궁합을 많이 보지만, 궁합보다는 사주주인공 자신의 사주에서 배우자의 문제를 살펴보는 것이 정확하다. 즉, 남자 사주에서는 부인에 해당하는 재성의 문제를 보고, 여자 사주에서는 남편에 해당하는 관성의 문제를 살펴보아야 한다. 몇몇 사주명리학자는 궁성론의 법칙에 따라 월지를 남편으로 보고 일지를 부인으로 보거나, 용신을 배우자로 보기도 한다. 그러나 이런 이론은 타당성도 없고 주장의 설득력도 부족하다.

1) 배우자복이 없는 남자 사주

남자 사주는 재성에 나타난 문제를 분석하면 배우자, 즉 부인복의 여부를 정확하게 판단할 수 있다. 다음은 부인과 생사이별을 하여 인연이 없는 사주다.

① 재성이 합을 하여 100% 사라질 때.
② 재성이 고립되어 있는데 대운에서도 20~60대 사이에 반복적으로 고립될 때.
③ 재성이 과다한데(재성 점수가 높을수록 작용이 크다) 대운에서도 과다할 때.
④ 비겁이 과다한데(비겁 점수가 높을수록 작용이 크다) 대운에서도 과다할 때.
⑤ 재성이 월지에서 제 구실을 못할 때.
⑥ 재성이 시지에서 제 구실을 못할 때.
⑦ 재성이 사주원국이나 지장간에 없고 대운에서도 제대로 들어오지 않을 때.

2) 배우자복이 없는 여자 사주

여자 사주는 관성에 나타난 문제를 분석하면 남편복의 여부를 정확하게 판단할 수 있다. 남편과 생사이별을 하여 인연이 없는 사주는 다음과 같다.

① 관성이 합을 하여 100% 사라질 때.
② 관성이 고립되어 있는데 대운에서도 20~60대 사이에 반복적으로 고립될 때.
③ 관성이 과다한데(관성 점수가 높을수록 작용이 크다) 대운에서도 과다할 때.

④ 비겁이 과다한데(비겁 점수가 높을수록 작용이 크다) 대운에서도 과다할 때.

⑤ 관성이 월지에서 제 구실을 못할 때.

⑥ 관성이 시지에서 제 구실을 못할 때.

⑦ 관성이 사주원국이나 지장간에 없고 대운에서도 제대로 들어오지 않을 때.

3) 배우자복이 있는 남자 사주

배우자가 능력이 있거나 배우자복이 있는 남자 사주는 다음과 같다.

① 재성이 천간과 지지에 있으면서 20~40점인 경우.

② 재성이 발달되어 있으면서 고립된 것이 없는 경우.

4) 배우자복이 있는 여자 사주

배우자가 능력이 있거나 배우자복이 있는 여자 사주는 다음과 같다.

① 관성이 천간과 지지에 있으면서 20~40점인 경우.

② 관성이 발달되어 있으면서 고립된 것이 없는 경우.

3 건강

POINT
건강 분석
육체적인 건강문제는 90% 정도가 오행의 고립과 과다 때문에 발생하고, 정신적 건강문제는 음양의 기운과 사주주인공의 성장 배경 등 다양한 원인이 결합되어 발생한다.

사주명리학은 사람의 건강에 대해서도 타당성이 있는 내용을 분석해낼 수 있다. 건강은 육체적 건강과 정신적 건강으로 구분할 수 있는데, 다음과 같이 건강문제가 나타나는 원인이 서로 다르다.

1) 육체적 건강

육체적 건강은 오행의 문제 또는 음양의 문제에서 비롯되는데, 오행의 문제에서 비롯되는 경우가 90% 이상이고, 음양의 문제로 나타나는 경우가 10% 정도이다.

❶ 오행의 고립과 과다

사주원국과 대운에서의 오행의 고립과 과다로 인해 다음과 같은 육체적 건강문제가 발생할 수 있다.

① 사건사고 : 교통사고나 상해사고 등은 오행이 집중적으로 고립되거나 과다할 때 나타난다.
② 육체적 질병 : 오행의 고립이나 과다가 대운에서 반복될 때 나타난다. 특히 오행 고립과 과다가 있으면서 스트레스가 심한 사람은 육체적 질병이 더욱 심각하게 나타난다.

❷ 음양의 편중과 동시에 억압이나 스트레스가 동반될 때

음이 편중되면 스트레스로 위장과 대장이 나빠지고, 양이 편중되면 스트레스로 혈관과 심장 등이 나빠진다.

2) 정신적 건강

정신적 건강은 음양의 문제에서 나타난다. 이 때 단순히 음양의 문제만이 아니라 부모와의 생사이별, 부모의 폭력, 애인이나 배우자와의 생사이별, 배우자의 외도, 배우자의 폭력 등으로 인한 스트레스, 그리고 갑작스런 부도나 사업상 어려움 등의 사건사고가 동반될 때 나타난다.

❶ 음의 기운이 강하고 분리로 인한 스트레스나 사건사고가 동반될 때
우울증과 자폐증이 나타나기 쉽다.

❷ 양의 기운이 강하고 분리로 인한 스트레스나 사건사고가 동반될 때
조울증, 화병, 갑상선질환 등이 나타나기 쉽다.

4 사회성과 사회관계

사회성과 사회관계는 오행, 육친, 격국, 형충합의 작용에 따라 변화가 나타난다. 특히 행동으로 나타나는 것은 오행, 신살, 육친, 음양, 격국 등 다양한 사주명리학 이론으로 분석해낼 수 있다.

허자나 궁성의 작용도 있다고 보지만, 오행, 육친, 격국, 형충합의 작용이 크기 때문에 심리에 가까운 허자나 궁성의 작용은 생략해도 무방하다.

5 변화변동과 사건사고

사람들은 누구나 앞일에 대해 알고 싶어한다. 변화변동과 사건사고는 바로 미래에 일어날 긍정적인 일들과 부정적인 일들을 포함한다. 여기서 변화변동은 합격, 당선, 이사 등 살아가면서 겪게 되는 긍정적인 일들을 의미하고, 사건사고는 재물손실, 소송 등 부정적인 일들을 의미한다.

1) 음양, 오행, 육친, 신살로 보는 방법

음양, 오행, 육친, 신살이 각각 발달인지 과다인지 고립인지 무존재인지를 보고 변화변동과 사건사고를 예측한다. 특히 사주원국에서의 사주 구성이 대운이나 연운에서 반복되면 변화변동이나 사건사고가 일어날 가능성이 더욱 높아진다.

> **POINT**
> **변화변동과 사건사고 분석**
> - 음양·오행·육친·신살 기준 : 각각 발달 또는 과다이고 형충합이 적당하면 긍정적인 변화변동, 고립이나 무존재나 과다인데 형충합까지 많으면 부정적인 사건사고를 암시한다.
> - 합충 기준 : 합충이 적당하면 긍정적인 변화변동, 합충이 너무 많으면 부정적인 사건사고를 암시한다.
> - 사주원국의 오행 점수 : 고립이 없는 발달일 때 가장 긍정적이다.

❶ 긍정적인 변화변동

음양, 오행, 육친, 신살 등이 다음과 같은 구성일 때 합격, 당선, 이사 등 긍정적인 변화변동을 의미한다.

① 신살, 음양, 오행, 육친이 발달일 때.
② 신살, 음양, 오행, 육친이 과다일 때. 다만, 과다는 긍정적 변화변동과 부정적 사건사고가 동시에 발생할 수 있다.
③ 사주원국에 형충합이 적당하고 대운에서도 형충합이 적당할 때.
④ 가벼운 복음이 있을 때.
⑤ 사주원국에 형충합이 없는데 운에서 적당한 형충합이 있을 때.
⑥ 사주원국에 형충합이 과다한데 운에서 형충합이 아주 적을 때.

❷ 부정적인 사건사고

음양, 오행, 육친, 신살 등이 다음 구성일 때 재물 손실, 소송 등의 부정적인 사건사고를 의미한다.

① 신살, 음양, 오행, 육친이 고립될 때.
② 신살, 음양, 오행, 육친이 무존재일 때.
③ 신살, 음양, 오행, 육친이 과다일 때. 다만, 과다는 긍정적 변화변동과 부정적 사건사고가 동시에 발생할 수 있다.
④ 강력한 복음이 있을 때.
⑤ 사주원국에 형충합이 무존재이거나 적은데 운에서 형충합이 과다할 때.
⑥ 사주원국의 형충합이 과다한데 운에서도 형충합이 과다할 때.

2) 합충으로 보는 방법

합과 충의 개수로 변화변동과 사건사고를 분석한다. 합충이 적당하면 발전적이고 긍정적인 변화변동을 가져오지만, 합충이 너무 많으면 부정적인 사건사고를 가져온다.

❶ 사주원국의 합충이 3~6개일 때

합과 충의 개수가 3~6개 정도일 때는 우리 몸이 질병에 대비해 예방접종을 한 것과 마찬가지다. 따라서 대운이나 연운 등의 운에서 웬만한 충이나 합은 이겨낼 수 있는 저항력이 생겨 안정적인 삶을 살 수 있다.

❷ 사주원국의 합충이 전혀 없거나 1~2개일 때

합과 충이 전혀 없거나, 있어도 그 수가 매우 적으면 마치 인체가 예방접종이 안 된 상태에서 질병에 감염되는 것과 같다. 즉, 대운이나 연운 등의 운에서 충이나 합에 즉각적으로 반응하여 사건사고나 변화변동을 많이 겪게 된다.

❸ 사주원국의 합충이 7개 이상일 때

합과 충의 개수가 7개 이상이면 체질적으로 병을 타고난 것처럼 허약한 사주라고 할 수 있다. 따라서 대운이나 연운 등의 운에서 충과 합에 즉각적으로 반응하여 사건사고나 변화변동을 많이 겪게 된다.

3) 사주원국의 점수로 보는 방법

사주원국에서 어느 한 오행(육친)의 점수가 발달이면 긍정적으로 판단한다. 그러나 전체적으로는 발달이어도 고립된 상태라면 건강과 관련하여 문제가 생기기 쉽다.

❶ 사주원국의 점수가 고립일 때

고립은 점수 자체보다는 주변 상황에 따라 달라진다. 점수가 10점일지라도 주변에서 적당히 생해주면 고립이 전혀 아니고, 반대로 30점이라고 해도 주변 전체로부터 공격을 당한다면 고립으로 봐야 한다. 이렇듯 고립은 점수보다는 주변 상황에 따라 수시로 변할 수 있기 때문에 사주 상황을 보고 판단한다.

❷ 사주원국의 점수가 발달일 때

사주원국에서 발달 점수는 20~50점이다. 다만, 점수가 낮을수록 간지로 함께 있어야 한다. 20점이라도 간지로 함께 있으면 발달로 보고, 30점이라도 고립되어 있으면 발달의 작용이 매우 약하다. 결론적으로 말해서 고립이 없는 발달이 가장 긍정적인 특성을 나타낸다고 본다.

3. 일반 이론의 사주 분석법

일반 이론에서는 ① 용신, ② 용신격, ③ 12운성, ④ 형·충·파·해·원진살·고신살·과숙살·공망, ⑤ 사길신·사흉신, ⑥ 대운, ⑦ 근묘화실론, ⑧ 허자론, ⑨ 궁성론, ⑩ 12신살, ⑪ 각종 신살, ⑫ 물상론, ⑬ 투파론, ⑭ 당사주, ⑮ 납음오행, ⑯ 궁합, ⑰ 택일, ⑱ 일간점 등 다양한 방법으로 사주를 분석한다.

그러나 하나의 사주를 분석할 때 이 이론들을 모두 사용할 수도 있고 그렇지 않을 수도 있다. 그것은 사주에 따라 한 가지 이론으로 설명이 가능할 수도 있고, 2~3가지 이론을 복합적으로 활용해야 설명이 가능할 수도 있기 때문이다.

1 용신 분석

용신은 사주에 가장 필요한 오행이나 육친을 말하는데, 일반 이론에서는 용신이 사주의 균형을 맞추어준다고 하여 매우 중요하게 다룬다. 또한 일반 이론에서는 누구나 용신을 하나만 가진다고 보고, 용신격은 하나뿐이라고 한다. 여기서 용신과 용신격이 혼동될 수 있는데, 용신이 사주팔자에 필요한 오행을 말한다면, 용신격은 용신과 사주의 관계를 통해 사주의 그릇(격국)을 보는 것이다.

일반 이론에서 사주의 오행(육친)은 각자의 역할에 따라 용신, 희신, 기신, 구신, 한신으로 구분된다. 사주에 가장 필요한 오행이나 육친은 용신, 용신을 생하는 오행이나 육친은 희신, 용신을 극하는 오행이나 육친은 기신, 기신을 생하거나 희신을 극하는 오행이나 육친은 구신, 사주 상황에 따라 이로운지 해로운지가 결정되는 것이 한신이다.

대덕 이론에서는 용신을 행운용신과 고립용신으로 구분한다. 행운용신은 일반적인 용신을 의미하는데, 사주에서 용신을 찾아내고 그 용신을 통해서 대운, 연운, 월운의 흐름을 살펴보아 사주주인공에게 언제 행운이 찾아올지를 분석한다. 고립용신은 사주원국에서 고립된 오행을 지켜주는 용신을 의미한다. 이렇게 오행(육친)의 무존재·고립·발달·과다 등 사주 구성을 바탕으로 용신을 찾기 때문에 대덕 이론에서는 용신이 없을 수도 있고 여러 개일 수도 있다고 본다. 또한 용신격을 격국의 하나로 보고, 사람에 따라 여러 개의 격국을 가지고 있다고 분석한다.

> **POINT**
> **용신의 종류**
> - 일반 이론 : 사주에 가장 필요한 오행(육친)인 용신, 용신을 생하는 오행(육친)인 희신, 용신을 극하는 오행(육친)인 기신, 기신을 생하거나 희신을 극하는 오행(육친)인 구신, 사주 상황에 따라 길흉이 결정되는 한신으로 구분된다.
> - 대덕 이론 : 사주주인공에게 행운을 가져다주는 일반적인 의미의 용신인 행운용신, 사주원국에서 고립된 오행을 지켜주는 고립용신으로 구분된다.

일반 이론에서는 사주원국의 신강과 신약, 용신의 유력 여부, 사흉신과 사길신의 유무에 따라 용신의 가치가 결정된다.

첫째, 신강 사주와 신약 사주 중에서 신강 사주를 우선한다.

둘째, 용신이 천간에 있으면서 뿌리가 있는 것(통근한 것)을 우선한다. 그 다음으로는 용신이 천간에 있으면서 뿌리가 없는 것, 용신이 지지에 있으며 힘이 있는 것, 용신이 지지에 있으면서 힘이 없는 것, 용신이 지장간에 있으면서 힘이 있는 것, 용신이 지장간에 있으면서 힘이 없는 것, 용신이 사주 내에 존재하지 않는 것의 순서로 사주의 길흉화복이 정해진다.

셋째, 사길신인 용신은 길하게 보고, 사흉신인 용신은 흉하게 본다.

넷째, 강한 오행(육친)을 생하는 용신은 매우 좋은 것으로 보고, 강한 오행을 극하는 용신은 그 다음으로 좋으며, 강한 오행에게 극을 당하는 용신은 부정적으로 본다.

자세한 내용은 『사주명리학 용신특강』과 『사주명리학 격국특강』을 참고한다.

사주에 필요한 오행의 종류

이름	의미
용신	내 사주팔자에 가장 필요한 오행 또는 육친
희신	용신을 생하는 오행이나 육친
기신	용신을 극하는 오행이나 육친
구신	기신을 생하는 오행이나 육친·희신을 극하는 오행
한신	한가로운 오행. 사주 상황에 따라 이로울 수도 있고, 해로울 수도 있다

용신 등급표

등급	사주의 신강·신약	용신과 강한 오행의 관계	용신의 위치와 강함 여부		사길신·사흉신
1	사주가 신강하면서	용신이 강한 오행에게 생을 받으며 (강한 오행을 설기하며)	천간에 있고	지지에 뿌리를 내렸으며	사길신인 경우
2					사흉신인 경우
3				지지에 뿌리를 내리지 못하였으며	사길신인 경우
4					사흉신인 경우
5			지지에 있고	주변에 도와주는 오행이 있으며	사길신인 경우
6					사흉신인 경우
7				주변에 도와주는 오행이 없으며	사길신인 경우
8					사흉신인 경우
9			지장간에 있고	주변에 도와주는 오행이 있으며	사길신인 경우
10					사흉신인 경우
11				주변에 도와주는 오행이 없으며	사길신인 경우
12					사흉신인 경우
13		용신이 강한 오행을 극하며	천간에 있고	지지에 뿌리를 내렸으며	사길신인 경우
14					사흉신인 경우
15				지지에 뿌리를 내리지 못하였으며	사길신인 경우
16					사흉신인 경우
17			지지에 있고	주변에 도와주는 오행이 있으며	사길신인 경우
18					사흉신인 경우
19				주변에 도와주는 오행이 없으며	사길신인 경우
20					사흉신인 경우
21			지장간에 있고	주변에 도와주는 오행이 있으며	사길신인 경우
22					사흉신인 경우
23				주변에 도와주는 오행이 없으며	사길신인 경우
24					사흉신인 경우

등급	사주의 신강·신약	용신과 강한 오행의 관계	용신의 위치와 강함 여부		사길신·사흉신
25	사주가 신강하면서	용신이 강한 오행에게 극을 당하며	천간에 있고	지지에 뿌리를 내렸으며	사길신인 경우
26					사흉신인 경우
27				지지에 뿌리를 내리지 못하였으며	사길신인 경우
28					사흉신인 경우
29			지지에 있고	주변에 도와주는 오행이 있으며	사길신인 경우
30					사흉신인 경우
31				주변에 도와주는 오행이 없으며	사길신인 경우
32					사흉신인 경우
33			지장간에 있고	주변에 도와주는 오행이 있으며	사길신인 경우
34					사흉신인 경우
35				주변에 도와주는 오행이 없으며	사길신인 경우
36					사흉신인 경우
37	사주가 신약하면서	용신이 강한 오행에게 생을 받으며 (강한 오행을 설기하며)	천간에 있고	지지에 뿌리를 내렸으며	사길신인 경우
38					사흉신인 경우
39				지지에 뿌리를 내리지 못하였으며	사길신인 경우
40					사흉신인 경우
41			지지에 있고	주변에 도와주는 오행이 있으며	사길신인 경우
42					사흉신인 경우
43				주변에 도와주는 오행이 없으며	사길신인 경우
44					사흉신인 경우
45			지장간에 있고	주변에 도와주는 오행이 있으며	사길신인 경우
46					사흉신인 경우
47				주변에 도와주는 오행이 없으며	사길신인 경우
48					사흉신인 경우

등급	사주의 신강·신약	용신과 강한 오행의 관계	용신의 위치와 강함 여부		사길신·사흉신
49	사주가 신약하면서	용신이 강한 오행을 극하며	천간에 있고	지지에 뿌리를 내렸으며	사길신인 경우
50					사흉신인 경우
51				지지에 뿌리를 내리지 못하였으며	사길신인 경우
52					사흉신인 경우
53			지지에 있고	주변에 도와주는 오행이 있으며	사길신인 경우
54					사흉신인 경우
55				주변에 도와주는 오행이 없으며	사길신인 경우
56					사흉신인 경우
57			지장간에 있고	주변에 도와주는 오행이 있으며	사길신인 경우
58					사흉신인 경우
59				주변에 도와주는 오행이 없으며	사길신인 경우
60					사흉신인 경우
61		용신이 강한 오행에게 극을 당하며	천간에 있고	지지에 뿌리를 내렸으며	사길신인 경우
62					사흉신인 경우
63				지지에 뿌리를 내리지 못하였으며	사길신인 경우
64					사흉신인 경우
65			지지에 있고	주변에 도와주는 오행이 있으며	사길신인 경우
66					사흉신인 경우
67				주변에 도와주는 오행이 없으며	사길신인 경우
68					사흉신인 경우
69			지장간에 있고	주변에 도와주는 오행이 있으며	사길신인 경우
70					사흉신인 경우
71				주변에 도와주는 오행이 없으며	사길신인 경우
72					사흉신인 경우

2 용신격 분석

용신격은 용신론과 격국론을 혼합한 이론으로서 일반 이론에서 매우 중요하게 활용하며, 용신을 먼저 찾아낸 후 격국을 정한다.

일반 이론에서 용신은 사주에 하나만 있으므로 용신격 역시 사주에 반드시 하나가 있어야 한다. 용신격은 크게 억부용신격과 조후용신격으로 구분된다.

먼저 억부용신격은 신강과 신약을 구분하고 용신을 정하여 사길신 용신, 사흉신 용신에 따라 분석한다.

다음으로 조후용신격(십정격이라고도 한다)은 먼저 월지 지장간이 천간에 투간되어 있는지를 살피고, 천간에 투간된 월지 지장간과 일간의 육친관계를 따져 격을 정하고, 용신은 별도로 잡는다.

억부용신격은 『적천수』에 이론적 토대를 두고 있고, 조후용신격은 『난강망』에 바탕을 두고 있다.

반면 대덕 이론에서는 용신격을 격국론에 흡수 통합시켜 사용하고 있으며, 누구나 사주와 대운에 격국을 여러 개 가지고 있다고 본다. 또한 용신과 격국을 별개로 보기 때문에 사주 분석에 활용할 수 있는 용신격만 수용한다.

자세한 내용은 『사주명리학 용신특강』과 『사주명리학 격국특강』을 참고한다.

POINT
용신격의 종류
- 일반 이론 : 용신격을 억부용신격(신강신약으로 구분), 조후용신격(천간에 투간된 월지 지장간과 일간의 육친관계로 정함)으로 구분한다.
- 대덕 이론 : 용신과 격국을 별개로 보므로 용신격이 따로 없다.

3 12운성 분석

12운성(運星) 분석은 용신격과 용신 다음으로 일반 이론에서 많이 사용하고 있다. 12운성은 10개의 천간이 12개의 지지와 만났을 때 기를 얻거나 잃는 과정을 사람이 태어나고 성장해서 죽기까지의 12단계에 비유해 나타낸 것이다.

1) 12운성의 구성

12운성은 장생(長生), 목욕(沐浴), 관대(冠帶), 건록(建祿), 제왕(帝旺), 쇠(衰),

병(病), 사(死), 묘(墓), 절(絶) 또는 포(胞), 태(胎), 양(養)으로 이루어진다. 이 중에서 육친이 묘에 있으면 매우 안 좋고, 사와 병에 있어도 불리하다고 보며, 건록이나 관대에 있어야 좋다고 본다.

또한 지지에 건록이나 관대가 있으면 통근했다고 하여 튼튼한 사주로 보지만, 절, 태, 병, 사, 묘에 있으면 통근하지 못했다고 하여 부실한 사주로 본다.

12운성은 크게 신강이나 신약 또는 통근 여부, 육친복 여부를 판단할 때 많이 사용한다.

POINT

12운성

10천간이 12지지를 만날 때 각각 기를 얻거나 잃는 과정을 사람의 일생에 비유해 12단계로 나타낸 것이다. 장생, 목욕, 관대, 건록, 제왕, 쇠, 병, 사, 묘, 절 또는 포, 태, 양으로 이루어지며, 신강신약이나 통근 여부나 육친복을 판단할 때 많이 사용한다.

건록·관대

절·태·병·사·묘

● **12운성의 구성**

분류	의미
장생	태어남. 세상과 처음 인연을 맺는 것을 뜻한다
목욕	목욕을 함. 점차 성장해가는 것을 뜻한다
관대	관을 쓰고 허리띠를 맴. 성인이 되는 것을 뜻한다
건록	문패를 세우고 녹봉을 받음. 직업을 갖고 사회에 진출하는 것을 뜻한다
제왕	왕처럼 왕성함. 활동이 가장 왕성한 시기를 뜻한다
쇠	시듦. 왕성하던 기운이 점차 줄어드는 것을 뜻한다

분류	의미
병	병듦. 원기를 잃고 병이 드는 것을 뜻한다
사	죽음. 병이 깊어져 죽음을 맞는 것을 뜻한다
묘	무덤에 들어감. 죽어서 무덤에 묻히는 것을 뜻한다
절(포)	끊어짐. 시신이 부패하고 영혼이 육체를 떠나가는 것을 뜻한다
태	잉태함. 윤회의 결과로 새롭게 모체와 인연을 맺는 것을 뜻한다
양	자라남. 모태에서 자라나는 것을 뜻한다

● 일간별 12운성의 구성

12운성 \ 일간	甲	乙	丙	丁	戊	己	庚	辛	壬	癸
장생	亥	午	寅	酉	寅	酉	巳	子	申	卯
목욕	子	巳	卯	申	卯	申	午	亥	酉	寅
관대	丑	辰	辰	未	辰	未	未	戌	戌	丑
건록	寅	卯	巳	午	巳	午	申	酉	亥	子
제왕	卯	寅	午	巳	午	巳	酉	申	子	亥
쇠	辰	丑	未	辰	未	辰	戌	未	丑	戌
병	巳	子	辛	卯	辛	卯	亥	午	寅	酉
사	午	亥	酉	寅	酉	寅	子	巳	卯	申
묘	未	戌	戌	丑	戌	丑	丑	辰	辰	未
절(포)	申	酉	亥	子	亥	子	寅	卯	巳	午
태	酉	申	子	亥	子	亥	卯	寅	午	巳
양	戌	未	丑	戌	丑	戌	辰	丑	未	辰

2) 12운성 뽑는 방법

자신의 손을 사용하여 12운성을 세어 나가는 방법이다. 양 일간인 경우는 양포태, 음 일간인 경우는 음포태라고 한다. 다음의 12운성 뽑는 방법은 양포태와 음포태를 함께 사용한 것이다.

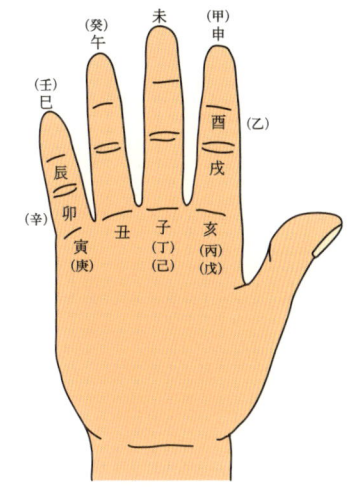

① 양 일간인 사람은 자신의 일간에서부터 시계 방향으로 절(포), 태, 양, 장생, 목욕, 관대, 건록, 제왕, 쇠, 병, 사, 묘의 순서로 세어 나간다.
② 음 일간인 사람은 자신의 일간에서부터 시계 반대 방향으로 절(포), 태, 양, 장생, 목욕, 관대, 건록, 제왕, 쇠, 병, 사, 묘의 순서로 세어 나간다.

3) 12운성 이론의 길흉 판단

앞서 설명한 것처럼, 12운성 이론은 신강이나 신약 또는 통근 여부, 육친복 여부를 판단할 때 많이 사용한다. 특히 인생의 각 시기마다 육친의 길흉을 판단하는 데 중요하게 활용된다. 즉, 연주로는 조상과 조부모운과 초년운을, 월주로는 부모형제운과 청년운을, 일주로는 배우자와 중년운을, 시주로는 자식운과 말년운을 본다.

여기서 사람들에게 희망을 주는 긍정적인 내용보다 좌절하게 만드는 부정적인 내용이 더 많은 점이 문제다. 12운성 이론을 적용하여 사주를 상담하다 보면 매사에 나쁜 일만 생길 것 같은 느낌을 준다.

연월일시주를 모두 해석해야 하지만 연주, 월주, 일주, 시주가 서로 비슷한 길흉 분포를 보이기 때문에 일주 해석만으로도 12운성 이론에서 길흉을 어떻게 판단하는지 알 수 있을 것이다.

● **12운성 이론의 일주 해설**

12운성	해설	길흉
장생	배우자복 있음, 가정 화목, 부부금슬 좋음, 부모에게 효도, 부모 은덕 있음	길
목욕	부모를 일찍 여의거나 부모복 없음, 주색잡기, 부부 인연 없음	흉
관대	의지 강함, 용모 수려, 두뇌 총명, 가정 평안, 직업 변동이 많다	길
건록	의지가 굳음, 계획적이고 주관이 뚜렷함, 양자 가능성 여성은 배우자복 없음	남자 길 여자 흉
제왕	자존심 강함, 양부모를 모심, 고향을 떠나 자수성가, 여성은 배우자복 없음	남자 길 여자 흉
쇠	결혼운 약함, 부부 인연 없음, 가족과 생사이별	흉
병	체질 약함, 중병, 부부 인연 약함, 부부 생사이별	흉
사	부부 사이 냉담(다툼), 신경질적인 성격, 중년 이후 생사이별	흉
묘	초년에 병치레로 허약함, 여자는 부부운이 약함	흉
절(포)	이성관계가 복잡, 가정에 소홀, 부부 다툼, 부부 별거, 이혼	흉
태	의지 부족, 신체 허약, 죽을 고비 있음, 부모를 모셔야 함, 시부모와 갈등	흉
양	연애결혼, 의지력과 결단력 있음, 고향을 떠나 객지생활을 함, 재주 많음	흉

POINT

일반 이론의 묘(고)
- 목(木)의 고 : 미(未)
- 화(火)의 고 : 술(戌)
- 토(土)의 고 : 술(戌)
- 금(金)의 고 : 축(丑)
- 수(水)의 고 : 진(辰)

4) 12운성의 인종과 묘고

인종(引從)이란 사주의 각 육친을 분석하고, 이 육친의 천간으로 지지를 끌어당겨서 살펴보는 것을 말한다. 묘고(墓庫)는 묘지나 창고를 뜻한다. 고(庫)는 고장(庫藏)이라고도 하며, 일반 이론에서 지지 중 진술축미(辰戌丑未)에 각각 천간의 오행 기운이 감추어져 있다는 의미로 사용한다.

예를 들어, 기토(己土) 일간은 갑목(甲木)이 관성이고 관성 갑목(甲木)은 미토(未土)가 묘(墓)에 해당하는데, 사주원국이나 대운이나 연운에 미토(未土)가 있으면 남편의 자리가 무덤을 가지고 있는 형태이므로 남편과 인연이 약하거나 항상 근심을 가지고 산다고 해석한다. 가장 많이 사용하는 것이 장생, 관대, 제왕, 사,

묘로, 다음 표는 묘를 설명한 것이다.

● 12운성의 묘고

일간 \ 육친	비겁고	식상고	재성고	관성고	인성고
목	未	戌	戌	丑	辰
화	戌	戌	丑	辰	未
토	戌	丑	辰	未	戌
금	丑	辰	未	戌	戌
수	辰	未	戌	戌	丑

위 표는 다음과 같이 활용한다. 먼저 목(木)이 일간일 때 목(木)은 비겁이므로 목(木)의 고에 해당하는 미(未)가 있으면 형제복이 없고, 화(火)는 식상이므로 화(火)의 고에 해당하는 술(戌)이 있으면 여자는 자식복이 없다. 토(土)는 재성이므로 토(土)의 고에 해당하는 술(戌)이 있으면 남자는 배우자복이 없고, 남녀 모두 아버지복이 없다. 금(金)은 관성이므로 금(金)의 고에 해당하는 축(丑)이 있으면 남편복이 없고, 수(水)는 인성이므로 수(水)에 고에 해당하는 진(辰)이 있으면 어머니복이 없다고 본다.

그러나 대덕 이론에서는 진(辰)은 목(木)의 고장, 술(戌)은 금(金)의 고장, 축(丑)은 수(水)의 고장, 미(未)는 화(火)의 고장으로 본다. 무엇보다 사주 분석에 12운성 자체를 활용하지 않는다. 대덕 이론은 사주의 신강과 신약 그리고 육친복 여부 등을 오행과 육친의 발달, 과다, 고립, 무존재 등으로 판단한다.

4 형·충·파·해·원진살·고신살·과숙살·공망 분석

일반 이론에서는 형, 충, 파, 해, 원진살, 고신살, 과숙살, 공망 또한 사주 분석에 많이 활용하고 있다.

POINT

**형·충·파·해·원진살·
고신살·과숙살·공망 분석**

일반 이론에서는 사주원국이나 대운에 이러한 신살들이 있으면 해당 육친의 복이 없고 사주주인공에게 흉하다고 본다. 그러나 대덕 이론은 형과 충만 사용하고, 형과 충 역시 긍정적일 때도 있고 부정적일 때도 있다고 본다.

1) 형

형(刑)은 형살(刑殺)이라고도 하며, 충의 작용과 비슷하다. 삼형, 상형, 자형이 있다.

❶ 삼형

인사신(寅巳申), 축술미(丑戌未).

❷ 상형

자묘(子卯).

❸ 자형

진진(辰辰), 오오(午午), 유유(酉酉), 해해(亥亥).

2) 충

충(冲)은 충돌한다는 뜻으로, 천간충과 지지충으로 나뉜다.

❶ 천간충

천간충은 천간끼리 충하는 것으로, 내가 극하는 오행 중에서 음양이 같은 것, 나를 극하는 오행 중에서 음양이 같은 것과 각각 충을 한다. 갑경충(甲庚冲), 갑무충(甲戊冲), 을신충(乙辛冲), 을기충(乙己冲), 병임충(丙壬冲), 병경충(丙庚冲), 정계충(丁癸冲), 정신충(丁辛冲), 무임충(戊壬冲), 기계충(己癸冲)이 있다.

❷ 지지충

지지충은 지지끼리 충하는 것으로, 각각의 지지는 자신으로부터 7번째 지지와 충하므로 칠충(七冲)이라고도 한다. 자오충(子午冲), 축미충(丑未冲), 인신충(寅申冲), 묘유충(卯酉冲), 진술충(辰戌冲), 사해충(巳亥冲)이 있다.

3) 파

파(破)는 말 그대로 파괴한다는 뜻으로 육파(六破)라고도 한다. 자유(子酉), 축진(丑辰), 인해(寅亥), 묘오(卯午), 사신(巳申), 술미(戌未) 등이 있다.

4) 해

해(害)는 합으로 들어오는 것을 충한다고 해서 생겨난 것으로, 육해(六害)라고도 한다. 일반 이론에서 해는 서로 대치하여 싸우고 원수가 된다고 한다. 자(子)와 미(未), 축(丑)과 오(午), 인(寅)과 사(巳), 묘(卯)와 진(辰), 신(申)과 해(亥), 유(酉)와 술(戌)이 서로 해의 관계다.

5) 원진살

원진살(怨嗔殺)은 서로 미워하고 증오하는 살이라고 하며, 남녀 사이에 원진살이 있으면 부부 궁합이 나쁘다고 한다. 연월일시 지지를 기준으로 자미(子未), 축오(丑午), 인유(寅酉), 묘신(卯申), 진해(辰亥), 사술(巳戌)이 서로 원진살이다.

6) 고신살

고신살(孤身殺)은 홀아비살이라고도 하는데, 남자 사주에 고신살이 있으면 홀아비로 외롭게 산다고 하여 꺼린다. 인묘진(寅卯辰)은 사(巳), 사오미(巳午未)는 신(申), 신유술(申酉戌)은 해(亥), 해자축(亥子丑)은 인(寅)이 고신살이다.

7) 과숙살

과숙살(寡宿殺)은 과부살이라고도 하는데, 여자 사주에 과숙살이 있으면 남편이 먼저 죽고 외롭게 산다고 하여 꺼린다. 인묘진(寅卯辰)은 축(丑), 사오미(巳午未)는 진(辰), 신유술(申酉戌)은 미(未), 해자축(亥子丑)은 술(戌)이 과숙살이다.

8) 공망

10천간과 12지지가 서로 짝을 이루어 육십갑자를 이룰 때 각 순마다 2개의 지지가 짝을 이루지 못하는데, 이것을 공망(空亡)이라고 한다. 갑자(甲子)순은 술해(戌亥), 갑술(甲戌)순은 신유(申酉), 갑신(甲申)순은 오미(午未), 갑오(甲午)순은 진사(辰巳), 갑진(甲辰)순은 인묘(寅卯), 갑인(甲寅)순은 자축(子丑)이 공망이다.

이러한 신살을 볼 때 사주원국에서 육친으로 살펴보는 방법, 대운에서 들어올 때 살펴보는 방법, 그리고 근묘화실론으로 살펴보는 방법이 있는데, 이들이 사주원국에 있어도 부정적으로 보고, 대운이나 연운에서 들어와도 부정적으로 본다.

첫째, 사주원국에 형, 충, 파, 해, 원진살, 고신살, 과숙살, 공망이 있으면 해당 육친의 복이 없고 사주주인공에게도 흉하다고 본다.

둘째, 사주 대운에 형, 충, 파, 해, 원진살, 고신살, 과숙살, 공망이 들어오면 해당 육친에게 부정적인 일이 생기고 사주주인공에게도 부정적인 일이 생긴다고 본다.

그러나 대덕 이론은 이 중에서 형과 충만 사용하고, 형과 충 또한 단순하게 판단하지 않고 긍정적일 때도 있고 부정적일 때도 있다고 본다.

● 원진살·충·파·해

살 \ 연월일시	子	丑	寅	卯	辰	巳	午	未	申	酉	戌	亥
원진살	未	午	酉	申	亥	戌	丑	子	卯	寅	巳	辰
충	午	未	申	酉	戌	亥	子	丑	寅	卯	辰	巳
파	酉	辰	亥	午	丑	申	卯	戌	巳	子	未	寅
해	未	午	巳	辰	卯	寅	丑	子	亥	戌	酉	申

● 고신살·과숙살

살 \ 지지	亥子丑	寅卯辰	巳午未	申酉戌
고신살	寅	巳	申	亥
과숙살	戌	丑	辰	未

5 사길신과 사흉신 분석

육친 중에서 네 가지 길한 육친을 사길신이라고 하고, 반대로 네 가지 흉한 육친을 사흉신이라고 한다. 대덕 이론에서는 사용하지 않지만, 일반 이론에서는 중요하게 활용하므로 소개한다.

사길신은 식신, 재성, 정관, 정인을 말하고, 사흉신은 상관, 편관, 편인, 겁재를 말한다. 사길신과 사흉신은 사주원국에 존재하는가, 사주의 용신에 해당하는가, 대운이나 연운에서 들어오는가를 중심으로 살펴본다. 만약 사길신이 사주원국에 있거나, 용신이거나, 대운이나 연운에 들어오면 매우 좋은 사주로 본다. 반대로 사흉신이 사주원국에 있거나, 용신이거나, 대운이나 연운에 들어오면 매우 나쁜 사주로 본다.

> **POINT**
> **사길신과 사흉신의 의미**
> 사길신(식신·재성·정관·정인)이 사주원국에 있거나 용신이거나 대운이나 연운에 들어오면 매우 길하게 본다. 그러나 사흉신(상관·편관·편인·겁재)이 사주원국에 있거나 용신이거나 대운이나 연운에 들어오면 매우 흉하게 본다.

❶ 사주원국 판단법

① 사주원국이 식신, 재성, 정관, 정인으로 구성되어 있으면 매우 좋은 사주로 본다.

② 사주원국이 상관, 편관, 편인, 겁재로 구성되어 있으면 매우 나쁜 사주로 본다.

❷ 용신 판단법

① 사주 용신이 식신, 재성, 정관, 정인 중 하나면 매우 좋은 사주로 본다.

② 사주 용신이 상관, 편관, 편인, 겁재 중 하나면 매우 나쁜 사주로 본다.

❸ 대운과 연운 판단법

① 사주의 대운이나 연운에 식신, 재성, 정관, 정인이 들어오면 해당 육친의 길한 작용이 있다고 본다.

② 사주의 대운이나 연운에 상관, 편관, 편인, 겁재가 들어오면 해당 육친의 흉한 작용이 있다고 본다.

6 대운 분석

> **POINT**
>
> **일반 이론의 대운 분석**
>
> 대운에 용신이나 희신, 사길신, 합, 좋은 신살이나 12운성이 들어오면 행운이 따른다. 그러나 기신이나 구신, 사흉신, 형충, 나쁜 신살이나 12운성이 들어오거나 공망이 되면 불행이 따른다.

일반 이론에서는 대운에 들어오는 천간과 지지를 다음 기준으로 판단하여 사주의 길흉을 판단한다.

❶ 용신 · 희신 · 기신 · 구신 · 한신 분석

① 대운에 용신이나 희신이 오면 행운이 있지만, 기신이나 구신이 오면 불행해진다.

② 용신이나 희신이 충이나 형이 되면 부정적이지만, 기신이나 구신이 충이나 형이 되면 부정적인 것이 해소된다(이 방법은 사용하는 사람과 사용하지 않는 사람이 있다).

❷ 사길신 · 사흉신 분석

① 대운 간지가 사길신이면 긍정적이지만, 사흉신이면 부정적이다.

② 사길신이 충이나 형이 되면 부정적이다.

③ 사흉신이 충이나 형이 되면 부정적인 것이 사라진다(이 방법은 사용하는 사람과 사용하지 않는 사람이 있다).

❸ 형·충·합 분석

대운 간지와 사주원국이 형이나 충을 하면 부정적이지만, 합을 하면 긍정적이다.

❹ 12신살·12운성 분석

① 좋은 신살이나 좋은 12운성은 긍정적이다.
② 나쁜 신살이나 나쁜 12운성은 부정적이다.
③ 신살(운성)이 있으면 본인과 육친을 동시에 분석한다. 대운에서 좋은 신살이 오면 그 신살이 나타내는 육친에게 좋은 일이 있지만, 나쁜 신살이 있으면 그 육친에게 나쁜 일이 생긴다.
　예를 들어, 비견에 나쁜 신살이 있으면 형제에게 나쁜 일이 생긴다고 보지만, 비견에 좋은 신살이 있으면 형제에게 좋은 일이 생긴다고 본다.

❺ 공망 분석

① 사주원국이나 대운에서 공망이 되면 사주주인공의 운명이 부정적으로 흘러간다.
② 사주원국이나 대운에서 공망이 되면 해당 육친의 운명이 부정적으로 흘러간다.

7 근묘화실론 분석

근묘화실론은 한운(限運), 주운(柱運), 궁운(宮運) 등으로 불린다. 연주, 월주, 일주, 시주로 신살이나 12운성이나 형충합이나 허자 등을 분석하는 방법으로, 대운과 연운에 밀려 힘을 발휘하고 있지 못하지만 여전히 일반 이론에서 명맥을 유지하고 있다. 특히 신살론, 허자론, 궁성론에서 자주 활용된다. 대덕 이론에서는 학문적 타당성과 과학성이 보완되어야 사주 분석에 활용할 수 있다는 입장이다.

> **POINT**
> **근묘화실론**
> 사주에서 생년은 뿌리[根], 생월은 싹[苗], 생일은 꽃[花], 생시는 열매[實]를 의미한다. 연주는 조상과 조부모, 월주는 부모와 형제자매, 일주는 본인과 배우자, 시주는 자손을 나타낸다. 사주 기둥마다 길신이 들어오면 해당 육친의 복이 있다고 본다.

1) 근묘화실의 정의

근묘화실(根苗花實)은 사주팔자의 연월일시 간지를 부르는 말로 태어난 생년, 생월, 생일, 생시를 나무에 비교하여 뿌리[根], 싹[苗], 꽃[花], 열매[實]로 구분한다. 생년은 뿌리를, 생월은 싹을, 생일은 꽃을, 생시는 열매를 뜻하고, 연주는 조상과 조부모, 월주는 부모와 형제자매, 일주는 본인과 배우자, 시주는 자손을 나타낸다. 또한 생년으로는 초년, 생월로는 청년, 생일로는 중년, 생시로는 말년을 본다.

● 근묘화실 분석

구분 　　사주	시주	일주	월주	연주
근묘화실	실(實)	화(花)	묘(苗)	근(根)
일생	말년	중년	청년	초년
육친	자녀 · 자손	본인 · 배우자	부모 · 형제자매	조상 · 조부모
나이	61세~사망	41~60세	21~40세	1~20세
계절	가을	여름	봄	겨울
사상	소음인	태양인	소양인	태음인
특성	의리 · 계획	교우 · 사랑	용맹 · 공경	배움 · 총명
희로애락	락(樂)	애(愛)	로(怒)	희(喜)
마음	의(義)	예(禮)	인(仁)	지(智)
윤회	후세	현세	금세	전생

2) 근묘화실론의 해석

일반 이론에서 가장 많이 활용하는 내용은 다음과 같다. 연주에 길신이 들어오면 조상이나 조부모복이 있지만, 흉신이 들어오면 조상이나 조부모복이 없다. 마찬가지로 월주에 길신이 들어오면 부모복과 형제복이 있지만, 흉신이 들어오면 부모복과 형제복이 없다. 일주에 길신이 들어오면 배우자복이 있지만, 흉신이 들어오면 배우자복이 없다. 시주에 길신이 들어오면 자식복이 있지만, 흉신이 들어오면 자식복이 없다.

● 근묘화실 해석

구분 \ 사주	시주	일주	월주	연주
육친	자손·자식	배우자·본인	부모·형제	조상·조부모
길신	복이 있다	복이 있다	복이 있다	복이 있다
흉신	복이 없다	복이 없다	복이 없다	복이 없다

● 길신과 흉신 구분

구분 \ 길·흉	길신	흉신
합충	합	충
용신	용신·희신	기신·구신
12신살	반안살·장성살	겁살·재살·천살·지살·연살·월살·망신살·역마살·육해살·화개살
12운성	장생·관대·건록·제왕·양	절(포)·태·목욕·쇠·병·사·묘
공망	공망이 없다	공망이 있다
각종 신살	천간합·지지합·지지삼합·지지방합 그 외의 좋은 신살(50여 가지)	형살·파·해·원진살·천간충·지지충 그 외의 나쁜 신살(150여 가지)

8 허자 분석

허자론(虛字論)은 사주팔자에 없는 글자인 허자(虛字)에 심리적으로 이끌리는 현상을 설명한다. 허자론은 신살, 격국, 근묘화실 등 사주명리학의 여러 이론에서 오랫동안 활용되어왔다.

허자론이 활용된 이유는 정관 때문이다. 과거 신분제 사회에서는 입신양명과 출세가 매우 중요한 목표였고, 육친 중에서 이러한 가치를 상징했던 것이 바로 정관이었다. 그래서 자연스럽게 사주를 분석할 때 사길신의 하나로 정관의 유무를

POINT
허자론의 역사적 배경

과거에는 육친 중에서 출세를 상징하는 정관을 중시했는데, 정관 없이 성공한 사주를 풀이하기 위해 사주에 없는 글자인 허자를 불러들이게 되었다. 대덕 이론에서는 일시적인 심리현상을 설명할 때만 허자론을 활용한다.

따지게 되었는데, 실제로 사주 분석을 하다 보니 정관이 없는데도 불구하고 벼슬을 하고 관직에 오르는 경우가 많았다. 이것을 설명할 수 있는 방법이 바로 사주 원국에 없는 정관이나 길한 신살을 불러오는 허자론이었다.

이후 허자론은 무분별하게 사용되던 신살, 사길신과 사흉신, 12운성 등과 함께 학문적 타당성이 부족하다는 이유로 비판을 받게 되었다. 그런데 얼마 전부터 일부 신진 사주명리학자와 인터넷 사주 공간에서 급속도로 활용되고 있는 추세다. 중국, 대만, 홍콩, 일본 등 다른 나라에서는 자주 사용되지 않는 이론인데 우리나라에서는 유독 큰 인기를 끌고 있다.

일반 이론에서는 허자를 온갖 세상사를 보는 데 활용한다. 즉, 합격, 승진, 이사, 매매, 결혼, 사업, 취업 등 살면서 맞닥뜨릴 수 있는 모든 상황을 허자로 풀어낼 수 있다고 본다. 즉, 인생의 대운이나 연운이나 한운 또는 주운 등 잠시 잠깐 잠시 겪고 지나가는 일상의 현상에 허자가 관여한다는 것이다.

그러나 대덕 이론에서는 허자가 실제로 벌어지는 일들보다는 그 일이 벌어지도록 만든 환경이나 심리와 관련되어 있다고 본다. 주위 사람이나 본인의 생각, 그리고 환경 등의 영향이 허자에서 비롯된다고 본다. 좀더 조심스럽게 말하면, 통계적으로 의미 있는 임상을 거쳐 학문적으로 검증하고 사주명리학 이론의 하나로 인정받기 전까지는 허자론 자체를 사주 분석에 활용하기 어렵다는 입장이다. 허자론을 학문적으로 어떻게 입증할 것인가는 앞으로 많은 사주명리학자들이 함께 해결해야 할 문제라고 생각한다.

9 궁성 분석

궁성론은 궁(宮)과 성(星)에 대한 이론이다. 궁(宮)은 '집 궁(宮)'으로 사주팔자에서 간지의 위치에 따라 육친을 배치한 자리를 뜻하고, 성(星)은 비견, 겁재, 식신, 상관, 편재, 정재, 편관, 정관, 편인, 정인 등 10가지 육친을 말한다.

궁성론은 쉽게 말해 근묘화실론과 육친론이 합쳐진 이론으로 연간, 연지, 월간, 월지, 일간, 일지, 시간, 시지에 어떤 육친이 있는가에 따라 운명에 영향을 미치거나 심리에 영향을 미친다고 설명한다.

오래 전부터 궁성에 12신살이나 12운성이나 각종 신살을 대입하는 방법이 전해져왔고, 현대에는 심리 분석을 위한 궁성론이 부각되고 있다. 궁성론은 대만의 진춘익 선생이나 하건충 선생이 활용하며, 대만에서 한때 선풍적인 인기를 끌었고 한국에서도 관련 서적이 번역되면서 일부 사주명리학자들 사이에 유행하고 있다.

그러나 대덕 이론에서는 오행과 육친을 분석하여 사주주인공의 성격과 심리를 판단하고 대운 분석으로 운세 흐름을 판단하기 때문에 궁성론을 별도로 활용하지 않는다. 물론, 궁성론이 임상을 거쳐 학문적으로 의미 있는 통계결과를 보여준다면 얼마든지 사주 분석에 활용할 수 있다는 입장이다.

> **POINT**
> **궁성론**
> 근묘화실론과 육친론이 합쳐진 이론. 연월일시 천간과 지지의 육친에 따라 운명과 심리가 달라진다고 설명한다.

10 12신살 분석

12신살은 12가지 신살, 즉 겁살, 재살, 천살, 지살, 연살, 월살, 망신살, 장성살, 반안살, 역마살, 육해살, 화개살을 통칭하는 말이다. 12신살론은 일반 이론에서 자주 활용되어왔고, 10여 년 전까지만 해도 가장 각광받는 이론이었다. 12신살 하나면 세상의 모든 일들에 대해 상담할 수 있다고 할 만큼 큰 관심을 받았다. 아직까지도 12신살로 사주를 분석하는 사주명리학자가 많지만, 예전의 인기를 누리고 있지 못하고 용신격, 용신, 12운성 등에 밀려나는 추세이다.

대덕 이론에서는 12신살 중 장성살과 반안살만 긍정적인 신살이고 나머지 10개는 나쁜 내용이므로 12신살론을 사주 분석에 전혀 활용할 이유가 없다는 입장

> **POINT**
> **12신살**
> 겁살, 재살, 천살, 지살, 연살, 월살, 망신살, 장성살, 반안살, 역마살, 육해살, 화개살을 통칭한다. 12신살 중 장성살과 반안살만 긍정적인 내용이고, 나머지는 부정적인 내용이다.

이다. 누구나 사주에 신살이 들어 있기 쉬운데, 이 신살이 대부분 나쁜 신살이면 아무리 사주 분석을 잘해도 나쁜 내용이 나올 수밖에 없다. 따라서 12신살을 현대에 맞게 해석하고 활용할 수 있는 이론으로 재정립하지 않는다면 더 이상 사주 분석 이론으로 애써 공부할 필요가 없을 것이다.

예) 1964년 10월 28일(음) 사(巳)시생

시	일	월	연
己	甲	乙	甲(乾)
巳	申	亥	辰
겁살	지살	망신살	화개살

52	42	32	22	12	2
辛	庚	己	戊	丁	丙
巳	辰	卯	寅	丑	子
겁살	화개살	육해살	역마살	반안살	장성살

위 사주를 일반 이론에 따라 분석해보자. 12신살은 지지로만 보며, 일반 이론에서 12신살은 사주원국의 육친 분석, 대운의 육친 분석, 대운의 나이 분석, 근묘화실 분석에 활용된다.

먼저 사주원국을 보면 연지에 화개살(대덕 이론에서 활용하는 명예살과는 사주 분석에서 차이가 있다)이 있으므로 조부모는 스님이나 기생이 된다. 또는 재성에 화개살이 있으므로 아버지나 부인이 스님이나 기생이 된다. 월지에는 망신살이 있으므로 부모형제에게 망신스러운 일들이 늘 생긴다. 또는 인성에 망신살이 있으므로 어머니에게 망신스러운 일들이 늘 생긴다.

다음으로, 대운은 해당 나이에 본인에게 영향을 미친다고 보는 대운 나이 분석법, 그리고 대운 육친에 영향을 미친다고 보는 대운 육친 분석법이 있다. 예를 들어, 위 사주에서 22세 대운은 자신에게 역마살이 있어서 관광을 떠나게 되고, 육친으로는 비겁이므로 형제자매가 고향을 떠나거나 가출한다.

마지막으로, 근묘화실 분석법으로 살펴보면 연주는 조부모(초년)운인데 화개살, 월주는 부모형제(청년)운인데 망신살, 일주는 본인·배우자(중년)운인데 지살, 시주는 자녀(말년)운인데 겁살이 있다.

지금까지 살펴본 것처럼 12신살의 종류 자체가 많은데다 나쁜 내용이 대부분이라서 사주 해석이 부정적일 확률이 높다.

1) 12신살을 뽑는 방법

12신살은 연지를 기준으로 뽑는 방법과 일지를 기준으로 뽑는 방법이 있다. 처음에는 연지를 기준으로 신살을 뽑다가 나중에 일지를 기준으로 신살을 뽑는 방법이 나타났다. 이렇게 두 가지 방법이 있다 보니 어떤 사람은 연지로 본다고 하고, 어떤 사람은 일지로 본다고 하여 혼란스러운 상황이다.

현재 12신살 뽑는 방법을 정리하면, 첫째 연지를 기준으로 연월일시 지지를 보는 방법, 둘째 일지를 기준으로 연월일시 지지를 보는 방법, 셋째 연지를 기준으로 월일시 지지를 보고 일지로 연지를 보는 방법, 넷째 일지를 기준으로 연월시 지지를 보고 연지로 일지를 보는 방법이 있다. 지지의 수장법을 활용하면 연지나 월지를 기준으로 12신살을 뽑을 때 편리하다.

① 연지나 일지가 인오술(寅午戌)일 때는 해(亥)에서 겁살이 시작되어 재살, 천살, 지살, 연살, 월살, 망신살, 장성살, 반안살, 역마살, 육해살, 화개살의 순서로 시계 방향으로 손가락을 세어 나간다.

② 연지나 일지가 신자진(申子辰)일 때는 사(巳)에서 겁살이 시작되어 재살, 천살, 지살, 연살, 월살, 망신살, 장성살, 반안살, 역마살, 육해살, 화개살의 순서로 시계 방향으로 손가락을 세어 나간다.

③ 연지나 일지가 사유축(巳酉丑)일 때는 인(寅)에서 겁살이 시작되어 재살, 천살, 지살, 연살, 월살, 망신

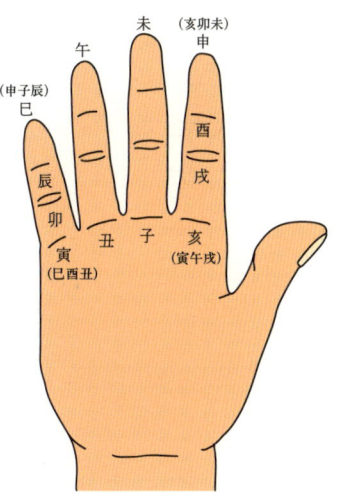

살, 장성살, 반안살, 역마살, 육해살, 화개살의 순서로 시계 방향으로 손가락을 세어 나간다.

④ 연지나 일지가 해묘미(亥卯未)일 때는 신(申)에서 겁살이 시작되어 재살, 천살, 지살, 연살, 월살, 망신살, 장성살, 반안살, 역마살, 육해살, 화개살의 순서로 시계 방향으로 손가락을 세어 나간다.

● **12신살의 구성**

연지·일지 \ 살	겁살	재살	천살	지살	연살	월살	망신살	장성살	반안살	역마살	육해살	화개살
寅午戌	亥	子	丑	寅	卯	辰	巳	午	未	申	酉	戌
申子辰	巳	午	未	申	酉	戌	亥	子	丑	寅	卯	辰
巳酉丑	寅	卯	辰	巳	午	未	申	酉	戌	亥	子	丑
亥卯未	申	酉	戌	亥	子	丑	寅	卯	辰	巳	午	未

2) 12신살의 특징

12신살은 사주 연월일시 지지 중에서 어디에 위치하는가에 따라 다음과 같이 풀이한다.

❶ 연지에 위치할 때

① 겁살 : 가업을 계승하지 않고 자수성가하며, 선대조가 비명횡사한다.

② 재살 : 관재수와 구설수가 따르고, 부모형제가 갑작스런 병으로 사망한다.

③ 천살 : 객지에서 고생하고, 매사에 막히고, 조부모가 비명횡사한다.

④ 지살 : 객지에서 고생하고, 선대조가 객사하며, 재산을 탕진한다.

⑤ 연살 : 부부가 서로 외도하고, 선대조가 바람을 피다 사망한다.

⑥ 월살 : 노력해도 되는 일이 없고, 선대조가 굶어 죽는다.

⑦ 망신살 : 객지에서 고생하고, 가업이 몰락하고, 객사한다.

⑧ 장성살 : 모든 사람을 통솔하고, 권력을 잡으며, 선대조가 전사한다.

⑨ 반안살 : 조상의 덕으로 영화를 누린다.

⑩ 역마살 : 타향살이를 하고, 선대조는 객사한다.

⑪ 육해살 : 양자로 입양되고, 선대조가 건강 악화로 사망한다.

⑫ 화개살 : 타향살이를 하고, 가난하게 살아간다.

❷ 월지에 위치할 때

① 겁살 : 어려서 부모를 여의고, 부모형제가 단명하거나 형제끼리 무정하다.

② 재살 : 실물수가 많고, 관재수가 있으며, 부모형제가 비명횡사를 하거나 객사한다.

③ 천살 : 부모형제덕이 없고, 부모형제가 급질이나 괴질로 비명횡사한다.

④ 지살 : 유산을 탕진하고, 객지에서 고생하며, 부모형제가 객사한다.

⑤ 연살 : 부모형제가 재산을 탕진하고 사망하고, 재산이 없다.

⑥ 월살 : 되는 일이 없고, 부모형제가 굶어 죽는다.

⑦ 망신살 : 부모형제가 객사한다.

⑧ 장성살 : 병권을 잡지만, 부모형제가 전쟁터에서 사망한다.

⑨ 반안살 : 이름을 드높이고, 부모형제가 화목하다.

⑩ 역마살 : 사업으로 재물을 얻지만 부모형제가 객사한다.

⑪ 육해살 : 부모형제끼리 정이 없고, 현실 회피로 신앙생활을 한다.

⑫ 화개살 : 부모덕이 없다.

❸ 일지에 위치할 때

① 겁살 : 부부가 생사이별한다.

② 재살 : 부부가 비명횡사한다.

③ 천살 : 부부가 생사이별한다.

④ 지살 : 부부지간 이별수가 있고, 교통사고나 화재를 당한다.

⑤ 연살 : 모든 일이 불길하고, 부부 사이가 소원하다.

⑥ 월살 : 부부지간 이별수가 있다.

⑦ 망신살 : 부부지간 이별수가 있다.

⑧ 장성살 : 명예를 얻지만, 근심이 있고 부부가 별거나 이별을 한다.

⑨ 반안살 : 부부가 서로 화목하고 집안에 경사가 있다.

⑩ 역마살 : 배우자가 객사한다.

⑪ 육해살 : 부부지간에 정을 버리고 살 팔자다.

⑫ 화개살 : 본처와 이별하고, 종교에 귀의한다.

❹ **시지에 위치할 때**

① 겁살 : 자식을 두기 힘들고, 말년이 고독하다.

② 재살 : 자식 덕이 없고 자식이 가출하거나 비명횡사한다.

③ 천살 : 자식이 죽거나 감옥에 간다.

④ 지살 : 부모와 자식 사이에 이별수가 있다.

⑤ 연살 : 부부지간 이별수가 있고, 자식이 화류계에서 일한다.

⑥ 월살 : 자식 때문에 근심하고, 자식이 객사한다.

⑦ 망신살 : 말년에 한탄할 일이 많다.

⑧ 장성살 : 말년에 크게 성공하고, 자녀가 관직에 나가 성공하며, 가정이 화목하다.

⑨ 반안살 : 자식이 뛰어나게 되고 명성을 얻는다.

⑩ 역마살 : 자식이 타향살이를 한다.

⑪ 육해살 : 자식이 종교에 귀의한다.

⑫ 화개살 : 말년에 하는 일이 성공한다.

11 각종 신살 분석

앞서 원진살, 고신살, 과숙살, 그리고 12신살에서도 설명했듯이 신살의 역사는 사주명리학의 역사만큼 오래되고 많이 활용되지만, 학문적으로 타당성이 부족하다는 이유로 비판의 중심에 서 있기도 하다.

사주명리학의 신살은 당사주, 납음오행, 공망으로부터 시작하여 300여 종류가 있다. 일반 이론에서는 신살마다 활용하는 것이 다르고 신살을 비판하는 사람이 있는가 하면 신살을 적극적으로 활용하는 지지자가 공존하는 상황이다. 그러나 대덕 이론에서는 사주 분석에 학문적 타당성이 있고 검증된 신살만을 활용한다. 종류가 많고 복잡하며, 정작 길흉 분석에서 흉함을 강조하는 각종 신살들에 대해서는 설명을 생략한다.

12 물상 분석

물상론은 사주팔자를 사물, 사계절의 자연환경, 음양오행의 기운 등으로 변화시켜 인간 삶의 희로애락을 분석하는 사주명리학 이론의 하나다. 쉽게 말해 사주팔자를 마치 한 폭의 그림처럼 형상화한 그림 사주라고 할 수 있다.

그러나 이제까지 일반 이론의 물상론은 코에 걸면 코걸이, 귀에 걸면 귀걸이 식의 논리 전개와 사주명리학 이론에 맞지 않는 설명 때문에 사주명리학 전면에서 타당성 있는 학문으로 발전하지 못하고 있는 상태다.

예를 들어, 사주에 유금(酉金)이 있으면 유금(酉金)은 금속이고 금속은 소리가 나므로 종소리가 나는 직업이나 장사, 즉 두부장사, 교사, 종교인 등의 직업을 갖게 된다고 설명한다. 또한 사주에 묘목(卯木)이 있으면 묘(卯)가 꼭 콩나물처럼 생겼으므로 콩나물 장사를 한다고 설명한다. 이 얼마나 황당한 이야기인가. 바로 이런 점들 때문에 사주를 쉽게 분석할 수 있는 장점에도 불구하고 물상론이 사주명리학 이론으로 자리잡지 못하고 있다고 본다.

물상론으로 사주를 분석하는 방법은 『사주명리학 물상론분석』을 참고한다. 물상론은 음양과 오행, 천간과 지지가 가지고 있는 기본적인 의미, 그리고 계절에 따른 월지와 일간의 관계를 알면 쉽게 이해할 수 있을 것이다.

13 투파론 분석

투파론은 사주 구성에서 지지보다 천간이 중요하고, 천간에 존재할 때만이 육친의 작용이 활발하며, 천간에 투출된 오행과 육친의 관계가 운명에 작용한다는 이론이다. 투간론이 발전한 것이 투파론이다.

투파론 역시 물상론처럼 오랜 기간 비법으로 전수되어오다가 대만에서 일본으로 넘어갔고, 일본에서 매우 성행하고 있다. 현재 한국에서는 신진 사주명리학자 몇몇이 투파론으로 사주 분석을 하고 있지만, 대덕 이론에서는 활용하지 않는다. 이런 이론도 있다는 정도로 알아두면 된다.

14 당사주 분석

POINT

당사주

태어난 연월일시와 사람의 일생에 영향을 준다는 12가지 별을 연관지어서 운명을 판단한다. 먼저 띠를 살펴서 당사주를 뽑고, 띠에서부터 음력 생월에 해당하는 숫자를 시계 방향으로 세어 월에 해당하는 당사주를 뽑고, 다시 월에서부터 음력 생일에 해당하는 숫자를 시계 방향으로 세어 일에 해당하는 당사주를 뽑고, 마지막으로 태어난 시간에 해당하는 당사주를 뽑는다.

당사주(唐四柱)는 중국 당나라 때 시작되었다고 해서 이름붙여진 운명학의 한 종류다. 태어난 연월일시와 사람의 일생에 영향을 미친다는 12가지 별을 연관지어서 운명을 판단한다. 당나라 때 우리나라는 삼국시대였으니 당사주의 역사가 무려 천년이나 되는데 아직까지도 사주 분석 방법으로 활용되고 있다는 것은 매우 놀라운 일이다.

당사주의 지은이는 누구인지 알 수 없고 『토정비결』처럼 누구나 쉽게 볼 수 있도록 만들어져 있어 우리나라 대중들에게 널리 알려졌다. 특히 운명학을 다룬 책들에서는 흔히 볼 수 없는 그림을 그려넣어서 누구나 쉽게 볼 수 있기 때문에 어렵게만 보이던 운명학을 보다 가깝게 느끼게 해주는 장점이 있었다. 비록 토정비결만큼은 아니지만, 우리나라에서 당사주의 인기는 매우 높았다. 1970년대 이후로 서서히 자취를 감추어가고 있지만, 지금도 공원이나 유원지에서 당사주 그림

책을 펴놓고 운명을 감정하는 사람들을 쉽게 볼 수 있다.

그러나 대덕 이론에서는 사주 분석 방법으로 당사주를 활용하지 않는다. 사주명리학 이론이 학문적으로 정립되기 이전에는 많은 사랑을 받았지만, 당사주는 임상을 바탕으로 한 통계적인 연구 성과를 내놓지 못하고 있다. 당사주로 사주를 봤더니 잘 맞추더라는 사람이 일부 있지만, 사주명리학 이론처럼 학문으로 내세우기에는 부족한 점이 많다고 본다. 더군다나 당사주는 단순하고 평면적인 운명을 감정하는 데에만 활용할 수 있기 때문에 날이 갈수록 복잡해져가는 현대에 적용하기에는 문제가 있다고 본다.

❶ 당사주의 12개 별

① 자(子) : 천귀성(天貴星)에 해당하고, 자천귀(子天貴)라 부른다.
② 축(丑) : 천액성(天厄星)에 해당하고, 축천액(丑天厄)이라 부른다.
③ 인(寅) : 천권성(天權星)에 해당하고, 인천권(寅天權)이라 부른다.
④ 묘(卯) : 천파성(天破星)에 해당하고, 묘천파(卯天破)라 부른다.
⑤ 진(辰) : 천간성(天奸星)에 해당하고, 진천간(辰天奸)이라 부른다.
⑥ 사(巳) : 천문성(天文星)에 해당하고, 사천문(巳天文)이라 부른다.
⑦ 오(午) : 천복성(天福星)에 해당하고, 오천복(午天福)이라 부른다.
⑧ 미(未) : 천역성(天驛星)에 해당하고, 미천역(未天驛)이라 부른다.
⑨ 신(申) : 천고성(天孤星)에 해당하고, 신천고(申天孤)라 부른다.
⑩ 유(酉) : 천인성(天刃星)에 해당하고, 유천인(酉天刃)이라 부른다.
⑪ 술(戌) : 천예성(天藝星)에 해당하고, 술천예(戌天藝)라 부른다.
⑫ 해(亥) : 천수성(天壽星)에 해당하고, 해천수(亥天壽)라 부른다.

❷ 당사주 뽑는 법

사주명리학의 사주팔자처럼 당사주도 연월일시 네 가지를 뽑는다. 즉, 연월일시 4개의 당사주를 뽑아서 초년운, 청년운, 중년운, 말년운을 살펴보는 것이다.

먼저 띠를 살펴서 당사주를 뽑고, 띠에서부터 음력 생월에 해당하는 숫자를 시계 방향으로 세어 월에 해당하는 당사주를 뽑고, 다시 월에서부터 음력 생일에 해당하는 숫자를 시계 방향으로 세어 일에 해당하는 당사주를 뽑고, 마지막으로 태어난 시간에 해당하는 당사주를 뽑는다. 다음 수장법(手掌法)으로 당사주를 쉽게 찾을 수 있다.

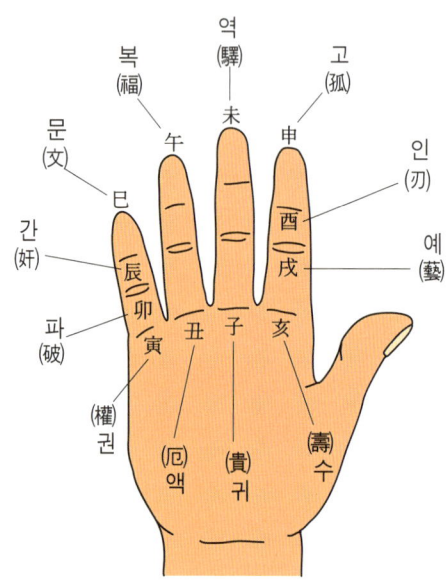

예를 들어, 1962년 3월 10일(음) 술(戌)시생의 당사주를 뽑아보자.

첫째, 1962년은 호랑이띠이므로 생년의 당사주는 권(權)이고, 연은 천권성에 해당한다.

둘째, 생월의 당사주는 3월생이므로 생년 인(寅)에서 1월을 시작하여 3월까지 시계 방향으로 순서대로 3을 세면 진(辰), 즉 간(奸)에 해당하여 월은 천간성에 해당한다.

셋째, 생일은 10일이니 생월 진(辰), 즉 간에서 시작하여 시계 방향으로 10을 세면 축(丑), 즉 천액성에 해당한다.

넷째, 생시는 술(戌)시이므로 술(戌)인 천예성에 해당한다.

그러므로 1962년 3월 10일 술(戌)시생의 당사주는 연은 천권성, 월은 천간성, 일은 천액성, 시는 천예성이 된다. 연으로는 초년운, 월로는 청년운, 일로는 중년운, 시로는 말년운을 본다.

❸ 당사주의 해설

① 자천귀 : 귀하게 된다. 명예를 얻는다.

② 축천액 : 액운이 많다. 굴곡이 심하다.

③ 인천권 : 권력을 얻고 사람이 따른다.

④ 묘천파 : 파괴를 당하고 굴곡이 심하다.

⑤ 진천간 : 지혜가 넘치고 심하면 간사하다.

⑥ 사천문 : 문장이 뛰어나고 학문에 열정이 많다.

⑦ 오천복 : 복이 넘쳐나고 인덕이 넘친다.

⑧ 미천역 : 움직임이 크고 활동성이 매우 크다.

⑨ 신천고 : 외롭고 인덕이 없다.

⑩ 유천인 : 사건사고가 많고 몸에 흉터가 남는다.

⑪ 술천예 : 예술이나 연예인적 기질이 있다.

⑫ 해천수 : 건강하고 장수한다.

15 납음오행 분석

납음오행은 10개의 천간과 12개의 지지가 결합하여 이루어진 60갑자에 오행을 붙인 것으로, 정확한 기원은 밝혀지지 않았지만 오래 전부터 간지를 2개씩 묶어 오행을 붙여 사용했다고 한다. 태어난 해를 기준으로 오행끼리의 상생관계와 상극관계를 따져 남녀의 궁합을 판단하거나, 납음허자로 활용한다. 납음허자는 사주원국의 지지가 합충으로 묶이거나 깨져서 결점이 많고 허자도 제 구실을 못할 때 납음오행의 오행을 불러오는 것을 말한다.

참고로, 대덕 이론에서는 허자론 이외에는 납음오행을 사주 분석에 활용하지 않는다.

> **POINT**
> **납음오행**
> 60갑자에 오행을 붙인 것으로, 오행마다 6가지 납음오행이 있다. 궁합을 판단하거나 납음허자로 활용한다.

1) 납음오행의 종류
오행마다 6가지 납음오행이 있다.

❶ 금

① 해중금(海中金) : 바다 속의 금.

② 사중금(沙中金) : 모래 속의 금. 사금(砂金).

③ 백랍금(白鑞金) : 납.

④ 검봉금(劒鋒金) : 칼 끝의 쇠.

⑤ 차천금(釵釧金) : 비녀와 팔찌를 만드는 금속.

⑥ 금박금(金箔金) : 아주 얇게 편 금.

❷ 수

① 천하수(天河水) : 은하수.

② 대해수(大海水) : 큰 바닷물.

③ 장류수(長流水) : 길게 흐르는 물.

④ 대계수(大溪水) : 큰 시냇물.

⑤ 간하수(澗下水) : 산골물.

⑥ 천중수(泉中水) : 샘물.

❸ 목

① 대림목(大林木) : 큰 숲의 나무.

② 평지목(平地木) : 평지에 홀로 서 있는 나무.

③ 송백목(松柏木) : 소나무와 잣나무.

④ 양류목(楊柳木) : 버드나무.

⑤ 석류목(石榴木) : 석류나무.

⑥ 상자목(桑柘木) : 뽕나무.

❹ 화

① 벽력화(霹靂火) : 벼락불.

② 천상화(天上火) : 하늘 위의 불.

③ 산두화(山頭火) : 산머리의 불.

④ 산하화(山下火) : 산 아래 불.

⑤ 노중화(爐中火) : 화롯불.

⑥ 복등화(覆燈火) : 초롱불.

❺ 토

① 성두토(城頭土) : 성 위의 흙.

② 옥상토(屋上土) : 지붕 위의 흙.

③ 벽상토(壁上土) : 벽에 바른 흙.

④ 대역토(大驛土) : 큰 역참(驛站)의 흙.

⑤ 노방토(路傍土) : 길가의 흙.

⑥ 사중토(沙中土) : 모래 속의 흙.

● 납음오행 도표

1순(旬)	2순(旬)	3순(旬)	4순(旬)	5순(旬)	6순(旬)
甲子 乙丑 해중금(海中金)	甲戌 乙亥 산두화(山頭火)	甲申 乙酉 천중수(泉中水)	甲午 乙未 사중금(沙中金)	甲辰 乙巳 복등화(覆燈火)	甲寅 乙卯 대계수(大溪水)
丙寅 丁卯 노중화(爐中火)	丙子 丁丑 간하수(澗下水)	丙戌 丁亥 옥상토(屋上土)	丙申 丁酉 산하화(山下火)	丙午 丁未 천하수(天河水)	丙辰 丁巳 사중토(沙中土)
戊辰 己巳 대림목(大林木)	戊寅 己卯 성두토(城頭土)	戊子 己丑 벽력화(霹靂火)	戊戌 己亥 평지목(平地木)	戊申 己酉 대역토(大驛土)	戊午 己未 천상화(天上火)
庚午 辛未 노방토(路傍土)	庚辰 辛巳 백랍금(白鑞金)	庚寅 辛卯 송백목(松栢木)	庚子 辛丑 벽상토(壁上土)	庚戌 辛亥 차천금(釵釧金)	庚申 辛酉 석류목(石榴木)
壬申 癸酉 검봉금(劍鋒金)	壬午 癸未 양류목(楊柳木)	壬辰 癸巳 장류수(長流水)	壬寅 癸卯 금박금(金箔金)	壬子 癸丑 상자목(桑柘木)	壬戌 癸亥 대해수(大海水)
戌亥 水	申酉 無	午未 金	辰巳 水	寅卯 無	子丑 金

2) 납음오행을 찾는 방법

❶ 주역의 선천수를 활용하는 방법

주역의 선천수와 오행이 나타내는 수로 납음오행을 알아내는 방법이다.

간지	선천수
甲·己·子·午	9
乙·庚·丑·未	8
丙·辛·寅·申	7
丁·壬·卯·酉	6
戊·癸·辰·戌	5
巳·亥	4

오행	수	궁상각치우
火	1	치
土	2	궁
木	3	각
金	4	상
水	5	우

① 첫 번째 표에서 납음오행을 보려는 간지의 수를 더한 뒤 그 합을 5로 나눈 나머지가 납음오행의 수가 된다.

② 예를 들어, 갑술(甲戌)과 을해(乙亥)는 산두화(山頭火)로서 화(火)다. 갑(甲)+술(戌)+을(乙)+해(亥)의 숫자를 모두 더하면 9+5+8+4로 총합계가 26이고 이를 5로 나누면 나머지가 1이다.

③ 두 번째 표에서 나머지 1이 나타내는 오행을 보면 화(火)다. 따라서 갑술(甲戌)과 을해(乙亥)는 화(火)가 된다.

❷ 납음오행의 속지법

납음오행의 속지법은 천간수, 지지수와 관련된 것이다.

천간수		지지수	
甲乙	1	子午丑未	1
丙丁	2	寅申卯酉	2
戊己	3	辰戌巳亥	3
庚辛	4		
壬癸	5		

납음오행	木	金	水	火	土
수	1	2	3	4	5

① 천간수에서 갑을(甲乙)은 1, 병정(丙丁)은 2, 무기(戊己)는 3, 경신(庚辛)은 4, 임계(壬癸)는 5다. 그리고 지지수에서 자오축미(子午丑未)는 1, 인신묘유(寅申卯酉)는 2, 진술사해(辰戌巳亥)는 3이다.

② 간지수를 모두 더한 후 5로 나눈 나머지가 납음오행의 수이다.

③ 납음오행 수에서 목(木)은 1, 금(金)은 2, 수(水)는 3, 화(火)는 4, 토(土)는 5다.

예)

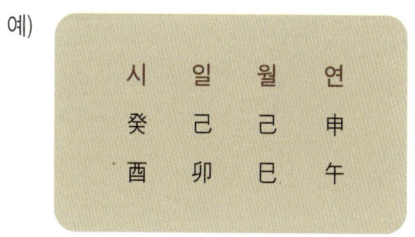

위 사주에서 연주 갑오(甲午)는 1+1=2로서 사중금(砂中金)이고, 월주 기사(己巳)

는 3+3=6인데 5로 나눈 나머지가 1이고 대림목(大林木)이며, 일주 기묘(己卯)는 3+2=5로 성두토(城頭土)이고, 시주 계유(癸酉)는 5+2=7이고 5로 나눈 나머지가 2이고 검봉금(劍鋒金)이다.

3) 납음오행의 활용

일반 이론에서는 납음오행과 납음허자를 모두 활용하는 반면, 대덕 이론에서는 허자론의 일종인 납음허자만 활용한다.

❶ 궁합

납음오행으로는 궁합을 보는데, 태어난 해를 기준으로 하여 오행끼리의 상극작용으로 판단한다. 예를 들어, 남자가 갑술(甲戌)년 출생이고 여자가 임오(壬午)년 출생이면 남자는 납음오행이 화(火)이고, 여자는 목(木)이다. 목생화(木生火)로 여자가 남자를 생하므로 좋은 궁합이라고 본다. 이 때 연주를 보아 여자가 남자를 생하면 겉궁합이 좋고, 일주를 보아 여자가 남자를 생하면 속궁합이 좋다고 본다. 그러나 생이 아닌 극작용을 하면 궁합이 나쁘다고 본다.

❷ 공작조화

공작조화는 납음오행 허자론의 하나로, 사주의 오행과 납음오행이 서로 교환한다는 이론이다. 즉, 사주와 납음오행의 육십갑자가 만나면 2개의 납음오행이 탄생하여 허자로서 작용하게 된다는 것이다.

공작조화 도표

	연월일시	연월일시	연월일시	연월일시	연월일시
간지납음	계묘(癸卯) 금(金)	병오(丙午) 수(水)	병신(丙申) 화(火)	신사(辛巳) 금(金)	기묘(己卯) 토(土)
간지납음	신유(辛酉) 목(木)	무자(戊子) 화(火)	갑오(甲午) 금(金)	정유(丁酉) 화(火)	기사(己巳) 목(木)

예) 1963년 8월 13일(음) 유(酉)시생

시	일	월	연
丁	丙	辛	癸
酉	子	酉	卯

위 사주에서 계묘(癸卯)는 수생목(水生木)으로 목(木)의 기가 강한데 납음오행상 금(金)으로 균형이 잡혀 있고, 신유(辛酉)는 금(金)의 기가 가장 강한데 납음오행상 목(木)으로 균형이 잡혀 있으므로, 연월일시 어느 곳에든 있으면 납음오행의 금(金)과 목(木)이 허자로 작용한다. 이 사주는 연과 월의 주운 시기에 금(金)과 목(木)을 허자로 불러들인다.

POINT
일반 이론의 궁합법
합이 있으면 매우 좋은 궁합이지만, 충을 하거나 나쁜 살이 있으면 궁합이 나쁘다고 본다. 궁합에 나쁜 영향을 미치는 신살에는 도화살, 양인살, 백호대살, 원진살, 고숙살, 과숙살 등이 있다.

16 궁합 분석

일반 이론에서 궁합은 대부분 합충과 여러 가지 신살을 바탕으로 한다. 즉, 합이 있으면 매우 좋은 궁합으로 보고, 충이나 나쁜 살이 있으면 궁합 또한 좋지 않다고 본다. 또한 겉궁합과 속궁합을 구분하기도 한다. 물론 대덕 이론에서는 이러한 궁합 분석 이전에 두 사람의 사주팔자를 놓고 성격, 적성, 취미 등을 먼저 따져봐야 한다는 입장이다. 여기서는 일반 이론에 따라 궁합 보는 법을 간략하게 설명한다.

1) 궁합을 보는 법
일반적으로 궁합을 보는 방식은 다음과 같다.

① 남녀의 생년월일시를 대조하여 비슷한지 비슷하지 않은지를 살펴본다.
② 남녀의 사주를 대조하여 형, 충, 파, 해, 공망, 도화살, 양인살, 백호대살, 원진살 등이 있는지 살펴본다.
③ 당사자의 사주나 상대방의 사주에 고신살과 과숙살이 있는지 살펴본다.
④ 천을귀인(天乙貴人), 월덕귀인(月德貴人), 천덕귀인(天德貴人), 암록(暗綠) 등을 살펴본다.
⑤ 연간과 연지, 일간과 일지의 합충을 살펴본다.
⑥ 월과 월을 대조한다.
⑦ 조후와 사주원국의 오행이 서로 상생하는지 살펴본다.
⑧ 상대방의 사주에 용신 오행이 많은지 적은지 살펴본다.
⑨ 남녀 각자의 사주에서 처궁과 남편궁의 길흉을 살펴본다.
⑩ 남녀의 체상(體相)과 관상(觀相) 등을 살펴본다.
⑪ 납음오행으로 살펴본다.

2) 겉궁합 보는 법
궁합은 크게 겉궁합과 속궁합으로 나누어 본다. 먼저 겉궁합은 서로 대화가 잘 통하고 마음이 잘 통하는지를 보는 것이다. 사주명리학을 잘 알지 못하는 사람들도 무슨 띠와 무슨 띠는 궁합이 나쁘다는 말을 하곤 하는데 이것이 바로 띠와 띠를 살펴보는 원진살이다. 여기에 태어난 달로 보는 방법, 태어난 해의 천간과 지지의 합충으로 보는 방법, 납음오행으로 보는 방법, 단순히 오행의 상생상극을 보는 방법 등이 있다.

먼저 원진살은 서로 맞지 않는 띠가 있다는 것이다. 맞지 않는 띠란 쥐띠와 양띠, 소띠와 말띠, 호랑이띠와 닭띠, 토끼띠와 원숭이띠, 용띠와 돼지띠, 뱀띠와 개띠를 말한다.

그런데 왜 이 띠들은 서로 맞지 않는다고 할까? 그 이유는 이렇다. 쥐는 양의 뿔을 싫어하고, 소는 말이 일하지 않아서 싫어하며, 호랑이는 닭이 새벽에 꼬끼오 하고 우는 소리를 싫어하고, 토끼는 원숭이의 엉덩이가 빨개서 싫어하며, 용은 돼지의 얼굴이 검어서 싫어하고, 뱀은 개가 짖는 소리를 싫어한다는 것이다. 이렇게 띠와 띠가 서로 싫어해서 궁합이 서로 안 맞는다는 것이다.

그런데 이 띠동물들이 정말 서로 싫어하고, 그것이 궁합으로 의미가 있는가? 대덕 이론은 전혀 타당성이 없다는 입장이다. 무슨 띠와 무슨 띠이므로 결혼하면 안 된다는 것은 사주명리학 이론상 전혀 근거가 없다고 본다.

다음은 두 사람이 태어난 달을 맞추어 보는 방법이다. 상대방과 본인이 태어난 달을 합해서 10이 나오면 궁합이 좋지 않다는 것이다. 예를 들어, 1월에 태어난 사람은 9월생과 맞지 않고, 2월에 태어난 사람은 8월생과 맞지 않으니 결혼하면 안 된다고 한다. 이 역시 두 사람의 사주원국을 종합적으로 살펴 성격을 비교하여 궁합을 봐야지, 아무런 근거 없이 단순히 태어난 달의 숫자를 가지고 결혼을 하네 마네 하는 것은 타당성이 없다고 본다.

이 밖에 천간과 지지의 합, 그리고 천간과 지지의 충을 보는 방법이 있고, 앞서 설명한 납음오행의 상생상극을 보는 방법, 사주원국의 오행의 상생상극을 보는 방법 등이 있다. 그러나 이러한 방법들 역시 사주를 종합적으로 판단하지 않고 단순하게 보기 때문에 정확한 판단을 내리기란 불가능하다. 그저 재미로 보는 수준으로 참고해야 할 것이다.

3) 속궁합을 보는 법

겉궁합이 서로간의 성격, 취미, 대화가 통하는지 아닌지를 본다면, 속궁합은 성적인 문제, 즉 잠자리가 잘 어울리는지 안 어울리는지를 본다. 그래서 겉궁합은 나쁘고 속궁합은 좋으면 서로 만나면 다투고 싸우지만 잠자리만 들면 깨가 쏟아진다고 한다. 또한 겉궁합이 좋고 속궁합이 나쁘면 서로 대화도 통하고 서로의 마음을 이해하고 취미나 적성도 잘 맞지만, 잠자리에서는 등 돌리고 자게 된다고 한다. 물론 겉궁합도 좋고 속궁합도 좋으면 서로간에 대화도 잘 통하고 마음도 잘 이해하면서 잠자리도 잘 맞는다고 본다.

그렇다면 속궁합은 어떻게 볼까? 대개 태어난 일지를 대조하여 원진살이나 충살 등이 있으면 불길하고, 합을 만나면 궁합이 좋다고 해석한다. 예를 들어, 태어난 날의 일지가 자(子)인 사람은 미(未)나 오(午)인 날에 태어난 사람과 궁합이 안 맞는다고 본다. 그와 반대로 속궁합이 좋은 궁합은 인오술(寅午戌), 사유축(巳酉丑), 신자진(申子辰), 해묘미(亥卯未) 등 삼합이 들 때이다. 가령 갑술(甲戌)일에 태어난 사람은 상대방의 일진이 오(午)나 인(寅)이면 좋다고 보는 것이다.

17 택일 분석

택일은 일반 이론에서 자주 활용한다. 손 없는 날, 삼살방, 대장군방, 삼재, 구성, 복덕일 등 다양한 택일법이 있지만, 실상은 그런 택일법을 지키다가는 아무 일도 못할 정도이다. 무엇보다, 여기서는 사주 분석을 중점적으로 다루므로 택일은 제외한다.

18 일간점 분석

앞서 점학 이론들 중에서 시간점을 설명하였다. 대덕 이론에서는 시간점, 일반 이론은 일간점을 주로 사용한다.

일간점은 사주팔자점의 하나로, 시간점과 다른 부분은 모두 같지만 일간을 중심으로 보는 것이 다르다. 즉, 일간점은 사주팔자를 보려는 사람의 사주팔자에서 일간을 나로 보고, 질문의 주제나 목적을 용신으로 삼아서 오직 용신에 해당하는 육친으로 주변 상황을 고려하여 답을 찾는다. 대덕 이론은 시간을 나로 삼아 판단하는 시간점을 활용한다.

> **POINT**
> **일간점과 시간점의 차이**
> 일반 이론에서 활용하는 일간점은 일간을 사주주인공(나)으로 보고, 대덕 이론에서 활용하는 시간점은 시간을 사주주인공(나)으로 본다.

❶ 일간점의 원리
① 질문을 보고 용신을 정한다.
② 연(年)은 먼 과거를 상징한다.
③ 월(月)은 과거를 상징한다.
④ 일(日)은 현재를 상징한다.
⑤ 시(時)는 미래를 상징한다.

❷ 해설
① 용신이 연주에 있으면 먼 과거에 용신복이 있었다. 용신을 극하는 육친이 연주에 있으면 먼 과거에 용신복이 없었다.
② 용신이 월주에 있으면 과거에 용신복이 있었다. 용신을 극하는 육친이 월주에 있으면 과거에 용신복이 없었다.
③ 용신이 일주에 있으면 현재 용신복이 있다. 용신을 극하는 육친이 일주에 있으면 현재 용신복이 없다.
④ 용신이 시주에 있으면 미래에 용신복이 있다. 용신을 극하는 육친이 시주에 있으면 미래에 용신복이 없다.
⑤ 다만, 연월일시와 더불어 사주팔자 전체를 살펴서 용신에 해당하는 육친의 힘이 강하면 용신복이 있고, 용신에 해당하는 육친의 힘이 약하거나 고립되어 있으면 용신복이 없다고 본다.

CHAPTER 02

1. 직업 적성 분류

연 예 인 _ 이혁재 · 장동건 · 조용필 · 김태희 · 유재석

방 송 인 _ 성기영

운동선수 _ 박찬호 · 김연아

정 치 인 _ 손학규 · 한명숙 · 오세훈 · 정몽준 · 유시민

예 술 가 _ 고 박경리 · 임진모 · 도종환

공 직 자 _ H 검사장 · L 법원장 · L 경찰서장

2. 사건사고 · 변화변동 분류

사건사고 _ 고 최진실 · 고 김다울 · 고 안재환

변화변동 _ 김두관 · 안희정 · 송영길

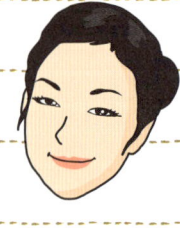   

실전분석 ②

1. 직업 적성 분류로 본 사주 분석
2. 사건사고 · 변화변동으로 본 사주 분석

CHAPTER 02  사 주 명 리 학 실 전 풀 이

실전분석

1. 직업 적성 분류로 본 사주 분석

연예인 사주 >>>

이혁재 (개그맨)

1973년 7월 5일(양) 미(未)시생

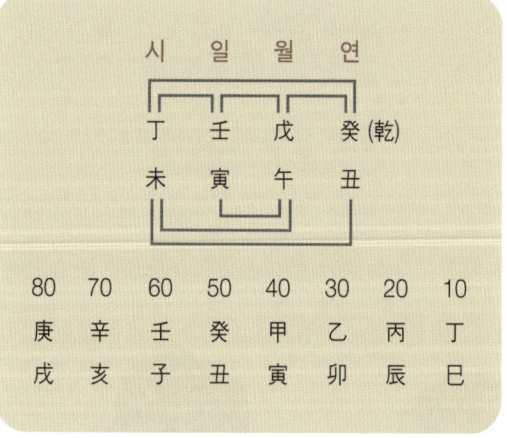

1) 음양·오행·육친·신살

이 사주는 목(木)은 1개·15점·식상, 화(火)는 2개·55점·재성, 토(土)는 3개·20점·관성, 금(金)은 0개·0점·인성, 수(水)는 2개·20점·비겁이다.

관성이 20점이지만, 무토(戊土)와 축토(丑土)의 간지 발달 형태를 이루어 재관다신약 사주다. 다만, 이 사주는 대운 분석에서는 합국이 되면서 화(火) 재성이 좀더 강해지는 재다신약 사주가 된다. 고전 이론(일반 이론)에서는 재다신약 사주가 큰돈을 못 번다고 하지만, 사주주인공은 연예인으로 활동하면서 많은 돈을 벌었다.

일간이 임수(壬水)나 계수(癸水)이면서 월지가 사오미(巳午未)이고 지지에 화(火)가 많은 경우를 현무당권격이라고 한다. 그러나 임수(壬水) 같은 큰 바닷물이라야 지지에 있는 웬만한 화국(火局)을 견뎌낸다고 보기 때문에, 작은 물인 계수(癸水)는 현무당권격으로 잡기에는 힘이 조금 부족하다. 이 사주는 일간이 임수(壬水)이므로 현무당권격을 이루었다. 현무당권격은 독립적이고 자유로우며, 배짱과 추진력이 강한 것이 특징이다. 또한 명예지향적이고 열정적이라서 능력을 발휘하는 경우가 많다. 또한 사주가 재다신약이면 편중되기 때문에 살면서 모험을 하는 경향이 강한데, 현무당권격은 인생을 안정적으로 끌고 가는 능력이 탁월하다. 즉, 재다신약보다는 현무당권격이 우선한다는 의미다.

일간 임수(壬水)의 이과적 기질과 화(火)의 문과적 기질이 혼합되면 건축사처럼 이과의 세밀함과 화(火) 문과의 예술적 기질을 함께 발휘하는 직업이 잘 맞는다. 또한 화(火) 재성의 어울림과 끼를 활용하여 연예, 예술, 방송 등의 분야에서도 능력을 발휘한다. 초년에 공부를 한다면 정치인이나 전문직으로도 진출하는 경우가 많다. 사주주인공은 이러한 사주 구성을 연예인으로 진출하면서 장점으로 승화시킨 경우다. 재다(財多)이면서 초년에 또 재성운이 들어와 공부 쪽으로 가기가 힘들어 하마터면 놀자주의로 흐를 수 있었는데, 이것을 잘 활용했다는 것이다.

다만, 이 사주는 일간이 생각지향적이고 정보저장적인 경향이며 지지에 재성이 강하므로 사주 구성이 잘못되면 늘 한방에 돈을 벌려는 심리가 생길 수 있다. 또한 일찍 연예, 예술, 방송 쪽으로 끌어주지 않으면 늦게 예술적 끼가 발휘되어 백수기질이 나타날 수 있다.

다른 재다에 비해 현무당권격이 있는 재다 사주는 초년에 아버지와 인연이 약한 것을 어느 정도 극복할 수 있게 해준다. 또한 이 사주는 지지에 인미(寅未), 오축(午丑) 귀문관살이 강한데, 감수성과 감각을 요구하는 연예계에서 이러한 기질은 장점을 더욱 발휘하게 한다. 양적인 기운인 계축(癸丑) 백호대살과 무오(戊午) 양인살이 월주와 일주에 있었다면 격을 이루어서 더욱 능력을 발휘했을 것이다.

2) 천간과 지지의 합충

먼저 천간을 보면 정임합(丁壬合), 정계충(丁癸沖), 무계합(戊癸合), 무임충(戊壬沖) 등으로 천간 4개가 모두 두 줄씩 금이 가 있다. 지지는 인오합(寅午合), 오미합(午未合), 축미충(丑未沖)으로 합충을 적당하게 이루고 있다.

사주 전체로 보아 합충이 7개나 있어서 약간 과다하다. 그러나 고립된 글자가 거의 없는 것이 그나마 다행이다. 고립된 오행은 연간의 비겁 계수(癸水)인데, 비겁에 두 줄 금이 가면서 고립인 경우는 다른 육친에 비해 일간에 미치는 영향력이 훨씬 적다고 본다. 친구나 동료가 고립되어 있다고 해서 나까지 힘들지는 않기 때문이다. 다만, 친구나 동업자 등 일 때문에 만나는 사람들과의 관계는 늘 조심할 필요가 있다. 그 사람들과 관계가 틀어져 내가 어려움에 처할 가능성을 배제할 수 없기 때문이다.

이 사주는 일간 임수(壬水)도 고립으로 보고 더불어 합충으로 두 줄 금이 간 것을 문제삼을 수 있지만, 임수(壬水)는 현무당권이라 하여 거의 고립되지 않고 힘이 강한 것이 특징이다. 임수(壬水)는 현무당권, 무토(戊土)는 구진득위라고 하여 웬만해서는 고립되지 않는다.

천간에서 정임합(丁壬合)과 무계합(戊癸合)으로 연과 월이 합하고 일과 시가 합하는 것을 천지덕합격이라고 하는데, 이 사주는 임수(壬水)와 무토(戊土)가 충을 하므로 이 격이 성립되지 않는다.

3) 에니어그램

일간 임수(壬水)는 6번 충성가와 정보수집가 유형이고, 화다(火多)는 4번 예술가 유형, 재다(財多)는 4번 예술가 · 7번 낙천가 유형이다.

4) 일반 이론의 용신과 용신격

일반 이론의 시각에서는 이 사주를 신약 사주로 볼 것이다. 득령, 득지, 득세를 못했고, 재다신약이라서 돈도 많이 못 버는 사주이고, 아버지복과 부인복도 떨어진다고 볼 것이다. 현실은 그렇지 않은 것이 문제다.

　신약으로 본다면 인성이나 비겁으로 용신을 잡아야 하는데, 천간에 인성이 없고, 계수(癸水) 겁재가 투간되어 있지만, 무계합화(戊癸合火)로 기반되어 있어 용신으로 쓰기 어렵다. 그래서 축(丑) 속에 있는 신금(辛金) 정인을 용신으로 쓸 수 있다. 그렇지만 이것을 용신으로 잡으면 용신이 지장간으로 들어 있어 등급이 가장 떨어지는 사주가 된다. 결국 지장간인 신금(辛金)을 용신으로 삼는 신약용정인격 또는 투간된 계수(癸水)를 용신으로 삼는 신약용겁재격 등 두 가지로 볼 것이다. 그러나 이렇게 하면 이 사주의 대운을 설명하기 힘들다. 사주주인공은 목(木)의 식상운에 발복했다고 볼 수 있는데 일반 이론으로는 목(木)운에 성공한 이유를 도무지 설명할 수 없는 것이다.

　대운 흐름을 설명하지 못하니 이 사주를 종격으로 볼 것이다. 즉, 정임합목(丁壬合木), 무계합화(戊癸合火), 인오합화(寅午合火), 오미합화(午未合火) 등을 고려하면 사주가 종을 하여 목(木)과 화(火)가 용신이라고 할 것이다. 하지만 위에서 말한 것처럼 연지에 습토인 축토(丑土)가 있는데 온전히 종을 할 수 있는지 의문이다. 또한 양간은 좀처럼 종을 하지 않는다. 백번 양보하여 종격으로 본다면, 초년 대운에 화(火) 종격운이 왔는데 이 시기에 용신운만큼 공부를 잘하지도 못했고 부잣집 아들도 아니었던 사실을 어떻게 설명해야 할까.

　마지막으로 월지의 지장간을 용신격으로 잡는 『난강망』에 따르면, 월지 오(午)의 지장간인 정화(丁火)가 투간되어 있으므로 정재격(용신격)을 이루고, 용신은 겁재, 정인 등이 될 것이다.

대덕 이론으로 본다면, 사주원국에 화국(火局)이 되는 합국이 강하지만, 화(火) 대운은 불리하다. 그러나 초년 대운은 합국도 중요하지만 단순 육친운이 더 중요하다. 초년 재성운은 불리하지만, 현무당권격이기에 피해 갔다. 30대, 40대 대운은 식상운이 들어오니 식상 발달이 되어버려 전체 구조가 식재왕격으로 되었다. 매우 좋은 대운 구조를 이루었다.

5) 대덕 이론의 격국

이 사주의 격국을 대덕 이론으로 분석하면 다음과 같다.

- 정재격(내격) : 평생 안정적으로 돈을 번다. 그러면서 모험보다는 안정된 삶을 추구한다.
- 현무당권격 : 자주적이고 독립적이며 안정성을 추구한다.
- 재관왕격 : 돈과 명예를 추구한다.
- 화토왕격 : 독립적이고 자유분방함을 추구한다.
- 관성발달격 : 명예나 관직을 추구한다.
- 일하식신격 : 입, 즉 언어능력을 활용한다.
- 연살도화격 : 연예인처럼 끼를 활용하는 직업이 어울린다. 축(丑)년생이 월지가 오(午)인 경우가 연살도화격이다.
- 식상대운격 : 사주에 식상이 약한데 대운에서 20년간 들어온다. 그로 인해 의식주복이 있고, 표현력이 발달하고, 재물복이 있다.
- 비겁대운격 : 사주에 비겁이 약한데 대운에서 20년간 들어온다. 그로 인해 대인관계가 넓어지고 인덕이 따른다.

이처럼 대덕 이론의 격국을 통해 이 사주주인공의 직업 적성을 잘 알 수 있다. 사주주인공은 사주의 격국을 잘 활용한 경우에 속한다.

6) 허자론

이 사주는 지지의 인오(寅午)가 비합으로 늘 술토(戌土)를 불러들인다. 심리적으로 토(土) 관성을 추구하는 성향이 45세 전후로 나타난다고 본다.

7) 건강과 육친복

사주의 오행 중 고립된 것을 살펴보면, 연간 계수(癸水)가 고립된데다 합충이 중복되어 두 줄이나 금이 가서 나이를 먹으면 수(水)의 건강, 즉 신장이나 전립선질환을 조심해야 한다. 그러나 대운에서 50대 후에 수(水)를 보충해주는 운이 들어오므로 다행이다. 수(水)의 건강을 챙겨야 할 시기에 이런 운이 들어오는 것은 매우 긍정적이다.

또한 더운 계절인 오(午)월에, 태어난 시간도 미(未)시라서 혈관질환을 조심해야 한다. 합국이 되면서 화(火)가 더욱 늘어나는 사주이므로 화(火)의 건강인 심장질환, 혈관질환을 조심해야 한다.

이제 육친복을 보자. 재다신약 사주는 아버지복이 떨어지고, 또한 이런 사주에 초년에 재성운이 오면 아버지와 인연이 더 없다고 하는데, 현무당권격을 이루면 이런 단점을 어느 정도 극복할 수 있다. 부인복도 마찬가지로 본다. 재다 사주는 엄처를 얻는 경향이 있고 그게 아니면 여러 여자를 사귈 수 있지만, 이 역시 현무당권격을 이루어 어느 정도 긍정적이라고 본다. 그리고 사주주인공은 재다 사주로 인해 여자문제가 생길 수 있는 부분을, 여자를 상대하는 일이 많은 연예인을 직업으로 삼음으로써 피해갈 수 있게 되었다.

8) 대덕 이론의 용신과 대운 분석

이 사주는 화(火)가 강한 사주이므로 화(火)가 대운에서 들어오지 않거나, 드문드문 들어오는 것이 좋다. 나머지 오행들은 대운에서 들어오려면 힘있게 뭉쳐서 들어오는 것이 좋다.

특히 목(木)은 혼자 들어오면 화(火)로 흡수되어버리는데, 이 사주는 뭉쳐서 20년간 들어오므로 긍정적이다. 사주가 덥기 때문에 수(水)도 강하게 들어오는 것이 좋고, 금(金)과 토(土)도 힘있게 대운에서 들어오는 것이 긍정적이다. 그런 면에서 이 사주는 대운 흐름이 매우 좋다고 할 수 있다.

❶ 10세 정사(丁巳) 대운과 20세 병진(丙辰) 대운

사주원국을 보면 재다 사주인데 초년 대운에 또 다시 재성이 몰려온다. 아버지와 인연이 약할 수 있지만, 현무당권격으로 어느 정도 해소될 수 있다. 다만, 이 사주는 사주원국에 인성이 없고, 초년에 어울림 그리고 놀자주의 기질인 재성이 몰려와 공부 쪽으로 끌고 가기가 쉽지 않다. 하지만 일간 임수(壬水)가 화(火) 재성을 극복할 능력이 있다. 보통 일간은 점수로 30점 정도의 기운을 가지고 있다고 보지만, 임수(壬水) 일간은 격(현무당권격)을 이루기 때문에 30점 이상의 기운으로 보아도 무방하다.

　초년이 재성운이라서 공부에서 1등을 할 정도는 아니지만, 기본적인 공부는 할 수 있다. 사주주인공은 기계공학과를 나왔다. 사주는 화(火)의 문과적 기질이 강한데 이과인 기계공학과를 간 것은, 임수(壬水)의 이과적 기질과 재다의 숫자감각이 영향을 미쳤다고 할 수 있다. 또한 초년 재성운 때 공부를 치열하게 하지 않으면 끼 많은 재다 사주는 인생이 백수기질로 흐를 수 있는데, 사주주인공이 일찍 연예인을 택한 점은 매우 긍정적이라고 할 수 있다.

❷ 30세 을묘(乙卯) 대운

일반 이론으로 보면 목(木)운 때 가장 힘들어야 하는데, 정작 사주주인공은 최고의 시기를 보내고 있다. 일반 이론에서 임수(壬水)는 종이 불가능한데 백번 양보하여 종격으로 본다 치자. 그럴 경우 화(火) 대운과 목(木) 대운의 극단적인 삶의 변화를 어떻게 설명할까?

　대운 점수를 보면 목(木) 식상은 65점, 화(火) 재성은 65점, 토(土) 관성은 10점, 금(金) 인성은 0점, 수(水) 비겁은 0점이다. 식상과 재성의 점수가 안정적인 것이 특징이다. 입을 가지고 돈을 버는 연예인에게 이렇게 대운에서 식상과 재성이 안정적으로 들어오는 것은 매우 긍정적이라고 할 수 있다.

　또한 식상인 목(木)이 사주원국에서는 힘이 약한데, 대운에서는 을묘(乙卯)와 갑인(甲寅)의 간지 발달 형태로 20년간 들어오면서 대운격을 이루는 모습도 좋다. 더불어 대운이 식상이나 재성으로 어느 한쪽으로 편중되지 않고 식상과 재성이 양분되는 형태를 유지하는 것도 아주 좋은 모습이다. 일반 이론에서는 이러한 형태를 식상생재(食傷生財)라고 표현한다.

❸ 을묘(乙卯) 대운 중 2004년 갑신(甲申)년

이 때의 연운 점수를 보면 목(木) 식상은 75점, 화(火) 재성은 65점, 토(土) 관성은 10점, 금(金) 인성은 10점, 수(水) 비겁은 0점이다. 이 해에 이혁재는 KBS 연예대상 대상을 받았는데, 연운 점수도 식상이 좀더 늘어나 입을 활용하는 개그맨으로서 능력을 인정받게 된 것이다.

또한 갑신(甲申)년의 천간 갑(甲)은 월간의 편관 무토(戊土)와 충을 하고, 지지의 신(申)은 일지 인목(寅木)과 충을 하는데, 이 정도의 충은 긍정적인 변화변동을 가져온다고 본다. 다만, 이 식상 대운에는 늘 구설수를 조심해야 한다. 천간의 비겁 계수(癸水)가 고립된 상태에서 합충이 중복되어 두 줄이나 금이 생겼으므로 항상 다른 사람들과의 갈등이나 오해로 인한 구설수를 조심해야 한다.

식상과 재성이 발달하여 돈은 벌 수 있지만, 대운이 약간 편중된 느낌이다. 관성인 토(土)와 인성인 금(金), 그리고 비겁인 수(水)는 고립의 형태를 가지고 가므로 늘 이러한 오행이나 육친 문제를 조심해야 한다. 특히 인성인 금(金)의 점수가 좀 더 높으면 인성의 절제력을 가지고 가면서 돈을 버는 형태가 되어 긍정적으로 볼 텐데, 이 부분이 조금 아쉽다. 2010년 경인(庚寅)년 1월에 방송에서의 말실수와 술자리에서의 폭행 여부와 연관된 구설수 때문에 곤욕을 치렀고, 지금은 방송을 쉬고 있다.

❹ 나머지 대운

40세 갑인(甲寅) 대운도 큰 부담은 없다. 다만, 지지의 인(寅)은 인오합화(寅午合火)를 하기 때문에 을묘(乙卯) 대운보다 화(火) 재성 점수가 높아지지만, 대운 점수로 재성이 100점이므로 큰 부담은 없다고 본다. 그러나 화(火)가 더욱 강해지는 시기이므로 건강상 혈관질환을 주의하는 것이 좋다.

50세 대운 이후에는 비겁이 몰려온다. 사주에 수(水)의 기운이 약한데 대운에서 이렇게 간지로 몰려오는 형태는 좋다고 할 수 있다. 비겁의 자존감이 높아지는 시기이고, 비겁의 특징인 사람이 몰려오는 시기이므로 사람들에게 인정받고 싶어 명예욕이 발동할 수도 있다.

이 사주는 늘 안정을 추구하면서 돈과 명예를 추구해 가므로 순간 순간 굴곡은 있지만 능력을 많이 발휘하고 살 수 있을 것이다.

연예인 사주 >>>

장동건 (영화배우)

1972년 1월 22일(음) 인(寅)시생

1) 음양·오행·육친·신살

사주에 도화살이 강하다. 지지의 자(子), 묘(卯), 유(酉)가 도화살이고, 천간에도 도화살을 의미하는 임(壬)과 계(癸)가 있으므로 인기나 끼를 가지고 가는 직업에서 최고의 능력을 발휘한다.

이 사주는 목(木) 인성은 45점, 화(火) 비겁은 10점, 토(土) 식상은 0점, 금(金) 재성은 15점, 수(水) 관성은 40점인 관인다신약 사주로, 관성의 보이지 않는 카리스마와 인성의 절제력이 있다. 더불어 원래 관성은 돌파력과 저돌성이 있는데, 수(水) 관성은 수(水)의 생각하는 기질이 있어서 한 박자 조절하는 능력도 뛰어나다. 목(木) 인성은 배려적이면서 인간지향적 성향이 강하기 때문에 남에게 사랑을 많이 받을 수 있는 사주 구조이다.

사주에 도화살도 강하지만, 이 사주는 묘(卯)월 인(寅)시생이라서 목(木) 인성의 기운도 강하다. 내격에서 편인격을 이룬 사주이며, 편인격은 평생 끼를 가지고 인기를 추구하는 직종에서 탁월한 능력을 발휘할 수 있다. 현대는 자기 PR 시대이자 인다(印多)의 시대인데, 이 사주는 인성이 강하여 사람들이 장동건을 보면 모성애를 느낄 수 있다. 연예인으로서는 최고의 강점이다. 그러면서도 수(水) 관성도 발달되어 있으니 부드러움 속에서 터프한 카리스마가 발휘되는 것이다. 영화배우는 여러 가지 다양한 배역을 소화해야 하는데 부드러움과 카리스마를 동시에 갖고 있어서 매우 긍정적인 역할을 한다.

또한 지지의 자유(子酉) 귀문관살은 영화배우로서 감각과 감수성을 더 갖고 갈 수 있게 긍정적 역할을 한다. 장동건은 우리나라 대표 미남인데 사주에서 인목(寅木)을 제외한 임(壬), 자(子), 묘(卯), 정(丁) 등은 모두 얼굴이 잘생긴 글자들이다.

지지의 유금(酉金) 재성이 고립되어 있지만, 젊은 나이에 어마어마하게 큰돈을 벌었다. 만약 사업을 했더라면 힘들었을 텐데, 직접 사업을 하지 않고 끼를 가지고 가는 연예계로 갔으므로 돈을 많이 번 것이다.

사주에서, 특히 한국사회에서 돈을 제일 많이 버는 사주는 재성이 발달한 사주가 아니라 관성이 발달 이상인 사주다. 최고의 카리스마를 발휘하는 사람들이 관다신약 사주다. 한국 땅에서 관다 사주보다 더욱 능력을 발휘하는 사주가 바로 부드러움과 카리스마를 동시에 가지고 가는 재관다신약 사주다.

2) 천간과 지지의 합충

이 사주는 천간에는 정임합(丁壬合)과 정계충(丁癸沖)이 있고, 지지에는 인묘합(寅卯合)과 묘유합(卯酉合)이 있다. 이 정도의 합충은 적당한 수준으로 긍정적이다. 일간 정화(丁火)가 합충을 3번이나 하고 연월시 천간이 모두 관성이라서 힘들 수도 있지만, 직장에 속해 있지도 않고 사업을 하지도 않기 때문에 큰 부담은 없다고 할 수 있다.

3) 성격성명학의 성격 유형

성격성명학으로 보면 이름에서 양정관과 음편관의 성향이 나온다. 정관의 배려적인 성향에 편관의 카리스마도 가져갈 수 있는 이름이다.

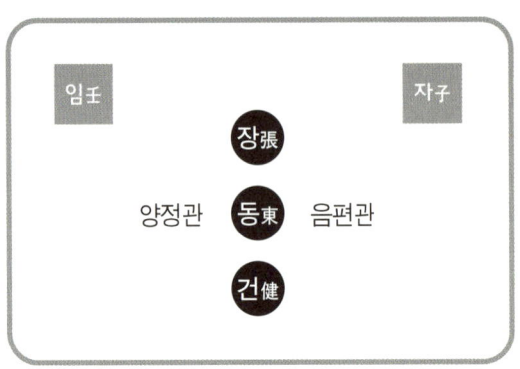

4) 일반 이론의 용신과 용신격

일반 이론에서는 이 사주를 신강하다고 보는 사람도 있고, 신약하다고 보는 사람도 있다. 신강하다고 보는 사람은 사주원국의 합을 고려하는 경우이고, 신약하다고 보는 사람은 합을 고려하지 않는 경우다.

❶ 신강으로 보는 경우

정임합목(丁壬合木)으로 인성이 매우 강해 신강한 사주로 보고, 천간에 투간되어 있는 임수(壬水)와 계수(癸水) 중 하나를 용신으로 잡는다. 그 중에서 임수(壬水)는 정임합(丁壬合)으로 기반되어 있으므로 용신 구실을 하기 힘들다. 따라서 월간 계수(癸水)를 용신으로 잡을 수도 있지만, 이 역시 정계충(丁癸沖)으로 깨져 있다. 어쨌든 용신이 천간에서 힘을 발휘하지 못한다고 보고 지지 자수(子水)를 용신으로 잡는 경우가 많을 것이다. 그러면 신강용편관격이 된다. 유금(酉金)의 생을 받으니 자수(子水)가 힘이 있다고 볼 수도 있지만 약하다. 더불어 사흉신인 편관에 속하고, 수(水) 용신은 기신인 목(木)을 생하기 때문에 좋지 않다고 본다.

그렇다면 일지 유금(酉金)을 용신으로 보는 사주명리학자도 있을 것이다. 배우자로 고소영을 만났으니 억지로 꿰맞출 수도 있지만, 지지 용신이 묘유충(卯酉沖)을 하므로 이 또한 용신 구실을 하기 어렵다. 물론 이와 같은 상황에도 유금(酉金)을 용신으로 잡는 사람이 있을 것이다. 이 경우는 신강용편재격이 될 것이다. 그러나 용신이 지장간인 경우보다는 낫지만, 지지에 있기 때문에 사주 등급이 많이 떨어진다고 본다.

　두 가지 중에서 먼저 신강용편관격으로 하면 용신은 수(水), 희신은 금(金)이다. 이러면 대운에서 목화토(木火土)가 들어오면 안 된다. 그런데 장동건은 대운에서 목화(木火)운이 들어왔을 때 가장 많은 돈을 벌었고 국민적인 스타가 되었다. 이 점은 대운 분석으로는 설명이 안 되는 부분이다. 다음으로, 신강용편재격으로 하면 용신은 금(金), 희신은 토(土)이다. 이 경우 역시 목화(木火)운에 출세한 이유를 설명하지 못한다.

　신강으로 보아 사주 분석이 안 되면 용신론자들은 슬그머니 사주 내담자에게 운을 물어보아 신약 사주라고 하고, 목화(木火)를 각각 용신과 희신으로 삼아 사주 분석을 할 가능성이 높다. 그리고 정임합(丁壬合)이 정계충(丁癸沖) 때문에 안 되어 신약 사주라고 할 가능성도 많다.

❷ 신약으로 보는 경우

신약한 사주로 볼 경우 인성 묘목(卯木)이 월지에 위치해 힘이 있으므로 이것을 용신으로 잡을 수 있다. 아니면 묘목(卯木)이 사흉신인 편인이므로 사길신의 하나인 시지 인목(寅木)을 용신으로 잡을 수도 있다. 이렇게 분석하면 목화(木火)운에 크게 발복한 것을 설명할 수 있지만, 고전 이론에서는 사주가 신약하면 일단 신강 사주에 비해 힘든 인생을 산다고 주장하는 것이 문제다.

　사주주인공인 장동건은 젊은 나이에 많은 부와 명성을 얻었는데, 일반 이론에서는 이런 사주를 설명하려면 무조건 신강해야 가능하다. 신약 사주는 일단 등급이 신강 사주에 비해 한없이 떨어지는데, 장동건의 사주를 신약으로 볼 경우 이러한 부와 명성을 갖기가 힘들다.

　또한 일반 이론에서는 용신이 힘이 있고 천간에 투간되어야 좋다고 보는데, 이 사주를 신약으로 볼 경우 용신이 지지에 있어서 매우 격이 떨어지는 사주가 된다. 이러면 용신이 무력하여 장동건이 부와 명성을 얻은 것을 일관성 있게 명쾌하게 설명할 수 없다.

5) 대덕 이론의 격국

편인격(내격), 도화격, 인성발달격, 관성발달격, 일하일위편재격, 비겁용신대운격, 식상용신대운격, 재성용신대운격 등 연예인에게 잘 맞는 격을 가지고 있다.

6) 건강과 육친복

이 사주는 편중되어 있지 않다. 다만, 유금(酉金)과 정화(丁火)가 고립되어 있다. 먼저 정화(丁火)는 너무 많은 생으로 고립되었는데, 대운으로 가면서 고립을 풀어주고 있다. 그러나 일지 유금(酉金)은 사주원국에서도 고립이고 대운에서도 50세 무(戊) 대운까지 계속 고립당하며, 건강 쪽으로 대장과 폐의 문제를 조심해야 한다. 실제로 장동건은 어렸을 때 폐기종에 걸렸다고 한다. 장기적으로 폐, 대장, 암 등의 질병을 조심해야 한다.

유금(酉金)은 육친 중에서 재성, 즉 여자나 부인을 의미한다. 재성 고립은 부부 문제가 발생할 가능성을 암시하며, 50세 무(戊) 대운까지 이 재성을 집중적으로 고립시키고 있다. 이 경우 배우자의 사주에도 관성의 문제가 있을 가능성이 높다.

또한 대운을 보면 합국을 형성하는데, 40세 정미(丁未) 대운에서 목(木)이 많이 늘어난다. 합으로 인해 목(木)이 85점이 되며, 목(木)의 건강 즉 간, 뼈, 사건사고 등도 조심할 필요가 있다.

7) 대덕 이론의 용신과 대운 분석

이 사주에서 목(木)은 사주원국에서 힘이 강하기 때문에 대운에서는 약하게 드문드문 들어오는 것이 좋다. 그러나 목(木)이 힘있게 몰려와도 큰 문제는 없다. 화(火)도 사주원국에 없으므로 뭉쳐서 들어오는 것이 좋다.

한편 이 사주는 일지 유금(酉金)이 고립되어 있으므로 금(金) 역시 간지로 뭉쳐서 들어오는 것이 좋다. 다만, 금(金)이 고립된 상태에서 화(火)가 들어오면 돈과 명예를 가져갈 수 있지만, 금(金)의 건강과 재성의 육친복은 떨어진다고 본다.

토(土)도 뭉쳐서 힘있게 들어오는 것이 좋다. 이 사주는 목(木)이 강하기 때문에 토(土)가 무인(戊寅)의 형태로 들어오면 고립을 당하므로 무진(戊辰)이나 무술(戊戌)처럼 같은 오행 간지로 들어오는 것이 좋다.

❶ 10세 갑진(甲辰) 대운과 20세 을사(乙巳) 대운

인성 발달 사주에 초년 대운이 인성, 식상, 비겁이면 사랑받을 수 있는 구조이다. 을사(乙巳) 대운인 1991년에서 2000년을 보면 인성운과 비겁운이다. 대운 중에서 인성운과 비겁운은 연예인으로 활동하는 데 매우 유리한 구조이다. 을(乙) 인성운은 대중에게서 사랑받고 상복을 가져갈 수 있는 구조이고, 사(巳)의 비겁운도 사람을 상대하는 연예인에게는 좋은 구조이다. 특히 사(巳) 대운은 사유합금(巳酉合金)으로 사주원국에 고립되어 있는 유금(酉金)의 고립을 풀어주면서, 사람(비겁)을 재성(돈·재물)으로 연결시켜준다. 또한 인기와 돈을 가져갈 수 있다.

❷ 30세 병오(丙午) 대운

사주원국에 있는 일간 정화(丁火)의 고립을 풀어준다. 세력이 약한 오행은 이렇게 뭉쳐서 들어오는 것이 좋다.

비겁이 강해지는 것은 연예인에게는 좋은 운이다. 또한 사람들에게서 인기를 얻을 수 있으며, 감독이나 스태프 등 함께 일하는 사람들과의 관계도 좋아지는 구조이다. 만약 이 시기에 사업을 했다면 힘들었겠지만, 사업이 아닌 사람을 가지고 가므로 오히려 돈을 버는 구조가 된다. 다만, 유금(酉金)의 고립은 계속된다.

❸ 40세 정미(丁未) 대운

이 대운도 금(金)의 고립을 더욱 심화시키고 있다. 특히 유금(酉金)은 대운에서 미토(未)나 무토(戊土)를 기다리고 있는데, 미토(未土)가 미묘합(未卯合)을 하여 배신한다. 가장 힘들고 부정적이다. 금(金)의 건강문제, 그리고 재성(여자나 처의 문제)의 문제를 조심해야 한다. 50세 무(戊)운까지는 금(金) 재성의 문제를 가지고 간다.

결혼운을 보면 2008년 무자(戊子)년, 2009년 기축(己丑)년, 2010년 경인(庚寅)년, 2011년 신묘(辛卯)년 등 4년간 식상과 재성이 집중적으로 들어오므로 결혼하는 구조가 된다. 실제로 2010년 5월 2일에 고소영과 결혼하였다. 하지만 결혼해도 50세 무(戊)운까지는 재성 고립을 조심해야 한다.

연예인 사주 >>>

조용필 (가수)

1950년 3월 21일(양) 인(寅)시생

1) 음양·오행·육친·신살

이 사주는 목(木) 비겁은 80점, 화(火) 식상은 0점, 토(土) 재성은 20점, 금(金) 관성은 10점, 수(水) 인성은 0점으로 목비다(木比多) 사주다. 일반적으로 군겁쟁재(群劫爭財) 사주라고 부른다. 명예지향적이고 타인에게 인정받고 존중받고 싶어 한다.

을목(乙木) 일간은 부드럽고 섬세하지만, 고집이 세고 신경이 예민한 면이 있다. 또한 배려적이지만, 대인관계에서 사람 사귀는 폭이 넓지 않아 가까운 사람들과 잘 어울린다. 지지에는 묘묘(卯卯) 도화격과 연살도화격이 있다. 지지에 묘(卯)가 강한 것은 외골수적인 기질이 강한 것을 보여준다. 자기가 관심 있고 좋아하는 분야를 향해 한눈팔지 않고 집중하는 능력이 탁월하다.

비다(比多)의 이런 특징들을 사주주인공은 대중 앞에서 노래 부르는 것으로 가지고 갔다. 사람을 상대로 끼를 발휘하는 직업으로 가지고 가서 매우 긍정적인 역할을 한다. 만약 이 사주가 직접 돈을 버는 사업 쪽으로 갔다면 매우 불리했을 것이다.

일반적으로 일반 이론에서는 군겁쟁재 사주는 돈을 못 벌고 힘들게 산다고 하지만, 사주주인공은 국민가수로 불리며 엄청난 돈을 벌었다. 사주원국의 장점을 살려 사람을 상대하면서 끼를 가지고 가는 연예인을 하면서 돈을 직접 투자나 사업이 아닌 간접적으로 벌었기 때문에 부를 많이 쌓은 것이다. 그래서 사주는 사주 원국을 봐야 한다. 사주원국에 있는 장점을 읽어줘야 한다.

2) 천간과 지지의 합충과 육친복

이 사주는 천간에는 을기충(乙己沖)과 을경합(乙庚合)이 있고, 지지에는 인묘합(寅卯合)이 있다. 천간과 지지의 합충이 6개로 사주가 면역력이 있다. 다시 말해 사주에 합충이 4~6개 정도 있으면 대운이나 연운에서 합충이 와도 사주에 내성이 있어 변화변동이 크지 않다. 마치 어려서 질병에 대비해 예방주사를 맞는 것과 같다. 다만, 지지는 네 글자 모두가 두 줄씩 금이 가 있다. 모두 목(木)이므로 건강 쪽에서 간, 뼈, 사건사고 등은 약간 조심해야 한다. 한편 천간의 기토(己土)도 고립이라서 위장 건강도 살펴야 한다.

천간의 을기충(乙己沖)과 을경합(乙庚合)으로 육친을 살펴보자. 일간 을목(乙木)은 재성과 관성 때문에 힘들고 여자, 자식과 인연이 없다. 특히 천간의 무토(戊土)와 기토(己土)는 완벽한 고립이며, 둘 다 고립이라서 부인복이 없다. 돈은 사업을 안 하고 대인관계와 끼를 활용해 벌면 되지만, 부인 문제는 피해갈 수 없다. 재성 고립에 군겁쟁재 사주로 한 번 이혼하고 한 번 사별했다. 연간 경금(庚金)도 기토(己土)의 생을 받기 어렵다. 이러한 관성의 문제로 자식하고도 큰 인연은 없다. 만약 천간의 무토(戊土)와 기토(己土)가 나란히 붙어 있다면 고립이 약해져 부인의 문제는 지금과 달리 좀더 긍정적으로 흘러갔을 가능성도 있다.

그래도 이 사주의 천간을 보면 을경합(乙庚合)이 있고, 대운 분석을 하면 천간이 토(土)와 금(金)으로 점수 40점을 늘 가지고 간다. 사주에 목(木)이 강한 느낌인데, 천간이 이렇게 40점 정도 토(土)와 금(金)으로 가면서 균형을 어느 정도 잡아주니 긍정적이다.

3) 에니어그램

비견 과다이므로 4번 유형인 예술가형, 목(木) 과다이므로 2번 유형인 봉사가형과 3번 유형인 성취가형이 결합되어 있다.

4) 일반 이론의 용신과 용신격

일반 이론 입장에서 이 사주는 득령, 득지, 득세를 하여 매우 신강한 사주로 본다. 먼저 종격 중에서 목(木)을 종하는 종왕격으로 볼 수 있다. 군겁쟁재로 무토(戊土)와 기토(己土)는 얻어맞고 있고, 연간 경금(庚金)은 뿌리가 없어 힘이 없다고 보아 목(木)을 용신, 수(水)를 희신으로 보는 것이다. 하지만 종왕격으로 보면 25세 임오(壬午) 대운의 오(午) 대운을 설명할 수 없다. 오(午) 대운 중 1980년 경신(庚申)년에 국민적인 스타가 됐는데 이를 설명할 수가 없는 것이다. 또한 대운도 남방 화국(火局)과 서방 금국(金局)으로 흘러가는데 이는 용신과 희신의 반대 방향이다. 이렇듯 종격으로는 한국에서 조용필이 성공한 이유를 설명할 수 없다.

다음으로, 이 사주의 용신을 금(金), 희신을 토(土)로 보는 경우가 있다. 그러면 45세 갑신(甲申) 대운 이후 금(金)이 몰려오는 시기가 되어야 명예를 얻는 사주가 되고, 초년부터 35세 계미(癸未) 대운까지는 힘들다고 본다. 그러나 조용필은 25세 임오(壬午) 대운의 오(午) 대운과, 35세 계미(癸未) 대운 때 최고의 전성기를 보냈다. 특히 35세 계미(癸未) 대운 때 희신 미(未)는 사주원국의 묘(卯)와 묘미합(卯未合)을 이루어 기반되어버린다. 희신이 기반되면 상황이 힘들어야 하는데, 정작 조용필은 이 때 인생 최고의 전성기를 보냈다. 이 역시 사주주인공의 인생 흐름을 설명하지 못한다.

5) 대덕 이론의 격국

대덕 이론은 이 사주가 비견격(내격), 천문격, 도화격, 연살도화격, 종왕격, 목(木) 종격 등을 가지고 있다고 본다. 이 격들을 보면 사람을 상대하면서 끼를 가지고 가거나, 사람의 생명을 다루는 직업이 잘 어울린다.

이 중에서 연살도화격은 삼합 기준으로 보면 태어난 해(띠)로 보아 월지에 연살이 있어야 한다. 즉, 인오술(寅午戌)생은 월지에 묘(卯), 신자진(申子辰)생은 월지에 유(酉), 사유축(巳酉丑)생은 월지에 오(午), 해묘미(亥卯未)생은 월지에 자(子)가 있어야 한다.

조용필 사주는 도화격에 연살도화격까지 있어서 사주에 도화살의 기운이 강하며, 천문성을 활용하는 직업군도 좋지만, 도화살의 끼를 활용하는 것이 더욱 긍정적이다.

6) 대덕 이론의 용신과 대운 분석

대덕 이론은 용신도 보지만, 대운에서도 오행과 육친의 고립, 발달, 과다를 중심으로 분석한다. 목(木)은 안 들어오거나 드문드문 들어오면 좋고, 화토금수(火土金水)는 뭉쳐서 들어오면 좋다.

❶ 5세 경진(庚辰) 대운과 15세 신사(辛巳) 대운

초년운도 용신으로 보지 않고 각 육친을 본다. 이 사주는 초년에 관성운과 재성운이 들어오므로 공부 쪽보다는 친구와 어울리거나 튀는 행동을 할 가능성이 많다. 음악을 하기 위해 가출한 것도 그런 영향으로 볼 수 있다.

아버지복을 의미하는 재성이 사주원국에서 고립되어 있어 그다지 긍정적이지 않다. 특히 진(辰) 대운의 재성운은 재성이 들어와 인묘진합목(寅卯辰合木)으로 고립되는 형태라 부정적이다. 다만, 조용필은 집에 있지 않고 가출하여 떨어져 지내는 형태로 아버지와 인연이 없는 것을 해결했을 가능성이 높다. 실제로 조용필은 음악 하는 것을 반대하는 아버지와 마찰이 많았다고 한다.

그리고 초년에 공부복이 떨어지는 것을 음악으로 돌려 전념한 것도 매우 긍정적으로 작용했다고 볼 수 있다. 한국사회에서는 공부를 하지 않으면 살아남기 힘든데, 그런 상황 속에서 자신의 사주에 맞는 음악을 일찍 시작한 것은 매우 긍정적이라고 할 수 있다. 특히 비다(比多) 사주는 칭찬에 민감하기 때문에 청각이 매우 발달되어 있고 예민할 수 있는데, 음악을 하는 사주주인공에게 이 점은 아주 큰 장점이라고 할 수 있다.

❷ 25세 임오(壬午) 대운의 오(午) 대운

한 마디로 말해 이 시기는 사주주인공에게 인생 최고의 전성기였다. 사주원국은 대중을 상대로 인기를 가지고 가는데, 대운에서 비겁과 입을 활용하는 식상이 오면 매우 긍정적인 역할을 한다.

다만, 목(木) 비겁이 과다하게 몰려오면 토(土)의 고립이 더욱 심해질 수 있는 게 문제인데, 천간이 토(土)나 금(金)으로 늘 40점의 발달 형태를 가지고 가므로 긍정적이다. 이러면 목(木)이 아무리 늘어나도 대운까지 포함하여 점수가 90점 정도이지 100점을 넘지 않는다. 물론 연운까지 보면 100점이 약간 넘을 수 있지만, 육친의 부인복 빼고는 그리 큰 부담이 없다.

또한 조용필은 사업가가 아니므로 비겁이 과다해져서 재성이 고립되는 단점, 즉 돈이 새어 나가는 부분은 걱정하지 않아도 된다. 설령 돈이 새어 나간다고 해도 이 돈은 공연준비를 위한 투자로 생각하면 오히려 긍정적인 역할을 한다. 매년 공연준비를 위해 30~40억 이상을 쏟아붓지만, 공연수익금으로 그보다 훨씬 많은 거액을 벌고 있기 때문이다.

❸ 25세 임오(壬午) 대운의 오(午) 대운 중 1980년 경신(庚申)년

1975년 조용필은 대마초 파동으로 무대에서 내려와야 했지만, 1980년에 화려하게 재기에 성공하고 국민적인 스타가 되었다. 인오술합화(寅午戌合火)로 식상이 늘어나는 대운이라서 남 앞에서 표현하는 것에 장점이 많다. 관성인 금(金)도 간지로 들어와 명예도 얻을 수 있다.

경신(庚申)년에 인신충(寅申沖)이 있는데, 충으로 경금(庚金)이 튀어 나와 을경합금(乙庚合金)으로 비합이 되면 관성의 명예복을 더 가져올 수 있다. 또한 인신충(寅申沖)으로 인(寅) 속의 병화(丙火) 식상도 튀어 나와 식상의 힘을 강하게 해준다.

❹ 35세 계미(癸未) 대운

이 시기는 1984~1993년으로, 역시 최고의 전성기였다. 천간은 무계합화(戊癸合火)와 기계충(己癸沖), 지지는 묘미합목(卯未合木)으로 목(木)이 늘어나 90점이 된다. 한국의 톱가수로서 비겁이 90점이면 사람을 상대로 하는 일에 더욱 긍정적이다. 그러나 이 시기에 돈을 직접 버는 사업을 했다면 거의 파산했을 것이다.

❺ 45세 갑신(甲申) 대운

인기는 예전만 못하지만 여전히 돈과 명예를 가지고 가는 대운이다. TV 출연은 안 하지만 전국의 월드컵경기장에서 대규모 공연을 하여 막대한 돈과 명성을 얻었다.

45세 갑신(甲申) 대운 중 1994년 갑술(甲戌)년을 보자. 천간은 갑기합토(甲己合

土), 지지는 묘술합화(卯戌合火)로 재성과 식상이 늘며, 이 해에 재혼하였다.

　1999~2005년에는 명예의 전당에서 공연을 하여 최고의 명성을 얻었다. 2003년 계미(癸未)년을 보자. 천간은 무계합화(戊癸合火)를 하고, 지지는 묘미합목(卯未合木)으로 목(木)이 늘고, 무토(戊土)가 사라지면서 월간 기토(己土) 재성이 고립되어 재혼한 부인과 사별하였다. 비록 재성이 고립되어 부인과 사별했지만, 이 해에 잠실운동장에서 5만 관객이 몰려든 야외콘서트를 성공시켰다. (야외콘서트에 5만 관객은 한국 최초이다) 계미년에 비겁이 늘어 부인인 재성은 힘들었지만, (비겁에 초점을 두어) 사람을 가지고 가는 공연은 대성공을 거둔 것이다.

❻ 55세 을유(乙酉) 대운 이후

2004년 이후 현재까지다. 이 대운은 사주에 세력이 약한 금(金) 관성이 늘어나는 시기다. 또한 월주와 대운이 천간과 지지로 충을 하는 시기다. 이 대운 중 2005년 을유(乙酉)년은 대운과 연운이 모두 같은 복음의 운이고, 지지는 모두 묘유충(卯酉沖)을 하고, 천간은 을경합(乙庚合)을 한다. 금(金) 관성이 70점으로 늘어나면서 합충을 많이 한다. 이 해에 전국의 월드컵경기장을 돌면서 전회 매진을 기록하여 최고의 명성과 재물을 얻었다. 또한 같은 해에 역사적인 평양 공연을 성공시켜 그 명성을 북한 땅에도 떨쳤다.

　55세 을유(乙酉) 대운에 사주원국의 월주 기묘(己卯)와 천간과 지지로 충을 하는 것은 기존의 일반 이론으로 보면 매우 부정적인 사건사고를 의미할 수 있다. 그러나 대덕 이론으로 보면 이 시기에 들어오는 천간과 지지의 충은 자신의 인생에서 최고의 능력을 발휘하는 경우가 많다. 또한 모든 사주는 50대를 전후하여 월주와 대운이 충을 한다. 이 시기의 충은 긍정적인 역할을 하는 경우가 많다.

❼ 나머지 대운

먼저 65세 병술(丙戌) 대운에서는 사주원국에서 약한 화(火) 식상이 늘어나는 것은 매우 긍정적으로 본다. 다만, 이 시기부터는 건강에 주의해야 하므로 지지로 들어오는 술(戌)은 약간 부담스러울 수 있다. 술(戌)이 묘술합화(卯戌合火)로 금이 두 줄 가면서 지지가 전부 깨지는 것은 건강과 관련하여 조심할 부분이다.

75세 정해(丁亥) 대운도 지지가 인해합목(寅亥合木)과 해묘합목(亥卯合木)으로 목(木)이 늘면서 금이 두 줄 생긴다. 병술(丙戌) 대운보다 더 위험할 수 있다. 간과 교통사고를 의미하는 목(木)의 고립, 위장과 전립선질환을 의미하는 토(土)의 고립, 대장과 폐를 의미하는 금(金)의 고립, 혈관과 심장을 의미하는 화(火)의 무존재 등 여러 가지로 건강에 조심해야 한다. 한번 건강이 나빠지면 합병증이 생길 수 있고 교통사고도 조심해야 한다. 아무쪼록 오랫동안 국민들에게 희망과 행복을 주는 국민 가수로 남았으면 하는 간절한 바람이다.

일반 이론으로 보면 가장 격이 떨어지는 군겁쟁재 사주가 조용필의 사주다. 그러나 조용필은 사주원국의 장점을 살려 한국 땅에서 최고의 능력을 발휘하면서 많은 부와 명성을 쌓았다. 대덕 이론만이 이 점을 설명할 수 있다고 본다.

연예인 사주 >>>

김태희 (탤런트)

1980년 3월 29일(양) 묘(卯)시생

시	일	월	연
辛	辛	己	庚 (坤)
卯	丑	卯	申

78	68	58	48	38	28	18	8
辛	壬	癸	甲	乙	丙	丁	戊
未	申	酉	戌	亥	子	丑	寅

1) 음양 · 오행 · 육친 · 신살

이 사주는 목(木) 재성은 45점, 화(火) 관성은 0점, 토(土) 인성은 25점, 금(金) 비겁은 40점, 수(水) 식상은 0점이다.

도화살인 묘(卯)가 월지와 시지에 있지만 강하지는 않다. 이것만 보면 연예인에 어울리는 사주가 아니라고 할 수 있지만, 어울림과 관계성과 끼를 의미하며 붙임성도 있는 재성이 45점으로 발달했기 때문에 많은 사람들에게 편안한 인상을 줄 수 있다.

또한 이 사주는 인성이 간지로 잘 발달되어 있다. 평생 끼를 발휘해야 할 직업인 연예인에도 잘 맞고, 인성도 기토(己土)와 축토(丑土)가 모두 편인이다. 둘 다 편인이라 일관성이 있고, 편인은 끼를 가지고 가는 직업에서 능력을 발휘할 수 있다. 재성 역시 둘 다 편재인데, 이 역시 연예인으로 일관성 있게 끌고 갈 수 있게 해준다.

이 사주는 금(金) 비겁, 목(木) 재성, 토(土) 인성 3개가 깔끔하게 잘 발달되어 있다. 사주에 발달인 글자가 3개면 매우 긍정적이다. 비겁의 사람을 상대하면서, 인성의 끼를 가지고, 재성의 돈을 추구하는 직업에서 장점을 발휘한다. 만약 사주 주인공이 연예인이 되지 않았다면 신왕재왕 사주이므로 평생 안정을 추구하면서, 지지에 묘(卯) 천문성과 신(申) 형살도 있고 인성 역시 잘 발달되어 있어서 생명을 다루는 법조인이나 의사 등의 직업도 잘 맞는다.

일간이 신금(辛金)이고, 금(金) 비겁도 발달 형태이다. 일간 신금(辛金)은 냉정하면서도 깔끔하지만, 겉으로는 부드러운 특징도 있다. 신금(辛金)은 약간 까다로울 수 있고, 사주에 금(金)도 강해서 다소 원칙적이고 구조적이며 융통성이 떨어질 수 있는 부분이 있다. 남들이 볼 때는 맺고 끊는 것이 확실하여 다소 딱딱하고 차가워 보이는 경향이 있다.

그런데 이 사주는 목(木) 재성도 강하다. 목(木)은 사람냄새가 나는 성향이고 남을 배려하는 기질이다. 금(金)의 딱딱하고 차가워 보이는 부분을 목(木) 재성이 보충해주는 것이다. 특히 재성이 강하면 사회생활을 하면서 붙임성이 좋고 싹싹하기 때문에 사람들에게 인기가 좋으며, 특히 나이먹은 사람들이 좋아한다. 또한 토(土) 인성도 잘 발달되어 있어서 더욱 부드러워 보이는 장점이 있다.

결론적으로 이 사주는 3개 오행과 육친이 잘 발달되어 있고, 서로 보완관계를 이루고 있어 한국사회에서 장점이 많은 사주다. 금(金)의 원칙적이면서 손해를 안 보는 철저한 자기관리능력도 있으면서, 목(木)의 배려적이고 인간지향적인 장점, 그리고 토(土) 인성의 사람복도 모두 가져갈 수 있는 것이다. 한국사회에서는 사주에 금(金)이 너무 많아서 고집스럽고 원칙적이며 융통성이 떨어지면 인간관계를 맺기가 힘들고, 목(木) 역시 너무 많으면 자기 실속을 못 챙길 수 있는데 그런 면에서 장점이 있다.

또한 이 사주는 격국으로 대덕격2다. 발달된 3개의 오행인 금(金), 목(木), 토(土)가 서로 극하는 관계를 유지하고 있다. 금극목(金剋木), 목극토(木剋土)를 하면서 대덕격2를 이루고 있는데, 이 대덕격2는 명예를 잘 가지고 갈 수 있는 격국이다.

2) 천간과 지지의 합충과 고립오행

이 사주는 천간과 지지에 합충으로 금이 간 글자가 전혀 없다. 천간과 지지에 합충으로 3~4개 정도 금이 가는 사주가 충격 예방차원에서 긍정적인 사주라고 할 수 있는데, 그런 의미에서 약간 아쉽다. 사주가 합충 없이 너무 깨끗해도 문제다. 이런 사주 구조는 대운에서 합충이 과도하게 밀려오면 사건사고에 휘말릴 수 있기 때문이다. 하지만 대운과 연운에서 적절한 충이 들어오면 긍정적인 변화변동을 가져올 수 있다.

이 사주에서 고립된 글자는 시지에 있는 묘목(卯木)이다. 하지만 월지가 묘(卯)월이므로 큰 부담이 되지는 않는다. 다만, 이 사주를 토(土)가 금(金)을 생하는 구조로 본다면 언제든지 금(金)과 목(木)이 대치할 수 있다. 만약 사주에 수(水)의 기운이 있다면 금(金)과 목(木)의 기운을 중간에서 통관해주므로 훨씬 긍정적으로 볼 것이다. 이 역시 대운에서 수(水)가 들어와 금생수(金生水), 수생목(水生木)으로 통관시켜주면 큰 문제가 없다.

3) 에니어그램

금(金) 일간에 금(金) 발달인 완벽형의 1번 유형, 목(木) 발달인 봉사가형의 2번 유형, 재성의 어울림이 있으므로 낙천가형인 7번 유형에 해당한다.

4) 성격성명학의 성격 유형

성격성명학으로 보면 이름 첫글자인 '태'를 기준으로 중심성격은 양정재, 부중심성격은 양정재가 나타난다.

사주도 장점이 많은데 이름도 좋은 이름이다. 성격성명학 중 정재는 한국사회에서 성공 가능성이 높은 이름이다. 지기 싫어하는 문과적 기질과 계획적인 이과적인 기질을 동시에 가지고 갈 수 있다. 정재인 이름들이 초년에 공부를 잘한다. 공부에 적합한 기질과 더불어 성공에 대한 욕망이 있기 때문이다.

또한 주변에 갈등상황이 있어도 영향받지 않고 분리하는 능력이 탁월하다. 갈등은 갈등이고, 공부는 공부다 이렇게 생각하면서 공부를 한다는 것이다. 나이를 먹어도 정재 유형은 손해 보지 않으면서 자기 실속을 차리는 능력이 탁월하다. 데모를 하다가도 배 고프면 밥을 먹으러 가거나, 한국이 월드컵 4강에 올라가 온 나라가 들썩거려도 조용히 자기 할 일을 하는 스타일이다. 여기에 밖으로 드러나지 않는 은근한 고집에 자기 일을 끝까지 고집스럽게 밀고 나가는 능력도 좋아서 한국사회에서 능력을 발휘하는 이름이다.

다만, 개인주의적인 성향이라 남에게 비판을 받을 수는 있다.

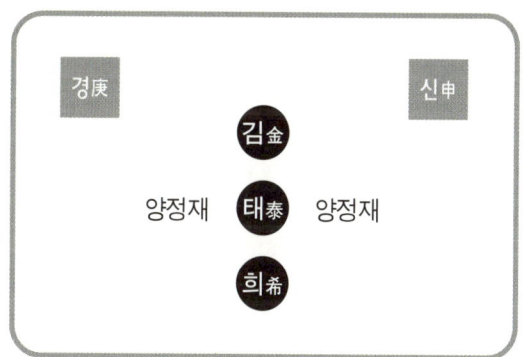

5) 육친복

사주에 재성이 잘 발달되어 있다. 재성이 하나 고립되어 있지만 점수가 45점이어서 아버지복을 가지고 갈 수 있는 구조다. 인성 기토(己土)와 축토(丑土)도 간지로 서 있어서 점수는 25점이지만 발달로 보아야 하고, 인성이 상징하는 어머니복과 부동산복을 이룰 수 있다.

　남편복을 보면 사주 어디에도 관성은 없다. 무관 사주라고 할 수 있다. 연운과 대운에서 관성을 보충해주면 결혼할 수 있지만, 일정 부분 남편복은 떨어진다고 봐야 한다. 남편복이 떨어진다고 하지만 자기 능력이 강하면 큰 문제가 안 된다. 여자가 자기 능력이 약하고 경제적 능력이 없는 상태에서 남편복이 없으면 힘들지만, 현대사회에서 김태희 같은 경우는 남자복이 없다고 해서 큰 문제가 아니라는 것이다. 자기가 능력이 있으니 마찬가지로 능력 있는 남자를 만나서 살다가 깨끗하게 헤어질 수도 있는 것이고, 설령 그렇다고 해도 그것이 큰 문제가 안 된다는 것이다.

6) 연기력 논란

사주주인공인 김태희는 늘 인기에 비해 연기력이 떨어진다는 비판을 받는다. 사주에 재성이 강한 것은 장점이지만, 도화살이 약한 것은 끼를 가지고 가는 연예인에게는 약점이 될 수 있다. 도화살이 약해도 사주에 표현하는 기질인 화(火)가 조금이라도 있었다면 좀더 긍정적이었을 것이다.

　일간이 신금(辛金)이고 사주에 금(金)이 강해서 연기를 하면 딱딱하게 보이고, 글을 또박또박 읽는 느낌이 더 강하게 들 수 있다. 그래서 다양한 표정과 연기가 필요한 드라마나 영화를 찍으면 이런 논란에 휩싸이는 것이다. 이런 이유로 김태희는 영화나 드라마보다는 단발로 찍는 CF에서 더 많은 활약을 했다. 연기력으로 두각을 나타낸 영화나 드라마는 몇 편 되지 않는다. CF로 인기를 선점한 다음 영화나 드라마를 찍으며 인기 스타로 올라선 것이다.

　연기를 못한다는 논란에도 불구하고 연예인으로서 생명력과 인기를 가져갈 수 있는 이유 중에 서울대 출신이라는 배경이 크게 작용한다고 본다. 또한 재성의 부드러움도 대중들에게 인기를 얻을 수 있는 이유이고, 여기에 금(金)의 자기관리 능력도 포함될 것이다.

7) 일반 이론의 용신과 용신격

일반 이론에서는 이 사주가 월지를 얻지 못했지만, 토(土) 인성과 금(金) 비겁이 강하고 천간에 인성과 비겁이 투간되어 있어서 신강 사주로 보는 사람이 많을 것이다. 그럴 경우 이 사주를 신강용편재격으로 보고, 월지에 있는 묘목(卯木)이 힘이 있다고 보아서 이를 용신으로 잡는다. 즉, 용신은 목(木), 희신은 수(水)로 볼 것이다. 신강용편재격으로 볼 때 용신이 천간에 투간되어 있지 않고 지지에 있어서 부정적이지만, 용신인 편재가 사길신이어서 그런대로 인정할 수 있다. 또한 용신이 월지에 있어 힘은 있다고 본다.

또한 사주에 토(土)와 금(金)이 많아도 묘(卯)월 묘(卯)시라 목(木) 기운이 강하다고 봐서 신약 사주라고 할 가능성도 있다. 이 경우 신약용편인격이 되며, 천간에 투간되어 있는 기토(己土)를 용신으로 잡을 것이다. 즉, 용신을 토(土)로 보고, 희신을 금(金)으로 볼 것이다.

신강 사주로 보면 재성 용신이 천간에 투출되어 있지 못해 사주의 그릇이 떨어진다고 보고, 신약 사주로 보면 용신이 천간에 투출되어 있으니 쓸 만하지만 편인 용신에 신약 사주가 되어 이 또한 부정적인 요소가 강하다. 이렇게 일반 이론의 용신과 용신격 입장에서 보면 부정적이지만, 현실적으로는 서울대 출신에 최고의 인기 연예인으로 이름을 날리고 있으니 잘 맞지 않는다.

『난강망』의 용신격으로 보면 내격인 월지 지장간 용신격(조후용신격의 한 가지)은 천간에 투간된 것이 없어 월지에 있는 묘(卯)를 그냥 잡으며, 편재격이 된다. 편재격(용신격)에 편재 용신 또는 편재격에 편인 용신으로 본다.

8) 대덕 이론의 격국

대덕 이론에서는 이 사주의 격국을 편재격(내격), 비겁발달격, 재성발달격, 인성발달격, 신왕재왕격, 토금왕목왕격, 대덕격2, 간지공협격으로 본다.

또한 격은 아니지만 지지에 신묘(申卯) 귀문관살이 강하다. 감성을 표현하는 연예인에게는 장점이 많은 신살이라고 할 수 있다.

9) 허자론

허자로는 심리를 파악한다는 것이 대덕 이론의 입장이다. 이 사주는 월주 기묘(己卯)와 일주 신축(辛丑) 사이에 간지공협으로 경인(庚寅)을 불러들인다. 대략 35세 전후에 허자로 경(庚) 비겁이 들어오는데, 이 시기에 비겁의 자존감, 명예, 사람을 상대하는 것을 추구한다고 본다. 또한 대략 45세 전후에 인(寅) 재성을 불러들이므로 재성의 관계성과 어울림 그리고 재물 추구에 관심이 많아진다.

이 사주는 천간에 신신(辛辛) 병존이 있다. 신신(辛辛) 병존은 살면서 한번은 힘든 일을 겪는다고 하지만, 전체적인 사주 구성을 보고 판단해야 한다. 신신(辛辛) 병존으로는 병(丙) 관성, 정(丁) 관성, 을(乙) 재성을 55세 전후에 불러들인다.

도충은 대도충 정(丁) 관성과 극도충 을(乙) 재성이며, 경합은 병(丙) 관성이다. 이 시기에 재성과 관성의 추구 성향이 나타난다고 본다.

10) 대덕 이론의 용신과 대운 분석

대덕 이론으로 보면 이 사주는 대운으로 어떤 오행이 들어와도 무리가 없다. 목화토(木火土)는 적당히 들어오는 것이 좋고, 사주에 없는 화(火)나 수(水)는 간지로 힘있게 들어오면 더욱 긍정적이다.

❶ 8세 무인(戊寅) 대운

사주원국이 인성 발달과 재성 발달을 이루고 있어서 초년운이 무(戊) 인성, 인(寅) 재성, 정(丁) 관성으로 들어와도 큰 부담이 없다.

무인(戊寅) 대운의 점수를 분석하면 목(木) 재성은 65점, 화(火) 관성은 0점, 토(土) 인성은 35점, 금(金) 비겁은 40점, 수(水) 식상은 0점이다. 신왕재왕 구조이고, 인성이 발달 형태라 공부하는 데 긍정적이다.

❷ 18세 정축(丁丑) 대운

1997~2006년에 해당한다. 이 시기의 대운 점수를 보면 목(木) 재성은 45점, 화(火) 관성은 10점, 토(土) 인성은 45점, 금(金) 비겁은 40점, 수(水) 식상은 0점이다.

정축(丁丑)은 백호대살에 해당하므로 추진력과 배짱이 생긴다. 학창시절에 관성운인 정(丁) 대운이 들어온데다 사주원국에 인성이 발달했으므로 칭찬을 많이 듣고 공부를 잘할 수 있었다. 축(丑) 대운은 인성운이므로 인기를 가지고 가는 연예계에서 긍정적인 운이다. 이 대운은 비겁의 사람 상대, 그리고 인성의 끼를 가져가면서 재성의 돈을 벌 수 있는 대운이다.

❸ 18세 정축(丁丑) 대운 중 2003년 계미(癸未)년

이 해에 사주주인공은 〈천국의 계단〉이라는 드라마로 일약 스타덤에 올랐다. 연운 계미(癸未)와 대운 정축(丁丑)은 천간과 지지가 모두 충을 한다. 또한 연운 천간 계수(癸水)는 월간 기토(己土)와 충을 하며, 연운 지지 미토(未土)는 월지 묘(卯)와 묘미합목(卯未合木)을 이룬다. 대운의 정화(丁火) 관성도 사주원국의 신(辛)과 정신충(丁辛沖)을 한다. 사주원국에 충이 없는 사주가 대운과 연운에서 이렇게 합충을 하는 것은 긍정적인 변화변동을 암시한다고 본다. 그것도 일주를 중심으로 합충을 하면 약간 부담스럽지만, 월주와 대운과 연운이 충을 하는 구조는 긍정적으로 본다는 것이다.

대운과 연운을 합한 점수는 목(木) 재성이 55점, 화(火) 관성이 10점, 토(土) 인성이 45점, 금(金) 비겁이 40점, 수(水) 식상이 10점으로 안정적인 구조이니 긍정적이다.

❹ 28세 병자(丙子) 대운

이 시기의 대운 점수를 보면 목(木) 재성은 45점, 화(火) 관성은 0점, 토(土) 인성은 35점, 금(金) 비겁은 10점, 수(水) 식상은 50점이다.

이 대운은 사주원국에 없던 수(水) 식상이 갑자기 50점으로 불어난다. 입을 가지고 사는 연예인에게 식상이 늘어나는 것은 매우 긍정적이다. 더 많은 인기를 얻고 그 분야에서 활약한다고 볼 수 있다.

또한 자(子) 대운은 새로운 시작을 의미하는 대운이므로 긍정적이고, 변화변동으로 인한 부와 명성을 얻을 가능성이 높다고 본다.

하지만 수(水)가 50점으로 늘어나면서 금(金)은 10점으로 고립되어버린다. 그리고 천간 병화(丙火)도 힘없이 혼자 들어와 병신합수(丙辛合水)로 고립되면서 수(水)의 공격을 받는다. 따라서 이 시기에는 병화(丙火)나 금(金)의 건강문제, 그리고 육친 중에서 비겁과 관성의 부정적인 문제를 주의해야 한다.

❺ 38세 을해(乙亥) 대운

이 시기의 대운 점수는 목(木) 재성은 65점, 화(火) 관성은 0점, 토(土) 인성은 25점, 금(金) 비겁은 50점, 수(水) 식상은 0점이다. 신왕재왕의 구조를 가지고 간다.

❻ 48세 갑술(甲戌) 대운

이 시기의 대운 점수는 목(木) 재성은 0점, 화(火) 관성은 65점, 토(土) 인성은 35점, 금(金) 비겁은 40점, 수(水) 식상은 0점이다. 사주는 신왕관왕의 구조를 가지고 가므로 안정적이면서 명예를 가지고 갈 수 있는 대운이다.

하지만 갑자기 화(火)가 늘어나 목(木)이 고립되는 것은 조심해야 한다. 사주원국의 시지에 있는 묘목(卯木)이 고립인데, 이 대운에 와서 목(木)을 갑자기 더욱 고립시키므로 목(木)의 건강을 신경 써야 한다.

연예인 사주 >>>

유재석 (MC)

1972년 8월 14일(양) 술(戌)시생

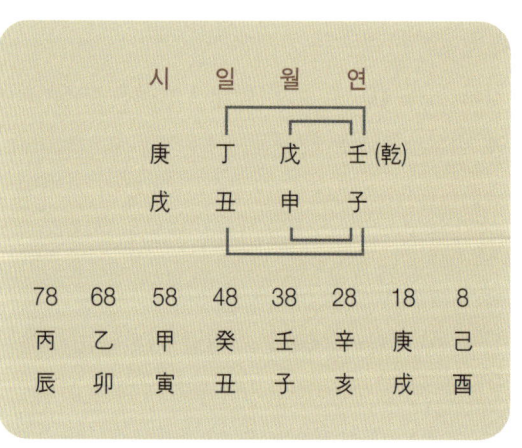

1) 사주 분석의 논점

사주는 절기학이다. 월지에서 계절의 기운을 반드시 읽어줘야 한다. 신(申)월은 기본적으로 화(火)의 기운을 포함하고 있다. 아직 무더위가 남아 있는 8월 중순이므로 신(申)을 화(火) 30점으로 보아도 무방하다. 아니면 술(戌)시인 점을 감안하여 신(申)을 금(金) 10~15점으로 보아도 될 것이다. 여기에서는 화(火) 20점을 주고 사주를 분석한다. 그러면 사주원국에서 목(木) 인성은 0점, 화(火) 비겁은 30점, 토(土) 식상은 40점, 금(金) 재성은 20점, 수(水) 관성은 20점이 된다.

2) 음양 · 오행 · 육친 · 신살

사주원국은 입을 활용하는 식상의 기운이 강하고, 명예를 의미하는 관성도 임자(壬子)의 형태로 잘 발달되어 있다. 입을 가지고 명예와 돈을 버는 사주다. 특히 유재석은 사주에 끼를 의미하는 도화살이 전혀 없지만 연예인으로서 국민 MC라고 불리고 있다. 사주 구성을 보면 유재석은 타고난 도화적 끼보다는 후천적 노력으로 최고의 자리까지 올라간 것을 알 수 있다.

일간이 정화(丁火)이고, 사주원국에도 화(火)의 기운이 강하다. 화(火)는 표현력, 붙임성, 아이디어 등을 말하기 때문에 기본적으로 예술적 감각이 있다. 특히 이 사주는 언어능력을 의미하는 식상이 아주 잘 발달되어 있어서 입을 가지고 먹고사는 연예인에게는 아주 큰 장점이다. 토(土) 식상이라서 자기 목표를 성취하려고 하는 은근한 고집도 어느 정도 가지고 있다. 그러면서 이 사주는 백호대살, 괴강살, 양인살이 강하고 귀문관살이 없어서 여유와 대담함이 있다. 특히 화(火)와 백호대살, 괴강살, 양인살의 양적인 기운은 순간적인 대처능력을 키워주므로 순발력이 요구되는 연예인에게는 최고의 장점이 아닐 수 없다.

그리고 이 사주는 지지의 술(戌) 중 신금(辛金), 축(丑) 중 신금(辛金), 신(申) 중 경금(庚金) 등 지장간에 재성이 많다. 지장간 속의 재성은 여자에게 인기를 가지고 갈 수 있어서 역시 연예인에게 긍정적이다. 비겁(월지 신금은 여름으로서 비겁 구실을 한다)과 식상 속의 여자다. 그래서 유부녀들에게도 많은 인기를 얻을 수 있는 것이다.

만약에 이 사주에 인성이 있었다면 공부를 하여 입을 활용하는 교수나 교사도 직업으로 잘 어울릴 것이다. 화(火) 비겁 발달, 토(土) 식상 발달, 수(水) 관성 발달로 발달이 3개이므로 인생을 평탄하게 끌고 갈 가능성이 많은 사주이기도 하다.

이 사주에서 눈여겨볼 것은 백호대살, 괴강살, 양인살(이하 백괴강으로 부른다)이 3개로 격을 이루고 있는 것이다. 유재석은 사주에 화(火)가 강해 붙임성 있고 예의바르게 보이면서 토(土)의 어울림과 관계성으로 출연자들을 편안하게 해주는 장점이 돋보이지만, 백괴강이 격을 이룬 것에서 그가 만만치 않은 고집과 성격의 소유자라는 것을 알 수 있다. 위에서도 언급했지만, 이러한 기질은 그에게 대담성을 가져다 주기 때문에 뛰어난 순발력이 돋보이게 된다.

보통 최고의 카리스마를 지닌 사주들이 관다이지만, 백괴강의 사주들이 오랜 싸움에서 성공할 가능성이 높다. 백괴강은 남에게 지기 싫어하는 기질이다. 물론 관다도 남을 지배하려고 하지만, 관다는 남이 알아주지 않는 일은 금방 때려치운다. 감정 변화가 금방 드러나는 것이다. 거기에 비해 백괴강은 완전하게 드러내지 않으면서 지기 싫어하는 기질을 보복 형태로 발휘한다. 백괴강은 지금의 힘든 상황을 감내하면서 성공에 대한 집착이 강하다. 그래서 긴 승부에서는 백괴강의 이 독한 면으로 인해 성공 가능성이 꽤 높은 것이다. 유재석도 오랜 무명생활을 거치고 최고의 자리까지 올랐다. 사주에 있는 백괴강의 기질, 즉 남에게 지기 싫어하면서 성공에 대한 욕망을 잘 발휘한 경우라고 할 수 있다.

3) 천간과 지지의 합충

천간은 정임합(丁壬合)과 무임충(戊壬沖), 지지는 신자합(申子合)과 자축합(子丑合)이 있다. 모두 4개의 합충이 있다. 이 정도의 합충은 적당하다고 본다.

4) 고립오행 · 건강 · 육친복

원래 이 사주는 화(火) 비겁과 토(土) 식상이 강한 사주다. 그러나 합국으로 가면서 식상과 관성이 강해지는 식관다신약 구조가 된다. 사람을 상대하면서 입 가지고 명예를 추구하는 사주다.

사주원국의 일간 정화(丁火)는 고립이다. 그러나 월지의 신금(申金)에 화(火)의 기운이 있어서 고립으로 인한 문제는 덜하다. 한편 시간 경금(庚金)은 너무 많은 생으로 인해 힘들다. 다만, 극을 당해 고립되는 것보다는 낫다.

무엇보다 이 사주는 월지 신금(申金)에 문제가 있다. 신(申)은 기본적으로 화(火)를 포함하고 있기 때문에 혈관 문제와 신장의 건강을 살펴야 한다. 특히 사주 원국은 더운 사주인데 대운에서는 신자합수(申子合水)로 수(水)가 많아지는 경우는 건강을 더 세심하게 살펴야 한다.

양적인 기운인 백호대살, 괴강살, 양인살이 있거나 관다 사주면 혈관 문제를 살펴야 한다. 그리고 귀문관살이 있거나 수다(水多) 사주면 위장병 같은 속병을 조심해야 한다. 이 사주도 임자(壬子), 정축(丁丑), 경술(庚戌)로 백호대살, 괴강살, 양인살이 3개나 있고, 신(申)월의 화(火) 기운을 고려한다면 혈관 질환을 살펴야 한다.

한편 육친 문제는 재성을 살펴야 한다. 신(申)이 재성인데 월지에 있으면 온도를 살펴야 한다. 만약 신(申)월의 온도가 30도를 넘어가면 배우자와의 문제를 피하기 어렵다. 생일인 양력 8월 14일과 가까운 날인 8월 10일의 온도를 기상청 자료로 확인하면 평균기온이 22도, 최고기온이 26도, 최저기온이 19.6도 정도다. 그렇다면 신(申)월이 화(火) 기운이 있어 덥기는 하지만 푹푹 찔 정도의 무더위는 아니다. 즉, 기온이 그렇게 뜨겁지 않다면 재성이 의미하는 배우자와의 문제에 다소 긍정적인 면이 존재한다는 것이다. 그렇긴 하지만, 배우자와 아주 좋은 정도는 아니다.

그리고 지지의 신(申)은 신자합수(申子合水)로 재성이 관성으로 변화해 사라지는 것 같지만, 일지의 축(丑)이 자축합토(子丑合土)를 하기 때문에 쟁합의 구조를 가지고 간다. 완벽한 합이 아니므로 100% 이별수가 있다고 할 수는 없다. 시간의 재성 경금(庚金)도 생으로 인해 고립되는데, 대운에서도 38세 대운 이후에는 이 고립을 풀어주지 않기 때문에 재성의 문제는 그다지 긍정적이지 않다.

5) 일반 이론의 용신과 용신격

일반 이론에서는 술(戌) 속의 정화(丁火)에 일간이 뿌리를 내리고 있다고 보고 이 정화(丁火) 비겁을 용신으로 잡는 경우가 있다. 그러면 용신이 화(火), 희신이 목

(木)이 된다. 대운이 금수(金水)로 흘러가므로 발복하기 힘들다고 볼 것이다. 또한 용신이 암장되어 있는 술(戌)을 축(丑)이 형으로 흔들고, 용신도 지장간에 암장되어 있고, 용신도 비겁이라서 가장 안 좋은 용신이므로 최악의 사주로 볼 것이다. 하지만 유재석은 30대에 연예, 예술, 방송 계통에서 최고의 자리까지 올라갔다. 일반 이론에서는 이 점을 전혀 설명하지 못한다.

다른 시각으로, 술(戌) 속에 정화(丁火)가 있어서 약하게나마 일간이 뿌리를 내리고 있지만, 축술(丑戌)형으로 뿌리가 흔들리고 있어 용신으로 잡기가 힘들기 때문에 세력에 종하는 종세격으로 볼 수도 있다. 이 경우에는 사주에 힘이 강한 토(土) 식상, 금(金) 재성, 수(水) 관성에 종한다고 보아서 토(土), 금(金), 수(水)가 용신이 될 것이다. 그러나 이 시각으로 보면 유재석의 초년운을 설명할 수 없다. 유재석은 초년에 토(土) 식상과 금(金) 재성의 운이 들어왔다. 한참 공부할 시기에 용신운이 들어왔기 때문에 공부를 잘해서 좋은 학벌을 지녀야 한다. 하지만 실제로는 공부를 그렇게 썩 잘하지 못했다. 서울예술대학을 들어갔고 그나마 졸업은 하지도 못했다. 이렇듯 용신으로 사주를 분석하면 절대로 대운을 일관성 있게 설명할 수 없다.

6) 대덕 이론의 격국

상관격(내격)으로, 임(壬) 정관과 무(戊) 상관이 투간되어 있지만 세력이 강한 토(土)를 격으로 잡기 때문에 상관격이다. 그리고 비겁발달격, 식상발달격, 관성발달격, 백호·괴강·양인격, 대덕격, 관성대운격, 인성대운격 등이 있다.

7) 대덕 이론의 용신과 대운 분석

이 사주는 원래 태어난 기운은 여름이라 더운데, 사주는 금수(金水)가 강하다. 두 세력이 균형을 잘 이루고 있다. 사주에 어떤 오행이 와도 큰 부담이 없다. 다만, 조후를 보면 여름에 태어났으니 금수(金水)가 좋고, 억부를 보면 목화(木火)가 좋다.

❶ 8세 기유(己酉) 대운과 18세 경술(庚戌) 대운

사주원국에 인성이 없는 상태에서 두 초년 대운에는 공부 쪽으로 가기가 쉽지 않다. 특히 유(酉)와 경(庚)의 재성운은 더 그렇다. 그러나 사주주인공이 이 시기에 공부를 하지 않는 대신 놀자주의의 재성운을 연예, 예술, 방송의 끼를 가지고 가는 분야로 선택한 것은 매우 긍정적이다. 이 시기에 서울예술대학에 입학했다.

18세 경술(庚戌) 대운 중 1991년 신미(辛未)년에 대학개그축제에서 장려상을 차지하고 연예계에 발을 디뎠다. 신미(辛未)년은 천간으로 재성, 지지로 식상이 들어오면서 정신충(丁辛沖)과 축미충(丑未沖)을 하면서 연운이 일주를 충하여 좋은 변화변동을 예고하고 있다.

❷ 28세 신해(辛亥) 대운

대운 점수를 보면 목(木) 인성은 20점, 화(火) 비겁은 0점, 토(土) 식상은 25점, 금(金) 재성은 20점, 수(水) 관성은 75점이다.

이 대운은 점수가 골고루 분포되어 안정감이 있다. 그러면서 식상과 관성에 초점이 맞추어진 대운이다. 입을 활용하며 명예를 가지고 가는 대운이다. 특히 관성이 75점으로 매우 좋은 발달 형태라서 명예를 얻는 데 더 없이 좋은 대운이다. 그러면서 관성은 돌파력, 추진력, 배짱 등을 의미하므로 방송일에서 더욱 능력을 발휘하게 된다. 해(亥) 대운인 2004년 이후로 많은 인기를 얻어 국민 MC 반열에 올랐다.

❸ 나머지 대운

38세 임자(壬子) 대운도 관성이 몰려오는 운이라 별 무리가 없다. 다만, 이 시기에는 천간에는 무임충(戊壬沖)과 정임합목(丁壬合木), 지지에는 신자합수(申子合水)와 자축합(子丑合) 등으로 경금(庚金)과 술(戌)을 제외한 사주의 천간과 지지에 전부 금이 간다. 건강문제를 주의해야 한다.

말년을 의미하는 58세 갑인(甲寅) 대운과 68세 을묘(乙卯) 대운도 긍정적이다. 사주원국에 목(木)이 없는 사주인데 대운에서 목(木)이 간지 발달 형태로 들어오므로 인성의 공부복과 인덕에 부동산복을 많이 가져갈 수 있다.

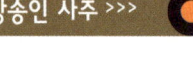

성기영 (아나운서)

1969년 1월 19일(음) 진(辰)시생

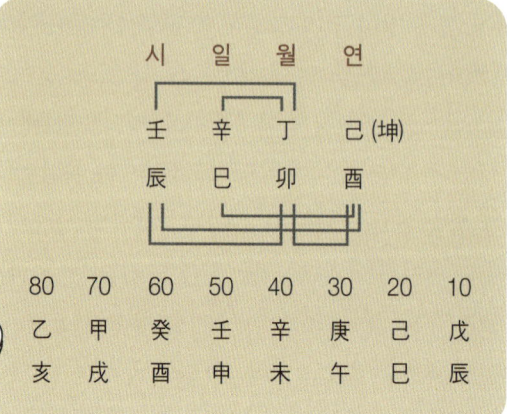

1) 사주주인공 소개

사주주인공은 1991년 KBS 아나운서로 입사한 이후, 뉴스 진행 등을 거쳐 현재 경제관련 프로그램을 진행하고 있다. 대학에서 정치외교학을 전공했지만 경제학 석사와 경영학 박사를 받을 만큼 경제와 경영 분야에도 남다른 식견을 가지고 있다. 그래서 한국방송사상 여자로서는 처음으로 경제전문 아나운서라는 호칭을 얻게 되었고, 그로 인해 2008년에는 한국 아나운서 대상에서 최고상인 대상을 수상하기도 했다. 학식과 전문성을 두루 갖춘 화려한 경력의 아나운서다.

2) 음양·오행·육친·신살

이 사주에서 주의할 점이 있다. 사주원국의 점수를 배분할 때 월지가 묘(卯)월이므로 진(辰)시는 목(木)으로 읽어야 한다. 목(木) 재성은 45점, 화(火) 관성은 25점, 토(土) 인성은 10점, 금(金) 비겁은 20점, 수(水) 식상은 10점으로 이루어져 있다.

　사주의 점수가 어느 한 가지 오행으로 편중되지 않고, 사주 간지도 음이 더 많고, 지지의 띠동물을 보면 사(巳), 묘(卯), 유(酉) 등으로 음의 동물이 많다. 기본적으로 평생 동안 안정을 추구하면서 사는 사주라고 할 수 있다.

사주원국을 보면 재성 점수가 가장 강하게 발달되어 있고, 관성 점수 역시 25점밖에는 안 되지만 간지로 잘 발달되어 있다. 또한 토(土) 인성도 점수는 얼마 안 되지만 고립된 것이 없으면서 초년 대운에 인성이 집중적으로 들어오고 있어 매우 긍정적이다. 식상 점수가 낮지만 시상일위상관격을 이루고 있고, 더욱이 임수(壬水)는 고립의 단점이 부각되기보다는 그 복을 가져갈 수 있는 사주다. 또한 대운을 분석할 때 사주의 합국을 고려하는데, 이 사주는 합으로 비겁인 금(金)과 재성인 목(木)이 강해지면서 신왕재왕 사주가 된다.

사주원국은 재성 발달과 관성 발달과 비겁 발달을 이루기 때문에 사람이나 지식을 가지고 돈과 명예를 추구하는 사주가 된다. 일간이 신금(辛金)이라서 부드러운 듯하면서도 자기 일은 확실하게 해내는 능력이 탁월하다. 금(金)은 원칙적인 기질에 끊고 맺는 능력이 뛰어나기 때문에 기본적으로 자기관리능력이 탁월하며, 암기력이 좋아서 입시 위주의 한국적인 공부에도 장점이 많다고 볼 수 있다.

이 사주의 좋은 점은 목(木) 재성이 강하다는 점이다. 사주에 금(金)이 너무 강하면 강하고 딱딱하게 보일 수 있는데, 목(木)의 배려적이면서 인간지향적인 성향과 재성의 관계성, 어울림, 부드러움을 가지고 갈 수 있으므로 더욱 능력을 발휘한다. 또한 합국이 되면 금(金)과 목(木)이 대치하는 금목상쟁(金木相爭)이 될 수 있는데, 시간 임수(壬水)가 통관시켜주므로 긍정적이다.

여자 사주에 재성이 강하면 기본적으로 관계성이 좋고, 또한 재성은 나이 많은 사람을 의미하므로 직장생활을 하는 경우 승진에도 유리하다고 볼 수 있다. 일간 신금(辛金)은 이과 기질이고 목(木)은 문과 기질인데, 이 사주는 재성이 강해서 문과 중에서 숫자감각을 가지고 가는 직종에서 능력을 발휘할 수 있다. 재성이 숫자감각을 말하기 때문이다.

사주주인공 자신이 정치외교학을 전공했지만 늘 경제에 대한 관심이 더 많았다고 하며, 실제로 문과적성 중에서 숫자감각이 필요한 경제·경영을 대학원에서 전공하여 현재 방송에서도 이를 활용하고 있는 것을 보면 사주의 적성을 잘 가지고 간 경우라고 할 수 있다. 입을 활용하는 방송 분야도 시상일위상관격, 그리고 사주원국에 어울림과 끼 등을 의미하는 재성이 발달하여 어느 정도 적성이 있다고 본다.

3) 천간과 지지의 합충과 고립오행

이 사주는 천간에는 정임합(丁壬合)과 정신충(丁辛沖), 지지에는 진유합(辰酉合), 사유합(巳酉合), 묘진합(卯辰合), 묘유충(卯酉沖) 등 합충이 6개나 있어서 금이 두 줄 간 글자가 많다. 특히 지지에 약간 과도하게 금이 가 있다.

그래도 사주에 심각하게 고립된 오행이 없어서 다행이다. 임수(壬水)는 큰 바닷물이라서 고립되는 경우가 드물기 때문에 이 사주는 고립이 없는 사주로 본다. 다만, 사주가 합국을 이루면 연간 기토(己土)는 고립으로 남게 된다. 장기적으로는 여성기 질환을 주의해서 살펴야 한다.

4) 에니어그램

일간 신금(辛金)은 1번 개혁가 유형으로 완벽을 추구하는 성향이고, 재다(財多)는 4번과 7번 유형으로 예술가와 낙천가, 화(火) 관성은 3번 유형으로 성취가, 목다(木多)는 2번 유형으로 봉사가와 배려하는 사람이다.

5) 일반 이론의 용신과 용신격

이 사주를 신약하다고 보는 입장에서는 연간 기토(己土)를 용신으로 잡는 경우가 가장 유력하다. 연지 유금(酉金)으로 잡을 경우, 용신론에서는 지지에 있는 용신은 힘이 없다고 보므로 사주주인공이 아나운서로 인정받는 것을 설명하기 어려울 것이다. 시지 진토(辰土)는 묘진합목(卯辰合木)으로 기반되어 있어 역시 용신으로 사용하기 어렵다.

다음으로 신강하다고 보는 입장이다. 그 이유는 합국을 고려하면 지지에 금(金)이 많이 늘어나고, 연간 기토(己土)가 투간했으며, 일간 신금(辛金)이 일지 사(巳)에 생을 깔고 있고 사(巳) 속에 경금(庚金)이 있기 때문이다. 이 때 용신으로 투간되어 있는 임수(壬水)나 정화(丁火)를 고려할 수 있지만, 기반되어 쓸 수 없다고 보면 월지에 있는 묘(卯)를 잡는다. 그러면 신강용편재격으로 목(木)이 용신이고 수(水)가 희신이 되는데, 대운이 용신운으로 흘러가지 않으므로 이 사주주인공의 삶을 설명할 수 없다.

이 두 의견 중에서 득령과 득지를 못했고 봄에 금(金)이 제일 약하다고 본다면 신약으로 보는 사람이 많을 것이다. 천간에 투간되어 있는 편인 기토(己土)를 용신으로 잡으면 신약용편인격이 된다. 하지만 기토(己土)는 뿌리가 없고, 옆에서 생을 해줘야 할 정화(丁火)가 정임합목(丁壬合木)으로 배신하므로 용신이 힘이 없다고 본다. 또한 편인이 사흉신이라서 더 부정적으로 본다. 아니면 지지에 있는 진토(辰土)를 생각할 수 있지만, 이미 설명한 것처럼 묘진합목(卯辰合木)으로 기반되어 쓸 수 없다. 이것도 아니라면 연지에 있는 비견 유금(酉金)을 용신으로 잡아 신약용비견격으로 할 수도 있다. 그러나 이 경우는 월지 묘(卯)에게 충을 당하고 있어서 가장 안 좋은 용신으로 본다.

이렇듯 일반 이론의 용신론으로 보면 여러 가지 시각이 존재할 수 있는데, 위의 어떤 경우든 용신의 힘이 강하지 않은 사주가 된다. 용신이 힘이 있고 사주가 신강해야만 돈과 명예를 얻는다고 주장하는 일반 이론의 시각으로 본다면, 이 사주는 매우 등급이 떨어지는 사주가 될 것이다. 하지만 현실은 전혀 그렇지 않고 사주주인공이 능력을 발휘하고 산다는 것이 문제다.

6) 육친복

한국사회에서는 초년 부모복이 중요한데, 이 사주는 재성이 월지에 힘있게 잘 있어서 아버지복이 있으며, 인성도 점수로는 10점밖에는 안 되지만 연간의 인성 기토(己土)가 정화(丁火)의 생을 잘 받고 있어 고립이 아닌 점이 좋다.

그러면서 사주원국에서 세력이 약한 인성을 초년에 15년간 운에서 보충해주고 있다. 이 사주에서 가장 긍정적인 부분의 하나라고 할 수 있다. 초년의 어머니복을 가져가면서, 공부하는 시기에 인성운이라서 공부를 잘할 수 있는 구조가 되기 때문이다.

남편복도 관성이 간지로 힘있게 잘 있어서 능력 있는 남자를 만날 가능성이 많다. 성기영 아나운서의 남편은 방송인이면서 대학교수이다.

7) 대덕 이론의 격국

대덕 이론으로 본 이 사주의 격국은 편재격(내격), 시상일위상관격, 재성발달격, 관성발달격, 인성대운발달격, 재관왕격 등이다. 각각의 성격을 보면, 편재격은 구속당하는 것을 싫어하고 규칙적인 것보다 자유로운 것을 선호한다. 상관격은 입을 가지고 표현하는 직업이 어울린다. 재성발달격은 재물복이 있고, 경제와 관련된 일 또는 숫자와 관련된 일을 하는 것이 좋다. 관성발달격은 리더십이 있고 관직에 대한 욕망이 있으며, 인성대운발달격은 공부를 게을리하지 않는다. 이 격국들 모두가 경제관련 아나운서나 경제관련 교수로 매우 잘 어울린다.

8) 대덕 이론의 용신과 대운 분석

일간 신금(辛金)이 약간 고립되어 있어서 고립용신은 금(金)이 된다. 나머지 오행은 고루 분포되어 있으므로 대운에서 어떤 오행이 와도 긍정적이다.

❶ 10세 무진(戊辰) 대운과 20세 기사(己巳) 대운

초년운은 부모에게 많이 의존하므로 대운보다는 사주원국의 육친을 본다. 사주원국의 인성이 약한데 초년에 인성운이 간지 발달 형태로 들어오므로 대운격으로 잡아도 된다(인성대운발달격).

　우리나라에서는 초년에 인성운이 들어오는 것이 가장 긍정적이다. 인성이 나타내는 어머니복을 가져갈 수 있으면서 공부를 잘할 수 있는 시기이기 때문이다. 사주주인공은 이화여대 정치외교학과를 졸업하고 1991년에 KBS 아나운서로 입사했는데, 사주에 나와 있는 장점을 잘 가지고 갔다고 할 수 있다.

❷ 30세 경오(庚午) 대운

이 대운의 점수를 보면 목(木) 재성은 57.5점, 화(火) 관성은 27.5점, 토(土) 인성은 10점, 금(金) 비겁은 45점, 수(水) 식상은 0점으로 신왕재관왕을 이룬다. 재관왕이지만 재성에 초점이 맞추어진 대운이다. 재성이 안정적으로 들어와 직장(방송국)에서 승진하는 데도 유리하고, 비겁이 높아 사람이나 지식을 가지고 능력을 발휘하는 대운이다.

❸ 40세 신미(辛未) 대운

가장 눈에 띄는 것은 월간의 관성 정화(丁火)와 대운의 신금(辛金)이 충을 하는 것이다. 그러면서 지지에서는 월지 묘(卯)와 묘미합(卯未合)을 한다. 이 대운은 사주에 장점이 많은 재성이 늘어나면서 비겁이 들어와 월간의 관성을 충해주므로 높은 직위로 승진하거나 명예를 얻을 수 있고, 또한 재성이 늘어나는 것은 관계성이 좋아져 사람들에게 인정받는 것을 의미한다.

이 대운 중에서 2008년 무자(戊子)년에 한국 아나운서 대상을 받았는데, 이 해의 연운 점수를 보면 목(木) 재성이 75점, 토(土) 인성이 20점, 금(金) 비겁이 50점, 수(水) 식상이 15점으로 비겁과 재성이 균형잡혀 있어 인기를 얻고 능력을 발휘할 수 있다. 또한 재성은 윗사람을 의미하니 상사의 도움으로 승진도 할 수 있고, 직업이 방송인이므로 재성이 몰려오면 인기를 기반으로 상을 탈 수도 있다. 아울러 재성이 늘어나므로 경제적으로 더 많은 돈을 벌 수도 있다. 이렇듯 이 사주는 대운에서도 늘 신왕재왕의 구조를 가져가므로 늘 안정적인 삶을 살 수 있는 것이다.

❹ 나머지 대운

50세 대운 이후로는 사주에 힘이 약한 수(水) 식상이 많아지므로 수(水) 식상이 힘을 얻는다. 이 사주의 장점은 사주원국에 힘이 약한 인성은 초년에 보충해주고, 식상은 남 앞에서 말할 기회가 많아지는 50대 이후에 보충해주는 것이다. 식상이 늘어나면 남 앞에서 자기를 표현하고 말하는 기회가 많아지니 능력을 더욱 발휘할 가능성이 있다고 본다. 정치와 교육계로 진출해도 능력을 발휘할 수 있으리라 본다. 방송계에서 큰 이름을 떨치거나 정치계나 교육계에서 능력을 발휘할 수도 있다.

운동선수 사주 >>>

박찬호 (야구선수)

1973년 6월 29일(음) 신(申)시생

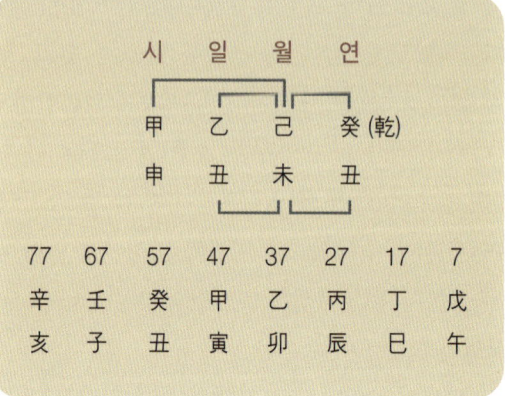

1) 음양·오행·육친·신살

이 사주는 목(木) 비겁이 20점, 화(火) 식상이 45점, 토(土) 재성이 35점, 금(金) 관성이 0점, 수(水) 인성이 10점이다.

식재다신약 사주이며, 평생 의식주 걱정은 없다. 특히 사주가 토(土) 재다라서 부동산복도 많은 사주다.

일간 을목(乙木)은 부드러우면서도 자기 고집이 있다. 또한 화(火) 식상은 표현력과 예술적 감각과 센스가 있다. 한국에서 화(火) 식상인 사람들은 암기력이 뛰어나지는 않지만 나름대로 총명함이 있다. 식상의 구조화적이고 원칙적인 기질 덕분에 일정 부분 자기 삶을 잘 이끌어가는 능력이 있다. 다만, 화(火) 식상은 초년에 암기하는 공부보다는 예술이나 운동으로 가는 것도 좋다. 특히 사주주인공은 화(火) 식상 사주인데 초년에 또 식상운이 들어와서 운동으로도 소질을 발휘할 수 있다.

그리고 이 사주는 대운 분석을 하면 토(土) 재다 사주가 되는데, 이렇게 재성이 강해지는 것도 운동을 하는 데 유리하다. 재성은 어울림과 관계성을 나타내므로 다른 사람들과 몸을 부딪치며 하는 운동에도 두각을 나타내는 것이다. 관다 사주와 인다 사주가 운동감각이 가장 좋고, 재다 역시 관계지향적이라서 체력이 튼튼하고 운동에 소질이 있다.

　지지에 있는 명예살은 지기 싫어하는 기질이 있다. 이 기질이 을목(乙木)의 성공하고 싶은 고집과 어우러져 박찬호가 운동을 하는 데 좋은 작용을 한다.

　그리고 재다 사주 중에서 가장 명예욕이 강한 것이 목(木) 일간에 토(土) 재다이다. 재다는 원래 고집이 약할 수 있는데, 목(木) 일간의 성공하고 싶은 욕망에 토(土)의 고집이 섞여 있어 목표를 끌고 가는 능력이 탁월한 것이다.

이 사주는 사주원국은 화(火) 식상이 강한데, 대운으로 가면서 토(土) 재다신약 사주가 된다. 즉, 화(火)가 강한 사주가 화(火) 기운이 없어지므로 대운에서 화(火) 식상이 들어와도 아무런 문제가 없게 된다. 오히려 사주원국의 장점인 식상을 추구하는 운동선수가 직업인 박찬호에게 대운에서 화(火)가 들어오는 것은 매우 긍정적인 역할을 한다.

　이 사주는 대운이 토(土) 과다로 몰려가지 않아야 좋은데, 다행스럽게도 지지에 신(申) 15점이 자리잡고 있어서 토(土)가 사주원국에서 합이 되어도 80점 이상을 넘어가지 않으니 긍정적이다.

2) 고립오행과 건강

이 사주는 연간 계수(癸水)가 고립되어 있다. 을(乙)과 갑(甲)도 힘이 조금 부족하다. 계수(癸水)의 건강문제인 신장과 전립선의 이상을 조심해야 한다. 하지만 57세 대운 이후로 고립을 풀어주고 있는 것이 긍정적이다.

　또한 미(未)월이므로 혈압 문제를 조심해야 하며, 미(未) 속에 있는 을목(乙木)의 건강문제도 조심해야 한다. 37세 대운과 47세 대운에 목(木)이 들어오는 것은 긍정적이다. 그러나 이 대운에서 연운까지 합쳐 목(木)이 지나치게 많아지면 뼈나 사건사고 등을 조심해야 한다.

　시지의 신(申)도 열기 속에 있어서 신장이나 폐도 장기적으로 조심해야 한다. 신금(申金)은 대운 분석에서도 너무 많은 토(土)의 생을 받고 있어서 부담이 된다. 사주가 음의 기운도 강하면서 지지에 축토(丑土)가 많아 위장 건강을 늘 살펴야 한다.

3) 천간과 지지의 합충

이 사주는 천간에 을기충(乙己沖), 갑기합(甲己合), 기계충(己癸沖)이 있고, 지지에 축미충(丑未沖)이 있다. 사주에 합충이 모두 5개가 있다. 이 사주처럼 사주원국에 합충이 적당하게 있는 사람은 마치 예방주사를 맞은 것처럼 내성이 생겨서 웬만한 충이나 합에도 잘 견딜 수 있다.

4) 에니어그램

일간의 목(木)은 2번 봉사가이며 배려하는 유형이다. 화다(火多)는 4번 예술가 유형이다. 재다(財多)는 7번 낙천가와 만능가 유형으로, 어울림과 놀자주의 기질을 가지고 있다. 토다(土多)는 9번 중재자와 조정자 유형으로, 여유주의자이고 평화주의자이다.

5) 육친복

이 사주는 합국이 되면 재다(財多)가 된다. 재다 사주인데 초년에 식상과 재성운이 오면 아버지와 인연이 약해진다. 하지만 박찬호는 일찍 외국으로 진출해 활동하는 것으로 이를 해결했다. 또한 재다 중에서도 토(土) 재다가 부동산을 의미하므로 가장 아버지와 인연이 좋다.

　부인복도 긍정적이지 않다. 미(未)월이라 기토(己土)가 뜨거운 불 속에 있으며, 합으로 인해 재다가 되는 구조도 부인과의 관계에서 그리 좋지는 않다. 부부간 생사이별을 조심해야 한다.

6) 일반 이론의 용신과 용신격

이 사주는 일반 이론의 용신론으로는 쉽게 설명하기 어렵다. 먼저 토(土) 재다이므로 신약으로 볼 것이다. 그러면 신약용겁재격이고, 시간 갑목(甲木)을 용신으로 본다. 그러나 용신이 갑기합(甲己合)으로 기반되어 있는데다, 사흉신이라 부정적이다. 그래서 신약용편인격으로 보고 연간 계수(癸水)를 용신으로 잡는다. 하지만 이 역시 토(土)에게 얻어맞고 있고, 기토(己土)에게 충을 당하고 있어 용신이 제 역할을 못한다. 그래서 신(申) 중 임수(壬水)로 용신을 잡지만, 지장간으로 들어 있어 가장 안 좋은 용신이다.

이 사주는 일단 신약하고, 특히 재다신약이므로 돈복과는 거리가 먼 사주라고 보기 쉽다. 하지만 박찬호는 어마어마한 돈을 벌었다. 또한 신약이면서 용신도 제 역할을 못하면 최악의 사주라고 볼 것이다. 용신을 수(水)나 목(木)으로 보면 용신이 제 구실을 못하는데, 17세 정사(丁巳) 대운과 27세 병진(丙辰) 대운에 엄청난 돈을 번 이유를 결코 설명할 수 없다.

그렇다면 토(土)로 종하는 종격으로 보고 용신을 잡을 것이다. 그러나 이 경우 37세 대운이 목(木) 대운으로 토(土)를 극하는 최악의 상태인데 박찬호가 아직도 건재한 것은 어떻게 설명할 것인가. 또한 종격으로 보는 경우 종재격이 되는데, 사주에 계수(癸水)와 신금(申金)이 있어 쉽지 않다. 특히 계수(癸水)가 축(丑)에 뿌리를 내리고 있다고 보면 종격이 되기가 더욱 쉽지 않다. 만약 종재격으로 볼 경우 박찬호는 27세 대운까지만 잘 되고 37세 대운 이후에는 무척 힘든 인생을 산다고 하겠지만, 오히려 그 동안 부를 축적했기 때문에 앞으로의 인생도 긍정적일 것이다.

마지막으로 월지 지장간 용신격(내격)으로 보면, 미(未) 중 기토(己土)가 투간되어 있다. 이것을 용신으로 삼으면 편재격(용신격)에 겁재 용신 또는 편재격(용신격)에 편인 용신이 될 것이다.

7) 대덕 이론의 격국

대덕 이론에서는 이 사주의 격국을 편재격(내격), 시상겁재격, 시하정관격, 명예격, 식재왕격, 화토왕격, 편재발달격, 식상대운격, 비겁대운격, 인성대운격으로 본다. 이 사주는 격국이 매우 다양하다. 격국이 크고 다양할수록 긍정적인 역할을 한다.

8) 대덕 이론의 용신

이 사주는 토다(土多) 사주이므로 토(土)만 집중적으로 몰려오지 않으면 어떤 오행이 와도 좋다. 특히 사주원국은 화(火)가 강한 사주인데, 합국이 되면 화(火)가 전혀 없는 사주가 된다. 따라서 대운에서 화(火)가 뭉쳐서 강하게 들어오는 것이 좋다. 수(水)와 목(木)도 사주원국에서 고립의 느낌이므로 뭉쳐서 강하게 들어와야 한다. 금(金)도 강하게 와야지 드문드문 오면 공격을 받는다.

9) 대덕 이론의 대운 분석

전체적인 대운 흐름을 보면 화(火) 식상, 목(木) 비겁, 수(水) 인성이 모두 힘있게 뭉쳐서 20년씩 60년간 들어오고 있다. 특히 사주원국에서 수(水)와 목(木)이 고립된 느낌인데, 37세 대운 이후로 40년간 목(木)과 수(水)로 대운이 들어와 고립을 풀어주고 있어서 매우 긍정적이다.

또한 이 사주는 화(火) 식상의 기질을 장점으로 가지고 가는 사주라서 초년에 식상운이 오는 것도 매우 긍정적이다. 특히 사주원국에서 강한 화(火)가 대운에서는 없어지므로 대운에서 화(火)가 뭉쳐서 들어오면 매우 긍정적인 역할을 한다고 볼 수 있다.

이 사주는 토(土)가 몰려오면 조금 부담스러운데, 대운에서 토(土)가 간지로 들어오지 않는 것이 인생 흐름을 좋게 한다. 즉, 사주원국에서 합을 고려하면 토(土)가 75점이고, 대운이나 연운에서 토(土)가 오더라도 110점 이하로 오는 경우가 많기 때문에, 메이저리그라는 큰 무대에서 활동하는 박찬호에게 재성의 돈복을 가져다 줄 수 있는 것이다. 만약 이런 사주가 장사나 사업을 하면 조금 힘들겠지만, 박찬호는 직접 사업을 하지 않고 운동을 통해 간접적으로 돈을 벌고 있고, 거액 연봉을 받는 메이저리거이기 때문에 재성 점수가 90점이 넘어가는 것이 오히려 긍정적이다. 큰돈을 버는 사람에게는 재성 점수가 웬만큼 높아도 감당이 되는 것이다.

그리고 이 사주는 지지에 축미충(丑未沖)이 있는데, 이 충으로 사주원국에서 점수가 낮은 계수(癸水)와 을목(乙木)을 도와주는 것도 좋은 모습이다.

❶ 17세 정사(丁巳) 대운

1989~1998년에 해당하며, 대운 점수를 보면 목(木) 비겁은 10점, 화(火) 식상은 10점, 토(土) 재성은 75점, 금(金) 관성은 0점, 수(水) 인성은 45점이다.

이 시기에는 토(土) 재성도 75점으로 들어오고, 수(水) 인성도 45점의 발달 형태를 이룬다. 1994년에 백만 달러가 넘는 계약금을 받고 LA다저스에 입단하며 미국에 진출하였다.

❷ 27세 병진(丙辰) 대운

1999~2008년으로, 이 시기의 대운 점수는 목(木) 비겁은 10점, 화(火) 식상은 10점, 토(土) 재성은 95점, 금(金) 관성은 15점, 수(水) 인성은 10점이다.

이 대운도 재성이 95점으로 들어와 과도한 듯하지만, 오히려 이 시기에 많은 돈과 부동산으로 부를 축적했다. 메이저리그라는 큰 무대에서 활약하므로 오히려 박찬호에게 이 정도의 재성 점수는 긍정적으로 작용하는 것이다.

이 대운 중 2002년 임오(壬午)년에 텍사스 레인저스와 5년간 6500만 달러의 계약을 통해 억만장자가 되었는데, 연운 점수를 보면 목(木) 비겁이 10점, 화(火) 식상이 50점, 토(土) 재성이 65점, 금(金) 관성이 15점, 수(水) 인성이 20점인데, 인성(금생수까지 고려)과 식상과 재성이 안정적으로 들어와 큰 계약을 통해 엄청난 돈을 벌어들인 것이다.

다만, 이 대운은 운동을 통해 큰돈을 벌었지만, 2002년부터 2008년까지 예전에 비해 큰 활약은 보여주지 못했다. 재성 발달로 큰돈은 많이 벌어들였지만, 관성이 15점으로 약해 직장이 불안정했다고 볼 수 있다. 특히 진(辰) 대운에 여러 팀을 옮겨 다니며 저니맨(Journey Man, 팀을 자주 바꾸는 선수를 의미함)이라는 별명을 얻었다.

그리고 이 사주는 미(未) 속에 을목(乙木)이 불타고 있어서 목(木)의 건강을 조심해야 하는데, 17세와 27세 대운이 목(木)을 고립시키는 운으로 흐르고 있어서 늘 목(木)과 관련된 건강문제에 노출되어 있다. 박찬호는 2002년 이후 허리 통증과 여러 가지 부상으로 활약을 많이 못했는데, 실은 1997년부터 2001년까지 LA다저스에서 크게 활약할 때에도 허리 통증으로 늘 고생했다.

이렇게 병진(丙辰) 대운은 식상과 재성을 통해 엄청난 돈을 벌었지만, 한편으론 부상과 여러 팀을 옮겨 다니며 약간의 부침이 있는 대운이었다. 이런 점들은 대덕 이론으로 설명이 가능한 대목이다. 용신 하나 잡아서 대운을 설명하는 일반 이론과 달리, 대덕 이론은 오행의 고립과 발달과 과다로 분석하기 때문에 이렇게 다양하게 인생의 흐름을 볼 수 있는 것이다.

❸ 나머지 대운

37세 대운과 47세 대운도 사주원국에 목(木)이 부족한데 대운에서 보충해주기 때문에 긍정적이다. 다만, 미(未) 속에 을목(乙木)이 타고 있는데 대운에서 목(木) 점수가 갑자기 과다해지면 뼈나 관절의 문제나 교통사고를 조심해야 한다. 이 사주는 지지가 묘미합목(卯未合木)을 해서 목(木) 점수가 늘어나지만, 다행히 축토(丑土)가 버티고 있으므로 긍정적이라고 할 수 있다.

57세 대운과 67세 대운 역시 사주원국에서 고립되어 있는 수(水)를 풀어주어 매우 긍정적이다. 특히 사주원국에 토(土) 발달로 부동산복이 있는데 인성운이 들어오므로 부동산복이 더 좋아진다고 할 수 있다. 다만, 신장과 전립선의 건강과 혈관질환은 조심해야 한다.

운동선수 사주 >>>

김연아 (피겨스케이팅 선수)

1990년 9월 5일(양) 묘(卯)시생

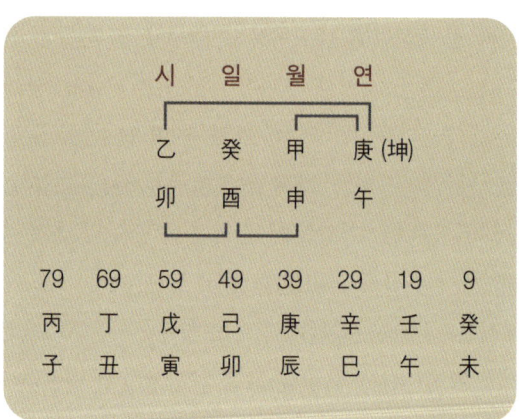

1) 사주 분석의 논점

이 사주는 월지 신금(申金)을 어떻게 보느냐가 핵심이다. 출생년도가 90년대 이후이므로 온난화의 영향을 고려하여 신금(申金)에 화(火) 점수를 주어야 한다.

　참고로 『디지털 만세력(동학사)』을 보면 1990년 9월 1일의 평균기온은 (이 날은 비가 왔음) 20.3도이고, 절기일(백로)인 9월 8일은 평균기온이 25.2도였다. 신금(申金)에 화(火) 20점을 주어도 무방하다.

2) 음양·오행·육친·신살

이 사주의 오행과 육친의 점수를 보면 목(木) 식상은 35점, 화(火) 재성은 30점, 토(土) 관성은 0점, 금(金) 인성은 35점, 수(水) 비겁은 10점이다.

　사주원국은 식재인다신약의 구조를 띠고 있다. 신(申)월에 화(火) 기운이 있다고 보면 연지 오화(午火)는 고립이 아니라 힘을 얻는다.

　식재인다신약이므로 목(木) 식상의 창조성과 아이디어를 가져갈 수 있고, 화(火)의 표현력과 예술적 끼를 발휘하면서, 금(金) 인성의 연습과 반복을 통해서 많은 사람들에게 사랑받을 수 있는 사주가 된다.

　대운 분석을 하면 사주원국 분석과 달리 월지 신금(申金)이 금(金)의 역할을 하므로 사주에 금(金) 인성이 강해진다. 인다 중에서 가장 예술적 끼가 많은 것이 금(金) 인다이다. 금(金)은 계획적, 원칙적, 반복적인 성향이 특징이므로 계속 연습해야 하는 피겨스케이팅에 잘 맞는다.

　인다는 또 도화살의 기질이 있어서 사람들에게 많은 사랑을 받을 수 있게 된다. 더불어 일간 계수(癸水)도 도화살의 끼가 있고, 지지에도 도화격을 이루고 있어서 더욱 더 예술적 끼를 발휘할 수 있다.

　피겨스케이팅은 기계적 능력이 요구되는 운동이라서 자칫 딱딱하게 보일 수 있는데 김연아는 사주에 도화살이 잘 발달되어 있고, 창조적인 능력을 의미하는 목(木) 식상도 을묘(乙卯)의 간지 형태로 잘 발달되어 있어서 이를 보완해주고 있다. 거기에 화(火) 재성도 발달이므로 예술적 표현이 더 유리하기 때문에 김연아는 피겨스케이팅을 예술적 차원으로 승화시켰다고 높이 평가받는 것이다.

　한편 인다는 끈기가 약할 수 있는데, 금(金)이 이를 보충해주는 역할을 하므로 김연아는 연습할 때 독종이라는 말을 들을 만큼 집중력이 높다. 금(金)은 한번 이거다 생각하면 끈기 있게 밀고 나가는 능력이 탁월하므로 예술적 끼를 발휘할 가능성이 더 높다.

　사주를 보면 지지에 묘신(卯申) 귀문관살도 있고, 금다(金多)라서 결정적인 순간에 배짱이나 실패에 대한 두려움이 나타날 수 있는데, 사주에 있는 목(木)과 화(火) 기운이 이를 보완해주는 것도 매우 긍정적이라고 할 수 있다.

3) 고립오행과 건강

사주원국의 월간 갑목(甲木)이 고립되어 있다. 그로 인해 관절이나 허리디스크, 뼈, 등의 건강과 수술 등을 조심해야 한다.

　다만, 이 사주는 목(木)이 을묘(乙卯)로 붙어 있어서 대운에서 목(木)이 들어오지 않거나 힘없이 드문드문 들어와도 기본적인 목(木) 점수를 가지고 가므로 고립에서 어느 정도 자유로울 수 있다.

　일간 계수(癸水)도 너무 많은 생을 받고 있어 고립의 느낌이다. 신장, 자궁 등의 건강을 장기적으로 살펴야 한다.

4) 천간과 지지의 합충

이 사주는 천간에서는 갑경충(甲庚沖)과 을경합금(乙庚合金)을 하고, 지지는 묘유충(卯酉沖)과 신유합금(申酉合金)을 한다. 사주 전체로 보아 합충이 4개이므로 어느 정도 안정적이다.

5) 에니어그램

계수(癸水) 일간은 6번 충성가 유형, 금(金)의 인성이 발달되어 있으므로 1번 개혁가 유형과 4번 예술가 유형의 특성이 있다.

6) 경쟁자 아사다 마오와의 비교

김연아의 경쟁자인 일본의 아사다 마오의 사주를 살펴본다.

1990년 9월 25일(양) 유(酉)시생

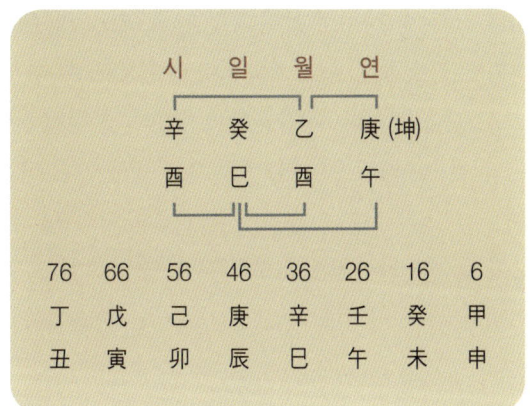

아사다 마오의 사주는 김연아 사주와 비교해서 금(金) 인성이 더 강한 것이 특징이다. 둘 다 도화적 끼가 많고, 금다(金多)라서 피겨스케이팅에 잘 맞는 사주다. 다만, 마오의 사주가 금(金) 기운이 더 강하므로 기술력은 김연아보다 더 낫다고 할 수 있다. 그러나 표현력에서 김연아가 훨씬 낫다. 김연아의 사주는 화(火) 재성과 목(木) 식상이 발달하여 표현이 다양하기 때문에 아사다 마오보다 피겨를 여유롭게 즐기면서 탄다는 느낌을 주는 것이다.

물론 마오의 사주에 화(火) 재성이 전혀 없는 것은 아니지만 유(酉)월은 금(金) 기운이 가장 왕성할 때이고, 김연아의 신(申)월은 기본적으로 화(火) 재성의 기운을 포함하고 있기 때문에 차이가 있다.

또한 마오의 사주는 재성 둘이 떨어져 있는 반면, 김연아의 사주는 신(申)월 옆에 오화(午火)가 붙어 있어 더 강한 재성의 기운을 가지고 갈 수 있다. 그러면서 목(木) 식상이 화(火) 재성을 생해주는 것이 더욱 긍정적이다. 아사다 마오는 강한 금(金) 기운을 보완해줄 수 있는 목(木) 기운이 사주에 없어서 같은 연기를 해도 김연아보다 딱딱하게 느껴지는 것이다.

7) 일반 이론의 용신과 용신격

일반 이론의 시각에서 김연아의 사주는 월지 신금(申金)이 득령했고, 유금(酉金)

이 득지하고, 정인 경금(庚金)이 투간되어 있다고 보아 신강한 사주로 판단하는 사람이 많을 것이다. 신강한 사주로 보아 투간된 목(木) 식상을 용신으로 정하는데, 을(乙)은 을경합금(乙庚合金)으로 기반되어 용신으로 쓸 수 없으므로 월간 갑목(甲木)을 용신으로 잡을 것이다. 신강용상관격이다. 이렇게 본다면 목(木)이 용신, 화(火)가 희신이 될 것이다. 수(水)는 목(木)을 생하지만, 신강 사주이므로 희신으로 쓸 수 없다.

신약 사주로 보아 금(金) 인성을 용신으로 보는 경우도 있을 것이다. 그러나 천간의 을경합금(乙庚合金)을 고려하면 금(金) 기운이 더 늘어나므로 설득력이 떨어진다.

마지막으로 월지 지장간으로 용신을 잡는 경우다. 신(申) 중 경금(庚金)이 투간되어 있어서 정인격에 용신을 목(木) 식상이나 화(火) 재성으로 잡을 것이다. 하지만 이 경우 사주주인공이 용신운이 아닌 임(壬) 대운에 최고의 명성을 얻은 것을 설명하지 못한다.

8) 대덕 이론의 격국

대덕 이론으로 본 이 사주의 격국은 정인격(내격), 도화격, 현침격, 식상발달격, 재성발달격, 인성발달격 등이다. 격국을 보면 운동선수로도 소질이 있고, 예술적 끼를 발휘하는 연예, 예술, 방송 등에도 잘 맞는 사주다.

9) 대덕 이론의 용신과 대운 분석

월간 갑목(甲木)이 약간 고립 형태이므로 고립용신은 목(木)이나 수(水)가 된다. 행운용신은 사주의 균형이 잘 잡혀 있으므로 어떤 오행(육친)이 와도 큰 부담이 없다.

❶ 9세 계미(癸未) 대운

초년복은 용신보다는 각각의 육친을 본다. 이 사주는 초년운이 비겁과 관성으로 들어왔다. 사주원국에 인성이 잘 발달된 사주에 초년운으로 비겁과 관성이 들어오는 것은 매우 긍정적이다. 칭찬과 격려를 더 많이 받을 수 있기 때문에 자신의 적성에 맞는 운동을 하면서 더욱 발전할 수 있는 것이다. 실제로 김연아는 어머니의 헌신적인 사랑으로 이 시기에 많은 발전을 이루었다.

다만, 한참 공부할 나이에 관성운이 온 것은 공부로 끌고 가는 데 부정적이라 할 수 있는데, 김연아처럼 인성이 잘 발달된 사주는 관성운이 오히려 긍정적일 때가 많다. 관성의 튀고 싶어하는 심리를 인성이 발달되어 부모복이 있는 사주가 충분히 뒷받침해주기 때문에 일정 부분 공부도 잘할 수 있다는 말이다.

❷ 19세 임오(壬午) 대운

이 사주는 합국을 고려하면 월지 신(申)이 금(金)의 역할을 하고, 연지에 있는 재성 오화(午火)는 갑목(甲木)의 생을 받을 수 없어 고립 형태가 된다. 성격을 볼 때는 신(申)을 화(火)의 기운으로도 읽지만, 대운을 분석할 때는 신(申)이 본래의 금(金) 역할을 한다고 보기 때문이다.

그런데 이 사주의 좋은 점은 9세 대운, 19세 대운, 29세 대운이 지지에서 재성인 사오미(巳午未) 화국(火局)을 이루며 들어온다는 것이다. 대운은 지지의 영향력이 더 크기 때문에 사주원국에서 힘이 부족한 오행을 보충해주니 긍정적이다. 이렇게 사주는 용신 하나를 잡아서 분석하는 것이 아니라 대덕 이론처럼 다양하고 세밀하게 분석해야 통변의 정확도가 높아진다.

19세 대운은 비겁과 재성으로 들어왔다. 사람들 앞에서 기량을 선보이는 피겨스케이팅 선수에게 사람을 의미하는 비겁, 그리고 어울림과 관계성을 의미하는 재성이 들어오는 것은 매우 긍정적이다.

❸ 19세 임오(壬午) 대운 중 2009년 기축(己丑)년

이 해의 대운과 연운 점수를 보면 목(木) 식상은 15점, 화(火) 재성은 30점, 토(土) 관성은 20점, 금(金) 인성은 75점, 수(水) 비겁은 20점이다. 인성이 75점으로 매우 안정되게 들어와서 세계피겨선수권대회에서 우승을 차지하였다. 인성이 발달이기 때문에 상복도 많아지고 끼를 발휘하는 예술적 분야에서 능력을 인정받게 되는 것이다.

❹ 19세 임오(壬午) 대운 중 2010년 경인(庚寅)년

이 해의 대운과 연운 점수를 보면 목(木) 식상은 30점, 화(火) 재성은 35점, 토(土) 관성은 0점, 금(金) 인성은 75점, 수(水) 비겁은 20점이다. 인성도 안정적으로 들어오고, 식상과 재성도 발달 형태로 들어오는 해다. 식재인다로 신약한 대운이다. 식상이 늘어나는 것은 표현력이 더 좋아지는 것을 의미하고, 재성도 발달 형태로 들어오므로 경기심판관에게도 더 좋은 점수를 기대할 수 있게 된다. 재성은 나이 많은 사람을 의미한다. 심판관이 나이 많은 사람이기 때문에 더 높은 점수를 기대할 수 있는 것이다.

또한 재성이 강해지는 것은 관계성과 어울림 등이 좋아지는 것을 의미하므로 금다(金多)의 차갑고 딱딱한 기운을 좀더 누그러뜨리면서 여유로워진다. 특히 이 사주는 지지에 귀문관살이 있어 경기 도중 두려움을 느낄 수 있는데, 재성이 강해지면 이러한 두려움을 극복할 수 있게 해주면서 경기를 여유롭게 펼칠 수 있게 도와준다.

그리고 경인(庚寅)년은 사주원국의 월주 갑신(甲申)과 천간충, 지지충을 한다. 충 중에서 가장 긍정적인 변화변동을 가져오는 것이 사주원국의 월주를 천간과 지지가 충하는 것이다. 일주를 충하면 약간 부정적인 사건사고가 생길 수 있지만, 월주의 충은 긍정적인 변화변동이 많다. 이 해에 김연아는 라이벌 아사다 마오를 제치고 세계신기록으로 제21회 밴쿠버 동계올림픽 피겨스케이팅 여자 싱글 금메달을 목에 걸었다.

❺ 나머지 대운

29세 신사(辛巳) 대운과 39세 경진(庚辰) 대운은 사유합금(巳酉合金)과 진유합금(辰酉合金) 등으로 금(金) 인성이 더 늘어나는 시기다. 나이가 들면서 인성운이 온다고 해서 다 공부 쪽으로 가지는 않는다. 보통 이 시기에 인성운이 오면 예술 쪽에 관심을 가지는 경우도 많다. 사주원국에 인성이 잘 발달되고 도화살의 기운도 강하므로 그런 분야로 진출하면 더욱 명성을 얻으리라 본다.

10) 기타

이 사주는 합국을 고려하면 재성 오화(午火)가 고립되므로 돈문제가 부정적이라고 보겠지만, 김연아는 어린 나이에 엄청난 돈을 벌었다. 아무리 재성이 고립된다고 해도 많은 돈을 벌 수 있음을 보여준다. 이는 직접 돈을 추구하지 않고 자신의 사주에 장점이 있는 예술과 운동을 잘 조화시켜 간접적인 형태로 돈을 벌었기 때문이다. 돈이라는 것은 사주에 나와 있는 자신의 장점만 잘 활용한다면 저절로 얻게 되는 것임을 알 수 있다. 더불어 김연아는 인성이 잘 발달되어 있어 부동산복이 많은 사주다.

<<< 정치인 사주

손학규 (전 민주당 대표)

1947년 10월 10일(음) 해(亥)시생

1) 음양·오행·육친·신살

사주가 안정을 추구하는 음적인 기운이 강한가 아니면 독립적이고 행동지향적인 양적인 기운이 강한가를 우선 살펴본다. 금(金)과 수(水)의 점수가 65점이고 목(木)과 화(火)가 45점이므로 음적인 기운이 강하고, 간지 구성 역시 모두 음으로 이루어져 있어 음적인 기운이 강하다. 띠동물 역시 돼지[亥]와 뱀[巳]이 음적인 동물들이다. 신살을 기준으로 보면 괴강살·백호대살·양인살은 양적이고, 귀문관살·현침살·천문성은 음적인데 이 사주에는 이런 신살들이 없다. 이상을 종합해보면 음적인 기운이 다소 우세한 사주다.

하지만 이 사주는 양적인 기운도 만만치 않다. 일단 사주의 지지에 있는 강한 역마살은 안정적인 성향보다는 활발히 움직이는 것을 좋아하는 성향이다. 또한 일간 목(木)은 자유주의자 성향이 강하고, 사주가 수(水) 인성과 화(火) 식상으로 편중되어 있어서 독립적이고자 하는 양적인 기운이 강하다. 그리고 남에게 인정받고 칭찬받기를 좋아하고 남 앞에서 말하는 것을 좋아하므로, 안정적으로 인생을 끌고 가기보다는 남에게 더 인정받기를 원해서 독립적인 내 일을 더 선호하게 된다.

다만, 이 사주는 삶의 형태는 자주적이고 독립적이며 명예지향적이지만, 내면적으로는 과감성과 결단력이 떨어진다고 볼 수 있다. 일간 을목(乙木)은 갑목(甲木)에 비해서 자유주의자 기질이 약간 떨어지며 의존적인 기질이 강하고, 다양한 사람을 사귀기보다는 사람 사귀는 폭이 제한되어 있다. 더불어 해(亥)월 해(亥)시이면서 수(水)가 55점이나 되어 머릿속에 주저주저하며 생각이 많다. 이러면 치고 나가는 능력이나 결정적 배짱이 떨어지게 된다.

한국사회에서 정치를 하려면 어느 정도 결단력과 과감성이 요구되는데 손학규의 사주는 그런 면에서 약간 아쉬움이 있다. 목(木) 일간에 수(水) 인다 사주는 학자적 성향이 가장 많다. 그런 면에서 오히려 평생 연구하고 공부하면서 입을 활용하는 교수나 외교관이 직업상 더 잘 맞는다고 볼 수 있다.

분명 손학규는 한국에서 성공한 정치인이다. 을목(乙木) 일간에 수(水) 인다 사주가 정치와 맞지 않는다는 의미는 아니다. 그렇지만 정치인이라면 누구나 대권을 꿈꿀 것이란 점에서 결단력과 배짱과 결정적인 돌파력이 부족하다는 것이다.

2) 천간과 지지의 충합

천간은 신금(辛金)이 을신충(乙辛沖)과 정신충(丁辛沖)으로 합충이 세 번 중복되어 금이 세 줄 가 있고, 지지의 사화(巳火) 역시 사해충(巳亥沖)이 중복되어

세줄 금이 갔다. 모두 6개의 합충이 있는데, 이 정도의 충은 크게 문제되지 않는다. 합충이 중복되어 2줄 이상 금이 간 오행이 많을 때 문제가 되지, 이 사주처럼 글자 하나에 합이나 충이 하나면 위험성이 덜하다고 볼 수 있다.

3) 성격성명학의 성격 유형

손학규는 이름에서 양편인, 음정재가 나온다. 사주도 돌파력이 떨어지는데, 이름도 소심하고 모험을 두려워하는 성향이다. 편관의 이름이었다면 사주에 있는 수(水)의 신중함과 목(木)의 배려지향적 성향에 편관의 배짱과 돌파력이 어우러져 좀더 긍정적으로 작용할 것이다.

4) 고립오행과 사해충(巳亥沖)

사주원국을 보면 연간의 식상 정화(丁火)가 고립되어 있다. 남자에게 식상 고립은 큰 문제가 안 되지만, 화(火)의 건강은 살펴야 한다. 다행스럽게도 35세 대운 이후로 대운에서 계속 화(火)와 목(木)으로 보충해주기 때문에 매우 긍정적이다.

한편 월간에 있는 관성 신금(辛金) 역시 주위에서 아무런 도움을 받지 못해 고립되어 있다. 그러면서 합충이 중복되어 금이 세 줄이나 있다. 관성의 고립은 직장의 불안정성을 의미한다. 즉, 안정된 직장생활보다는 독립적이고 명예지향적인 내 일을 선호한다는 것이다. 정치를 하는 손학규에게는 어느 정도 긍정적일 수 있다. 일반적인 직장인에게는 관성 고립이 불리하지만, 정치인이란 직업은 불안정한 직업이기 때문이다. 그러면서 신금(辛金)은 월상일위편관격을 구성하고 있어서 비록 고립이긴 하지만 고립의 정도는 줄어들 수 있다. 다만, 금(金)의 건강은 격을 구성하는 것과 별개로 보고 고립을 주의한다.

대운도 건강을 신경 써야 할 65세 이후에 목(木)운이 들어오므로 폐나 대장 같은 금(金)의 건강을 각별히 신경 써야 한다. 일간 을목(乙木)도 수(水)로부터 너무 많은 생을 받고 화(火)로 둘러싸여 있어 고립이다. 목(木)의 건강인 간, 교통사고와 같은 사건사고, 뼈, 당뇨 등을 살펴야 하지만, 55세 대운 이후로 목(木)이 들어오면서 목(木)의 고립을 풀어주기 때문에 매우 긍정적이다.

사주에 수(水)가 65점, 화(火)가 35점으로 수화상전(水火相戰) 또한 우려된다. 그러나 이 사주는 일간 을목(乙木)이 둘 사이를 통관시켜주고 있다. 물론 음목(陰木)이라 강한 수(水)의 기운과 화(火)로 인해 일간 자신은 힘들지라도, 사주에서 양대 세력이 대치하고 있는 상태에서 을목(乙木)의 역할은 크다고 본다. 평소 정치를 하면서 손학규가 자신의 역할은 불쏘시개라고 자주 언급했는데, 이렇게 일간의 역할과 닮아 있는 것을 보니 아이러니하다.

그리고 이 사주는 지지의 사해충(巳亥沖)이 매우 긍정적인 역할을 한다고 볼 수 있다. 충을 부정적으로 보는 기존 이론과는 달리 이 사주는 충이 긍정적이라는 의미다. 충으로 해(亥) 속의 갑목(甲木)이 튀어나와서 사주의 강한 수(水)를 흡수하면서 힘이 약한 을목(乙木)을 강하게 도와주고 있기 때문이다. 이러면 을목(乙木)이 고립에서 어느 정도 힘을 얻게 된다.

또한 충으로 사(巳) 속의 병화(丙火)와 경금(庚金)이 튀어나오는데, 이렇게 같이 튀어나오는 것이 좋다. 병화(丙火)만 튀어나오면 병신합수(丙辛合水)로 비합을 이루어 월간 신금(辛金)이 더 고립되어 부정적이다. 그러나 경금(庚金)이 같이 튀어나와 병화(丙火)를 충으로 견제하면서 고립되어 있는 신금(辛金)을 도와주므로 매우 긍정적이다. 이렇게 사주원국은 일간 을목(乙木)과 월간 신금(辛金)이 고립이지만 충으로 어느 정도 힘을 얻고 있다.

5) 일반 이론의 용신과 용신격

이 사주는 인성이 매우 강한 사주다. 대덕 이론에서는 수(水) 인성이 강하면 일간 을목(乙木)이 고립된다는 시각으로 접근하지만, 일반 이론에서는 인성이 강하니 매우 신강한 사주라고 할 것이다.

인성이 많아서 신강한 사주는 가장 먼저 재성을 용신으로 찾으며, 인중용재격 (印重用財格)이 된다. 하지만 이 사주는 재성이 사주원국에 없고 지장간으로 숨겨져 있다. 용신이 지장간에 있으면 가장 안 좋은 용신으로 보기 때문에 토(土) 재성을 용신으로 잡기엔 무리가 있어 보인다. 한편 이 사주는 해(亥)월 해(亥)시라 매우 추운 사주다. 조후도 해결하면서 신강한 사주의 힘을 빼주는 화(火) 식상을 용신으로 잡는 경우가 가장 많을 것이다. 따라서 식상생재격이다.

그러나 인성이 강한 사주에서 식상을 용신으로 잡는 경우에는 재성이 사주원국에 있어서 식상생재를 해주는 것이 좋다. 강한 인성을 재성이 견제하면서 사주에 흐름을 만들어주어 긍정적이기 때문이다. 이 사주는 식상인 화(火)를 용신으로 잡기는 하지만, 재성이 없어서 완벽한 식상생재가 되기엔 부담이 있다. 용신은 화(火), 희신은 토(土)가 될 것이다. 여기서 희신은 사주 내에 없어도 희신으로 잡을 수 있다. 운에서 토(土)가 들어오면 된다. 한편 이 사주는 신강한 사주이므로 화(火)를 생해주는 목(木)은 희신으로 쓸 수 없다.

그러나 이와 같은 용신론은 정답이 없다. 각자가 주장하는 것이 모두 용신이 될 수 있으므로 논쟁만 일으키고 불합리한 내용이 많은 것이 용신론의 한계다.

6) 대덕 이론의 격국

대덕 이론은 일반 이론처럼 용신을 잡기 위해 격국을 정하지 않는다. 사주주인공의 성격과 적성을 살피고자 하므로 격국이 하나만 존재하는 것이 아니라 다양하게 존재한다. 이 사주는 정인격(내격), 월상일위편관격, 역마격, 천문격, 식상발달격, 인성발달격, 식상대운격(20년간 식상운이므로), 비겁대운격(20년간 비겁운이므로)이 존재한다.

격국을 보면 이 사주는 인성의 평생 공부하고 연구하면서, 식상의 입을 활용하는 직업이 잘 어울린다. 학자, 교수, 외교관 등도 좋고 법조계와 의사 등도 잘 맞는 사주다. 식상이 간지 발달 형태라서 평생 의식주복이 뛰어나고, 인다(印多) 사주는 가족이나 친척 등 주위의 인복이 많다. 사주가 식인다신약 사주라 늘 인정받고 싶어하고, 독립적이고 명예지향적인 성향이 강해서 입을 가지고 명예를 추구하는 정치 분야도 어느 정도 맞는다고 볼 수 있다. 더욱이 인성이 강하기 때문에 주위에서 사람들이 많이 도와주려는 인복이 강해서 더욱 긍정적으로 본다.

7) 대덕 이론의 용신과 대운 분석

이 사주는 수(水)가 강하기 때문에 수(水)를 뺀 나머지 오행들은 힘있게 간지로 뭉쳐서 들어오는 것이 좋다. 이 사주는 35세 대운 이후부터 사주에서 힘이 약한 화(火)와 목(木)이 힘있게 들어와 매우 긍정적이다.

❶ 초년 대운

소운과 초년의 5세 대운 전의 운을 보려면 월주를 소운으로 해서 본다. 소운은 신해(辛亥)가 된다. 손학규는 4세 되던 1950년 경인(庚寅)년에 아버지가 사망했다. 이 해는 지지가 인해합목(寅亥合木)을 하여 사주원국에서 힘이 약하던 목(木) 비겁이 갑자기 85점으로 대폭 늘어난다. 그러면서 사해충(巳亥沖)으로 튀어나온 재성 무토(戊土)가 목(木) 비겁으로부터 집중공격을 받아 심각하게 고립되어버린다. 어릴 때 재성의 고립은 아버지와의 인연을 말하므로 아버지와 관련하여 부정적인 사건사고를 암시하고 있다.

학창시절인 5세 경술(庚戌) 대운과 15세 기유(己酉) 대운을 보자. 손학규는 사주원국이 인다(印多) 사주다. 인성은 학문을 의미하므로 사주원국이 인다면 공부에 장점이 많을 수 있다. 여기에 암기력을 나타내는 수(水) 인성이라 한국적인 공부에 더욱 장점을 발휘한다. 손학규는 10남매 중 막내로 태어났지만 인다 사주라서 어머니의 헌신적인 사랑을 받고 자랐을 가능성이 많다.

다음으로, 이 사주는 사주원국에 수(水)가 너무 강한데, 초년에 토(土) 재성이 술(戌)과 기(己)의 간지로 10년간 강하게 들어와 수(水)를 견제해주므로 매우 긍정적이다. 만약 초년에 다시 수(水) 인성운이 몰려왔으면 사주에 고립이 많아져 건강 쪽으로 힘들었을 텐데, 그런 면에서 초년의 토(土) 재성운은 긍정적이다.

1965년에 서울대 정치학과를 들어갔다.

❷ 25세 무신(戊申) 대운과 35세 정미(丁未) 대운

25세 무신(戊申) 대운은 지지에서 사신합수(巳申合水)를 하여 수(水)가 과다하게 늘어나 정화(丁火) 식상, 신금(辛金) 관성, 일간 을목(乙木) 등이 모두 고립되어 개인적으로 힘든 시기를 보냈다. 하지만 독재의 시대에 사주주인공은 학생운동과 노동운동을 통해 핍박받는 민중들에게 희망을 주었다. 개인적으로는 힘들지만 국민들에게 희망을 주는 삶이라면 매우 가치 있는 삶이라 할 것이다. 35세 대운은 영국으로 유학을 가서 정치학 박사를 획득한 시기였다.

❸ 45세 병오(丙午) 대운

이 사주는 추운 사주라서 화(火)가 들어오면 매우 긍정적이다. 사주원국에도 화(火)가 수(水)에 비해 힘이 약하므로 간지 발달 형태로 들어오는 것이 좋은데, 간지인 병오(丙午)로 뭉쳐서 들어오므로 좋다.

대운 점수를 보면 목(火) 10점, 화(火) 55점, 수(水) 75점으로, 화(火) 식상이 55점으로 대폭 늘어난다. 수(水)도 75점이라 큰 부담이 있는 점수는 아니다. 그러면서 목(木)이 수(水)와 화(火)를 통관시켜주니 식상의 의식주와 활동성에 인성의 인복을 가져갈 수 있어서 최고의 시기를 보내며 많은 발전을 이루었다.

1993년 정치에 입문하여 국회의원에 당선, 1996년에 국회의원 재선, 1996~1997년 보건복지부장관, 2000년 국회의원 3선에 성공하였다.

❹ 55세 을사(乙巳) 대운

이 시기는 월주와 대운이 천간과 지지로 충을 하므로 긍정적인 변화변동과 더불어 최고의 자리까지 올라갈 수 있는 시기다. 2002년 임오(壬午)년에 민선 3기 경기도지사에 당선되었다. 천간으로 정임합목(丁壬合木)을 하고 지지로는 사오합화(巳午合火)를 하여, 비겁과 식상이 늘어나서 사람들 앞에서 말을 할 기회가 많아지니 선거에 유리한 해였던 것이다.

그러나 이 대운은 천간과 지지로 을(乙)과 사(巳)가 들어와서 충이 과다해진다.

천간으로 을신충(乙辛沖)과 정신충(丁辛沖), 지지로는 사(巳)가 하나 더 들어와 지지의 4개 오행이 전부 두 줄씩 금이 가니 불안정한 대운이라고 할 수 있다. 특히 사주원국에서는 지지에 두 줄 금이 간 것이 전혀 없었는데, 대운에서 사(巳)가 들어오면서 전부 두 줄씩 금이 가니 사주 자체의 불안정한 요소가 늘어난다.

이 시기 2007년에 여당을 탈당하여 야당에 입당하여 야당 대통령후보에 도전했으나 실패했고, 2008년에는 국회의원 선거에도 낙선했다. 여당에 남았더라면 좀더 유리한 정치적 환경이 조성되었을 것이다.

사주주인공은 늘 생각이 많아서 결정적 순간에 치고 나가지 못하고 시기를 놓치는 경우가 많다. 대통령이 되기 위해선 보완해야 할 점이다.

❺ 나머지 대운

일간 을목(乙木)이 힘이 부족한데 65세 갑진(甲辰) 대운과 75세 계묘(癸卯) 대운에 목(木)운이 들어와 을목(乙木)을 도와주는 것은 매우 긍정적이다. 하지만 월간 신금(辛金)은 고립이 심해지므로 금(金)의 건강을 신경 써야 한다.

정치인 사주 >>>

한명숙 (전 총리)
1944년 3월 24일(음) 오(午)시생

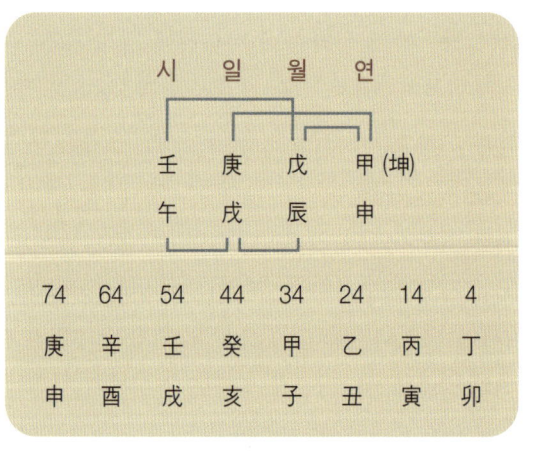

	시	일	월	연
	壬	庚	戊	甲 (坤)
	午	戌	辰	申

74	64	54	44	34	24	14	4
庚	辛	壬	癸	甲	乙	丙	丁
申	酉	戌	亥	子	丑	寅	卯

1) 사주주인공의 삶

평안남도 평양 출생으로 이대 불문과를 졸업했으며, 한국 최초로 여성 국무총리를 역임하였다. 통혁당 사건으로 구속된 남편을 13년간 옥바라지했고, 한국사회에서 소외된 여성문제에 대해 관심을 늘 가져왔다. 자신도 1979년에 반정부 활동(이념서적 유포)으로 2년 6개월 동안 옥고를 치렀다. 국민의 정부에서 초대 여성부장관, 2003년 참여정부의 환경부장관을 거쳐 2006년 국무총리에 올랐다. 국회의원에 2번 당선되었고, 현재는 고 노무현대통령재단의 이사장을 맡고 있다. 2010년 지방자치단체선거에서 서울시장에 출마했으나 당선에는 실패했다.

2) 음양·오행·육친·신살

진(辰)월이므로 기본적으로 목(木) 기운이 존재한다. 목(木) 재성은 25점, 화(火) 관성은 15점, 토(土) 인성은 40점, 금(金) 비겁은 20점, 수(水) 식상은 10점이다.

전체적으로 점수가 고루 분포돼 있어서 모험을 하기보다는 안정적으로 인생을 끌고 가는 사주다. 사주원국은 토(土) 인성이 가장 강하여 인성 발달 사주지만, 지지의 오술합화(午戌合火)를 고려하면 목(木) 재성 발달, 화(火) 관성 발달, 토(土) 인성 발달 형태가 된다.

진(辰)월이라 목(木) 기운이 월지에 뿌리를 내리고 있어 어느 정도 힘이 있고 간지로 있어서 재성이 발달 형태이면서, 토(土) 인성이 강한 것을 오술합화(午戌合火)를 하여 점수를 관성과 인성으로 나누어주는 것이 좋다. 또한 관성 오화(午火)는 고립인데, 합국을 이루면서 오술합화(午戌合火)를 늘 해주기 때문에 영원히 고립에서 풀려나게 된다. 인성의 평생 공부와 재성의 부드러운 대인관계를 통해 관성의 명예를 얻을 수 있는 사주가 된다.

또한 시간 임수(壬水)가 시상일위식신격을 이루면서 경금(庚金)의 생을 잘 받고 있는 것은 사주를 아름답게 만들어준다. 사주원국에서 식상이 다른 육친에 비해 약해도 천간에 임수(壬水)가 격을 이루면서 고립 없이 힘있게 자리하면 식상의 복도 가져갈 수 있다는 뜻이다. 특히 이 사주는 사주원국에서 수(水) 식상이 약하기 때문에 작은 물인 계수(癸水)보다는 큰물과 현무당권을 의미하는 임수(壬水)가 있는 것이 훨씬 긍정적이다. 일간 경금(庚金)도 힘이 약해 보이지만 토(土)

의 생을 받는 구조로 가므로 힘이 있다. 이렇듯 이 사주는 다섯 가지 오행이 고립 없이 발달을 이루면서 서로 생을 해주는 구조를 가지고 가므로 매우 긍정적이고 안정된 사주가 된다.

양팔통을 이루면서, 명예격에 백호대살과 괴강살로 격을 이루니 지배받기 싫어하면서 독립적인 성향이 강한 사주다. 그러면서도 일간이 경금(庚金)이라 안정적인 성향에 자기관리능력이 있는 사주다. 다만, 완벽주의 기질이 강해서 순간 순간 대처해 나가는 융통성이 부족한 것은 단점이다.

사주에 백호대살, 괴강살, 양인살이 있고 명예격을 이루니 고집과 끈기가 있다. 그런데 이런 기질들은 남에게 지기 싫어하는 성향이지, 카리스마를 의미하지는 않는다. 남을 지배하고 두둑한 배짱에 돌파력이 있는 것은 관다(官多) 사주의 장점이다. 이 사주는 고집과 지기 싫어하는 기질은 있지만, 돌파하는 능력은 조금 떨어진다. 거기다 일간도 경금(庚金)이라서 한 박자 조절하므로 내성적인 고집과 끈기가 강하다고 볼 수 있다.

천간에 갑무경(甲戊庚) 삼기격을 이루어 어려운 상황에서도 인복이 있어 벗어날 수 있고, 또한 사주원국에도 토(土) 인성이 강해 다른 사람들로부터 인정과 사랑을 받을 수 있는 사주다. 또한 토(土)가 강하기 때문에 튀지 않으면서도 진(辰)월의 목(木) 재성이 가진 부드러운 관계성을 가지고 간다. 사람들에게 편안한 인상을 주는 것은 한국의 여자 정치인에게 큰 장점이 된다.

다만, 거친 싸움닭이 연상되는 정치판에서는 이러한 이미지가 다소 연약해 보일 수도 있고, 카리스마가 부족하게 보일 수도 있다. 이러한 사주는 직접 돌파해 나가는 정치보다는 안정적이면서도 명예를 추구하는 임명직 공무원에 더 맞는 사주다. 한 마디로 말해서 부드러워 보이면서도 고집이 있고 강단이 있는 사주라고 할 수 있다.

3) 천간과 지지의 합충

이 사주는 천간은 갑경충(甲庚沖)과 갑무충(甲戊忠)과 무임충(戊壬沖)으로 갑(甲)과 무(戊)에 금이 두 줄 가 있고, 지지는 오술합(午戌合)과 진술충(辰戌沖)으로 술(戌)에 금이 두 줄 가 있다. 이 정도면 적절한 합충으로 본다.

4) 건강과 육친복

지지의 오화(午火) 관성은 원래는 고립이지만, 오술합화(午戌合火)로 늘 고립을 풀어주기 때문에 남편복은 아무런 문제가 없다. 실제로 남편이 대학교수이다.

고립된 오행은 연간 갑목(甲木)과 일간 경금(庚金)이다. 연간 갑목(甲木)은 진(辰)월임을 고려하면 사주원국에서는 고립이 아니지만, 대운을 분석할 때는 합국으로 가므로 진(辰)이 토(土)의 구실을 하면서 고립되어버린다. 갑목(甲木)의 고립은 대운에서 54세 대운까지는 수(水)와 목(木)이 들어오기 때문에 큰 문제는 없는데, 64세 대운 이후에 금(金)이 몰려오므로 목(木)의 건강을 신경 써야 한다.

일간 경금(庚金)도 너무 많은 생으로 고립되는 느낌이지만, 64세 대운 이후에 금(金)이 보충되므로 큰 문제는 아니다. 갑(甲)의 입장에서는 지지의 진술충(辰戌沖)으로 튀어나온 을목(乙木)이 을경합(乙庚合)이 되는 것은 부정적이지만, 튀어나온 정화(丁火)가 정임합목(丁壬合木)을 하는 것은 도움이 된다.

5) 일반 이론의 용신과 용신격

일반 이론에서는 사주에 토(土) 인성이 강하기 때문에 신강 사주로 보는 사람이 많을 것이다. 그러면 인성을 극하는 연간 갑목(甲木)을 용신으로 잡고, 수(水)를 희신으로 잡을 수 있다. 시간에 있는 임수(壬水)로도 용신을 잡을 수 있지만, 강한 토(土)에 얻어맞고 있으니 갑목(甲木)으로 잡는 사람이 많을 것이다. 임수(壬水)로 용신을 잡으면 신강용식신격, 갑목(甲木)으로 용신을 잡으면 신강용편재격, 시지 오화(午火)로 용신을 잡으면 신강용정관격 사주가 된다.

신강용편재격을 인성용재격(印重用財格) 또는 기인취재격(棄印就財格)이라고 한다. 인성이 강하니 재성으로 용신을 잡는다고 보는 것이다. 이 경우 비겁이 있어서 용신 재성을 극하면 파격이 되는 것을 가장 염려하는데, 이 사주는 갑목(甲木)이 절지인 갑금(甲金) 위에 앉아 있으면서 파극을 당하고 있으므로 부정적이다.

또는 식신생재격으로 볼 수도 있다. 식신생재격은 재성이 용신이기는 하지만, 힘이 약하기 때문에 식상이 생을 해주는 것이다. 이 사주는 임수(壬水)가 갑목(甲木)을 생해주면 식신생재격이 성립되는데, 둘이 붙어 있으면 더 힘을 발휘하는데 떨어져 있어 힘이 약하다고 볼 것이다.

이와 같이 여러 가지 복잡하게 설명했지만, 어느 경우든 용신과 희신은 목(木)과 수(水)가 될 것이다. 그러나 이로써는 한명숙 사주의 54세 대운을 설명할 수 없다. 오히려 한명숙은 수(水)와 목(木)의 운에 고초를 많이 겪다가, 54세 임술(壬戌) 대운 때 인생 최고의 좋은 시절을 보내게 된다. 54세 대운인 임술(壬戌) 대운에서 지지의 술(戌)은 오술합화(午戌合火)로 용신이나 희신과는 정반대 운인데, 이 때 최고의 자리까지 올라갔으니 설득력이 떨어지는 것이다.

다른 시각으로, 지지의 오술합화(午戌合火)를 고려해서 신약 사주로 보고 토(土) 인성을 용신으로 잡으면 신약용편인격이 된다. 그러나 일반 이론에 따르면, 신약 사주는 신강 사주에 비해 격이 한참 떨어지는데 국무총리까지 한 것을 신약으로는 설명할 수 없다. 즉, 신강하면 능력이 있고 신약하면 별 볼 일 없는 사주라고 하는데, 한명숙 사주는 이런 시각으로는 설명할 수 없는 것이다. 또한 54세 임술(壬戌) 대운 때 용신 술토(戌土)가 오술합화(午戌合火)로 기반되어 기신이 되어버리는데, 이 때 한명숙은 최고의 자리에 오른 것 역시 설명할 수 없다.

6) 대덕 이론의 격국

대덕 이론으로 본 이 사주의 격국은 편인격(내격), 천간삼기격, 금수쌍청격, 백호·괴강·양인격, 명예격, 인성발달격, 시상일위식신격, 시하일위정관격 등이다.

격이 다양해서 매우 긍정적이며, 명예를 추구하는 고위직 공무원도 잘 맞는 사주지만 평생 공부하고 연구하면서 입을 활용하는 교수 등의 직업도 잘 맞는 사주다.

7) 대덕 이론의 용신과 대운 분석

먼저 고립용신을 보면, 연간 갑목(甲木) 재성이 고립인데 초년운과 중년운에 수(水)와 목(木)이 들어와서 고립을 풀어준다. 64세 대운 이후에는 금(金)이 몰려오므로 목(木)의 고립이 위험하다. 한편 행운용신은 사주가 균형을 이루고 있으므로 모든 오행이 무난하다.

❶ 4세 정묘(丁卯) 대운과 14세 병인(丙寅) 대운

인성이 잘 발달된 사주는 초년의 공부복과 부모복을 가져갈 수 있으므로 초년에 정(丁) 관성, 묘(卯) 재성, 병(丙) 관성, 인(寅) 재성으로 들어와도 공부할 수 있다. 또한 사주원국은 재성이 약한데 초년에 인묘(寅卯)로 재성이 들어와 고립을 풀어주므로 매우 긍정적이다. 그 당시에는 드물게 이화여대 불문과를 졸업했다.

❷ 24세 을축(乙丑) 대운, 34세 갑자(甲子) 대운, 44세 계해(癸亥) 대운

자기 삶의 발전보다는 반정부활동이나 소외된 여성의 지위 향상에 힘쓴 시기다.

34세 갑자(甲子) 대운은 1977~1986년으로, 대운 점수가 목(木) 재성은 20점, 화(火) 관성은 30점, 토(土) 인성은 10점, 금(金) 비겁은 10점, 수(水) 식상은 70점이다. 사주원국에서 늘 강하던 인성이 줄어들고, 수(水) 식상이 70점으로 갑자기 불어나서 일간도 고립되어버려 힘든 시기를 보냈다. 식상이 관성의 2배가 넘어 화(火) 관성도 힘이 부족하고, 목(木) 재성도 20점으로 고립되어 여러 가지로 불안정한 시기였다. 1979년에 이념서적 유포로 투옥되어 2년 6개월 감옥생활을 했다. 그러나 개인적으로는 힘든 때였지만, 희망이 없던 시기에 독재에 항거하는 모습 등은 많은 국민들에게 희망을 주었다고 할 수 있다.

44세 계해(癸亥) 대운은 각 오행이 안정적으로 들어오며, 소외된 여성의 지위 향상을 위해서 사회활동과 더불어 대학에서 강의 등으로 활발하게 보냈다.

❸ 54세 임술(壬戌) 대운

1997~2006년으로, 목(木) 재성은 10점, 화(火) 관성은 50점, 토(土) 인성은 40점, 금(金) 비겁은 20점, 수(水) 식상은 20점이다.

대운 점수에서 관성이 50점으로 대폭 늘어나고, 인성 점수도 40점으로 안정적으로 들어오며, 목화(木火)가 60점, 금수(金水)가 40점으로 균형을 이룬다. 이 시기에 장관 2번에 국회의원 2번, 그리고 국무총리까지 지내는 등 최고의 시기를 보냈다. 대운 점수도 안정적이면서 월주 무진(戊辰)이 대운 임술(壬戌)과 충을 하여 긍정적인 변화변동에 최고의 자리까지 오르게 된 것이다.

이 시기의 이력을 보면 2000년 경진(庚辰)년에 비례대표 국회의원, 2001년 신사(辛巳)년에 김대중 정부의 초대 여성부장관, 2003년 계미(癸未)년에 노무현 정부 환경부장관, 2004년 갑신(甲申)년에 경기도 일산 국회의원 당선, 2006년 병술

(丙戌)년 참여정부에서 대한민국 최초의 여성 총리에 취임하였다.

특히 2006년 병술(丙戌)년은 관성이 오술합화(午戌合火)로 더 늘어나니 관직과 명예에 매우 긍정적이다. 연운에서 천간 병(丙)이 대운의 임(壬)과 병임충(丙壬沖)을 하고 다시 사주원국의 임수(壬水)와 병임충(丙壬沖)을 하고, 지지 술(戌)은 월지의 진(辰)과 진술충(辰戌沖)을 하니 긍정적인 변화변동이 생기는 해인 것이다.

❹ 64세 신유(辛酉) 대운

2007년부터 현재까지다. 참여정부가 끝남과 동시에 현직에서 물러났다가, 2010년 서울시장 선거에 도전했다가 낙선했다. 이 대운은 금(金) 비겁이 매우 강하게 밀려오고 있다. 금(金)이 늘어나니 상대적으로 목(木) 재성이나 화(火) 관성의 문제 또는 목(木)의 건강을 신경 써야 할 것이다.

그 중에서도 2009년 기축(己丑)년은 천간은 갑기합토(甲己合土)로, 지지는 금국(金局)으로 합국이 많이 되어 대운과 연운이 토금(土金)으로 몰려가므로 화(火) 관성과 목(木) 재성이 고립된다. 이 해에 국무총리 시절 기업인으로부터 비자금을 받았다는 혐의로 검찰조사를 받게 된다. 재성과 관성이 고립되니 돈문제로 인한 관재가 있었던 것이다. 그러나 2010년 경인(庚寅)년에 인오합화(寅午合火)로 재성과 관성이 늘어나니 무죄 판결을 받았다.

2010년 경인(庚寅)년은 목(木) 재성은 10점, 화(火) 관성은 32.5점, 토(土) 인성은 10점, 금(金) 비겁은 97.5점, 수(水) 식상은 10점이다. 6월 2일 지방선거에 야당 후보로 서울시장에 도전하였다. 대운 자체가 비겁이 몰려오는 것보다는 재성과 관성이 힘있게 들어와 주는 것이 좋지만, 비겁이 이렇게 90점이 넘어가면서 편중되어 들어오는 것은 긍정적이다. 평상시에는 하나의 오행이 과다해지면 문제가 생기지만, 선거라는 특수한 상황에서는 사주가 편중성을 띨수록 모험적이기 때문에 긍정적인 점도 있는 것이다. 특히 비겁이 늘어날 때는 여성표에 집중하는 선거 전략이 유리하다. 또한 경인년의 지지에 인(寅)이 들어와 인오합화(寅午合火)를 하는 것은 연운으로만 본다면 관성이 늘어나므로 아주 좋다고 볼 수 있다.

충분히 승산이 있었음에도 불구하고 결과적으로는 당선에 실패했다. 연운 지지의 인오합화(寅午合火)에서 관성이 좀더 강력하게 늘어났더라면 하는 아쉬움이 있다.

또한 예기치 않은 천안함 사태로 인해 선거 공약이 쟁점화되지 못하고 국방문제와 북한문제로 관심이 몰린 점이 악재로 작용했다. 선거는 상대방의 전략도 봐야 하고 당의 지지율 문제 등 여러 가지 변수를 고려해야 하기 때문에 일률적으로 설명하기 힘든 것이 사실이다.

<<< 정치인 사주

오세훈 (서울시장)

1961년 1월 4일(양) 자(子)시생

시	일	월	연
庚	丁	戊	庚 (乾)
子	酉	子	子

71	61	51	41	31	21	11	1
丙	乙	甲	癸	壬	辛	庚	己
申	未	午	巳	辰	卯	寅	丑

1) 음양 · 오행 · 육친 · 신살

목(木) 인성은 0점, 화(火) 비겁은 10점, 토(土) 식상은 10점, 금(金) 재성은 35점, 수(水) 관성은 55점이다.

이 사주는 금수(金水)가 많고, 지지에 자유(子酉) 귀문관살이 있으며, 자(子)와 유(酉) 등 띠동물 또한 안정적인 음의 기운이 강하다.

하지만 금수(金水)로 편중되어 있고, 관성 점수가 55점이라 지배받기 싫어하며 자주적이고 독립적인 성향이 강하다. 사주에 아무리 수(水)가 많아도 그것이 관성이면 리더십이 발휘되는 양적인 기운이 나온다. 오행보다는 육친의 작용력이 더 강하기 때문이다.

일간 정화(丁火)는 부드럽고 온화하며 다정다감하지만, 내적으로는 강한 의지와 끈기가 있다. 즉, 인상은 온화하고 부드럽지만, 속으로는 매우 강한 돌파력과 추진력 등이 자리잡고 있다.

그러면서 이 사주는 재성과 관성의 힘이 강한 재관다신약 사주다. 재성의 부드러운 관계성(대인관계)에 관성의 리더십과 통솔력이 있으니 사람들에게 호감을 주면서도 자기 실속을 가져갈 수 있는 것이다. 한국에서는 관성이 너무 강하면 튀거나 독불장군 이미지를 주어 적이 많이 생길 수 있지만, 재성의 부드러움도 같이 가지고 가므로 재관다신약 사주가 능력을 발휘하고 사는 경우가 많다. 특히 재성이 금(金)이라 대인관계에서 맺고 끊는 것이 확실하고 손해 보는 일은 안 하면서 실속을 챙길 수 있다.

다만, 사주에 수(水)가 많고 지지에 귀문관살이 강하게 있으니 생각이 너무 많고 소심한 구석이 있어서 모든 일을 한 박자 늦게 결정하여 손해를 볼 수도 있다. 수(水)가 많으니 아이디어가 풍부하다고도 볼 수 있지만, 단점 또한 나타나는 것이다. 서울시장을 지내면서 아이디어가 많다 보니 여러 가지 일을 하지만, 정작 시민들은 시장이 무슨 일을 열심히 하는지 모를 수도 있다는 것이다.

지지에 강한 도화살로 격을 이루고 있고, 월간에 상관격을 놓아 연예와 예술 그리고 방송으로 진출해도 성공할 수 있는 사주다. 또한 재관다 사주는 명예, 자존심, 리더십 등과 잘 맞기 때문에 전문직이나 정치에서도 성공 가능성이 높다. 실제로 오세훈은 변호사를 하다가 방송에서 법률상담을 하면서 인기를 얻었는데, 사주에 재성과 도화살이 강하기 때문에 소위 아줌마부대의 인기를 얻을 수 있었다. 정치를 하면서도 이들의 표를 많이 얻을 수 있으니 긍정적이다.

2) 천간과 지지의 합충과 고립오행

이 사주는 천간과 지지에 합충으로 금이 간 글자가 하나도 없다. 대개 금이 간 글자가 3~4개 정도면 사주가 예방주사를 잘 맞고 있어서 긍정적인데, 이처럼 합충이 너무 없는 경우에는 대운에서 갑작스런 합충이 몰려오면 부정적인 사건사고에 휘말릴 수 있다.

월간 무토(戊土)가 고립이고, 일간 정화(丁火)도 고립되어 있다. 무토(戊土)의 고립은 큰 흙과 산을 의미하므로 고립이 조금 덜하고, 또한 월상일위상관격을 구성하고 있으므로 크게 신경 쓰지 않아도 된다.

일간 정화(丁火)는 주위에 금수(金水)가 많아 고립인데, 대운에서 살려주고 있다. 즉, 60년간 대운이 목(木)과 화(火)로 흘러가므로 일간 정화(丁火)는 고립에서 풀려난다.

3) 일반 이론의 용신과 용신격

일반 이론에서는 일간 정화(丁火)가 주위에 인성과 비겁이 없고, 뿌리도 내리고 있지 못하며, 사주가 토(土) 식상, 금(金) 재성, 수(水) 관성으로 구성되어 있고 일간에 힘이 없기 때문에 세력에 종하는 종격으로 보는 경우가 많을 것이다. 즉, 식상, 재성, 관성에 종한다고 보아 종세격이 될 것이다. 그러면 대운에서 토금수(土金水)가 들어와야 좋다고 본다.

그런데 이 사주는 지지가 목(木)과 화(火)의 동남운으로 60년간 흐르고 있어 종세격 입장에서 보았을 때는 기신운으로 흐르고 있다. 또한 오세훈은 고려대학교를 들어갔는데, 이 때가 11세 대운인 인목(寅木)의 인성운이다. 종세격 입장에서는 기신에 해당되는 운이라 공부를 못해야 하는데 명문대에 들어갔으니 설명이 안 된다.

초년의 1세 기축(己丑) 대운과 11세 경(庚) 대운도 종세격의 입장이라면 토(土)와 금(金)의 운이므로 유복한 어린 시절을 보내야 하지만, 오세훈은 초등학교와 중학교 시절 어려운 가정형편 때문에 힘들게 공부했다. 종세격의 논리와 반대로 학창시절에는 용신운 때 힘들었고, 오히려 기신운 때 상황이 좋았던 것이다. 물론 31세 대운과 41세 대운은 지지의 자진합수(子辰合水)와 사유합금(巳酉合金)을 고려하면 용신운인 수(水)와 금(金)의 운이 들어와 국회의원과 서울시장을 했다고 주장할 것이다.

문제는 용신론으로 사주를 분석하면 일관성이 없다는 것이다. 용신운 때 좋다가, 또 어떨 때는 기신운 때 발복하는 등 일관성 있게 사주를 해석할 수 없는 치명적 단점이 있다.

4) 대덕 이론의 격국

일반 이론과 달리 대덕 이론에서는 이 사주의 격국을 편관격(내격), 월상일위상관격, 도화격, 재성발달격, 재관왕격, 금수왕격 등 다양하게 본다.

격국을 보면 입을 활용하면서 도화살의 끼를 가지고 가는 연예, 예술, 문화, 방송에 적성이 있으며, 내격의 편관격에 사주가 재관왕격을 이루기 때문에 명예를 추구하는 전문직이나 정치도 잘 맞는 사주라고 할 수 있다.

5) 허자론

지지에 자자(子子) 병존이 있어서 허자를 불러들이는데, 합으로는 축(丑) 식상, 충으로는 오(午) 비겁이다. 천간에서는 무(戊)와 경(庚) 사이에 기토(己土) 식상을 불러들인다. 초년 학창시절에 허자로 식상이 들어오는 것은 공부에 긍정적인 역할을 한다. 또한 사주가 매우 추운 사주인데 허자로 오화(午火)를 불러들이는 것 역시 조후 측면에서 매우 긍정적이다.

6) 물상론

한겨울에 정화(丁火)는 눈보라가 치는데 촛불을 켜놓은 형상이다. 촛불을 지켜줄 화(火)와 추위를 막아줄 나무가 가장 필요하다. 이 사주는 한겨울의 큰 바위산과 들판에 눈보라가 몰아치고, 세상은 물로 넘치는데 달 하나 외로이 떠 있는 형상이다. 그마저도 눈보라에 가려져 잘 보이지도 않는다.

이런 사주는 적극적이고 저돌적인 눈보라처럼 거칠 것 없이 인생을 꾸려가기 때문에 사업가, 정치인, 전문직 등 자신에게 맡겨주고 자신이 리더가 되는 직업이 어울린다. 하지만 지나친 욕망이 발동하여 살면서 파란만장한 굴곡이 따를 수도 있다. 이 사주는 그런 면에서 대운에서 사주에 가장 필요한 화(火)와, 추위를 막아줄 나무[木]가 들어오기 때문에 매우 좋은 인생이 될 수 있다.

천간의 정무(丁戊) 병존은 유화유로(有火有爐)라고 하여 화로 속의 불이다. 머리가 좋고 기획력과 재능이 뛰어나다. 다만, 넓은 들판에 홀로 핀 꽃으로 본다면 다소 외로울 수 있다.

사주에 불이 있고 광석도 있으므로 화련진금(火鍊眞金)이라 해서 불로 제련하여 보석을 만들 수도 있다. 사주에 금(金)이 충분히 발달되어 있으므로 광물을 발견한 형상이라 재물도 따라온다고 본다. 사주원국에 화(火)가 좀더 강하면 더욱 가치 있는 사주가 될 수 있을 텐데 아쉽다. 그럼에도 이 사주는 대운에서 나무와 불을 늘 보충해주기 때문에 언제나 먹을 복과 부동산복 또는 인복이 있다.

7) 대덕 이론의 용신

오세훈은 2010년에 한국 나이로는 51세지만, 사주 분석에서 해자축(亥子丑)월생들은 1살을 빼줘야 하므로 50세로 보고 사주를 분석한다.

　이 사주는 사주원국은 금수(金水)가 강한데, 대운은 목(木)과 화(火)로 흘러가면서 조후를 해결해주면서 균형을 잡아주니 매우 긍정적이다.

　그리고 사주원국에서 장점이 있는 재성과 관성이 대운에서도 늘 발달 형태로 들어오는 것 역시 좋다. 그러면서도 하나의 오행이 합국으로 과다해질 염려가 전혀 없다. 다시 말해 지지에 유금(酉金)이 있어서 수(水)로 편중될 가능성이 없다는 것이다. 이렇게 되면 대운에서도 늘 재성과 관성이 과다해지지 않고 발달 형태가 되므로 안정을 추구하면서 재성복과 관성복을 가지고 갈 수 있다.

8) 대덕 이론의 대운 분석

❶ 1세 기축(己丑) 대운과 11세 경인(庚寅) 대운

사주원국은 금수(金水)가 발달하여 암기하고 반복하는 한국적인 공부를 잘할 수 있다. 사주가 재성과 관성으로 편중되어 있는 것, 그리고 수다(水多)이면서 귀문관살이 같이 있는 것은 공부하는 데 긍정적으로 작용한다. 학창시절에 재성의 놀자주의와 관성의 까불까불한 기운이 수(水)의 한 박자 생각하는 기질, 그리고 지지의 강한 귀문관살의 영향 때문에 공부를 하지 않으면 인생이 어떻게 될지 두려워하고 공부하게 만드는 것이다.

　또한 1세 기축(己丑)과 11세 경인(庚寅)으로 식상운, 재성운, 인성운이 들어와 전체적으로 공부를 하는 데 무리가 없는 대운이다. 특히 고등학생 때 인(寅)의 인성운은 매우 긍정적이다. 외국어대학교에 입학한 후 고려대학교에 편입하였다.

❷ 21세 신묘(辛卯) 대운

이 대운 중 1984년 갑자(甲子)년에 사법고시에 합격하였다. 대운과 연운 점수를 보면 관성이 65점으로 발달 형태로 들어오고, 갑자(甲子)년의 천간으로 인성 갑목(甲木)이 들어오는 것도 좋다.

　대운의 신묘(辛卯)와 일주 정유(丁酉)가 천간충과 지지충을 하고, 연운 갑(甲)이 사주원국의 경금(庚金)과 갑경충(甲庚沖), 무토(戊土)와 갑무충(甲戊沖)을 한다. 이 정도의 충은 평상시에는 약간 과도한 듯하지만, 큰 시험이나 선거 같은 시기에는 오히려 긍정적인 영향을 미칠 수 있다.

❸ 31세 임진(壬辰) 대운

대운 점수는 목(木) 인성이 20점, 화(火) 비겁이 0점, 토(土) 식상이 10점, 금(金) 재성이 40점, 수(水) 관성이 70점이다. 재성이 안정적인 발달 형태로 들어오고, 관성도 70점 정도면 무난하기 때문에 긍정적이다. 1991년에 변호사 개업을 시작한 후, 일조권 침해 소송에서 승리하여 이름을 얻고 TV에서 법률상담으로 많은 인기를 얻었다.

　2000년 경진(庚辰)년에는 재성 경금(庚金)이 천간으로 들어오고, 지지는 자진합수(子辰合水)로 관성이 더 늘어난다. 여자들에게 더 인기를 얻을 수 얻고 사람들과의 관계성도 좋아지므로 선거에 유리하며, 관성도 더 늘어나니 명예도 얻을 수 있다. 이 해에 16대 국회의원에 당선되었다.

❹ 41세 계사(癸巳) 대운

대운 점수는 목(木) 인성이 0점, 화(火) 비겁이 30점, 토(土) 식상이 0점, 금(金) 재성이 55점, 수(水) 관성이 55점이다. 관성도 안정적으로 들어오지만, 무엇보다 이 대운은 재성이 더욱 늘어나므로 사람들에게 인기를 얻는 분야나 사람을 상대하는 분야에서 능력을 발휘할 수 있다. 정치도 인기를 반영하기 때문에 재성이 확장되면 매우 긍정적이다.

　2006년 병술(丙戌)년은 대운의 계(癸)와 일간의 정(丁)이 정계충(丁癸沖), 연운의 병(丙)과 연간과 시간에 있는 경(庚)이 병경충(丙庚沖)을 한다. 이렇게 일간을 하나 정도 충하고 연간과 시간을 동시에 충하면, 가장 긍정적인 충이라고 하는 월주의 천간과 지지를 대운이 충하는 것과 동일한 효과가 있다. 그러면서 지지로는 유술합금(酉戌合金)으로 재성이 더 늘어나니 선거에 매우 유리한 해다. 이 해에 서울시장 선거에 당선되었다.

 2010년 경인(庚寅)년에는 서울시장 재선에 도전하여 성공하였다. 대운 자체는 재성과 관성이 잘 발달되어 있지만 연운은 조금 밋밋한 느낌이다. 그러니 완벽한 승리보다는 불안한 승리라고 할 것이다. 천간으로 충이 좀더 들어오는 것이 좋은데 이 부분은 약간 아쉽다. 좀더 강력한 충일 때 압도적인 승리를 가져올 수 있다. 그래도 재성과 관성이 잘 발달되어 있어 선거에 매우 유리한 사주다. 또한 선거는 상대편과의 싸움이므로 상대편보다 내가 더 운이 좋으면 당선되는 것이고, 아니면 낙선하는 것이다. 결국 한명숙의 사주가 오세훈의 사주를 따라갈 수 없었다고 하겠다.

❺ 51세 갑오(甲午) 대운

월주와 대운이 충하기 때문에 긍정적인 부분도 있지만, 천간으로 들어오는 갑목(甲木)이 갑경충(甲庚沖)과 갑무충(甲戊沖)을 하면서 고립되고, 지지도 오화(午火)가 들어와 자오충(子午沖)으로 인해 금이 세 줄 생기면서 고립되는 것이 불안해 보인다.

 이 사주는 금(金)과 수(水)가 사주원국에서 발달이라서 100점 가까이 몰려서 들어올 일이 없기 때문에 대운에서 70점이나 80점까지는 긍정적인 역할을 한다.

 다만, 목(木)이나 화(火)는 대운에서 간지로 뭉쳐서 강하게 들어와야 한다. 갑인(甲寅)이나 을묘(乙卯) 또는 병오(丙午)나 정사(丁巳)처럼 같은 오행 간지로 들어와야 금(金)이나 수(水)의 공격에 견뎌낼 수 있고, 고립되지 않는다. 갑오(甲午)처럼 들어오면 갑(甲)도 고립되고 오(午)도 고립되어 불안정해질 수 있다.

 그러나 사주원국이 장점이 많은 사주이기 때문에 인생의 굴곡보다는 사건사고에 휘말리지 않게 조심하거나 혈관, 뼈, 교통사고 등의 건강에 좀더 신경 쓰면 될 것이다. 더불어 관재수도 조심한다.

정치인 사주 >>>

정몽준 (전 한나라당 대표)

1951년 10월 27일(음) 축(丑)시생

1) 사주 분석의 논점(구조)

먼저 해(亥)월 축(丑)시는 한밤중이므로 수(水)로 봐야 한다. 사주원국은 목(木) 관성 20점, 화(火) 인성 15점, 토(土) 비겁 20점, 금(金) 식상 10점, 수(水) 재성 45점이다. 상대편인 재성이 45점으로 가장 기운이 강하다. 화(火) 인성과 토(土) 비겁을 합해도 35점밖에 안 되기 때문에 신왕재왕의 구조로 보기 힘들 것 같지만, 이 사주는 지지의 사해충(巳亥沖)이 중요한 역할을 한다. 사해충으로 지장간 속 무토(戊土)가 튀어나와 일간 기토(己土)를 도와주고 있고, 해(亥) 중 갑목(甲木)도 튀어나와 갑기합토(甲己合土)를 하므로, 인성과 비겁을 합쳐 충분히 40점 이상의 기운이 되고 신왕재왕 사주가 되는 것이다.

합국이 되면 지지의 해수(亥水)가 해묘합목(亥卯合木)을 하여 관성이 50점으로 늘어난다. 그러면서 시지 축(丑)이 토(土)의 구실을 하기 때문에 사주가 신왕관왕 사주로 바뀐다. 신왕재왕에서 신왕관왕 구조가 되므로 평생 안정을 추구하면서 재성의 돈, 그리고 관성의 명예를 동시에 가지고 갈 수 있는 것이다.

2) 음양·오행·육친·신살

일간 기토(己土) 사주는 포용력이 있고 사교적이며, 인간관계가 뛰어나고 부드럽다. 다만, 자기 색깔이 잘 드러나지 않고, 결정적인 순간에 배짱이 떨어진다. 음팔통 사주에 수(水) 기운이 상당히 강하기 때문에 한 박자 조절하고, 모험을 하지 않으면서 실속을 챙기는 타입이다.

사주원국은 신왕재왕이라 안정적인 성향이 매우 강하다. 그러나 합국이 되면서 관성이 늘어나기 때문에 늘 명예에 대한 관심, 리더십, 권력에 대한 욕망이 강하다. 재성의 관계성, 어울림, 부드러움에 관성의 명예, 실속을 동시에 가져갈 수 있으니 금상첨화 사주가 된다.

하지만 수(水)는 아이디어가 풍부하고 저장능력이 강한 반면, 생각이 너무 많다는 단점이 있다. 또한 목(木) 관성은 가장 관성 냄새가 덜 나는 관다(官多)이다. 목(木)은 배려적이고 인간지향적인 성향이 강하기 때문에 목(木) 관다들은 다른 관다에 비해서 대장 같은 면이 적다. 배려하는 대장이므로 본인이 힘들 수 있다는 뜻이다. 이런 기질은 평화의 시대에는 장점을 많이 발휘하지만, 대통령선거 같은 큰 싸움에서는 약점으로 작용할 수 있다. 본인이 대장도 해야 하고 배려도 하면서 늘 머릿속에는 생각이 많다 보니 스트레스로 인한 위장건강을 조심해야 한다.

사주가 수다(水多)이므로 한국적 공부에 장점이 많다. 지지에 있는 해묘(亥卯) 천문성과 사축(巳丑) 형살을 보면 사람의 생명을 다루는 직업인 법조인이나 의술인이나 전문직도 잘 맞고, 신왕관왕 사주이기 때문에 사업가 기질도 있다. 역마살의 기운도 강하여 외교관이나 해외를 자주 왕래하는 직업도 좋다.

신왕재왕이 신왕관왕으로 바뀌는 구조 때문에 늘 정치에 대한 욕망을 추구하게 된다. 특히 재성 점수가 고립 없이 45점이나 되어 아버지복이 많은 사주다. 한국사회에서 든든한 아버지(고 정주영 회장) 배경을 바탕으로 현대중공업을 운영하면서 국회의원을 6번이나 하고 있다. 그러면서 기기(己己) 역마격에, 지지도 해사(亥巳) 역마살이 강하니 국제축구연맹의 부회장을 하면서 축구인으로 이름을 날리고 있다.

한국사회에서 가장 능력을 발휘할 수 있는 사주이지만, 정치인으로서 큰 뜻을 이루기에는 결정적 배짱이나 치고 나가는 능력 등은 아쉬움이 남는다.

3) 천간과 지지의 합충과 고립오행

이 사주는 천간은 을목(乙木)이 을기충(乙己沖)과 을신충(乙辛沖)충으로 세 줄 금이 가 있다. 지지는 사해충(巳亥沖)과 해묘합(亥卯合)이 있고, 사주 전체를 보면 5개의 합충이 있으므로 큰 부담은 없다.

특히 천간 을목(乙木)은 고립된 상태로 금이 세 줄 가서 위험할 것 같지만, 직장의 불안정성 정도로 보면 된다. 직장생활보다는 독립적인 내 일을 한다는 의미인데, 정치를 하는 정몽준에게는 오히려 긍정적 요소가 많다고 본다.

그리고 연지 묘목(卯木)도 고립되어 있지만, 대운에서 해묘합목(亥卯合木)이 되므로 늘 고립에서 풀려난다. 또한 일지 사화(巳火)도 원래는 고립이다. 그런데 해묘합목(亥卯合木)이 되어 목생화(木生火)를 해주므로 이 또한 고립에서 풀려난다. 다만, 해묘합(亥卯合)으로 목(木)은 40점, 사(巳)는 15점이라 사화(巳火)가 아무리 양화(陽火)라고 해도 목(木)의 생이 과도하게 보이는데, 대운에서 사오미합화(巳午未合火)로 사화(巳火)를 깔끔하게 도와주고 있다. 이렇게 이 사주는 글자 하나 하나를 보면 고립의 느낌이 강하지만, 합국을 이루면서 서로 유기적으로 도와주면서 고립에서 풀려나므로 안정성을 유지할 수 있다.

그러나 고립으로 인한 건강문제는 주의한다. 시간 을목(乙木)은 간이나 뼈, 사건사고 등을 주의하고, 시지 축토(丑土)도 물 속에 있어서 위장건강 등을 주의해야 한다.

4) 성격성명학의 성격 유형

이름으로 본 성격 유형이 음편인과 음식신이다. 이름에서도 안정을 추구하는 성향이 강하다. 편인은 아이디어, 감각, 기획력 등은 뛰어나지만, 기본적으로 소심한 스타일이다. 짜다는 소리를 들을 정도로 손해 보는 일은 하지 않으면서 자기 것을 지키는 능력이 탁월하다. 식신의 이름도 모험을 싫어하고 안정을 추구하는 성향이 강하다.

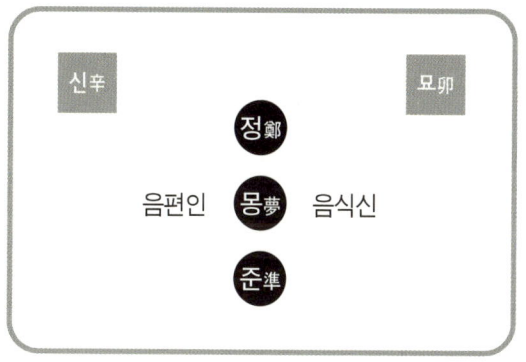

5) 대덕 이론의 격국

대덕 이론으로 보면 이 사주는 정재격(내격), 역마격, 일하정인격, 재성발달격, 신왕재왕격, 음팔통격, 대덕격을 가지고 있다.

6) 물상론

이 사주는 기기(己己) 병존으로, 부드러운 흙이 여러 개 겹쳐 있는 형상이다. 작은 정원이라서 포용력이 부족할 것 같지만, 축토(丑土)가 있어서 포용력도 있고 인덕도 있다. 해(亥)월 한겨울에 얼어붙은 땅이라서 불이 가장 필요하다.

또한 이 사주는 눈내리는 겨울에 토(土)가 3개나 있으므로 넓은 논밭이나 정원의 형상이다. 땅이 기름지고 윤택하다. 여기에 추운 들판을 녹여줄 큰 태양[火]도 있고 나무도 잘 자라고 있어 경치가 매우 아름답다. 경치도 아름답고 땅도 기름지므로 농사를 지을 수 있는 봄을 기다리면 된다.

7) 일반 이론의 용신과 용신격

먼저 사주의 신강신약에 따른 억부용신격의 관점에서, 이 사주는 실령하고 실세했으므로 신약 사주가 된다. 월간의 기토(己土) 비견을 용신으로 보는 의견이 대다수일 것이다. 가끔 신강하다고 보고 수(水)와 목(木)을 용신으로 정하는 사람도 있을 것이다.

월지 지장간 용신격으로 보면, 천간에 투출된 것이 없으니 월지로 보아 정재격이 되고, 용신은 월간 비견이 된다.

8) 대덕 이론의 대운 분석

해자축(亥子丑)월은 한국 나이에서 1살을 빼서 사주를 분석한다. 2010년의 사주상 나이는 59세다. 사주원국은 해(亥)월 축(丑)시라서 추운데, 대운은 화(火)와 목(木)으로 흘러가니 긍정적이다. 특히 36세, 46세, 56세 대운은 사주원국에서 힘이 없는 사화(巳火)의 고립을 풀어주는 사오미(巳午未)운이 들어오면서 추운 사주를 따뜻하게 해주므로 매우 긍정적이다. 이 시기에 최고의 부와 명성을 얻고 있다.

❶ 6세 무술(戊戌) 대운과 16세 정유(丁酉) 대운

아버지복이 있는 사주에 비겁 대운이 오면 칭찬을 받을 수 있어 긍정적이다. 한참 공부할 나이인 16세 대운이 인성과 식상으로 들어오는 것은 공부를 매우 잘할 가능성이 많다. 사주원국도 수다(水多)라 한국적 공부에 어울린다. 서울대를 나와 존스홉킨스대에서 국제정치학 박사학위를 받았다.

❷ 36세 을미(乙未) 대운

대운 점수를 보면 목(木) 관성은 80점, 화(火) 인성은 15점, 토(土) 비겁은 35점, 금(金) 식상은 10점, 수(水) 재성은 0점이다. 신왕관왕이면서 관성이 더욱 강한 대운이다. 내 편의 힘도 강하면서 관성의 힘도 강하므로 안정을 유지하면서 명예가 드높아지는 대운이다.

　1987년 정묘(丁卯)년 현대중공업 회장 취임, 1988년 무진(戊辰)년 국회의원 당선, 1992년 임신(壬申)년 국회의원 당선, 1993년 계유(癸酉)년 대한축구협회 회장(1994년 국제축구협회 부회장), 1996년 병술(丙戌)년 국회의원 당선 등 굵직굵직한 이력을 쌓았다.

❸ 46세 갑오(甲午) 대운

대운 점수를 보면 목(木) 관성 50점, 화(火) 인성 35점, 토(土) 비겁 45점, 금(金) 식상 10점, 수(水) 재성 0점으로 비겁, 관성, 인성이 안정적으로 들어온다. 비겁의 인복과 인성의 부동산복 그리고 관성의 명예복을 다 가져갈 수 있다.

　이 시기 주요활동으로 2000년 경진(庚辰)년과 2004년 갑신(甲申)년에 국회의원에 당선되었다. 특히 이 대운 중 2002년 임오(壬午)년에 월드컵 4강 진출의 열기를 등에 업고 대통령에 도전했지만, 단일화로 노무현 후보에게 자리를 양보하였다. 임오(壬午)년의 천간으로 재성이 들어온 것은 긍정적이었지만, 점수가 10점이라 불리했다. 재성이 좀더 힘있게 들어오거나, 인성보다 비겁 점수가 더 높아지면서 사주가 편중성을 띠었으면 더 긍정적이었을 것이다. 선거에서는 사주가 한 오행(육친)으로 편중되면 리더십이 생겨 유리하기 때문이다.

❹ **56세 계사(癸巳) 대운**

이 대운 중 2008년 무자(戊子)년의 점수는 목(木) 관성 35점, 화(火) 인성 55점, 토(土) 비겁 20점, 금(金) 식상 10점, 수(水) 재성 40점이다.

　재성, 관성, 인성이 점수는 약하지만 서로 붙어서 들어오기 때문에 큰 힘을 발휘한다. 재성은 정치를 하는 사람에게는 돈과 사람, 특히 여자들의 인기가 많아지므로 매우 긍정적인 역할을 한다. 관성은 리더십과 배짱을 길러주고, 인성은 사람들의 관심과 부동산복과 문서 확보를 의미한다. 2008년에 서울 동작을에서 국회의원에 당선되어 6선을 기록하였고, 여당의 최고의원이 되었다.

　그러나 계사(癸巳) 대운 중 2010년 경인(庚寅)년은 사주원국과 대운과 연운이 과도한 합충으로 복잡하게 얽혀 있다. 구설수나 관재수가 있거나 하강하는 운세이다.

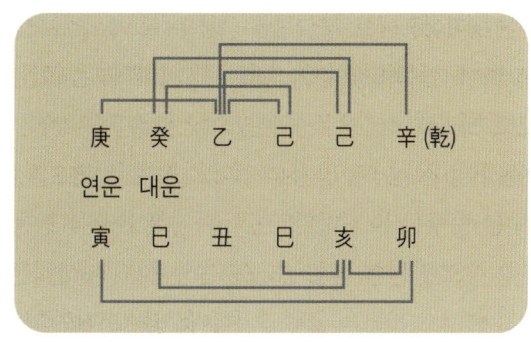

정치인 사주 >>>

유시민 (전 보건복지부장관)

1959년 7월 28일(양) 오(午)시생

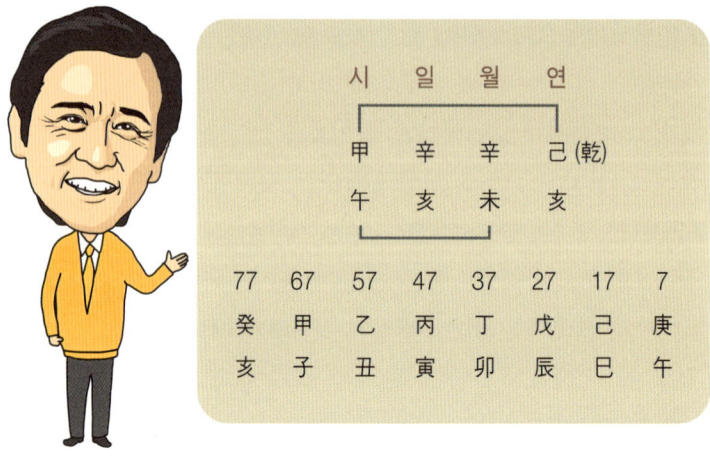

1) 사주 분석의 논점(태어난 시간에 대한 문제)

이 사주는 사주주인공 본인도 생시가 사(巳)시인지 오(午)시인지 정확하게 알지 못한다. 오(午)시로도 볼 수 있지만, 사(巳)시일 가능성도 배제할 수 없다.

사(巳)시여도 화(火) 관다 구조는 바뀌지 않지만, 시주가 계사(癸巳)가 된다. 그러면 오(午)시일 경우보다 식상이 간지로 발달 형태가 된다. 즉, 계해(癸亥)가 붙어 있으니 발달 형태가 되는 것이다. 식상이 발달되었다고 말을 잘하는 것은 아니지만, 평소 유시민은 방송진행자나 저널리스트 등으로 활동하며 입을 활용하는 분야에서도 큰 두각을 나타냈기 때문에 식상 발달 사주로 볼 수 있다는 것이다.

또 하나, 월지 미(未)는 대운 분석시 토(土) 인성의 구실을 한다. 그런데 만약 오(午)시라면 오미합화(午未合火)로 관성이 되고, 인성 기토(己土)는 고립되어버린다.

마지막으로, 만약 사(巳)시라면 미(未)가 토(土) 인성 역할을 하기 때문에 인성도 고립 없이 간지 미기(未己)의 발달 형태가 되어 학문을 의미하는 인성복도 가져갈 수 있다.

이렇게 볼 수도 있음을 확인하고, 일단 오(午)시로 분석하기로 한다.

2) 음양 · 오행 · 육친 · 신살

사주원국의 점수를 보면 목(木) 재성은 10점, 화(火) 관성은 45점, 토(土) 인성은 10점, 금(金) 비겁은 20점, 수(水) 식상은 25점이다.

이 사주의 가장 큰 특징은 미(未)월 오(午)시라는 것이다. 가장 더운 계절이면서 가장 더운 시간에 태어났으므로, 화(火) 관성이 점수로는 45점이지만 50점 이상의 기운으로 읽어줘야 한다.

이 사주는 일간 신금(辛金)의 기질과 화(火) 관성의 성격이 강하게 나온다. 신금(辛金)은 좋고 싫음이 분명하다. 또한 원칙적이고 구조화적인 성향이 강하다. 본인이 좋아하는 사람이나 대상에게 전부를 걸지만, 관심 없거나 싫어하는 대상과는 끝까지 타협을 거부하는 스타일이다. 여기에 화(火) 관다라서 남에게 지기 싫어하면서 자기가 하고자 하는 일을 끝까지 해내려고 한다. 이렇듯 신금(辛金) 일간에 화(火) 관다들은 최고의 열정과 돌파력과 추진력이 있다. 신금(辛金) 일간의 자로 잰 듯한 정확성과 냉철한 관찰력에, 화(火)의 열정, 관성의 배짱과 추진력과 리더십이 발휘되므로 한국사회에서 능력을 인정받을 수 있는 것이다.

물론 좋고 싫은 것이 분명하기 때문에 까다롭다고 비판받을 수 있지만, 관다는 전체 사물을 조망하는 능력이 뛰어나고, 자기의 실속을 위해서 사람들을 재미있게 해주는(재롱을 부릴 줄 아는 능력) 능력도 탁월하다. 그러면서도 자기가 하고자 하는 일은 끝까지 끌고 가는 능력이 있다.

이러한 기질 때문에 유시민에 대한 평가는 극단을 달린다. 변절하지 않는 유일한 정치인이라고 평가하는 사람도 있고, 타협을 모르고 자기 고집만 부리는 분열주의자라고 비판하는 사람도 있다. 사주가 화(火) 관다라서 부드럽게 녹아들기보다는 될 수 있는데, 위계질서와 남 잘난 모습을 용서하지 못하는 한국사회에서는 그의 비토(veto) 세력이 만만치 않다. 물론 그의 열성적인 지지자도 상당하지만, 대권에 도전할 경우 이러한 비토 세력은 큰 부담이라 할 것이다.

사주의 지지에 해(亥)와 미(未)로 천문격을 이루고 있어서 일간 금(金)의 이과적 적성을 살려 의사 등의 직업도 좋으며, 사람을 다루는 법조인이나 전문직, 임명직 공무원도 잘 어울리고, 관다의 지배받기 싫어하고 리더가 되는 정치인도 잘 맞는 직업이다.

3) 천간과 지지의 합충과 고립오행

이 사주는 천간은 갑기합(甲己合), 지지는 오미합(午未合)을 하여 합충이 2개 있다. 이 정도의 합충은 다소 부족한 느낌이 든다. 사주 전체에 합충이 4개 이하면 사건사고가 많고, 7개 이상도 사건사고가 많다. 그리고 하나의 오행(육친)에 합충이 2개 이상 중복되어도 사건사고가 많다.

일지의 해수(亥水)는 고립처럼 보이지만, 일간과 월간에 신금(辛金)이 병존으로 있어서 고립은 아니다. 그러므로 시간 갑목(甲木)도 해수(亥水)의 생을 받을 수 있으므로 고립으로 보지 않는다. 다만, 연간 기토(己土)는 미(未)가 늘 오미합화(午未合火)를 하므로 고립이 되는데, 대운에서 이 고립을 풀어주면 괜찮다. 초년 대운에 인성운이 들어와 고립도 풀어주면서 공부복도 가져가므로 매우 긍정적인 사주다.

한편 일간 신금(辛金)은 2개가 붙어 있어서 힘이 되지만, 장기적으로 대운에서 금(金)을 보충해주지 않으면 더운 열기 속에서 힘들어진다. 금(金)의 건강인 폐나 대장의 건강을 조심해야 한다.

또한 미(未)월의 오(午)시로 매우 더운 사주다. 기본적으로 혈관의 건강은 반드시 살펴야 한다. 또한 미(未) 속의 을목(乙木)이 뜨거운 불 속에서 타고 있다. 간, 뼈, 갑작스런 사건사고 등도 조심해야 한다. 대운에서 수(水)나 목(木)이 들어오면 월지 미(未) 속의 을목(乙木)은 문제를 덜 수 있지만, 대운에서 5년만 고립되어도 목(木)의 건강이 위험하다. 다른 오행의 건강과 달리 뼈의 건강이나 사건사고는 갑작스럽게 발생할 수 있기 때문이다. 이 사주는 대운에서 목(木)이 보충되므로 긍정적이긴 하지만, 늘 목(木)의 건강을 신경 써야 한다.

4) 일반 이론의 용신과 용신격

일반 이론에서는 공부하는 사람마다 제각각 용신을 다르게 잡을 가능성이 많다. 이 사주는 지지의 오미합(午未合)을 고려하면 일간 신금(辛金)이 힘이 없어서 신약한 사주라고 볼 수 있다. 사주가 신약하므로 천간에 투출된 편인 기토(己土)나 비견 신금(辛金) 중에서 용신을 잡을 것이다.

둘 중에서 지지의 화(火) 관성의 힘이 강하므로 화(火)의 힘을 빼주면서 일간을 도와주는 기토(己土)를 용신으로 잡는 사람이 많을 것이다. 그러면 용신은 토(土), 희신은 금(金)이 될 것이다. 이를 관인상생격(官印傷生格)이라고 한다. 그러나 기토(己土) 용신은 사흉신에 속하는 편인이고, 지지에 뿌리도 없으며, 더욱이 사주가 신약 사주라서 사주 등급을 한참 하급으로 볼 것이다.

월지 미(未)가 오미합(午未合)을 하지 않는다고 보는 사람들은 이 사주가 득령했고, 천간에 비견 신금(辛金)과 인성 기토(己土)가 투간되어 있으므로 신강한 사주라고 할 것이다. 그러면 강한 일간의 힘을 빼주면서 더운 사주의 조후도 맞추어 주는 상관 해수(亥水)를 용신으로 하고, 갑목(甲木) 재성을 희신으로 잡을 것이다. 이 격국을 일반 이론에서는 상관생재격(傷官生財格)이라고 부른다.

5) 대덕 이론의 격국

대덕 이론에서는 이 사주의 격국을 편인격(내격), 시상일위정재격, 시하일위정관격, 월상일위비견격, 천문격, 신신(辛辛) 병존격, 관성발달격, 그리고 금(金)이 20점이지만 토(土)가 생하는 구조로 가면 30점 이상이 되므로 비견발달격으로 본다.

6) 허자론

천간에서는 신신(辛辛) 병존이 경합으로 병(丙) 관성을 불러들이고, 도충으로 을(乙) 재성(극도충), 정(丁) 관성(대도충)을 불러들인다. 대덕 이론에서는 허자가 심리상태만을 반영한다고 본다. 즉, 중년 시기에 심리적으로 재성과 관성을 추구하게 된다고 보는 것이다.

지지에서는 연지와 월지 그리고 일지와 월지 사이 즉, 해(亥)와 미(未), 해(亥)와 미(未) 사이에 삼합의 가운데 글자인 묘(卯)를 비합(飛合)으로 불러들인다. 이 역시 중년에 재성의 추구성향이 나온다고 풀이한다.

7) 물상론

한여름에 뜨거운 태양이 내리쬐는데 보석이 빛나는 형상 또는 뜨거운 용광로에서 보석이 녹고 있는 형상이다. 태양이나 용광로처럼 열정과 배짱과 모험심이 강해지거나, 타인에게 보여주고 싶은 욕망이나 인정받고 싶은 욕망이 매우 강해진다.

이 물상의 긍정적인 점은, 용광로에서 제련된 보석은 물이 가장 필요한데 사주에 해수(亥水)가 있어서 보석을 물로 씻어낼 수 있다는 점이다. 그러면 보석은 빛나기 때문에 더욱 타인에게 더 많은 인기나 인정을 받을 수 있다.

8) 대덕 이론의 대운 분석

지지에 해수(亥水)가 중심을 잡아주고 있기 때문에 이 사주는 오미합(午未合) 화국(火局)을 고려해도 절대로 화(火)로 편중될 가능성이 없어 긍정적이다. 특히 37세 정묘(丁卯) 대운, 47세 병인(丙寅) 대운처럼 한참 활동할 시기에 대운이 재성인 목(木)과 관성인 화(火)로 분리되어 들어오는 것은 매우 좋다. 한쪽으로 편중되지 않으면서 재관으로 흘러가므로 재성복과 관성복을 다 가지고 가는 사주가 되는 것이다.

❶ **7세 경오(庚午) 대운, 17세 기사(己巳) 대운, 27세 무진(戊辰) 대운**

일간 신금(辛金)은 자기관리능력이 있으면서, 암기하고 반복하는 한국적인 공부에도 장점이 많다. 그러면서 관다는 지기 싫어하는 성격이다. 경쟁자를 이겨야 하는 입시 위주의 한국적인 공부 풍토에서 열정과 돌파력과 추진력이 있는 화(火) 관다는 장점을 발휘한다.

즉, 사주주인공은 공부 자체가 좋아서가 아니라, 남에게 이기기 위해서 공부를 한다는 것이다. 유시민은 일간 신금(辛金)의 암기력과 화(火)의 이해력을 겸비한 데다, 관다의 배짱과 돌파력과 경쟁심이 있어서 입시 위주의 한국적인 공부를 잘 할 수 있었다는 것이다. 특히 유시민은 고등학교 시절인 17세 대운에 인성운인 기(己)운이 들어와 더 긍정적이다. 서울대 경제학과를 들어갔으며, 독일에서 경제학 석사학위를 받았다.

관다의 영향으로 유시민은 경제학을 전공했음에도 늘 정치 성향을 강하게 추구하게 된다. 이런 관다 사주들은 교수를 하더라도 연구하는 교수보다는 보직교수에 더 관심이 많다.

17세 사(巳) 대운부터 시작하여 그는 투옥과 제적과 복학, 그리고 학생운동이라는 힘든 과정을 거쳤다. 특히 사(巳) 대운은 사해충(巳亥沖)으로 튀어나온 갑목

(甲木) 재성이 갑기합토(甲己合土)로 고립되어버리고, 27세 대운에서도 식상과 재성과 비겁이 고립되므로 힘든 시기를 보냈다.

27세 대운의 점수를 보면 목(木) 재성은 0점, 화(火) 관성은 45점, 토(土) 인성은 50점, 금(金) 비겁은 20점, 수(水) 식상은 25점이다. 사주원국에 고립되어 있는 기토(己土) 인성의 고립을 풀어주는 것은 긍정적이다. 다만, 금(金) 비겁과 수(水) 식상의 점수가 낮고, 목(木) 재성도 갑기합토(甲己合土)로 사라지면서 고립되니 부침이 있는 시기였다. 이 대운에 인성이 50점으로 발달되어 1991년에 뒤늦게 졸업장을 받았고, 독일로 유학을 떠나 경제학 석사를 받았다.

유시민은 학생운동을 하던 1985년 일명 '서울대학교 프락치 사건'으로 투옥되었을 때 제출한 항소이유서를 통해 유명해졌다. 그리고 1980년대 말 출판한 『거꾸로 읽는 세계사』가 베스트셀러에 오르면서 대중적으로 널리 알려졌다. 이 대운에 관성이 45점으로 발달하여 어느 정도 명예를 얻은 것이다.

❷ 37세 정묘(丁卯) 대운

이 시기는 1995~2004년이다. 대운 점수를 보면 목(木) 재성은 60점, 화(火) 관성은 40점, 토(土) 인성은 20점, 금(金) 비겁은 20점, 수(水) 식상은 0점이다. 재관다로 흘러가므로 재성의 관계성이나 사람들과의 어울림을 활용하면서, 관성의 명예도 가지고 갈 수 있는 대운이다.

특히 이 대운은 토(土) 인성 20점이 금(金) 비겁 20점을 생해주는 구조이므로 신왕의 느낌도 난다. 즉, 신왕하면서 재관다에 초점이 맞추어진 대운인 것이다. 27세 대운은 인성이 50점이고 비겁이 20점으로 인성이 비겁의 2배가 넘어가니 과다한 생으로 비겁과 일간 신금(辛金)이 고립되지만, 37세 대운은 인성과 비겁의 점수가 비슷하면서 생을 해주므로 신왕으로 볼 수 있다.

또한 식상인 해수(亥水)도 어설프게 있으면서 고립되면 힘들지만, 해묘합목(亥卯合木)으로 식상이 재성을 생해주는 구조이기 때문에 긍정적이다. 이러면 해수(亥水)는 고립이 아니라 보호를 받게 되어 좋다. 이 경우도 17세 대운과 27세 대운에서 갑(甲)이 갑기합(甲己合)으로 없어지는 것과는 다른 느낌이다. 같은 합이라도 서로 생해주는 합은 긍정적이지만, 갑기합(甲己合)처럼 극의 관계이면서 그

본질을 잃어버리는 합은 부정적이면서 고립된다는 것이 다르다. 이처럼 이 대운은 식상이 0점이지만, 식상의 고립 문제는 신경 쓰지 않아도 된다.

더구나 이 대운은 사주원국의 갑목(甲木)이 그 자체로는 고립이 아니지만 갑기합(甲己合)으로 인해 고립되는데, 재성 점수가 발달 형태로 들어와 고립을 풀어주므로 더욱 긍정적이다.

이 기간 중 2002년에는 개혁당을 만들어 노무현 후보가 대통령이 되는 데 공헌했고, 이후에도 노무현 대통령의 분신을 자처하여 온갖 십자포화를 막아내는 역할을 했다.

2003년 계미(癸未)년에는 국회의원 보궐선거에 당선되었다. 대운 천간의 관성 정(丁)이 사주원국의 비겁 신금(辛金)과 충을 하고, 연운 천간 계수(癸水)는 대운 정(丁)과 정신충(丁辛沖)을 한다. 그러면서 재성이 70점으로 늘어난다. 관성도 40점으로 발달 형태가 되어 선거에 더 없이 좋은 연운이다. 특히 재성 70점은 돈과 사람의 인기, 특히 여성표를 더 얻을 수 있으므로 국회의원 당선에 더없이 좋은 해였다.

❸ 47세 병인(丙寅) 대운

2005~2014년이다. 대운 점수는 목(木) 재성은 35점, 화(火) 관성은 55점, 토(土) 인성은 20점, 금(金) 비겁은 0점, 수(水) 식상은 30점이다. 이 대운도 식상, 재성, 관성이 붙어서 발달 형태로 들어오기 때문에 안정적인 대운이다.

2006년 병술(丙戌)년에 화(火) 관성이 75점으로 늘어 참여정부의 보건복지부장관에 임명되었다. 하지만 이 해에는 수(水) 식상이 65점으로 늘고 재성이 갑자기 0점이 되어버려 수화상전(水火相戰)의 느낌도 나는 해였다. 장관직을 수행하면서도 야당의 국정 발목잡기에 대응하다 보니 늘 구설수의 중심에 있었다.

2009년에 새로운 정당인 국민참여당을 창당하였고, 2010년에는 야권단일후보로 경기도지사에 도전했으나 아깝게 낙선했다. 2010년에 인해합목(寅亥合木)으로 재성이 더 늘어나는 것은 선거에 긍정적이었지만, 선거 막판에 일어난 천안함 사건이 부정적인 영향을 미쳤다고 볼 수 있다.

앞서 한명숙 사주에서도 보았지만, 선거는 상대방의 전략도 봐야 하고 당의 지지율 문제 등 여러 가지 변수를 고려해야 하므로 일률적으로 설명하기 힘들다. 선거는 어디까지나 상대편과의 싸움이므로 상대편보다 내가 더 운이 좋으면 당선되는 것이고, 아니면 낙선하는 것이다.

<<< 예술가 사주

고 박경리 (작가)

1926년 10월 26일(음) 유(酉)시생

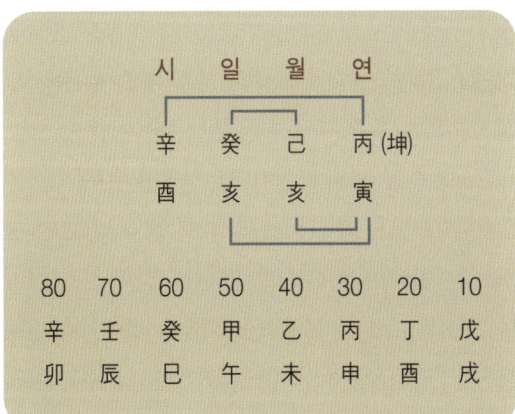

1) 사주주인공의 삶

고 박경리는 여러 번 드라마로 방영되며 사람들에게 널리 알려진 대하소설 『토지(土地)』의 저자이다. 주로 인간의 내면세계를 깊이 있게 그려낸 문제작을 발표했다. 1945년 진주여자고등학교를 졸업하고 곧 결혼했으나, 6·25전쟁 때 남편이 납북된 후 딸과 함께 생활했다. 시인 김지하는 그녀의 사위다. 1970년대 후반에 강원도 원주시로 거처를 옮기고 창작활동에 전념하여 1994년 8월 대표작 대하소설 『토지』를 완결지었다.

1955년에 김동리의 추천을 받아 단편 「계산(計算)」과 1956년 단편 「흑흑백백(黑黑白白)」이 〈현대문학〉에 발표되어 문단에 나온 이후, 사회와 현실에 대한 비판성이 강한 문제작들을 잇달아 발표함으로써 문단의 주목을 받기 시작하였다. 특히 1969년 6월부터 집필을 시작하여 1994년에 5부로 완성된 대하소설 『토지』는 한국 근현대사의 전과정에 걸쳐 여러 계층의 인간의 상이한 운명과 역사의 상관성을 깊이 있게 다룬 작품으로 영어·일본어·프랑스어로 번역되어 호평을 받았다.

2008년 5월 5일 폐암으로 사망하였다. 사후 2008년에 금관문화훈장이 추서되었다.

2) 음양·오행·육친·신살

오행의 구성을 보면 목(木) 식상은 10점, 화(火) 재성은 10점, 토(土) 관성은 10점, 금(金) 인성은 25점, 수(水) 비겁은 55점으로 구성되어 있다. 금수(金水)의 기질이 강한 사주로, 금(金)의 결단력과 맺고 끊음이 확실한 성격, 그리고 수(水)의 지혜롭고 총명하며 내성적인 성격으로 자신을 드러내기보다는 물이 고요히 모여들듯 혼자만의 공간과 시간을 만드는 성격이라고 볼 수 있다.

육친을 보면 편인이 시간과 시지로 기둥을 이루고 있어서 끼를 가지고 가는 직업이 어울리며, 금수쌍청격과 편인발달격을 이루고 있어 머리가 총명하고 두뇌회전이 빠르다. 또한 남들이 시도하지 않는 분야에서 지칠 줄 모르는 에너지를 발산시키는 능력이 있어서 작가로서의 재능을 남보다 뛰어나게 발휘할 수 있었다고 본다.

3) 천간과 지지의 합충

이 사주에는 합충이 모두 4개 있다. 천간에는 병신합(丙辛合)과 계기충(癸己沖), 지지에는 인해합(寅亥合)이 중복된다. 사주원국에서 이 정도의 합충은 평범한 수준이다.

사주원국의 전체적인 구성이 금수(金水)로 몰려 차가운 사주에 다시 천간에 병신합수(丙辛合水)가 있지만, 대운에 인해합목(寅亥合木)이 항상 존재하고 있어서 자칫 한쪽으로 치우치기 쉬운 사주가 균형을 이루고 있다.

4) 건강과 육친복

편인발달격으로 어머니복이 있고, 재성복도 병화(丙火)가 인목(寅木)의 생을 잘 받고 있어서 재성복도 있으니 부모복은 문제가 없어 보인다. 실제로 1926년생 여성이 고등학교까지 나온 것을 보면 부모복이 충분히 있었다고 보여진다. 반면에 해(亥) 속에 무토(戊土) 관성과 월간 기토(己土) 관성의 고립으로 남편복은 없다고 볼 수 있다.

건강은 토(土)가 모두 고립되어 있으므로 비장, 위, 산부인과질환을 조심해야 한다. 다행히 대운이 화(火)운과 토(土)운으로 흘러 70세 대운까지는 괜찮았지만, 80세 대운에서는 인묘합목(寅卯合木), 인해합목(寅亥合木), 해묘합목(亥卯合木)으로 인해 기토(己土)가 집중공격을 받고 있어 건강문제가 발생할 위험이 높았다. 이 대운 중 2008년에 폐암으로 사망하였다.

5) 일반 이론의 용신과 용신격

이 사주는 금수(金水) 기운이 강하기 때문에 일반 이론에서뿐만 아니라 누가 봐도 신강 사주, 신왕 사주로 볼 수 있다. 그러면 인성이나 비겁의 힘을 뺄 수 있는 연간 병화(丙火)나, 연지 인목(寅木)을 용신으로 잡을 수 있다.

이 중에서 우선 연간의 정재 병화(丙火)가 병신합수(丙辛合水)를 하느라 깨져 있지만, 그래도 사길신이고 천간에 투간하여 용신으로 잡기에 적합하다고 보는 사람이 있을 것이다. 반면에 깨져 있는 병화(丙火)보다는, 인해합목(寅亥合木)으로 힘이 강한 상관 인목(寅木)을 용신으로 잡는 것이 좋다고 보는 사람도 있을 것이다.

6) 대덕 이론의 격국

겁재격(내격), 월상일위편관격, 편인발달격, 겁재발달격 그리고 신살로 천문격, 역마격, 금수쌍청격을 이루고 있다.

비슷한 격으로 이루어져 있어 긍정적인 부분이 많다. 사람을 상대로 독특한 끼나 재능 그리고 지식을 파는 작가도 어울리고, 학자도 직업으로 잘 어울린다.

7) 대덕 이론의 대운 분석

❶ 10세 무술(戊戌) 대운

초년 대운인 무술(戊戌) 대운은 무계합화(戊癸合火), 유술합금(酉戌合金)으로 인성과 재성으로 흘러가고 있어서 부모복이 있었으리라 추측할 수 있다.

❷ 20세 정유(丁酉) 대운

20세 대운에 들어서 6·25전쟁 때 남편이 납북되었다. 이것은, 20세 대운에 정화(丁火)가 들어왔지만 병신합수(丙辛合水)로 인해 화(火)가 없는 상태에 들어와 고립되면서 기토(己土)의 고립을 풀어주지 못하고, 일간 계수(癸水)와 함께 병신합수(丙辛合水)로 수생목(水生木)을 하여 인해합목(寅亥合木)이 강해지면서 토(土) 관성인 남편과 헤어지게 되었다고 설명할 수 있다.

❸ 40세 을미(乙未) 대운

목(木)이 과다하게 늘어나서 목(木)과 관련된 건강, 즉 유방과 자궁 등 여성기질환이 우려되는 해였다. 그러나 아주 심각한 정도의 점수는 아니라서 크게 걱정할 정도는 아니었다.

❹ 80세 신묘(辛卯) 대운

사주원국에서 인해합목(寅亥合木), 대운과의 인묘합목(寅卯合木), 2007년 정해(丁亥)년의 인해합목(寅亥合木)과 해묘합목(亥卯合木)으로 지지가 온통 목(木)으로 몰려가면서 기토(己土)와 유금(酉金)이 강하게 공격받아 결국 2008년에 폐암과 뇌졸중으로 운명을 달리했다고 본다. 2008년 무자(戊子)년은 해자합수(亥子合水)와 인해합목(寅亥合木)으로 수(水)와 목(木)이 과다하게 몰려오므로 화토금(火土金)이 고립된다.

고 박경리는 "내가 행복했다면 문학을 하지 않았을 것이다"라는 말을 남겼다. 사주주인공의 행복하지 못한 삶이 문학의 거장을 만들어냈다고 볼 수 있지만, 자신이 가진 사주의 장점과 특성을 잘 살리지 못했다면 박경리라는 대작가는 존재하지 않았을 것이다.

<<< 예술가 사주

임진모 (음악평론가)

1959년 8월 11일(음) 오(午)시생

1) 음양·오행·육친·신살

사주원국의 점수는 목(木) 관성은 0점, 화(火) 인성은 15점, 토(土) 비겁은 45점, 금(金) 식상은 30점, 수(水) 재성은 20점이다.

토(土) 비겁이 잘 발달되어 있다. 그리고 재성도 점수로는 20점이지만, 간지로 힘있게 있어서 발달로 본다. 시지의 오(午) 인성은 원래는 고립이다. 하지만 늘 오술합화(午戌合火)로 고립을 풀어주고 있으며, 시하일위정인격을 이루기 때문에 오히려 인성복이 있다고 본다. 다만, 연간 기토(己土)는 늘 고립으로 간다. 비겁이 고립이므로 건강으로는 위장의 문제, 육친으로는 사람과의 동업문제를 조심해야 한다.

지지가 한쪽으로 편중될 염려가 없는 사주다. 이 사주는 천간의 무계합화(戊癸合火)와 지지의 오술합화(午戌合火)로 인해 화(火)가 늘어난다. 월지는 유금(酉金)이라 약간 냉기가 있는 사주인데, 합으로 인해 사주가 더워지므로 대덕격을 이루게 된다. 그런데 화(火)가 늘어나더라도 지지에서 유(酉)가 유술합금(酉戌合金)을 하기 때문에 늘 금(金)이 30점 이상을 가지고 가므로 화(火)로 편중될 염려가 없다. 이렇게 늘 기운이 양분되기 때문에 평생 모험을 하지 않고 안정을 추구하게 된다.

이 사주는 비겁 발달에, 식상과 재성이 잘 발달되어 있어서 신왕식재왕 사주다. 평생 사람을 상대하거나, 지식을 가지고 입으로 돈을 벌 수 있는 사주다. 다만, 합국이 되면서 식상과 인성이 늘어나는 식인다신약 사주로 바뀐다. 평생 연구나 공부하면서 입을 활용하는 분야에 관심이 많아지게 된다.

그런데 이렇게 합국이 되면 연지에 있는 재성 해수(亥水)는 고립되어버린다. 또한 천간의 월간 계수(癸水)는 일간과 시간의 무토(戊土)와 무계합(戊癸合)이 중복되고, 연간 기토(己土)와 계기충(癸己沖)을 하여 모두 세 번의 합충을 한다. 재성에 금이 세 줄 가므로 돈문제로 내가 힘들다고 통변하기도 한다. 하지만 재성이 고립 형태로 가도 식상이 잘 발달되어 있어 돈문제는 크게 걱정하지 않아도 된다. 식상도 돈이기 때문이다. 즉, 돈을 벌면 어느 정도 새어 나가겠지만, 사업을 하지 않으면 큰 문제가 안 된다는 것이다.

이 사주는 월지의 기운이 강하다. 유금(酉金)들은 가장 원칙적이면서 융통성이 떨어지기 때문에 영업능력이나 사업수완이 부족하다. 육친으로 봐도 신왕식재왕을 이루면서 식인다로 흘러가므로 평생 연구하고 공부하면서 입을 가지고 가는 직업에 적성이 있다. 사람이나 지식을 가지고 돈을 간접적으로 번다면 능력을 발휘하는 사주다.

임진모는 음악평론가다. 유(酉)월의 금(金) 기질은 음악을 분석하는 능력이 있다. 금(金)의 기질은 구조화, 조직화, 편집능력이 있다. 특히 유금(酉金)월생들은 연구직을 가더라도 임진모처럼 평론가나 시나리오작가가 잘 어울린다. 평론이나 시나리오 등은 어떤 사물이나 대상을 철저히 분석하고 그것을 순서대로 잘 배치하는 능력이 요구되기 때문에 장점이 있는 것이다.

또한 일간이 무토(戊土)면 여유주의자를 의미한다. 원래 금(金)은 원칙적이기 때문에 평론을 하되 정석적으로 하므로 딱딱하고 재미없게 할 수 있는데, 무(戊)의 여유와 느긋함이 있기 때문에 재미있게 설명할 수 있는 것이다.

유금(酉金)월의 사주에 귀문관살이 없고, 일주와 시주에 무술(戊戌)과 무오(戊午) 등 괴강살과 양인살이 있는 것도 장점이다. 격국을 이루지는 않았지만 이렇게 양적인 기운이 존재하면 금(金)의 원칙적이고 구조화적인 부분을 어느 정도 보완할 수 있기 때문이다.

2) 천간과 지지의 합충

천간은 무계합(戊癸合)과 기계충(己癸沖), 지지는 오술합(午戌合)과 유술합(酉戌合) 등으로 합충이 5개 있다. 한 사주에서 합이 간 것이 4~5개 정도면 긍정적인 역할을 한다.

3) 일반 이론의 용신과 용신격

이 사주는 신강이냐 신약이냐를 두고 논쟁이 많을 것이다. 같은 사주를 두고 시각이 달라질 수 있는 것이 용신론의 문제다.

먼저 신강으로 보는 입장이다. 천간의 무계합화(戊癸合火)와 지지의 오술합화(午戌合火)를 고려하면 화(火) 인성이 늘어나므로 재성인 계수(癸水)를 용신으로 잡을 수 있다. 그러나 합으로 기반되어 용신으로 쓸 수 없으니 연지에 있는 해수(亥水) 편재를 용신으로 잡을 것이다. 아니면, 상관 유금(酉金)이 월지에 힘있게 자리잡고 있으므로 유금(酉金)을 용신으로 잡는 사람도 있을 것이다. 신강용편재격이나 신강용상관격이 될 것이다. 그렇지만 어느 경우든 금(金)이나 수(水)가 용신, 희신이 될 것이다.

다음, 신약으로 보는 입장이다. 일단 월지에 득령을 못했고, 천간에 정재 계수(癸水)가 투간되어 있으면서 해수(亥水)에 뿌리를 내리고 있다고 보아서 시지에 있는 정인 오화(午火)를 용신으로 잡는다. 그러면 신약용정인격이 될 것이다. 희신은 일간이 약하므로 토(土)를 잡을 수도 있지만, 토(土)는 기신인 식상을 생하기 때문에 용신인 정인 오화(午火)를 생해주는 목(木) 관성을 용신으로 잡을 것이다.

4) 대덕 이론의 격국

상관격(내격), 무무(戊戊) 병존격, 시하정인격, 대덕격, 신왕식재왕격, 금수왕격, 비겁발달격, 식상발달격, 재성발달격 등 다양한 격국이 있다.

5) 물상론

무토(戊土) 일간이 가을에 태어나면 넓은 들판에서 농작물을 수확할 수 있으므로 매우 좋은 물상이다. 가을 들판이나 논밭이 넓게 펼쳐져 있으면 생산량이 충분하므로 의식주복과 인덕이 있다. 그러면서 넓은 땅이나 바위산에 비가 내리면서 강물을 이루니 생산성도 있으며, 하는 일마다 결과가 크고 능력을 발휘한다. 또한 넓은 들판인 토(土)는 모든 생명체의 시작을 의미하므로 사람이 살아가는 데 기초가 되는 교육자, 상담가 등이 어울린다.

6) 대덕 이론의 용신과 대운 분석

이 사주는 한 오행으로 편중될 가능성이 없기 때문에 어떤 오행이 와도 긍정적이다. 다만, 목(木)은 사주원국에 없기 때문에 들어오더라도 뭉쳐서 들어오는 것이 좋다.

❶ 2세 임신(壬申) 대운과 12세 신미(辛未) 대운

초년의 식상운은 공부하는 데 긍정적이다. 한참 공부할 나이인 고등학생 때 비겁인 미(未)운은 약간 부정적일 수 있는데, 이 사주는 사주원국의 인성 오화(午火)가 고립되어 있는 것을 미(未)운이 들어와 오미합화(午未合火)로 풀어준다. 매우 긍정적인 부분이다. 공부를 어느 정도는 할 가능성이 높다. 고려대학교 사회학과를 들어갔다.

❷ 32세 기사(己巳) 대운

대운 점수를 보면 목(木) 관성 0점, 화(火) 인성 62.5점, 토(土) 비겁 20점, 금(金) 식상 47.5점, 수(水) 재성 10점이다.

인성도 늘어나지만, 식상도 많이 늘어난다. 늘 공부나 연구하면서 입을 활용하는 직업에 관심이 많아지게 된다. 1990년에는 그룹 〈인공위성〉의 매니저를 했고, 1992년 임신(壬申)년부터 입을 활용하는 음악평론가로 활동하기 시작했다.

❸ 42세 무진(戊辰) 대운

대운 점수를 보면 목(木) 관성은 0점, 화(火) 인성은 62.5점, 토(土) 비겁은 10점, 금(金) 식상은 57.5점, 수(水) 재성은 10점이다.

이 시기도 인성과 식상이 안정적으로 들어오므로 사주원국에 장점이 많은 평생 연구하거나 공부하면서 입을 활용하는 음악평론가를 하는 데 긍정적이다.

❹ 나머지 대운

이 사주는 사주원국에 장점이 있는 적성을 잘 발휘했고, 대운에서도 인성과 식상이 안정적으로 들어와 긍정적이다.

    나머지 대운인 52세 대운과 62세 대운은 사주원국에 없는 목(木) 관성이 들어온다. 해묘합목(亥卯合木)과 인해합목(寅亥合木)을 하지만, 간지 발달 형태로 들어오면 더 긍정적인데 약간 아쉬운 부분이다. 관성과 인성이 늘어나므로 관성의 명예와 인성의 인덕을 다 가지고 갈 수 있다.

    하지만 목(木)이 들어와도 20점 정도는 고립되는 느낌이 있기 때문에 목(木)의 건강은 조심해야 한다.

<<< 예술가 사주

도종환 (시인)

1954년 7월 27일(음) 자(子)시생

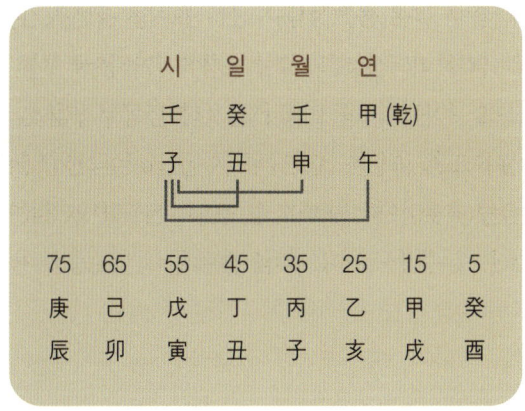

1) 사주주인공의 삶

1954년 충북 청주에서 태어나 지금까지 청주에서 살고 있다. 충북대 국어교육과를 거쳐 충남대에서 문학박사 학위를 받았다. 1984년 동인지〈분단시대〉에「고두미마을에서」로 작품 활동을 시작했고, 1986년 시집『접시꽃 당신』으로 대중적인 사랑을 받았으며, 시 「담쟁이」는 2009년 '직장인 100만 명이 뽑은 내 인생의 시 한 편'에서 1위를 차지했다.

신동엽창작상, 2006 올해의 예술상, 거창평화인권문학상, 정지용문학상, 윤동주상 등을 받았다. 2006년 '세상을 밝게 만든 100인'에 선정되기도 했다. 현재 한국작가회의 부이사장, 한국민족예술인총연합 부회장을 맡고 있다.

2) 음양·오행·육친·신살

안정을 추구하는 음적인 기운과 행동지향적인 양적인 기운이 중화된 사주다. 화(火)가 40점, 수(水)가 45점으로 적절히 균형을 이루었다. 일반적으로 신(申)월을 금(金)으로 본다면 이 사주는 음적인 기운이 강한 사주로 볼 수 있지만, 신(申)월이 여름의 계절임을 감안하면 화(火) 기운이 충만하여 음과 양의 기운이 중화된 안정감 있는 사주로 본다.

귀문관살이 있어서 감수성이 뛰어나고, 수(水) 발달의 내성적이면서도 생각지향적인 부분, 그리고 계수(癸水) 일간과 재성 발달의 계획적이고 수리적인 암기력을 지니고 있다. 이 모두가 시인으로 활동하고 성공하기에 충분한 조건을 가지고 있다고 본다.

3) 천간과 지지의 충합

천간에는 합충이 없고, 지지는 신자합수(申子合水), 자축합수(子丑合水), 자오충(子午沖)으로 충이 3개 있다. 이 정도의 충은 크게 문제되지 않는다.

4) 고립오행과 건강문제

사주원국을 보면 신(申)월의 뜨거운 화(火) 기운으로 신금(申金)이 녹고 있는 상태이므로 신금(申金)의 건강이 우려되고, 축토(丑土)가 고립을 당하고 있어서 폐, 대장, 위장에 관한 문제를 항상 안고 있다.

대운으로 흐르면서 갑목(甲木)의 문제도 발생할 수 있지만, 45세 대운부터는 다행스럽게도 정임합목(丁壬合木)으로 목(木)의 기운이 어느 정도 발휘된다. 55세 대운에도 인목(寅木)의 도움으로 갑목(甲木)의 고립이 어느 정도 해소된다.

그러나 65세 대운인 묘(卯) 대운은 갑기합토(甲己合土)로 사주원국의 갑목(甲木)이 사라지고 묘목(卯木)만 남는데, 너무 많은 수(水) 속에 있는 묘목(卯木)이라서 다소 불안해 보인다. 그리고 75세 대운에는 갑목(甲木)의 생을 받지 못하는 오화(午火)의 고립으로 인해 혈관의 건강문제도 올 수 있다.

5) 일반 이론의 용신과 용신격

이 사주는 재성과 비겁이 매우 강한 사주다. 일반 이론에서는 신(申)월을 금(金)의 기운으로 보기 때문에 이 사주는 매우 신강, 신왕한 사주로 볼 수 있다.

인성이 많아서 신강한 사주로 본다면 가장 먼저 용신으로 찾는 것이 재성이며, 인중용재격(印重用財格)이 된다. 하지만 이 사주는 재성인 오화(午火)가 자오충(子午沖)으로 깨져 있어서 그리 좋은 사주로 보지 않는다.

만약 신왕한 사주로 본다면 비겁용관격으로 보고, 축토(丑土)를 용신으로 삼을 수 있다.

또는 금수(金水)의 기운이 강한 사주이므로 조후용신의 관점에서 축축한 사주로 보고, 목(木)이나 화(火)를 용신으로 삼을 수도 있다.

6) 대덕 이론의 격국

대덕 이론은 일반 이론과 달리 사주주인공의 성격과 적성을 살피고자 하므로 다양한 격국이 존재한다. 이 사주는 정인격(내격), 일하일위편관격, 비겁발달격, 재성발달격 등을 가지고 있다.

격국을 보면 인성을 활용하여 평생 공부하고 연구하면서 사람을 상대하거나, 관계성을 가지면서 지식이나 내 끼를 이용해서 돈을 버는 사주다. 학자, 교수, 연예, 예술, 방송 등이 잘 맞는다. 비겁과 재성이 강하기 때문에 주위에서 사람들이 많이 도와주려는 인복도 있고 관계성도 가져가는 긍정적인 사주다.

7) 대덕 이론의 용신과 대운 분석

이 사주는 수(水)와 화(火)의 기운이 발달한 반면, 축토(丑土)와 오화(午火) 그리고 신금(申金)이 고립되었기 때문에 대운에서 고립오행을 도와줄 수 있는 오행이 오는 것이 좋다.

오축(午丑) 귀문관살에 계수(癸水) 일간, 그리고 수(水)가 45점이고 축(丑)까지 있으므로 예민하고 감수성이 발달되어 있다. 단, 알레르기나 면역성에 관련된 건강 기능은 약하다.

❶ 5세 계유(癸酉) 대운과 15세 갑술(甲戌) 대운

사주원국에서 재성 점수는 긍정적이지만, 대운으로 흐르면서 재성이 비겁으로 바뀌고 초년 대운인 5세 대운에 비겁과 인성 점수가 늘어나는 것은 재성복을 볼 때 긍정적이지 않다.

하지만 인성복이 35점으로 늘어나므로 이 때는 공부를 어느 정도 했을 가능성이 있는데, 15세 대운에는 인성 점수가 없어지고 재성의 기운이 늘어난다. 아마도 한국전 이후에 태어난 1954년생으로서 공부하기에 불리한 조건이지 않았을까 싶다. 그래서 소위 명문대를 들어가기에는 힘들었다고 본다.

❷ 25세 을해(乙亥) 대운과 35세 병자(丙子) 대운

25세 대운과 35세 대운은 사주원국에서 고립되어 있는 재성 오화(午火)의 고립을 계속 부추긴다. 따라서 이 때는 부인과 관련된 문제 또는 만약 사업을 했다면 재물에 대한 문제가 있었음을 유추할 수 있다.

❸ 45세 정축(丁丑) 대운

식상 점수가 40점으로 늘어나면서 사람을 상대로 입을 가지고 활동하는 일에 긍정적인 역할을 하게 된다. 그 결과 창작활동과 더불어 강의를 인기리에 할 수 있었다고 본다.

<<< 공직자 사주

H 검사장

1962년 6월 29일(양) 자(子)시생

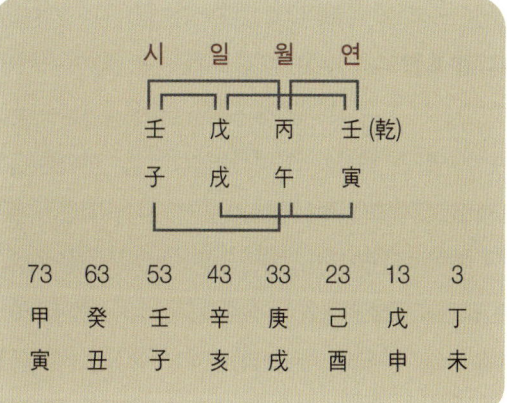

1) 음양 · 오행 · 육친 · 신살

목(木) 관성은 10점, 화(火) 인성은 40점, 토(土) 비겁은 25점, 금(金) 식상은 0점, 수(水) 재성은 35점이다.

이 사주는 행동지향적인 양적인 기운이 더 강하다. 오행을 보면 금(金)과 수(水)의 점수가 35점이고, 목(木)과 화(火)가 50점이라 양적인 기운이 강하다. 간지 구성을 보면 천간 4개가 모두 양으로만 이루어져 양적인 기운이 강하다. 또한 이 사주는 화(火) 인성과 수(水) 재성, 토(土) 비견이 발달되어 사주가 안정되어 있어서, 양이지만 안정된 형태를 보여주고 있다.

신살을 보면 양인살 병오(丙午), 괴강살 무술(戊戌), 양인살 임자(壬子)가 있어서 명예를 가지면서 독립적 성향과 자신의 능력을 인정해줄 때 2배의 능력을 발휘할 수 있다.

육친으로는 인성이 40점, 재성이 35점, 비겁이 간지로 25점으로 균형을 이루고 있다. 관성이 10점으로 힘이 없을 것 같지만, 연간의 임수(壬水)의 생을 잘 받고 있어 고립되지 않는다.

이 사주는 부모복이 있어 초년에 공부를 잘했을 가능성이 높다. 비견복과 인성복과 재성복이 있어서 공부를 잘하면서 인복을 가지고 사람들과의 관계도 좋으면서 명예도 가져갈 수 있는 사주라고 본다.

2) 천간과 지지의 충합

이 사주는 무임충(戊壬沖)과 병임충(丙壬沖)으로 모든 천간에 합충이 중복되어 두 줄씩 금이 가 있다. 재성과 인성과 일간이 모두 깨져 있는 상태로, 그 육친에 대한 문제를 항상 가지고 간다.

그러나 재성 같은 경우는 사업가가 아니기 때문에 재물만 추구하지 않으면 크게 문제될 게 없고, 문서상의 문제는 항상 꼼꼼히 살펴보면 이 또한 큰 문제는 없으리라 본다.

지지는 자오충(子午沖)과 인오술합(寅午戌合)으로 2개의 합충이 있다. 천간과 지지의 합충이 모두 6개로, 사주가 어느 정도 면역력을 갖추고 있다고 볼 수 있다.

3) 건강과 육친복

사주원국을 보면 연간의 재성 임수(壬水)가 고립되어 있다. 남자에게 재성은 아버지도 되지만, 부인과 재물도 된다. 연간 임수(壬水)가 고립된데다 두 줄 금이 가 있는 것이 거슬리기는 하지만, 대운이 금수(金水)운으로 흘러가고 있어 재성에 대한 문제는 다소 안심이 된다.

그러나 월지 오(午) 속에 들어 있는 기(己)와 일간 무(戊)가 걱정스럽다. 자오충(子午沖)으로 기토(己土)가 튀어나와 무토(戊戌)과 함께 있어서 괜찮다고 보지만, 대운으로 가면서 인오술합화(寅午戌合火)로 화(火) 점수가 65점으로 늘어나고, 73세 대운에 가서 인오술화국(寅午戌火局)과 수(水)의 집중공격으로 인해 일간 무(戊)가 고립된다. 이 때는 혈관질환, 간, 뼈, 수술에 대한 문제와 위장의 문제도 발생할 수 있다고 본다.

4) 일반 이론의 용신과 용신격

이 사주는 인성이 매우 강한 사주다. 일반 이론에서는 합화를 보기 때문에 지지의 인오술합화(寅午戌合火)로 인성이 강하니 매우 신강한 사주라고 볼 것이다. 인성이 많아서 신강한 사주는 가장 먼저 용신으로 찾는 것이 재성이며, 인중용재격(印重用財格)이 된다.

하지만 이 사주는 재성이 시간, 시지, 연간에 자리잡고 있다. 일간에서 가깝고 뿌리도 내리고 있는 시간 임수(壬水)를 용신으로 잡고, 금(金)을 희신으로 잡을 가능성이 높다.

5) 대덕 이론의 격국

대덕 이론에서 이 사주는 편인격(내격), 일하일위비견격, 괴강·백호·양인격, 인성발달격, 재성발달격, 비견발달격, 식상대운격, 정인삼합격이 있다.

격국을 보면 인성의 평생 공부하고 연구하면서 사람을 상대하고, 식상의 입을 활용하며, 독립적이고 명예로운 직업을 가지고 가는 직업이 좋다. 학자, 교수, 법조계, 의사 등도 잘 맞는 사주다.

인다(印多) 사주는 주위의 인복이 많다. 재성만을 강하게 추구하지 않는다면 큰 굴곡 없이 살아갈 사주라고 본다.

6) 대덕 이론의 용신과 대운 분석

이 사주는 젊어서도 괜찮고, 나이가 들어서는 합국으로 인해 화(火)로 몰리지 않고 임수(壬水)의 고립만 해결되면 어떤 오행이 들어와도 큰 문제가 없다.

❶ 3세 정미(丁未) 대운과 13세 무신(戊申) 대운

초년 대운에 인성과 재성의 복이 튼튼하기 때문에 비겁운이 와도 부모의 관심을 많이 받았을 것이다. 그래서 비겁의 칭찬받고 인정받고 싶은 부분을 충족시켜주므로 학업에 대한 부분은 문제가 없다.

❷ 43세 신해(辛亥) 대운

병신합수(丙辛合水)로 재성이 늘어나므로 윗사람들에게 인기가 있고 붙임성도 있게 된다. 인해합목(寅亥合木)으로 관성도 늘어나서 추진력도 생긴다. 이 신해(辛亥) 대운에 검사장이 되었다.

공직자 사주 >>>

L 법원장

1955년 12월 8일(음) 미(未)시생

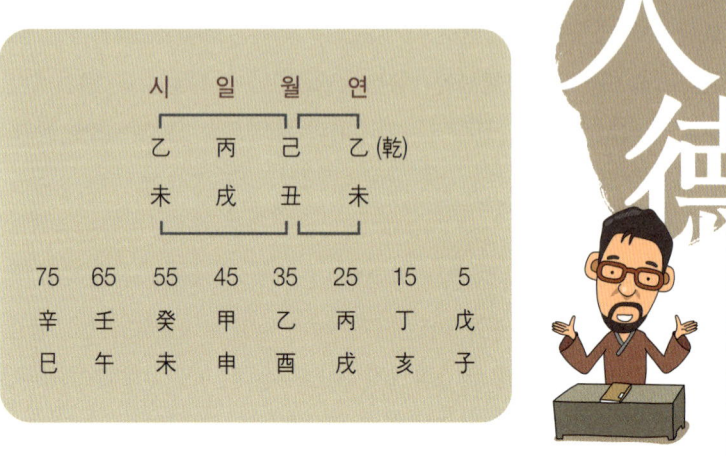

1) 음양·오행·육친·신살

목(木) 인성은 20점, 화(火) 비겁은 10점, 토(土) 식상은 50점, 금(金) 재성은 0점, 수(水) 관성은 30점이다.

　이 사주는 수(水) 관성과 토(土) 식상으로 편중돼 있어서 독립적이면서도 추진력과 배짱이 있는 양적인 기운이 강하다. 관성발달격과 식상발달격, 백호격, 명예격, 천문격을 가지고 있어서 직업으로 법조계를 선택하는 게 맞고, 법원장으로서 적합한 사주라고 볼 수 있다.

2) 천간과 지지의 충합

천간은 을기충(乙己沖)으로 두 줄 금이 있고, 지지는 축미충(丑未沖)이 중복된다. 사주 전체에 4개 정도의 충은 크게 문제되지 않는다.

3) 고립오행과 건강

사주원국을 보면 연간의 을목(乙木)과 시간 을목(乙木)이 고립되어 있다. 하지만 대운이 수(水)와 목(木)으로 흘러 괜찮다.

　일간 병화(丙火)도 고립인데, 대운에서 목(木)과 화(火)로 흐르고 있어 고립이 해소되므로 75세 대운까지는 병화(丙火)에 대한 건강문제는 긍정적으로 본다. 그러나 85세 대운에는 재성과 식상으로 몰려 병화(丙火)가 꺼질 우려가 있으므로 이 때는 혈관에 관한 문제가 발생할 수 있다.

축미충(丑未沖)으로 신금(辛金)과 계수(癸水)가 튀어나와 고립으로 가는데, 신금(辛金)은 35세 대운부터 45세 대운까지는 금(金)운으로 흘러가므로 괜찮다. 계수(癸水)도 35세 대운부터 금(金)과 수(水)로 흘러가므로 문제가 발생하지 않는다고 본다.

4) 일반 이론의 용신과 용신격
이 사주는 일반 이론에서는 신약하다고 볼 것이다. 신약용인성격이고, 인성인 시간 을목(乙木)을 용신으로 잡을 수 있다.

5) 대덕 이론의 격국
상관격(내격), 백호격, 명예격, 식상발달격, 관성발달격, 천문격, 토왕수왕격이다.

격국을 보면 명예를 가져가면서 사람의 생명을 다루는 법조계나 의료계에서 식상의 입을 활용하는 직업이 좋다. 의사, 교수 등도 좋고 법조계도 잘 맞는다.

식상이 발달되어 있어서 평생 의식주복이 따르고, 관성 발달이라 자신을 따르는 부하직원이 많다. 사주가 식관다신약 사주라서 늘 인정받고 싶어하고, 독립적이고 명예지향적인 성향이 강해서 입을 가지고 명예를 추구하는 타입이다.

6) 대덕 이론의 대운 분석
❶ 5세 무자(戊子) 대운과 15세 정해(丁亥) 대운
초년 대운인 5세 대운과 15세 대운에는 을목(乙木) 인성의 고립을 도와주는 수(水)운이 들어와 학업에 대한 부분을 긍정적으로 잡아주고 있다. 관성으로 몰려가는 사주원국과 대운을 초년에 부모와 교사가 인정해주고 칭찬해주었다면 충분히 1등을 할 수 있었을 것이다.

❷ 55세 계미(癸未) 대운

대운과 사주원국의 월간과 월지가 충을 할 때 가장 높은 자리까지 올라갈 수 있다. 이 대운에는 대운 천간 계(癸)가 월간 기토(己土)와 계기충(癸己沖)을 하고, 대운 지지 미(未)가 월지 축토(丑土)와 축미충(丑未沖)을 한다. 이 대운에 사주주인공이 법원장까지 갔으리라 본다.

공직자 사주 >>>

L 경찰서장

1961년 3월 25일(음) 유(酉)시생

1) 사주 분석의 논점(구조)

이 사주가 안정을 추구하는지 아니면 모험적인 성향인지 살펴본다. 이 사주의 월지를 보면 사(巳)월이다. 사(巳)월은 완전한 여름이라기보다는 늦봄의 느낌이 난다. 즉, 오(午)월이나 미(未)월보다 덜 뜨거운 계절이다. 화(火)는 열정이 강하지만, 사(巳)월의 열정은 훨씬 안정적이다.

내격으로는 이 사주는 편재격이지만, 사(巳)월의 성향을 본다면 정재의 느낌으로 읽어줘야 한다. 모험보다는 안정을 추구하는 정재의 기질이 강하다는 의미다.

양적이냐 음적이냐를 구분하는 기준은 다음과 같다.

첫째, 천간 중에서 갑병무경임(甲丙戊庚壬)은 양적이고, 을정기신계(乙丁己辛癸)는 음적이다. 이 기준으로 보면 이 사주는 3개의 간지가 음이기 때문에 음적인 기운이 강하다.

둘째, 백호대살·괴강살·양인살 등의 신살은 양적이고, 귀문관살은 음적이다. 이 사주는 둘 다 없으니 구별하기 어렵다.

셋째, 목화(木火)가 많으면 양적이고, 금수(金水)가 많으면 음적이다. 이 사주는 둘 다 점수가 45점으로 균형을 이루고 있다.

넷째, 사주의 오행이 골고루 있는지 아니면 편중돼 있는지를 본다. 편중되면 양적이고, 각각의 오행 점수가 골고루 분포되어 있으면 음적인 기운이 강하다.

다섯째, 띠동물로 보는 방법이 있다. 인(寅)과 축(丑)은 양적인 띠동물, 사(巳)와 유(酉)는 음적인 띠동물이다. 이 사주는 띠동물이 강한 띠동물과 순한 띠동물로 균형이 맞추어져 있다.

이상을 종합하면, 이 사주는 안정되고 편안함을 추구하면서 모험하지 않는 음적인 기운이 강한 사주다.

2) 음양·오행·육친·신살

이 사주는 목(木) 식상은 15점, 화(火) 재성은 30점, 토(土) 관성은 20점, 금(金) 인성은 25점, 수(水) 비겁은 20점이다.

사주의 인성과 비겁 점수가 45점, 식상과 재성 점수가 45점으로 균형이 잘 잡혀 있는 신왕재왕의 구조이다. 인비가 강하기 때문에 남에게 간섭받지 않고 인정받으면서, 재왕의 부드러운 관계성을 유지하며 돈이나 명예를 가지고 갈 수 있는 사주다. 사주의 오행과 육친 점수가 고루 분포되어 있기 때문에 인생을 안정적으로 끌고 간다. 특히 임수(壬水) 일간에 사(巳)월은 현무당권격이라 하여 명예를 추구하면서 안정을 추구하는 성향이 더 강해진다.

일간 임수(壬水)는 사고지향적이며, 아이디어가 넘치고, 정보를 수집하는 기질을 말한다. 또한 암기하는 이과적 특성으로 인해 한국적인 공부에도 능력을 발휘한다.

월지의 사화(巳火) 재성은 부드러운 관계성과 어울림을 나타내므로 대인관계를 부드럽게 유지할 수 있다. 한국사회는 튀면 대인관계에서 다소 부담이 있는데, 이 사주는 그런 면에서 장점이 많다는 의미다. 또한 재성은 숫자감각을 말하기 때문에 금융, 회계, 경영 분야에서도 능력을 발휘할 수 있다.

그러면서 이 사주는 금(金) 인성의 특징도 나온다. 계획적이며 원칙적인 기질에, 영업능력은 떨어지면서 약간 인정받고 싶고 의존하는 성향이 나오게 된다.

이 사주는 합국을 고려하면 지지가 사유축(巳酉丑) 합국으로 가기 때문에 금(金) 인성이 늘어난다. 그러면서 역마격을 이루고 있고, 동시에 인(寅)과 사(巳)는 형살을 의미한다. 금(金) 인성은 인정받고 싶은 심리를 말한다. 사주 자체에서 안정을 추구하기 때문에 조직 안에서 인정받으며, 활동적인 역마의 기운과 사람의 생명에 관련되는 일을 하는 경찰이나 군인에 어울린다. 다만, 군인은 명령체계가 더욱 엄격하기 때문에 이런 사주는 경찰 쪽에 좀더 적성이 있을 것이다.

금(金) 인성이 강한 사주에 만약 도화살이 있으면 예술적 감각이 요구되면서 지속적으로 연습을 하는 운동도 어울리고, 연예계도 어울린다. 이 사주는 도화살보다는 역마살에 형살이 강하므로 경찰 쪽으로 갔다.

3) 천간과 지지의 합충

기계충(己癸沖), 사유축합(巳酉丑合)으로 모두 2개의 합충이 있다. 합충이 더 있어서 금이 한두 줄 더 가면 사주에 내성이 생기므로 더욱 긍정적일 것이다.

4) 일반 이론의 용신과 용신격

일반 이론에서 보는 관점을 신강론과 신약론으로 나누어 살펴본다.

먼저 지지의 사유축합금(巳酉丑合金) 때문에 신강하다고 보는 입장이다. 이 때는 식상이나 재성을 용신으로 잡을 것이다. 토(土) 관성은 인성을 생하기 때문에 용신으로 잡기에 부담스럽다. 신강용식신격은 입을 가지고 하는 직업을 선택한다고 보고, 신강용재성격은 사업을 직업으로 선택한다고 본다.

다음으로, 지지의 인사(寅巳) 형살이 합을 방해하므로 신약으로 보는 시각이다. 인성을 용신으로 삼으므로 신약용인성격이고, 평생 공부하는 직업을 가진다고 본다.

그런데 이 사주는 신강으로 보든 신약으로 보든 대운에서 운이 계속 천간과 지지로 반반 나뉘어 목(木)과 금(金)으로 들어오거나, 수(水)나 화(火)로 나뉘어서 들어온다. 그러면 운이 항상 5년은 좋고 5년은 나쁘다는 논리로 인생에 굴곡이 있을 가능성이 많고, 인생이 그다지 긍정적이지 않다고 볼 것이다.

그러나 사주주인공은 경찰대학을 나와 현재 경찰서장으로 있다. 한국에서 이 정도 직업이면 상류층으로 봐야 한다. 이것이 용신론의 한계다. 그래서 사주의 대운은 반드시 발달, 과다, 고립으로 분석해야 하는 것이다.

이제 고전 『난강망』의 월지 지장간 용신격을 보자. 이 논리는 천간에 월지의 지장간이 투출되어 있어야 한다. 그런데 이 사주는 천간에 투출된 오행이 없으므로 사주의 격이 떨어진다고 보아 빈천한 삶을 산다고 할 것이다. 이 논리도 별 의미가 없다고 본다.

5) 대덕 이론의 격국

대덕 이론으로 보면 이 사주는 내격의 편재격, 일하식신격, 월상겁재격, 금수쌍청격, 천간삼기격, 대덕격, 신왕재왕격, 역마격, 금수왕격, 목화왕격, 복덕수기격, 지지인성삼합격 등이 존재한다.

여기서 금수쌍청격은 천간의 신계(辛癸)를 말하며, 머리가 좋고 동양학에 관심이 많다. 천간삼기격은 신임계(辛壬癸)가 사주 천간에 있는 것을 말하며, 이 격을 이루면 관직으로 진출하는 것이 잘 맞고 인덕이 좋다. 대덕격은 더운 사주가 사유축(巳酉丑) 금국(金局)을 이루어 추워지는 것이다. 이 격도 관직에 잘 어울린다. 복덕수기격은 지지에 사유축(巳酉丑)이 있는 것을 말한다. 이 역시 관직으로 진출하면 좋다.

이렇게 이 사주는 격이 매우 다양하여 긍정적이고, 안정을 추구하면서 명예를 가지고 가는 관직이나 공무원으로 가도 매우 좋은 사주다. 사주주인공은 경찰대학을 나와 현재 경찰서장으로 있다.

6) 물상론

초여름에 큰 물이나 비가 내리는 형상이다. 초여름에 비를 만난 것은 만물이 살아갈 수 있는 생명력을 의미하므로 긍정적이다. 이런 경우에는 사주에 토(土)가 어느 정도 있으면 곡식을 풍성하게 심을 수 있다. 무토(戊土)와 진토(辰土)가 있으면 좋은데, 이 사주는 기토(己土)와 축토(丑土)라서 곡식을 심기엔 약간 부족하다. 그러므로 결과물을 중시하는 사업보다는 남에게 보여주면서 인정을 받는 직업이 더 어울린다고 본다.

7) 대덕 이론의 용신과 대운 분석

이 사주는 오행이 골고루 있어서 대운에 어느 오행이 들어와도 좋다. 금(金)으로만 몰려가지 않으면 긍정적인 사주다.

❶ 1세 임진(壬辰) 대운과 11세 신묘(辛卯) 대운

아버지복을 나타내는 재성이 월지에 30점으로 잘 발달되어 있다. 또한 현무당권격을 이루면 어느 정도 아버지복을 누릴 수 있다.

인성 중에서 신금(辛金)은 축(丑)의 생을 잘 받고 있다. 시지에 있는 유금(酉金)은 시간 기토(己土)가 고립이라서 생을 받기가 약간 부담스러운데, 합국이 되면서 사유합금(巳酉合金)으로 고립을 풀어주니 어머니복도 가져갈 수 있다.

이렇게 부모복이 있는 사주에서 초년 대운이 비겁, 관성, 인성, 식상으로 들어오면 공부를 하게 된다. 특히 한참 공부할 때인 11세 신묘(辛卯) 대운의 인성과 식상운은 공부하는 데 매우 긍정적으로 작용한다. 만약 이 사주에 천문성이 좀더 강했다면 법조인, 외교관 등의 직업도 좋았을 것이다.

❷ 41세 무자(戊子) 대운

이 대운은 목(木) 식상이 15점, 화(火) 재성이 20점, 토(土) 관성이 35점, 금(金) 인성이 60점, 수(水) 비겁이 10점으로 대운 점수가 안정적이다.

사주원국과 대운의 합충을 보면 무임충(戊壬沖), 무계합화(戊癸合火), 자축합토(子丑合土)를 한다. 특히 무(戊)가 일간을 충하는 것은 승진에 긍정적이다. 일지까지 충하면 약간 부정적인데, 일지는 충하지 않았다. 또한 자(子)는 새로운 시작을 의미하는 대운이라서 긍정적이다.

다만, 경찰에서 경찰서장 이상 직급이 승진할 때는 시험을 치르지 않고 승진하기 때문에 인성이 강하게 들어오는 것보다는 사람을 의미하는 비겁이 몰려오거나, 명예와 관직을 의미하는 관성 점수가 높으면 좋다고 볼 수 있다. 그런 의미에서 무자(戊子) 대운은 합충은 긍정적인데, 대운 점수에서 인성이 너무 강하고 비겁이 낮은 것은 약간 불리한 부분이다.

그래도 무계합화(戊癸合火)로 재성이 늘어나는 것은 좋다고 본다. 재성은 사람들과의 관계성, 어울림을 의미하기 때문에 승진에 긍정적으로 작용하기 때문이다.

2. 사건사고·변화변동으로 본 사주 분석

사건사고 사주 >>>

고 최진실 (탤런트)

1968년 11월 5일(음) 축(丑)시생

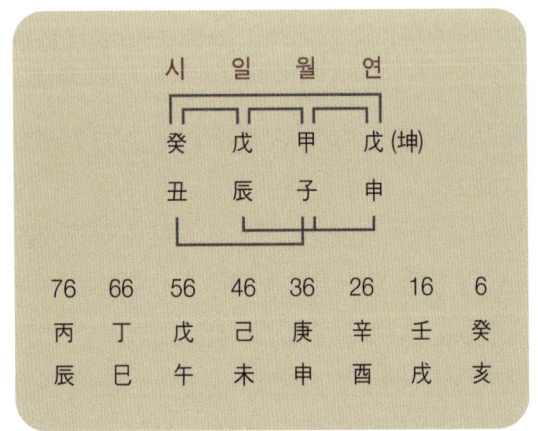

1) 음양·오행·육친·신살

사주원국의 오행과 육친 점수를 보면, 목(木) 관성은 10점, 화(火) 인성은 0점, 토(土) 비겁은 35점, 금(金) 식상은 10점, 수(水) 재성은 55점이다.

사주에 월지 자수(子水)를 빼고는 도화살의 기운이 강하지 않다. 그런데도 연예인으로 큰 성공을 거둔 사주다. 또한 이 사주는 자(子)월의 축(丑)시다. 축(丑)도 수(水)로 봐야 하며, 수(水) 재성의 점수가 55점이나 되어 재다신약 사주다. 재다신약 사주인데 초년에 아버지를 의미하는 재성운이 또 들어오면 아버지복이 매우 떨어진다. 특히 한국사회에서 60년대생 이전 세대들은 초년의 부모복(특히 아버지복)이 떨어지면 대개 금융계통으로 많이 진출했는데, 그 이유는 수(水)가 숫자감각을 의미하고 또한 재성도 숫자 개념을 나타내기 때문이다. 최진실은 재다신약이다. 사주원국의 점수를 보면 토(土) 비겁도 35점으로 발달 형태이지만, 대운에서 합국을 고려하면 재다신약 구조가 된다. 그런데도 연예인으로 갔다.

재성은 관계성, 어울림, 끼를 의미하기 때문에 연습을 많이 하는 운동도 잘 어울리고, 연예계와 방송계도 잘 맞는다. 이 사주처럼 토(土) 일간에 수(水) 재다는 재능이 많다. 이런 경우 어머니가 중요한 역할을 한다. 재다 사주들의 어머니는 남편복이 없기 때문에 자식에 대한 집착이 강할 수 있다. 최진실의 경우도 그녀의 모친이 지극정성으로 뒷바라지하여 연예계에서 성공할 수 있었다.

이 사주의 일간은 무토(戊土)이다. 무토(戊土)는 지지에 웬만한 수(水)나 화(火)가 와도 견뎌내는 특징이 있다. 기토(己土)와는 전혀 다른 모습이다. 무토(戊土)는 나름대로 대인관계를 유연하게 끌고 가면서 사람을 웃으면서 내칠 수 있는 카리스마도 가지고 있다. 여기에 월간 갑목(甲木)이 월상일위편관격을 구성하고 있고, 지지에 신자진(申子辰) 수국(水局)으로 재성을 놓아 재성의 부와 관성의 명예를 얻을 가능성이 높은 사주다.

다만, 부와 명예는 얻을 순 있지만, 이 사주는 기본적으로 수(水) 기운이 강하다. 자(子)월 축(丑)시는 기본적으로 우울증 증세가 있다고 봐야 한다. 수(水)들은 정보나 아이디어가 반짝반짝 빛나지만 대신 정보, 특히 좋은 정보보다는 과거의 안 좋은 정보를 저장하는 것이 문제다. 나쁜 일들에 대한 기억은 툴툴 털어버려야 하는데 수(水)들은 이런 것이 쉽지 않다.

최진실 사주는 수다(水多)의 음적인 기운에, 일주와 시주에 무진(戊辰)과 계축(癸丑)의 백호대살을 가지고 있다. 백호대살, 괴강살, 양인살 등은 양적인 성질이다. 자(子)월 축(丑)시는 우울증이지만, 이렇게 사주에 적당히 양적인 기운이 같이 있으면 조울증을 조심해야 한다. 늘 우울증이 있는 사람은 자살 같은 극단적 선택은 잘하지 못한다. 죽는 것도 힘이 있어야 가능하다. 이렇게 음적인 사주에 약간의 양적인 성향이 섞인 최진실 사주는 정신적인 스트레스에 취약할 수밖에 없고, 대운에서도 계속 금수(金水)로 몰려와 극단적 상황까지 몰고 간 것이다.

이 사주는 지지가 월지에 자수(子水) 왕지를 끼고 있으면서 신자진(申子辰) 삼합을 이루고 있다. 사주에 삼합이 강하면 성공할 확률도 높지만 인생에서 한번 큰 시련을 겪을 가능성도 강하며, 지지는 합국이 가장 위험하다. 최진실 사주처럼 왕지를 끼고 있는 삼합에, 대운에서 이 삼합을 더 강하게 하는 합국이 몰려오면 대운에서도 힘이 생긴다. 그 결과 사건사고가 여러 가지 형태로 나타날 수 있다. 예를 들어, 사업을 하는 사람들은 이런 기운이 강해질 때 모험심이 발동하면 무리한 확장 등을 할 수 있고, 정치인은 무모한 선거에 나설 수 있다. 최진실처럼 대운에서 이렇게 하나의 오행으로 몰려오면 스스로도 감당이 안 되는 것이다.

2) 천간과 지지의 합충

천간은 무계합(戊癸合)과 무갑충(戊甲沖), 지지는 신자진합(申子辰合)과 자축합(子丑合)으로 수국(水局)을 이루었다. 천간과 지지의 모든 글자가 합충으로 얽혀있다. 대운에서 합충이 오면 사건사고를 조심해야 하는 사주다.

3) 육친복

먼저 부모복의 유무를 본다. 이 사주는 재다 사주다. 자(子)월 축(丑)시는 재성이 강한 사주다. 재다 사주인데 초년에 또 재성운이 들어오면 아버지와 인연이 뚝 떨어진다. 최진실도 초년에 계해(癸亥), 임(壬)까지 재성운이 집중적으로 들어왔고, 초년에 아버지와 어머니가 이혼하면서 아버지와 이별하는 아픔을 겪었다.

 다음으로 남편복을 보자. 여자 사주에서 남편복이 있는가 없는가는 생사이별, 즉 이혼수나 사별수가 있느냐를 보는 것이다. 최진실 사주에서 관성은 월간에 있는 갑목(甲木)이다. 이 갑목(甲木)은 자(子)월 축(丑)시로 지지가 물바다라서 물속에서 썩고 있다. 즉, 고립되어 있다. 고립되어 있으면서, 갑목(甲木)이 옆에 있는 무토(戊土)와 갑무충(甲戊沖)을 하고 있다. 갑목(甲木)이 고립되지 않은 상태에서는 이렇게 충을 해도 남편과 이별하는 극단적 상황까지는 가지 않는다. 그런데 이 사주는 관성 남편이 고립되어 있어 남편과 생사이별을 하게 된다. 남편복 없는 사주인데 관성이 일간과 비겁을 모두 충하니, 내 남편이 나하고도 충을 하지만 연간의 무토(戊土)와도 충을 하는 상황이다. 내 남편은 양다리 걸치는 남자다. 즉, 내 남편이 양다리를 걸치다 이혼했다고 통변할 수 있다.

 만약 사주원국의 관성 갑목(甲木)이 고립되어 금이 두 줄 있어도, 대운에서 목(木)이 들어와 고립을 풀어주면 이혼 같은 극단적인 상황까지는 가지 않을 수 있다. 또한 이 사주에서 관성 갑목(甲木)이 고립되어 있지 않고 두 줄 금이 가도 이혼 같은 극단적인 상황까지는 가지 않는다. 다시 말해 남편이 밖에서 바람을 피워도 들키지 않는다는 것이다. 항상 먼저 살필 것이 육친이 고립되어 있느냐의 여부다. 고립되어 있으면서 금이 두 줄 가면 반드시 해당 육친에게 문제가 생긴다. 고립되어 있으면서 금이 두 줄 가면 남편이 바람피우다 들켜서 이혼한다는 것이다.

4) 일반 이론의 용신과 용신격

일반 이론에서는 용신이 반드시 하나만 존재한다고 한다. 최진실 사주는 일반 이론의 용신론으로는 전혀 풀리지 않는 사주다. 지지가 자(子)월이니 실령했고, 일지 진(辰)은 신자진합(申子辰合)으로 인해 수국(水局)으로 바뀐다. 또한 지지에 있는 축토(丑土)는 자축합수(子丑合水)를 하여 지지가 온통 수(水) 재성이 강한 사주가 된다.

억부나 조후로 보면 이 사주는 신약 사주다. 수(水) 재성이 강한 사주가 되므로 수(水)를 극하는 토(土) 비겁을 용신으로 잡고, 토(土)를 생하는 화(火)를 희신으로 잡을 수 있다. 이러면 신약용비겁격이 된다. 용신은 반드시 사주에 있는 오행을 잡아야 하므로 연간 무토(戊土)를 용신으로 잡는다.

일단 무토(戊土) 용신은 투간되어 있으므로 긍정적이라 본다. 하지만 용신 무토(戊土)는 계(癸)와 무계합화(戊癸合火)로 기반되어 있다. 또한 용신을 잡을 때 가장 안 좋은 것이 비견이다. 무토(戊土)의 뿌리라고 할 수 있는 지지의 진토(辰土)도 신자진합(申子辰合)을 하여 수(水)로 변해버려 약하다고 볼 수 있다. 자축합수(子丑合水)로 지지가 온통 수(水)의 물바다이니 신약하다. 이렇게 기존의 일반 이론을 보면 이 사주의 용신은 힘이 없다. 또한 용신을 생하는 희신 화(火)가 사주원국에 없는 것도 부정적이다.

무엇보다 일반 이론의 용신론을 따라 토(土)를 용신으로 보고 화(火)를 희신으로 보고 대운을 분석하면, 이 사주는 26세 신유(辛酉) 대운과 36세 경신(庚申) 대운에 어마어마하게 큰돈을 번 이유를 설명할 수 없다. 두 대운은 용신과 전혀 반대되는 운인데, 이 때 최진실은 어마어마한 부를 쌓았다. 반면 경신(庚申) 대운인 2008년 무자(戊子)년에 최진실이 죽었는데, 이 때가 하필 용신 토(土)와 희신 화(火)인 것 역시 설명하지 못한다. 이렇듯 일반 이론의 용신은 사주 분석에 일관성이 없고 정확성이 많이 떨어지는 문제가 있다.

한편 신유(辛酉) 대운과 경신(庚申) 대운에 돈을 많이 벌었다는 이유로 이 사주를 종재격으로 볼 가능성이 있다. 이것은 원칙으로는 설명이 안 되니 변칙으로 사주를 푸는 경우다. 이렇게 하다가 상담자에게 물어서 용신을 정하는 어처구니없는 상황이 벌어지는 것이다.

그렇다면 이 사주를 종재격으로 보고 수(水)를 용신으로, 금(金)을 희신으로 잡을 수 있는가? 다음과 같은 이유에서 불가능하다.

첫째, 양간은 원래 종을 잘 하지 않는다.

둘째, 무토(戊土)가 투간되어 있어 종재격으로 종하려고 하는데, 무토(戊土) 옆에 편관 갑목(甲木)이 있어서 종이 안 된다. 종격에 종 육친을 극하는 육친이 있으면 종을 하는 것이 거의 불가능하다.

셋째, 무토(戊土)가 무계합화(戊癸合火)를 하는 것도 종재가 어려운 이유다.

이렇듯 종이 힘든 사주이지만 백 번 양보해서 종을 한다고 치자. 그러면 26세 신유(辛酉) 대운과 36세 경신(庚申) 대운에 큰돈을 번 것은 설명할 수 있지만, 36세 경신(庚申) 대운인 2008년 무자(戊子)년에 자살한 것은 설명이 안 된다. 종재격이라면 무자(戊子)년에 신자진합(申子辰合)으로 수국(水局)까지 있으니 인생 최고의 해를 보냈어야 했는데, 정반대로 자살이라는 극단적인 선택을 했으니 종격으로 봐도 설명이 안 되는 것이다.

5) 대덕 이론의 격국

정재격(내격), 월상일위편관격, 지지재성삼합격, 비겁발달격, 재성발달격, 식상대운격, 관성대운격, 인성대운격 등이 있다. 평생 안정적으로 돈을 벌면서 명예를 가지고 갈 수 있는 사주다.

6) 대덕 이론의 용신

대덕 이론에서는 용신을 단 하나만 정하지 않는다. 사주에 따라 용신이 없을 수도 있고, 오행 5개가 모두 용신일 수도 있다. 최진실의 경우 일단 사주가 춥기 때문에 대운에서 화(火)가 들어오는 것이 좋다. 다만, 화(火)는 사주원국에서 수(水)의 기운이 강하므로 뭉쳐서 힘있게 들어오는 것이 좋다.

목(木)도 갑목(甲木)이 고립되어 있으므로 대운에서 고립용신이 뭉쳐서 강하게 들어오는 것이 좋고, 토(土)와 금(金)도 뭉쳐서 힘있게 들어오는 게 좋다. 다만, 지지로 금(金)이 들어올 때 신(申)이 들어오면 신자진합(申子辰合)이 또 되므로 되도록 안 들어오는 것이 좋다.

대덕 이론에서는 사주가 하나의 합국으로 몰려가는 것을 가장 꺼린다. 하나의 오행으로 과다하게 몰려가면 분명 고립되는 오행이 생기고, 과다해지는 오행도 반드시 문제가 생기기 때문이다.

특히 이 사주처럼 지지가 왕지를 끼고 삼합을 하는 사주는 늘 대운에서 또 다시 삼합을 하는 것을 매우 조심해야 한다.

7) 대덕 이론의 대운 분석

❶ 6세 계해(癸亥) 대운과 16세 임술(壬戌) 대운

재다 사주인데 초년에 또 재성운이 들어왔다. 이러면 아버지와의 인연이 뚝 떨어진다. 공부를 못하는 것이 아니라, 아버지와 인연이 떨어지면서 공부를 지속적으로 할 수 있는 상황이 안 되는 것이다. 그래서 초년에 공부 쪽으로 가지 않고 연예계로 일찍 진출한 것은 잘한 선택이라고 볼 수 있다.

❷ 16세 임술(壬戌) 대운 중 1988년 무진(戊辰)년

이 해에 최진실은 국민적 스타로 떠올랐다. 16세 임술(壬戌) 대운은 일주 무진(戊辰)과 천간충, 지지충을 한다. 이 정도의 충이면 긍정적인 변화변동을 가져올 수 있다. 만약 일주, 대운, 연운까지 3개가 모두 충을 하면 부정적인 사건사고가 일어날 가능성이 있지만, 2개의 충은 긍정적인 역할을 한다.

또한 1988년 무진(戊辰)년은 일주 무진(戊辰)과 같은 복음이다. 복음도 충과 비슷한 작용을 하므로 긍정적인 작용을 기대할 수 있다. 그리고 연운 무토(戊土)는 월간 갑목(甲木)과 갑무충(甲戊沖)을 하여 명예에 관련된 좋은 변화변동을 암시하고 있다.

지지의 진(辰)은 대운의 술(戌)과 충을 하여 술(戌) 속의 정화(丁火)를 밖으로 튀어나오게 하는 긍정적인 역할을 한다. 진술충(辰戌冲)으로 진(辰) 중 계수(癸水)가 튀어나와 천간의 일간 무(戊)와 무계합화(戊癸合火)를 하여 사주를 따뜻하게 하고, 화(火) 인성을 만들어 인복이 있게 만든다. 이렇듯 16세 임술(壬戌) 대운의 술(戌) 대운은 이 사주에서 매우 긍정적인 역할을 한다.

❸ 26세 신유(辛酉) 대운

이 대운은 식상운이다. 식상은 언어능력과 의식주를 의미한다. 연예인에게 식상운은 대중 앞에서 말할 수 있는 기회를 늘려주고 많은 돈을 가져다 줄 수 있다. 이 사주는 차가워서 금(金)운이 불리할 것 같지만, 사실 최진실은 이 금(金) 식상운에 많은 부를 축적하였다. 사주원국에 있는 신(申)은 무토(戊土)의 생을 받는다고는 해도 힘이 약한 상태다. 그러면 대운에서 이 신금(申金)을 도와줄 수 있는 금(金)운이 강하게 들어오는 것이 좋다.

또한 이 사주는 합국을 고려하면 지지가 전부 수국(水局)으로 흘러가는 위험성이 있지만, 26세 신유(辛酉) 대운이 들어와 지지의 균형을 잡아주는 것이 좋다. 즉, 지지의 진(辰)은 신자진합수(申子辰合水)만 되는 것이 아니라 유(酉)와 진유합금(辰酉合金)을 하고, 축(丑)도 자축합수(子丑合水)만 하는 것이 아니라 유축합금(酉丑合金)을 하므로 지지가 깔끔하게 금(金)과 수(水)로 나뉘기 때문에 좋다는 것이다.

이러면 지지가 하나의 합국으로 몰려갈 가능성이 전혀 없다. 이렇게 되면 식상의 의식주복, 대중 앞에서 인기를 더 갖고 갈 수 있는 능력과 동시에 재성인 수(水)도 과다가 아니라 발달 형태가 되어 재성의 재물복도 취할 수 있는 구조가 된다. 이 부분은 기존의 용신론으로는 도저히 설명할 수 없지만, 대덕 이론으로는 속시원하게 설명된다.

❹ 36세 경신(庚申) 대운

이 대운은 매우 부담이 많은 대운이다. 먼저 천간으로 경금(庚金)이 들어와 월간에 있는 갑목(甲木)을 충하는 것은 관성의 문제가 일어날 가능성이 높다. 사주원국에 갑목(甲木) 관성이 고립되어 있는데 26세 대운부터 거의 15년간 이 관성을 고립시키고 있다. 이러면서 대운에서 강하게 들어오는 금(金)이 목(木) 관성을 충하므로 부정적이다. 이 시기에 전남편 조성민의 외도로 이혼했다.

지지로 들어오는 신(申) 역시 매우 부담스럽다. 이 사주는 사주원국에 신자진(申子辰) 합국이 있기 때문에 대운에서 신(申)운이나 자(子)운이 오면 매우 불리하다.

특히 36세 경신(庚申) 대운 중 2008년 무자(戊子)년을 보면, 지지로 신(申)이 들어와 사주원국도 신자진합수(申子辰合水), 대운도 신자진합수(申子辰合水), 연운도 신자진합수(申子辰合水)를 한다. 이러면 수(水) 재성의 점수가 100점 가까이 되어 매우 부정적인 일을 암시한다.

결국 2008년 10월에 최진실은 한 편의 드라마 같은 삶을 자살이라는 극단적인 방법으로 마감하여 그녀를 사랑하는 많은 이들에게 충격을 주었다. 특히 이 사주는 사주원국에 수(水)가 강해서 추운 사주인데, 대운에서 거의 40년간 금수(金水)로 몰려오니 건강상 감당이 안 되었다. 수(水)의 건강인 우울증, 조울증 특히 사주에 양적인 기운도 존재하므로 조울증에 취약한 사주가 된 것이다.

36세 경신(庚申) 대운, 아니 2008년 무자(戊子)년만 잘 넘겼으면 그 나머지 대운은 화토(火土)운이 강하게 들어와 매우 긍정적이어서 건강이 회복되고 편안하게 잘 살았을 것인데 너무나도 아쉽다.

지금까지 설명한 것처럼 대덕 이론은 용신 하나로 인생의 모든 관심사를 분석하는 기존의 사주 분석 방법에서 탈피하여 오행과 육친의 고립, 발달, 과다로 사주를 분석한다. 고 최진실 사주는 기존 용신론을 가지고는 도저히 설명할 수 없는 사주다.

사건사고 사주 >>>

고 김다울 (패션모델)
1989년 5월 31일(양) 신(申)시생

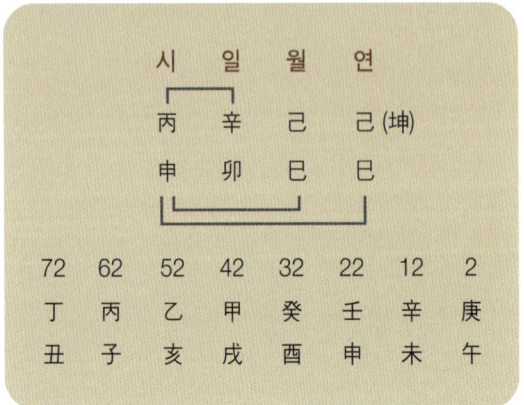

1) 음양·오행·육친·신살

사주원국의 오행과 육친의 분포를 보면 목(木) 재성은 15점, 화(火) 관성은 65점, 토(土) 인성은 20점, 금(金) 비겁은 10점, 수(水) 식상은 0점이다.

　이 사주는 사(巳)월의 신(申)시이므로 신(申)을 전부 화(火)로 보아도 된다. 다만, 사주에 금(金) 기운이 강하면 신(申)에 금(金)의 점수도 배분해야 한다. 이 사주는 사주에 화(火)가 강하므로 점수를 모두 화(火)로 매겨도 무방하다.

　사주가 화(火) 관성으로 치우쳐 있으면서 화(火)가 인성도 생하는 구조이므로 관인다신약 사주가 된다. 사주가 역마격을 이루고 있어서 활동적인 일이나 외국생활을 하면서, 관성의 독립적이고 자유지향적인 내 일을 하면 좋다. 또한 화다(火多)는 표현하는 기질이라서 예술적 감각도 있으므로 연예, 예술, 방송 계통 직업도 잘 맞는다. 고인이 되었지만, 생전에 사주주인공이 외국 진출에도 성공한 패션모델로 많은 명성을 얻었으므로 본인의 적성을 잘 가지고 간 경우라고 할 수 있다.

2) 천간과 지지의 합충

천간은 병신합(丙辛合), 지지는 사신합(巳申合)이 중복되어 사주 전체에 3개의 합충이 있다. 적당한 수의 합충이다.

3) 이 사주의 위험성

먼저 이 사주는 화(火)가 많기는 하지만, 기본적으로 사(巳)월은 내성적이고 여리면서 무엇을 하더라도 멈칫거리는 화(火)다. 오(午)월이나 미(未)월은 배짱과 돌파력이 있는 화(火)이지만, 사(巳)월은 여리면서도 다소 염세적인 성향이 있는 화(火)다. 즉, 이 사주는 화(火) 관다라 명예나 독립에 대한 욕망은 강렬하지만, 사(巳)월의 화(火)라서 생각만큼 강하지 못하다는 것이다.

또한 화다(火多)라서 자신이 특별한 사람이라는 생각이 강하고 인정받고 싶어 하지만, 속이 매우 여린 구석이 있기 때문에 더 힘들어진다. 거기에 지지에 묘신(卯申) 귀문관살까지 있으므로 인정은 받고 싶은데 배짱은 없고 미래에 대한 두려움까지 있으니 힘든 부분이라 할 수 있다.

그리고 사주에서 제일 위험한 것이 합국으로 한 가지 오행이 밀려오거나, 더운 사주가 합국으로 갑자기 추운 사주로 (또는 그 반대) 바뀌어버리는 것인데, 이 사주는 그런 면에서 두 가지 위험성이 동시에 존재한다. 천간의 병신합수(丙辛合水)와 지지의 사신합수(巳申合水)를 고려하면 원래 더웠던 사주가 갑자기 추운 사주로 바뀌어버린다. 이러면 조울증에 취약해지는 사주가 된다.

또한 이 사주는 천간에서는 병신합수(丙辛合水), 지지에서는 사신합수(巳申合水)가 이루어지면서 늘 수(水) 점수 75점을 가지고 가는 것이 위험하다. 수다(水多)의 문제로 인해 일간 신금(辛金), 병화(丙火), 묘목(卯木)이 고립되기 때문이다.

4) 고립의 문제와 용신의 어려움

일반 이론에서는 이 사주가 신약하기 때문에 월간 기토(己土)를 용신으로 하는 신약용편인격으로 볼 것이다.

이제 대덕 이론의 관점을 보자. 이 사주는 용신이 여러 개이지만, 무엇이 들어와도 오행마다 힘들어진다. 이 사주는 사주원국의 오행들이 합국이 되면서 수(水)가 많아진다. 수다(水多)가 되면 일지 묘목(卯木)은 너무 많은 생을 받아 썩어버리고, 시간 병화(丙火)도 꺼져버린다. 또한 기토(己土)가 있지만, 수(水)가 많아지면 금(金)도 힘들어진다. 수다(水多)가 되면 이 사주는 모든 오행이 힘들게 되는 구조다.

그렇다고 수(水)를 견제하고 화(火)를 살리기 위해서 용신을 화(火)로 잡으면 일간 신금(辛金)이 고립되어버리고, 목(木)을 살리기 위해 목(木)을 용신으로 잡으면 일간 신금(辛金)과 기토(己土)가 힘들어지는 사주가 되어버린다.

가장 좋은 것은 그래도 운이 토(土)와 금(金)으로 오는 것인데, 금(金)도 지지로 신금(申金)이 들어오면 합국으로 인해 더 위험해지는 것이 문제다. 토(土)가 들어오는 것은 일간 입장에서는 좋지만, 병화(丙火)나 묘목(卯木)이 힘들기는 마찬가지라고 볼 수 있다.

5) 대덕 이론의 대운 분석

사주원국에 불안정 요소가 있으면, 특히 고립된 오행이 있으면 대운에서 어떤 오행이 들어와도 건강상 힘들어질 수 있다. 12세 신미(辛未) 대운은 육친으로는 식상과 재성이 들어와 돈을 벌 수 있는 대운이지만, 건강으로는 더 힘들어지는 것이다.

고 김다울은 2007년 미국 〈뉴욕매거진〉이 선정하는 최고모델로 뽑히는 등 세계적으로 능력을 인정받았다. 그러나 이 사주 역시 고 최진실의 사주처럼 대운에서 돈과 명성을 얻을 수는 있지만, 늘 수다(水多)가 되면서 건강상 조울증이 심해지는 구조가 되는 것이 문제다.

신미(辛未) 대운은 합국으로 인해 수(水)가 85점으로 늘어난다. 목(木)이 묘미합목(卯未合木)으로 인해 점수가 35점이 되지만, 수(水)가 그 2배가 넘어가니 과도한 생을 받아 목(木)이 고립되어버린다.

그리고 이 대운의 가장 큰 위험은 일간 신금(辛金)이 심하게 고립되고 있다는 것이다. 게다가 대운 천간으로 들어온 신금(辛金)은 고립되어 있는 일간 신금(辛金)을 도와주는 것이 아니라 병신합수(丙辛合水)를 하여 배신하기 때문에 일간 입장에서는 최악이라 할 수 있다. 일간 신금(辛金)에게 힘이 될 줄 알았던 용신 신금(辛金)이 기껏 들어와서 병신합(丙辛合)으로 기신인 수(水)로 변해 배신하니 일간 입장에서는 가장 힘들어지는 것이다.

사주주인공은 이 대운의 끝자락인 2009년 기축(己丑)년 11월 을해(乙亥)월에 21

세의 나이로 스스로 목숨을 끊고 말았다. 대운 자체에서 수(水)가 과다한 상황에서 기축(己丑)년의 축(丑)과 대운 지지 미(未)의 충으로 튀어나온 신금(辛金)이 일간을 배신하면서 병신합수(丙辛合水)로 고립되고, 정화(丁火)와 을미(乙木)도 고립되어버렸다.

11월 을해(乙亥)월은 을(乙)이 일간 신금(辛金)과 을신충(乙辛沖)을 하고, 을(乙)과 연운 천간 기토(己土)가 을기충(乙己沖)을 하며, 다시 을(乙)과 연간 기토(己土)와 월간 기토(己土)가 을기충(乙己沖)을 한다. 또한 지지의 해(亥)는 지지의 묘(卯)와 묘미합(卯未合), 그리고 연지와 월지의 사(巳)와 사해충(巳亥沖)을 한다. 사주원국도 불안정한데 운에서 이렇게 합충으로 여러 개 금이 가면서 깨지면 부정적인 사건사고가 발생할 가능성이 많다. 충 자체가 무서운 것이 아니라, 합충이 과도해지면서 사주가 여러 번 금이 가고 깨지는 것이 더욱 무서운 것이다.

22세 임신(壬申) 대운은 더욱 부정적이라고 할 수 있다. 특히 이 대운은 수(水)가 100점을 넘어 105점이나 된다. 이 대운도 수(水)가 과도하게 몰려오기 때문에 신미(辛未) 대운을 무사히 넘겼더라도 더욱 힘든 대운이 되었을 것이다. 특히 지지로 들어오는 신(申)은 사신합수(巳申合水)로 바뀌어 일간 신금(辛金)을 배신하므로 더욱 부정적인 대운이 된다.

새로운 대운이 시작되기 전 가을부터 새로운 대운을 맞이하는 경향이 있다고 하는데, 고 김다울도 더 힘든 대운이 오는 것을 직감하고 미리 목숨을 끊은 것은 아닌지 안타까운 일이다.

6) 기타

고 김다울이 아무 말 없이 표현하는 패션모델보다는 입을 활용하는 연기 쪽으로 진출했다면 좋았으리란 아쉬움이 남는다. 아무래도 조울증이 있었다면 남에게 입으로 표현하는 것이 더 낫지 않았을까 싶다. 그리고 대운도 입을 활용하는 데 유리한 식상 대운이 밀려오므로 연기 쪽이 더 긍정적이지 않았을까 생각된다.

이 사주를 보면서 사주 분석에서 사주원국의 중요성을 다시 한번 깨닫게 된다. 사주원국이 합국으로 인해 불안정한데 여기에 고립이 심한 오행과 육친이 있으면 늘 사건사고에 취약할 수밖에 없다.

사건사고 사주 >>>

고 안재환 (탤런트)

1972년 6월 8일(양) 자(子)시생

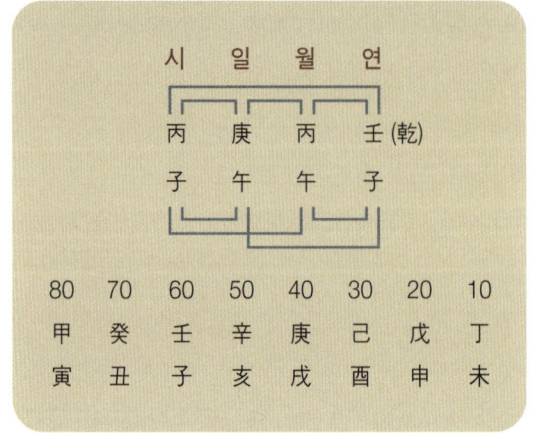

1) 음양 · 오행 · 육친 · 신살

먼저 사주 구성을 보면, 목(木) 재성은 0점, 화(火) 관성은 65점, 토(土) 인성은 0점, 금(金) 비겁은 10점, 수(水) 식상은 35점이다.

사주의 점수 분포를 보면 화(火) 관성과 수(水) 식상이 강하다. 식관다신약 사주다. 그러면서 사주가 수(水)와 화(火)로 편중되어 있다. 일간 경금(庚金)은 수(水)와 화(火)에 둘러싸여 고립되어 있다. 사주팔자가 모두 양으로만 이루어진 양팔통 사주이면서 일간이 고립되어 있고 사주의 오행은 편중되어 있으므로 늘 독립적, 자유적, 명예지향적인 추구성향이 강하고, 인정받고 싶어하고, 자유로운 것을 매우 좋아한다.

식상과 관성이 잘 발달되어 있어 입을 가지고 명예를 추구하는 직종에서 능력을 발휘하는 사주다. 교수나 교사나 학원사업 등도 잘 맞고, 지지에 도화살이 강하므로 인기를 가지고 가는 연예, 예술, 방송 분야 등의 직업도 잘 맞는다. 또한 사주에 식상이 발달하면 먹는 사업에도 관심이 많은데, 그런 의미에서 요식업이나 시대감각에 맞춰 쇼핑몰 사업도 어울리는 사주 구성이다.

다만, 이 사주는 일간 경금(庚金)이 고립되고 사주가 편중되어 있어 늘 확장하고 싶은 욕망을 조심해야 한다. 수(水) 식상이 간지로 잘 있고 점수가 35점으로 발달 형태이지만, 이 사주는 화(火) 관성이 65점이나 되어 관다신약의 느낌도 강하다. 남 밑에서 지배받기는 싫으면서 독립적인 내 일에 대한 생각이 강하므로 늘 새로운 사업에 대한 확장의 욕망이 크다는 것이다.

2) 천간과 지지의 합충

사주가 과도한 합충으로 두 줄씩 금이 가면서 깨져 있으면 매우 부정적이다. 이 사주는 천간이 병임충(丙壬沖)과 병경충(丙庚沖)을 하고, 지지는 자오충(子午沖)으로 네 글자 모두가 두 줄씩 금이 가면서 깨져 있다. 여기에 일간 경금(庚金)도 고립이니 갑작스런 사건사고에 휘말릴 가능성이 많다. 대운이나 연운에서 합충이 더 늘어나면 매우 위험한 사건사고에 취약해질 수밖에 없다.

합충으로 금이 가는 것 중에서 천간의 두 줄은 육친의 문제로 보지만, 지지는 건강의 문제로 봐야 한다. 특히 지지가 전부 두 줄씩 금이 가는 사주는 네 바퀴가 모두 펑크 난 자동차처럼 매우 위험한 사주다. 사망하면서 부검해야 하는 상황까지도 갈 수 있을 만큼 갑작스런 사건사고를 조심해야 한다는 것이다.

3) 완벽 콤플렉스와 연소 증후군

고 안재환의 사주는 일간 경금(庚金)에 화(火) 관다의 구조다. 일간이 금(金)이면 늘 모든 일을 완벽하게 처리하려는 경향이 강하다. 모든 일을 다 잘해내려는 욕망이 강하니 좀처럼 실수를 용납하지 못한다. 이미 완벽한데 더 완벽하려고 하니 힘들어진다. 거기에다 이 사주는 한여름에 태어나고, 사주에 화(火)가 65점이다. 그러면서 지배받기 싫어하는 관다 사주다. 화(火)는 열정적이고 남에게 보여주고 싶어하고 늘 인정을 받아야 한다. 지배는 받기 싫고, 남에게 늘 나는 괜찮은 사람이라는 것을 보여줘야 하니 내가 힘들어진다. 융통성이 가장 떨어지는 일간 경금(庚金)의 기질에 이처럼 화(火) 관성이 혼잡되어 있으므로, 한 가지 일에 몰두하다 어느 순간 갑자기 다 타버린 연료와 같이 무기력해지면서 자신이 하던 일에 회의를 느끼고 무기력감에 빠져 더 이상 일을 할 수 없는 상태가 된다.

그리고 이 사주는 일간 경금(庚金)이 수(水)와 화(火)로 고립되어 있으면서, 수(水)와 화(火)가 대치하고 있는 수화상전(水火相戰)의 느낌도 난다. 물론 화(火)의 기운이 훨씬 강하고 수(水)는 약간 힘이 부족한 상황이지만, 사주에 이렇게 화(火)의 양적인 기운과 수(水)의 음적인 기운이 같이 있으니 늘 조울증과 관련해 건강문제가 생길 수 있는 것이다.

4) 대덕 이론의 격국

이 사주는 대덕 이론으로 보면 편관격(내격), 식상발달격, 관성발달격, 자오쌍포격, 식관왕격, 도화격 등을 가지고 있다.

격국을 보면 도화살의 끼가 있고 입을 활용하면서 명예를 가지고 가는 연예인도 잘 맞는 사주다. 다만, 사업을 하기에는 위에서 분석한 것처럼 위험을 내포하고 있다. 그냥 연예인 쪽으로 갔으면 더 명성을 얻고 좋았으리란 아쉬움이 있다.

5) 짧은 결혼생활

고 안재환은 많은 축복 속에서 동료 연예인 정선희와 결혼했다. 그러나 갑작스런 죽음으로 정선희와의 결혼생활은 금방 끝나고 말았다. 두 사람의 사주에서 그런 운을 찾아볼 수 있는지 고 안재환의 부인복과 정선희의 남편복을 알아본다.

1972년 2월 1일(양) 사(巳)시생

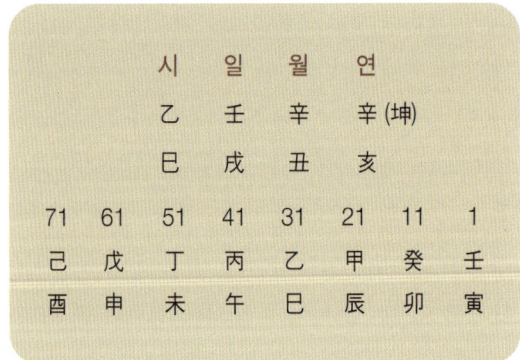

위 사주는 정선희의 사주다. 수(水) 비겁이 많은 수(水) 비다이면서 시상일위상관격을 이루고 있어 사람을 상대하면서 입을 활용하는 연예, 예술, 방송에 잘 맞는

다. 지지에 귀문관살이 있어서 감수성과 감각도 뛰어나므로 더욱 긍정적이다. 같은 연예, 방송, 예술 분야라고 해도, 사주에 수(水)가 강하면서 목(木)과 화(火)의 기운이 약하니 다양한 표정 연기를 해야 하는 연기자보다는 원고를 충실하게 읽는 아나운서나 MC가 더 잘 어울리는 사주다.

이 세상에서 부부의 인연은 반드시 공통점이 있어야 한다. 이별수나 사별수가 있다는 것은 남편 사주에도 처복이 없어야 하고, 부인 사주에도 남편복이 없어야 한다는 의미다. 고 안재환의 사주는 무재(無財) 사주다. 그러면서 대운에서도 재성이 들어오지 않으니 결혼하면 부인과 반드시 이별수가 있다. 정선희의 사주를 보면 월지의 축토(丑土) 관성이 물 속에서 힘이 없는 토(土)라서 제 구실을 못하고 있다. 이 축토(丑土) 관성의 문제를 살면서 한번은 겪어야 하는 것이다.

이렇게 둘은 공통점이 있기에 만나서 끌리고 부부의 연을 맺게 된 것이다. 특히 2008년 무자(戊子)년은 정선희 사주에서 축토(丑土)가 해자축합수(亥子丑合水)를 하여 토(土) 관성이 물에 휩쓸려 사라져버리는 해다.

일부 호사가들은 정선희 사주의 일주가 백호대살이라 남편을 죽이는 사주라고 근거 없는 호들갑을 떨지만, 남편이 죽는 것은 안재환 사주의 문제이지 정선희의 사주와는 무관하다. 그래도 정선희는 관성 술토(戌土)가 어느 정도 힘이 있기에 다음 인연은 긍정적이라고 할 수 있다.

6) 일반 이론의 용신과 용신격

이 사주는 관성이 강하니 인성으로 관인상생을 하면 좋겠지만, 인성이 없어서 식상으로 관성을 극제하다고 할 것이다. 신약용식신격에, 용신은 연간 임수(壬水) 식신이 된다.

7) 대덕 이론의 용신과 대운 분석

대덕 이론의 관점에서, 이 사주는 경금(庚金)과 자수(子水)가 고립이므로 금수(金水)로 용신을 정하면 경금(庚金)이 힘들다. 용신은 토(土)나 금(金)이 된다. 또한 목(木)은 뭉쳐서 들어와야 한다. 그렇지 않으면 목(木)도 고립된다.

❶ 10세 정미(丁未) 대운과 20세 무신(戊申) 대운

고 안재환은 초년에 공부를 잘하여 대원외고를 거쳐 서울대 공예학과를 나왔다. 일간 경금(庚金)과 수(水) 식상은 암기하고 반복하는 한국적 공부를 잘할 수 있고, 거기에 화(火) 관성도 발달하여 이해력도 뛰어나다. 관성은 남에게 지기 싫어하는 기질이므로 경쟁을 요구하는 한국사회에서 더욱 능력을 발휘한다.

한참 공부할 나이인 학창시절에 인성인 토(土)가 10년간 계속하여 미(未)와 무(戊)로 들어오므로 매우 긍정적이다. 사주원국에서도 공부를 잘할 수 있는 구조인데 초년에 이렇게 인성운이 오면 공부를 매우 잘할 가능성이 많다. 그리고 이 사주는 사주원국에 토(土)가 없어서 대운에서 드문드문 들어오면 오히려 공격받기 쉬운데, 이렇게 힘있게 뭉쳐서 들어오는 것이 좋다.

한편 신(申) 대운은 신자합수(申子合水)로 수(水) 식상이 늘어난다. 사주원국에서 시지의 식상 자수(子水)가 고립되어 있고 점수도 화(火)에 비해 약한데, 이렇게 수(水) 식상이 늘어나는 것은 매우 긍정적이다. 그러면서 사주에도 끼를 의미하는 도화살이 강하고, 사회활동을 시작할 나이인 25세를 전후하여 입을 활용하면서 남에게 자신을 표현하는 식상운이 들어오므로 연예계로 진출한 것은 사주 적성을 잘 가지고 간 것이라고 볼 수 있다.

❷ 30세 기유(己酉) 대운

이 사주는 사주원국에 토(土)나 금(金)이 없기 때문에 이들이 대운에서 들어올 때는 같이 뭉쳐서 들어와야 한다. 즉, 초년 대운처럼 토(土)가 미무(未戊)로 붙어서 들어오는 것이 좋다는 말이다. 또한 금(金)이 들어오려면 경신(庚申)이나 신유(辛酉)로 뭉쳐서 들어와야 좋다. 이 대운처럼 기유(己酉)로 들어오면 기토(己土)도 고립되고, 유금(酉金)도 고립되어 위험하다.

그리고 이 사주는 지지로 금(金)이 들어오려면 유(酉)보다는 신(申)이 더 긍정적이다. 신(申)은 신자합수(申子合水)를 이루어 어느 정도 보호를 받기 때문이다. 고립될 바엔 차라리 합으로 숨는 것이 유(酉)처럼 홀로 나와서 집중적으로 공격받는 것보다는 훨씬 낫다는 말이다. 이 대운은 이처럼 토(土)와 금(金)이 고립되어버리므로 부정적이다.

❸ 30세 기유(己酉) 대운 중 2007년 정해(丁亥)년

이 해에 정선희와 결혼했다. 이 시기를 전후하여 2004년 갑신(甲申)년, 2005년 을유(乙酉)년, 2007년 정해(丁亥)년 등 4년 중 3년에 걸쳐 재성과 식상이 강하게 들어온다. 남자 사주에서 식상과 재성이 이렇게 3~4년 동안 밀려오면 3년이나 4년째에 결혼을 많이 한다. 또한 2007년은 천간에서 정임합목(丁壬合木)으로 사주에 없던 재성이 생기고, 지지는 해자합수(亥子合水)로 식상이 많이 늘어나므로 결혼운이 강한 해라고 할 수 있다.

❹ 30세 기유(己酉) 대운 중 2008년 무자(戊子)년

이 연운은 대운 자체의 기토(己土)와 유금(酉金)도 고립이면서, 연운으로 들어오는 무토(戊土) 역시 고립되면서 무임충(戊壬沖)으로 인해 금이 간다. 또한 지지로 들어오는 자수(子水)는 자오충(子午沖)을 하면서 또 금이 두 줄 가므로 매우 불안정한 해라고 볼 수 있다.

이 시기에 연예인으로 활동하면서 동시에 쇼핑몰 사업을 하고 있었는데, 2008년 5월 부인 정선희가 라디오 방송에서 촛불집회를 비하하는 발언을 하는 바람에 쇼핑몰 사업이 엄청난 타격을 받게 된다. 사주원국은 귀문관살이 없는데 이 유(酉) 대운은 자유(子酉) 귀문관살이 들어오고, 연운에서도 또 귀문관살이 들어오므로 신경 쓰고 마음고생을 하는 일이 생기는 해이다. 거기에 인기를 가지고 가는 연예인이라 대중의 비난은 안재환을 더욱 힘들게 했을 것이다.

늘 사주는 대운보다는 사주원국이 중요하다. 안재환의 사주도 사주원국의 지지가 충으로 다 깨져 있지만 않았어도 위기를 넘길 수 있었을 텐데, 사주원국에 불안정요소가 많다 보니 대운이나 연운에서 지지로 자수(子水)나 오화(午火)가 들어오면서 사주원국의 불안함을 배가시킨 것이다. 기존 이론으로 사주를 분석하는 사람들은 자오충(子午沖)이 있어서 죽었다고 하겠지만, 자오충(子午沖) 자체가 무서운 것이 아니라 사주원국에 얼마만큼의 불안정요소가 있는가를 먼저 봐야 한다.

고 안재환의 사주는 사주원국에 두 줄 금 간 것이 많으면서 또 자오충(子午沖)이 들어오니 감당이 안 된다. 사주원국에 적당한 충이 있는 상태에서 대운이나 연

운에서 들어오는 충은 오히려 긍정적일 수도 있다. 그런 의미에서 사주는 늘 사주 원국을 먼저 봐야 한다.

결국 고 안재환은 무자(戊子)년 9월 8일에 시신으로 발견되었는데, 무리한 사업 확장으로 인한 돈문제 때문에 스스로 목숨을 끊었다고 한다. 자기의 사주를 알아서 무리하게 사업을 벌이지 말고 연예인으로 평생 남았더라면 더 명성을 얻었을 텐데 참으로 아쉽다. 사주 자체도 확장의 욕망이 늘 있으면서 조울증에 취약한 구조이다 보니 조심했어야 하는데 안타까운 부분이다.

변화변동 사주 >>>

김두관 (2010년도 당선 경상남도 지사)

1958년 10월 23일(음) 묘(卯)시생

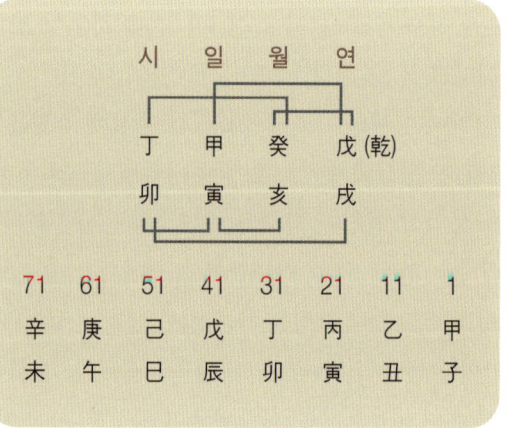

1) 사주 분석의 논점(태어난 시간에 대한 문제)

사주주인공이 태어난 생시를 인(寅)시 또는 묘(卯)시로 판단하고 있다. 만약 인(寅)시라면 합국을 고려하여 목(木) 비겁이 늘어나는 사주가 될 것이고, 묘(卯)시라면 묘술합화(卯戌合火)가 되기 때문에 화(火) 식상도 늘어나는 사주가 된다. 여기서는 묘(卯)시로 보고 사주를 분석한다.

2) 음양 · 오행 · 육친 · 신살

목(木) 비겁은 40점, 화(火) 식상은 10점, 토(土) 재성은 20점, 금(金) 관성은 0점, 수(水) 인성은 40점이다.

사주원국에는 전혀 관성이 없다. 김두관은 남해군수와 행자부장관을 거쳐 2010년 현재 경상남도 지사에 당선되었는데, 사주에 관성이 없어도 이렇게 높은 관직에 오를 수 있음을 보여주는 사주다. 일반 이론에서는 사주에 관성이 없어 관직에 오르지 못한다고 보지만, 이 사주를 보면 그렇지 않다는 것이다.

일간은 갑목(甲木)이다. 갑목(甲木)은 자유주의자 기질이 있으면서 배려하고 인간지향적인 성향이 강하다. 그러면서도 이 사주는 비겁과 인성으로 약간 편중되어 있다. 이러면 남을 배려하면서도 성공하고 싶어하는 마음도 강하다. 특히 이 사주는 합국이 되면 목(木) 비겁이 더욱 늘어나는 구조가 된다. 목(木) 비겁은 명예지향적인 성향이 가장 강하다. 그래서 명예를 가지고 가면서 늘 인정받고 싶은 욕망이 강해진다.

월지에 있는 수(水) 인성은 남에게 인정받고 싶어하면서도 배려적인 성향을 의미한다. 다만, 수(水)는 늘 한 박자 먼저 생각하느라 과감하게 치고 나가지 못하므로 배짱이 떨어진다. 즉, 외향적인 성향보다는 약간 내성적인 성향이다. 그러면서 은근한 고집과 끈기로 자기가 목표하는 일을 반드시 성취하는 기질이 있다. 즉, 이 사주는 인간에 대한 배려심이 강한데, 이러한 배려와 인간에 대한 헌신을 통해 자기 자신의 명예를 추구하는 것이다.

목(木) 일간에 수(水) 인다는 학자적 성향이 가장 많다. 그래서 이런 사주 형태는 교사나 교수 직업이 많다. 그런데 갑목(甲木) 일간에 수(水) 인다는 그 느낌이 을목(乙木) 일간과는 좀 다르다. 즉, 을목(乙木)들은 의존적인 성향이 가장 강하다고 볼 수 있는데, 이에 비해 갑목(甲木)들은 아집이 있고 자유주의자 기질에 분명한 자기 공간이 존재하기 때문에 겉으로는 매우 착해 보이지만 대인관계에서 호락호락하지 않다. 그래서 이러한 사주들은 억눌리는 것을 싫어하기 때문에 시위나 데모를 가장 많이 하고, 진보 성향의 정치가나 학자가 많다.

다만, 정치인에게 수(水)의 생각이 너무 많아서 결정적일 때 치고 나가지 못하는 부분은 다소 아쉬운 면이라고 할 수 있다. 직업군을 보면, 평생 공부를 하면서 입을 활용하는 교수나 교사나 학자가 어울린다. 지지에 사람의 생명을 다루는 천문성도 강하기 때문에 법조인이나 의사 등의 직업도 잘 어울린다. 또한 김두관처럼 사람을 상대하면서 명예를 추구하는 정치가도 잘 맞는 사주다.

3) 천간과 지지의 합충

천간은 무계합화(戊癸合火)와 정계충(丁癸沖)과 갑무충(甲戊沖)이 있고, 지지에는 인해합목(寅亥合木), 묘술합화(卯戌合火), 인묘합목(寅卯合木) 등 합충이 6개 있다. 사주에 합충으로 6개 정도 금이 가 있으면 면역력이 잘 갖추어져 있다고 할 수 있다. 사주가 합국으로 인해합목(寅亥合木)이 되고, 인묘합목(寅卯合木)까지 고려하면 목(木)이 조금 과다하게 늘어나 시간에 있는 정화(丁火)가 생을 너무 많이 받아 고립되는 느낌이 강해지지만, 지지에서 묘술합화(卯戌合火)를 해주고 천간에서 무계합화(戊癸合火)를 해주기 때문에 고립에서 풀려난다.

이 사주는 원래는 목(木) 비겁과 수(水) 인성이 강한 사주지만, 합국이 되면 묘술합화(卯戌合火)와 무계합화(戊癸合火)로 인해 화(火) 식상도 늘어난다. 그래서 대중 앞에서 입을 가지고 말을 할 기회가 많은 정치인에게는 매우 긍정적으로 작용한다고 볼 수 있다.

사주원국에서는 재성, 인성, 비겁이 간지로 깔끔하게 발달되어 있어서 재성의 부드러움과 좋은 관계성에, 인성의 다른 사람들이 보호해주고 싶은 마음, 그리고 비겁의 인복도 가지고 갈 수가 있으므로 정치인 김두관에게는 긍정적으로 작용한다고 볼 수 있다.

다만, 토(土) 재성이 사주원국에 잘 있다가 운에서 합국이 되면서 무계합화(戊癸合火)와 묘술합화(卯戌合火)로 사라지는 것은 다소 아쉬운 모습이다. 만약 이 사주주인공이 사람을 상대하지 않고 돈을 직접 버는 사업을 한다면 돈이 일정 부분 새어 나갈 수 있음을 말해준다. 수(水) 인성의 생각지향적인 모습에 남에게 부탁을 잘 못하면서 결정적일 때 배짱이 떨어지는 모습은 사업가로서 약점이라 할 수 있다.

특히 일간이 목(木)이면 사람을 착한 사람과 인간성 나쁜 사람으로 구별하려고 하고, 그 중에서 착한 사람들하고만 사귀려고 하니 사업가로서는 손해를 볼 가능성이 많다.

4) 일반 이론의 용신과 용신격

일반 이론에서는 이 사주를 신왕한 사주로 볼 것이다. 월지에 인성이 있어서 득령했고, 일지에 갑목(甲木)의 건록인 인목(寅木)이 있어서 득지했으며, 합국을 고려하면 목(木) 비겁이 강한 사주이기 때문에 신왕한 사주로 보는 것이다.

천간에 투간되어 있는 무토(戊土) 재성은 무계합화(戊癸合火)로 기반되어 용신으로 쓸 수 없기 때문에 시간에 있는 정화(丁火)를 용신으로 잡을 것이다. 그러면 신왕용상관격이 된다. 결국 용신은 화(火)이고, 희신은 목(木)이 과다하여 쓸 수 없기 때문에 토(土)로 잡을 것이다.

5) 대덕 이론의 격국

편재격(내격), 비견발달격, 재성발달격, 인성발달격, 역마격, 천문격, 시상일위상관격, 수목왕격, 종왕격 등이 있다. 이 사주는 격이 매우 다양하여 아주 긍정적이며, 정치인이란 직업에 잘 맞는 격을 구성하고 있다.

6) 물상론

해자축(亥子丑)월의 갑목(甲木)은 나무가 휴식에 들어가는 시기다. 가을에 떨어진 나뭇잎이 썩어서 겨울 나무의 영양분이 되고, 그 영양분을 바탕으로 겨울 동면기를 지내게 된다. 따라서 따뜻한 화(火)의 기운과 낙엽이 깔리는 토(土)가 가장 필요하다.

이 사주는 겨울 갑목(甲木)이 주위에 나무가 충분히 있어서 서로 의지하면서 추위를 이겨나갈 수 있으므로 매우 좋다고 본다. 또한 천간에 추위를 이겨낼 수 있는 태양 같은 큰 불이 있으면 좋다. 정화(丁火)가 있지만, 그보다 좀더 큰 불인 병화(丙火)가 있으면 더 긍정적일 것이다. 또한 지지에 나무의 뿌리를 충분히 덮어주는 흙도 있기 때문에 이 사주는 좋은 물상을 구비하고 있다.

7) 대덕 이론의 용신과 대운 분석

이 사주는 우선 정화(丁火)가 고립되므로 화(火)가 필요하다. 또한 수목(水木)이 과다하니 대운에서 수목(水木)은 드문드문 들어오는 것이 좋고, 화토금(火土金)은 뭉쳐서 들어오는 것이 좋다.

❶ 1세 갑자(甲子) 대운과 11세 을축(乙丑) 대운

이 사주는 사주원국에 인성이 잘 발달되어 있어서 암기 위주의 한국적인 공부에 장점이 많다.

하지만 11세 을축(乙丑) 대운은 비겁과 재성운이기 때문에 공부를 최상위권으로 잘 하기에는 다소 부담이 있는 대운이다. 특히 이 사주는 원래는 재성이 무술(戊戌)로 잘 있지만, 합국이 되면서 묘술합화(卯戌合火)와 무계합화(戊癸合火)로 사라져버린다. 이런 상황에서 11세 대운의 축(丑) 재성운은 대운에서 들어왔지만 해자축합수(亥子丑合水)로 더욱 고립되어버리니 부정적이다. 아무리 인성이 발달되어 있다고 해도, 당시 상황을 볼 때 1958년생은 재성복이 떨어지면 초년에 공부하는 데 부정적이었을 것이라고 추측할 수 있다.

❷ 31세 정묘(丁卯) 대운

이 대운의 점수를 보면 목(木) 비겁이 72.5점, 화(火) 식상이 67.5점, 나머지 오행은 0점이다.

이 대운은 목(木) 비겁의 사람이 몰려오고, 화(火) 식상이 밀려오므로 입을 활용하거나 사람들 앞에서 말할 기회가 많아진다.

이 대운의 이력을 보면 1995년 을해(乙亥)년에 민선 1기 지방자치단체선거를 통해 남해군수에 당선되었고, 1998년 무인(戊寅)년에 민선 2기 남해군수에 당선되었다.

❸ 41세 무진(戊辰) 대운

이 대운의 점수를 보면 목(木) 비겁이 82.5점, 화(火) 식상이 57.5점이고, 나머지 오행은 0점이다.

이 대운 역시 비겁과 식상이 안정적으로 들어온다. 특히 이 대운에서는 대운 천간 무토(戊土)가 일간 갑목(甲木)을 충하고, 대운 지지 진토(辰土)가 연지 술토(戌土)를 충한다. 이런 충은 대운이 월주의 천간과 지지를 충하는 효과와 비슷하여 매우 좋은 변화변동을 가져온다.

정치인에게 무진(戊辰)의 재성 대운은 부드러워지면서 사람들에게 더 인정받을 수 있으므로 긍정적이었다. 2003년 계미(癸未)년 때 사주주인공은 노무현 정부의 초대 행정자치부 장관에 임명되어 화제를 불러 일으켰다. 이 해의 연운 점수를 보면 목(木) 비겁이 97점, 화(火) 식상이 63점으로 구성되어 있다. 인기도 있고, 창의성도 발달되어 있는 것이다.

이렇게 사주에 관성이 없어도 명예나 관직을 가지고 갈 수 있다. 사주에 장점이 있는 직업 적성을 발휘하면 충분히 가능한 일이다. 이 사주는 비겁이 늘 발달 형태로 가면서 말하는 식상도 늘어나는 구조로 간다. 그래서 사람을 상대하면서 말하는 정치를 하면 긍정적인 변화변동이 있다.

또한 식상 점수가 늘 안정적으로 들어오는 것은 의식주나 돈도 충분히 들어오는 것을 의미한다. 재성만 돈이 아니고 식상도 돈이 되기 때문이다.

❹ 51세 기사(己巳) 대운

이 대운의 점수를 보면 목(木) 비겁이 55점, 화(火) 식상이 65점, 토(土) 재성이 20점, 나머지 오행은 0점이다.

이 대운은 대운 간지가 월주의 천간과 지지를 계기충(癸己沖)과 사해충(巳亥沖)으로 충하기 때문에 매우 좋은 변화변동을 암시한다. 인생에서 최고로 높은 지위까지 올라갈 수 있는 것이다. 오행 점수도 비겁과 식상이 안정적으로 들어와 긍정적이다.

이 대운 중 2010년 경인(庚寅)년에는 연운 천간으로 관성 경금(庚金)이 들어와 일간 갑(甲)과 충을 하고, 지지로는 인해합목(寅亥合木)을 하여 목(木) 비겁이 늘어난다. 또한 대운과 사주원국은 사해충(巳亥沖)과 계기충(癸己沖)을 하면서, 연운에서도 일간 갑목(甲木)을 관성 경금(庚金)이 충하니 명예와 관련하여 좋은 변화변동을 암시하고 있다.

대운과 연운에서 비겁이 늘어나면 사람들에게서 인기가 좋아진다. 그러면서 비겁이 늘어나므로 돈이 새어 나갈 수 있다. 만약 이 시기에 사업을 하면 힘이 들지만, 사람을 상대하면서 명예를 가지고 가는 정치나 선출직 선거에 나가면 매우 유리하다. 비겁이 늘어나므로 선거에서 사람들에게 표를 많이 얻을 수 있고, 돈이 새어 나가는 것도 선거에 나서는 경우에는 돈이 새어 나가면서 사람들을 끌어올 수 있기 때문에 매우 긍정적인 것이다.

이 해, 즉 2010년 경인(庚寅)년에 제5기 지방자치단체 경남도지사 선거에서 도지사로 당선되었다. 연운 점수를 보면 목(木) 비겁은 62.5점, 화(火) 식상은 67.5점, 토(土) 재성은 20점, 금(金) 관성은 10점이다.

변화변동 사주 >>>

안희정 (2010년도 당선 충청남도 지사)
1964년 10월 28일(음) 사(巳)시생

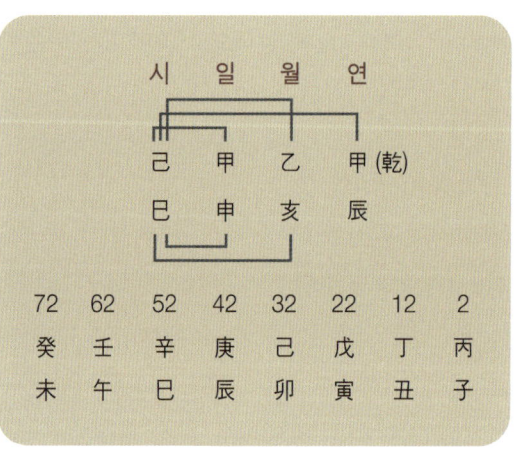

1) 음양·오행·육친·신살

목(木) 비겁은 30점, 화(火) 식상은 15점, 토(土) 재성은 20점, 금(金) 관성은 15점, 수(水) 인성은 30점이다. 이 사주는 비겁과 인성이 잘 발달되어 있다. 대운 분석에서 합국을 고려하면 지지의 사신합수(巳申合水)로 인해 수(水) 인성이 더욱 늘어나게 된다. 그래서 비겁의 사람이나 지식, 끼를 가지고 가면서, 인성의 평생 연구나 공부를 해도 좋은 사주다.

일간 갑목(甲木)은 자유주의자 기질에 성공하고 싶은 욕망이 강하다. 다만, 목(木)들은 늘 사람에 대한 관심이 크다. 사람에게 헌신하고 배려하면서 자기 자신의 성공에 대한 열망을 충족한다. 수(水) 인성도 남에게 사랑받고 인정받는 것을 좋아한다. 약간 의존적인 성향도 존재한다고 볼 수 있는데, 이런 의존적인 성향은 남들로 하여금 모성본능을 일으킨다.

이렇게 인정받고 싶은 욕망과 사람에 대한 관심과 배려심이 어우러지면 진보적 성향의 정치색이 나올 수 있다. 한국에서 갑목(甲木) 일간에 수(水) 인성 사주인 사람들 중에 진보 성향의 정치인들이 많이 존재한다. 갑목(甲木)들은 태양을 향해 뻗어가는 나무와 같아서 이상주의적인 성향이 강하고, 남 밑에 굽히는 것을 싫어한다. 이러한 자유주의자 기질에 인성의 봉사와 배려심이 더해지니 진보 성향의 정치인이 많은 것이다.

그러면서도 목(木)의 성공에 대한 열망과, 인성의 사람들에게서 인정과 칭찬을 받기를 원하므로 정치에 많이 뛰어들게 된다. 일반 이론에서는 사주에 관성이 없으면 명예를 추구하거나 관직이나 정치를 하기에 힘들다고 보지만, 이렇게 사주 구성과 심리적인 부분을 고려하면 관성이 없어도 정치 분야에서 얼마든지 능력을 발휘할 수 있다.

이 사주는 합국을 할 때, 천간의 갑기합토(甲己合土)로 인해 토(土) 재성 역시 항상 늘어나는 사주 구조다. 사주가 원래는 목(木) 비겁과 수(水) 인성으로 편중되어 있어서 아집과 의존적인 성향이 강해지면 사람들과의 관계가 힘들어질 수 있다. 특히 정치하는 사람에게는 이런 점은 부담이 될 수 있는데, 재성이 늘어나면 대인관계가 좀더 부드러워지면서 사람들과의 어울림이 좋아지므로 매우 긍정적이다.

직업 적성은 먼저 인성과 비겁에 초점을 맞추어서 보면 평생 공부하고 연구하는 교수나 연구원 등이 어울린다. 다음으로, 지지에 강하게 있는 역마살의 기질을 발휘하는 외교관 등의 직업, 아니면 사신(巳申)의 형살에 돌아다니면서 활동적인 역마살의 기질에 인성이 강한 사주이므로 경찰이나 군인 등도 잘 맞는다. 사람에 대한 관심을 정치를 통해 펼치고 싶다면 정치가도 잘 맞는 사주다.

2) 천간과 지지의 합충과 고립의 문제

이 사주는 천간에 갑기합(甲己合)과 을기충(乙己沖), 지지에 사신합(巳申合)과 사해충(巳亥沖) 등 모두 5개의 합충이 있다.

특히 천간의 재성 기토(己土)는 갑기합(甲己合)과 을기충(乙己沖)으로 합충이 3개나 중복된다. 그러면서 지지에 있는 진토(辰土) 재성은 고립되어 있다. 이러면 늘 돈문제로 힘들어지게 된다. 물론 합국이 되면서 갑기합토(甲己合土)를 하여 토(土) 재성이 늘어나니 돈문제로 인해 극단적인 상황까지는 가지 않겠지만, 그래도 늘 돈문제는 조심해야 한다.

특히 갑기합(甲己合)과 을기충(乙己沖)을 하는 것은 비겁으로 인해서 내 돈(재성)이 세 줄이나 금이 가기 때문에 친구나 동료로 인해 돈문제가 악화되는 것을 의미한다. 또한 22세 대운과 32세 대운에서 지지로 목(木)이 강해지니 목극토(木剋土)로 인해 재성인 기토(己土)가 힘들어질 수 있는 것이다.

정치를 하면서 안희정은 불법 정치자금 문제로 감옥까지 갔다 왔는데, 그 사실의 진위 여부를 떠나 사주에 나와 있는 재성의 문제를 겪었다고 볼 수 있다. 만약 사업을 했다면 내 돈이 늘 동업자 때문에 새어 나가서 훨씬 힘들었을 텐데, 사업을 하지 않는 점이 그래도 긍정적이라고 할 수 있다.

진토(辰土) 재성이 고립된 것은 초년에 아버지와 인연이 떨어질 수 있음을 의미하는데, 그래도 이 사주는 초년에 식상과 재성이 들어와서 고립을 풀어주므로 긍정적이다.

시지에 있는 사화(巳火) 식상은 원래는 고립이 아니지만, 사신합(巳申合)으로 사라지니 고립의 형태가 된다. 건강으로는 혈관질환을 조심해야 하는데, 다행히 건강을 신경 써야 할 나이인 50대 이후에 대운에서 화(火)가 들어오는 것은 매우 좋다고 본다. 또한 사화(巳火)의 식상이 고립되므로 정치를 하면서 구설수에 휩싸이는 문제도 늘 조심해야 한다.

3) 성격성명학의 성격 유형

안희정의 이름은 양편관, 양비견의 이름이다. 사주는 비겁과 인성이 강하고, 특히 월지가 수(水)라서 생각이 많아 결정적인 배짱이나 리더십이 부족할 수 있는데, 이런 단점을 이름에서 보충해주고 있다. 양편관은 중심성격으로 성격에 가장 많은 영향을 미친다. 리더십, 배짱, 돌파력, 추진력 등을 의미하기 때문에 정치인에게는 매우 중요한 특성이라고 할 수 있다.

고 노무현 대통령이 대통령 후보일 때 안희정은 조직 관리와 사람 관리를 잘해서 노무현의 두터운 신임을 받았다. 어려운 정치 환경 속에서도 민주당 최고위원이나 충남지사에 당선되는 것을 보면 사주 못지 않게 성격성명학이 성격에 영향을 끼친다고 볼 수 있다.

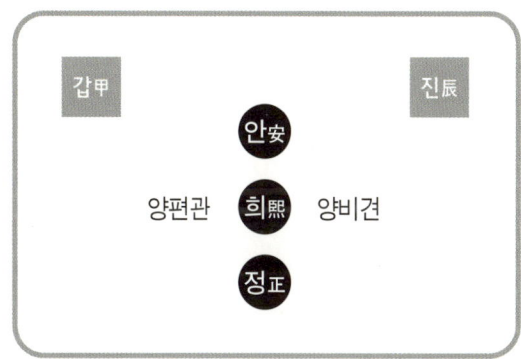

4) 일반 이론의 용신과 용신격

일반 이론의 관점에서 월지에 득령한 점, 그리고 지지의 사신합수(巳申合水)를 고려하면 이 사주는 인성이 강하다. 또한 천간에 목(木) 비겁이 갑(甲)과 을(乙)로 투간되어 있으므로 매우 신왕한 사주로 볼 것이다. 그러면 천간에 투간되어 있는 재성 기토(己土)를 용신으로 잡을 것이다. 신강용정재격으로 보고 용신은 토(土), 희신은 토(土)를 생하는 화(火)로 잡을 것이다.

5) 대덕 이론의 격국

비견격(내격), 시하일위식신격, 일하일위편관격, 역마격, 비겁발달격, 인성발달격 등이다.

6) 대덕 이론의 대운 용신과 분석

일지 진토(辰土)가 고립되므로 토(土)가 고립용신이고, 금(金)도 고립용신이 된다. 또한 합국으로 을목(乙木) 고립 또한 부담이 있다. 사주 구성은 좋지만, 용신이 하나 정해지면 다른 곳에 피해를 주게 되어 굴곡 있는 삶을 살게 된다.

❶ 2세 병자(丙子) 대운과 12세 정축(丁丑) 대운

이 사주는 사주원국에 수(水) 인성이 잘 발달되어 있다. 수(水)는 암기 위주의 한국적 공부에 장점이 많다. 또한 사주원국의 인성 발달은 어머니복이 있어서 가족의 사랑을 받을 수 있음을 의미한다.

다만, 사주원국에 재성이 고립되어 있어 초년에 아버지와 인연이 떨어질 수 있는데 초년에 병(丙), 정(丁), 축(丑) 등 식상과 재성이 들어오면서 재성의 고립을 풀어주기 때문에 긍정적으로 볼 수 있다.

사주원국이 수(水) 인성이라서 머리도 좋고 공부를 잘 할 수 있는 사주다. 초년 운으로 2세 병자(丙子) 대운과 12세 정축(丁丑) 대운까지 식상과 인성이 많이 들어오는 것은 공부하는 데 좋은 영향을 미친다.

다만, 고등학교 시절인 축(丑) 대운은 재성운이라서 공부보다는 다른 분야에 관심이 갈 수 있는 대운이다. 실제로 안희정은 고등학교 시절 러시아 혁명사를 읽고 마르크스 사상에 심취하여 다니던 학교를 자퇴하기까지 했다. 하지만 사주원국에 나와 있듯이 공부에 장점이 많고, 병(丙), 자(子), 정(丁) 등 학창시절에 계속 식상과 인성이 강하게 들어오기 때문에 기본적으로 공부를 잘할 가능성이 많다.

대운도 정축(丁丑)의 백호 대운이라서 배짱 있게 모든 상황을 잘 헤쳐나갈 가능성이 많다. 1982년 검정고시를 거쳐 1983년 고려대 철학과에 입학했다.

❷ 32세 기묘(己卯) 대운

대운 점수를 보면 목(木) 비겁이 70점, 화(火) 식상이 0점, 토(土) 재성이 40점, 금(金) 관성이 0점, 수(水) 인성이 30점이다. 이 대운은 수(水) 인성과 목(木) 비겁으로 편중되는 대운이다. 편중되면 좋은 일도 있지만 나쁜 일도 발생하는 극단성이 존재한다. 성공하면서 문제도 발생한다는 것이다.

을기충(乙己沖)과 해묘합목(亥卯合木), 묘진합목(卯辰合木), 사신합수(巳申合水), 갑기합토(甲己合土)를 하는 대운이다. 대운에서 재성이 40점, 비겁이 70점이기 때문에 사람을 상대하는 정치인에게는 좋은 대운이다. 2002년 고 노무현 대통령의 당선에 공헌하여 최고의 실세로 통하기도 했다.

대운 점수에서 재성이 40점이지만, 인성과 비겁의 점수를 합치면 100점이나 된다. 즉, 대운 점수에서 내 편과 상대편 점수가 균형을 이루어야 안정적인데, 이 대운은 내 편인 비겁과 인성으로 과도하게 편중되어 결국 재성 점수가 40점이지만 상대적으로 고립되어버린다. 또한 갑기합토(甲己合土)로 비겁이 재성과 합을 하여 사라진다. 사람과 문서의 문제나 돈문제로 힘들어질 수 있는 대운인 것이다. 실세로서 좋은 일도 있었지만, 안희정은 이 시기에 불법 정치자금에 연루되어 감옥 신세를 1년여 동안 지게 된다.

❸ 42세 경진(庚辰) 대운

대운 점수를 보면 목(木) 비겁은 10점, 화(火) 식상은 0점, 토(土) 재성은 60점, 금(金) 관성은 10점, 수(水) 인성은 60점이다. 재성과 인성으로 편중되지만, 내 편과 상대편으로 편중되므로 균형을 이루어 매우 긍정적인 대운이다.

대운에서 점수가 한 편으로 편중되면 인생의 굴곡이 있을 수 있지만, 이러한 경우는 안정적으로 끌고 갈 수 있다. 먼저 재성은 선거를 하면 여자들에게 인기를 얻을 수 있고, 점수가 60점으로 발달 형태이므로 돈과 표가 몰려온다. 또한 인성은 사람들에게서 사랑과 인정을 받을 수 있어서 선거에 매우 유리한 대운이다.

2010년 경인(庚寅)년은 목(木) 비겁이 50점, 화(火) 식상이 0점, 토(土) 재성이 60점, 금(金) 관성이 20점, 수(水) 인성이 30점으로 신왕재왕의 연운이다. 선거에 나가면 매우 유리한 연운이다.

특히 연운의 천간과 지지가 일주인 갑신(甲申)과 갑경충(甲庚沖)과 인신충(寅申沖)을 하고 있다. 그러면서 대운의 관성 경금(庚金)도 일간 갑목(甲木)을 충하고 있다. 선거의 당선을 의미하는 관성이 이렇게 들어와 일간을 충해주면서 일지도 충하는 해이기 때문에 선거에 매우 유리하다.

또한 선거에는 인기나 돈을 의미하는 재성이 안정적으로 들어오는 것이 중요한데, 재성이 60점으로 강해지니 당선에 매우 유리하다. 2010년 6월에 충남도지사 선거에서 야당 후보로 나와 당선되었다.

❹ 52세 신사(辛巳) 대운과 나머지 대운

이 사주는 해(亥)월이라서 조후 측면에서 따뜻한 화(火) 기운이 대운에서 들어오는 것이 좋은데, 52세 대운 이후로 지지가 사오미(巳午未)의 남방 화국(火局)으로 흘러가고 있다. 사주원국에 있는 사화(巳火)가 힘이 부족한데 대운에서 이렇게 화(火)를 보충해주므로 매우 긍정적이다. 52세 대운은 안희정 본인이 더 큰 정치적 포부를 가질 수 있는 대운이라고 할 수 있다.

변화변동 사주 >>>

송영길 (2010년도 당선 인천시장)
1963년 2월 26일(음) 자(子)시생

1) 음양·오행·육친·신살

목(木) 식상은 50점, 화(火) 재성은 0점, 토(土) 관성은 0점, 금(金) 인성은 0점, 수(水) 비겁은 60점이다. 이 사주는 수(水) 비겁과 목(木) 식상으로만 구성되어 있다. 육친으로 보았을 때 신왕식상왕의 사주다.

사주가 이렇게 2개의 오행으로만 이루어진 사주를 양신성상격(兩身成象格) 사주라고 한다. 2개의 오행이 깔끔하게 발달된 형태로서, 수(水)에서 목(木)으로 자연스럽게 흐름을 만들어주므로 매우 긍정적인 사주가 된다. 수(水)와 목(木)이 강한 사주에 어설프게 다른 오행이 있으면 고립되기 쉬운데, 이 사주는 다른 오행이 없이 사주가 깔끔하게 구성된 것이다.

또한 이 사주는 재성과 관성이 없다. 일반 이론에서는 재성이 있어야 돈을 벌고, 관성이 있어야 관직에 나간다고 본다. 그러나 송영길 사주는 재성과 관성이 전혀 없는데도 불구하고 세 번이나 국회의원에 당선되고 인천시장에도 당선되었다. 결국 사주 구성만 좋으면 돈과 명예를 얻을 수 있는 것이다.

2) 직업 적성과 성격

수(水) 일간이고, 사주원국에 수(水)가 많으면 암기 위주의 한국적인 공부를 잘할 수 있다. 수(水)는 아이디어와 정보를 저장하는 능력이 뛰어나고, 생각지향적이다. 그러면서 식상이 많다. 식상은 늘 안정을 추구하고, 다른 육친에 비해 구조화를 좋아하며 틀을 중시하는 성질이 매우 강하다. 따라서 식상은 미래에 대한 두려움을 갖고서 공부에 집중하게 된다. 그러면서 일간이 암기에 강한 수(水)이니 공부에 더욱 긍정적이다. 송영길은 사법시험에 합격했는데, 수(水)는 암기력이 뛰어나서 법전을 암기하는 능력이 탁월한 것도 큰 장점이다.

신왕식상왕의 사주이므로 평생 사람을 상대하면서 입을 활용하는 직업에서 능력을 발휘할 수 있는 사주다. 특히 지지에 해(亥)와 묘(卯)의 천문격을 이루고 있어서 사람의 생명과 관련된 분야인 법조인도 잘 맞고, 입을 활용하는 교수나 교사 등도 좋으며, 자(子)와 묘(卯)의 도화격도 이루고 있으므로 연예, 예술, 방송 등에서도 능력을 발휘할 수 있는 사주다.

이 사주는 목(木)이 강하다. 목(木)은 기본적으로 자유주의자 기질이며, 인간지향적인 성향과 인간 배려적인 성향이다. 착하고 인간성 좋은 사람들이 잘 사는 세상에 대한 동경이 클 수 있다. 그러면서도 목(木)들은 성공하고 싶은 욕망과 명예 지향적인 성향이 강하다. 그래서 목다(木多) 사주들은 문과적 성향이 강하게 나타나게 된다. 성격성명학의 성격 유형 중에서 정관이 문과적 성향인데, 목(木)의 특징이 바로 정관의 특징이다.

송영길도 법조인을 거쳐 진보 성향의 정치인으로 각광을 받고 있다. 다만, 정치인을 하기엔 사주에 배짱이나 돌파력 등은 떨어진다고 본다. 수(水)의 특징인 생각이 많기 때문에 늘 한 박자 늦추고, 목(木) 식상도 안정을 추구하는 심리가 강하다. 따라서 앞으로 대권에 도전하고 싶다면 이러한 면은 단점이 될 수 있다.

하지만 안정을 추구하는 음적인 기운이 강한 사주에 귀문관살이 없는 것은 긍정적인 요소라고 할 수 있다. 또한 사주가 양신성상격을 이루면 일정 부분 명예직이나 관직에 진출하면 능력을 많이 발휘할 수 있는 사주다. 이 역시 정치인에게는 긍정적인 면이다.

3) 천간과 지지의 합충

이 사주는 천간에는 합충이 없고, 지지에만 해자합(亥子合)과 해묘합(亥卯合) 등 3개의 합충이 있다. 이 정도 합충은 큰 무리가 없는 편이다.

4) 고립오행과 건강

연간 계수(癸水)가 고립되어 있고, 사주가 수(水)와 목(木)으로만 구성되어 있어서 신장, 방광, 전립선의 문제나 간, 뼈, 관절의 건강은 세심하게 살펴야 한다. 육친으로는 신왕식상왕을 잘 갖추고 있기 때문에 사주의 적성을 잘 가지고 가면 긍정적인 삶이 될 수 있지만, 사주가 이렇게 수(水)와 목(木)처럼 편중되면 건강을 늘 조심해야 한다.

이 사주는 수(水)와 목(木)으로 편중되어 있기 때문에 대운에서 토(土)나 화(火)나 금(金)이 힘없이 들어오면 공격을 받아 고립되므로 이에 대한 건강도 살펴야 한다.

또한 지지에 묘(卯)가 강한데 대운에서 술(戌)이 들어와 묘술합화(卯戌合火)를 이루면 사주에 없던 화(火)가 갑자기 많아진다. 따라서 그러한 대운에는 혈관질환 등을 조심해야 한다.

5) 일반 이론의 용신과 용신격

일반 이론에서는 이 사주가 비겁과 식상으로 이루어져 있기 때문에 식상으로 종하는 종아격으로 볼 것이다. 종아격을 이루면 용신은 목(木)이 되고, 목(木)을 생하는 수(水)가 희신이 될 것이다. 또한 종아격은 그 흐름이 재성으로 흘러가는 것을 반기기 때문에 화(火) 재성운도 좋다고 할 것이다. 그러면 수목화(水木火)가 대운에서 들어오면 좋다고 할 것이다.

이와 같은 논리라면, 이 사주는 35세 대운까지 지지가 인해자축(寅亥子丑)으로 흘러왔기 때문에 매우 좋은 인생을 살아왔어야 한다. 그러나 송영길은 35세 대운의 신(辛) 대운에 국회의원에 당선되었고, 45세 경술(庚戌) 대운의 경(庚)운에 국회의원과 인천시장에 당선되었다. 금(金)은 용신인 목(木)을 극하는 기신인데, 이 운에 송영길은 최고의 자리에 올랐으니 종아격의 용신론으로 보면 설명이 안 된다고 볼 수 있다. 대덕 이론의 점수론인 오행과 육친의 고립, 발달, 과다로 사주를 분석해야 그 정확성이 높아지고 온전하게 대운을 설명할 수 있다.

6) 대덕 이론의 격국

식신격(내격), 천문격, 도화격, 신왕식상왕격, 수목왕격, 대덕격, 양신성상격, 식신발달격 등이 있다. 사주에 격국이 다양하게 존재하므로 긍정적이고, 법조인의 직업에 잘 맞는 사주다. 특히 송영길은 정치인인데 지지에 도화격을 이루고 있어서 선거에서 유리할 수 있다. 여자들에게 인기를 얻고 표를 얻을 수 있으니 선거에 유리한 것이다.

7) 물상론

묘(卯)월의 계수(癸水) 일간은 봄에 가랑비가 내리는 형상이다. 나무도 꽃도 열매도 적당한 습기에 잘 자랄 수 있고, 결실을 맺을 수 있는 좋은 물상이다.

8) 대덕 이론의 용신과 대운 분석

수(水)와 목(木)이 강하고, 특히 목(木)이 합국으로 인해 강해지니 목(木)은 드문드문 들어오는 것이 좋다. 그러나 화토금(火土金)은 뭉쳐서 들어와야 용신 구실을 할 수 있다.

❶ 5세 갑인(甲寅) 대운과 15세 계축(癸丑) 대운

앞서 살펴본 것처럼 이 사주는 암기 위주의 한국적인 공부를 잘할 수 있는 사주다. 또한 사주가 음적인 기운이 강할수록 초년의 비겁운과 관성운은 오히려 공부를 잘할 가능성이 있다. 사주가 양적이면 초년의 비겁과 관성운에 튀는 행동을 하거나 까불까불해서 공부를 등한시할 수 있는데, 음적인 사주면 차분하게 공부를 한다는 것이다.

이런 이유로 5세 갑인(甲寅) 대운과 15세 계축(癸丑) 대운은 공부를 할 수 있는 대운이었다. 연세대학교를 들어갔다.

❷ 35세 신해(辛亥) 대운

대운 점수를 보면 목(木) 식상은 67.5점, 수(水) 비겁은 62.5점, 금(金) 인성은 10점이다. 나머지 오행은 0점이다. 이 대운은 비겁과 식상으로 잘 발달되어 있다. 신왕식상왕의 구조를 잘 가지고 간다.

사주원국에 발달된 비겁과 식상이 대운에서도 발달 형태로 들어오기 때문에 정치인에게는 긍정적인 대운이다. 비겁의 사람들 앞에서 식상의 말할 기회가 많아지므로 선거를 치르는 정치인에게는 매우 좋은 대운이다. 2000년 경진(庚辰)년과 2004년 갑신(甲申)년에 연달아 국회의원에 당선되었다.

❸ 45세 경술(庚戌) 대운

대운 점수는 목(木) 식상은 27.5점, 화(火) 재성은 40점, 토(土) 관성은 0점, 금(金) 인성은 20점, 수(水) 비겁은 52.5점이다.

이 대운은 사주원국에 없던 재성이 40점으로 대폭 늘어난다. 재성이 느는 것은 여성 유권자나 나이 많은 사람에게 인기를 얻을 수 있고, 돈이 몰려오기 때문에 선거에 매우 유리한 대운이다. 또한 대운 자체가 내 편인 인성과 비겁, 상대편인 식상과 재성의 점수가 균형을 이룬다. 즉, 신왕식재왕의 대운이기 때문에 안정적인 대운인 것이다.

2008년 무자(戊子)년에 국회의원 3선을 이루었다. 그리고 2010년 경인(庚寅)년의 대운 점수를 보면 목(木) 식상은 37.5점, 화(火) 재성은 40점, 토(土) 관성은 0점, 금(金) 인성은 30점, 수(水) 비겁은 52.5점으로, 인성이 30점으로 늘어나서 사람들에게 사랑을 받을 수 있음을 암시한다.

또한 인해합목(寅亥合木), 인묘합목(寅卯合木), 묘술합화(卯戌合火), 을경합금(乙庚合金) 등으로 인성과 비겁이 늘면서 식상과 재성이 깔끔하게 발달되어 대운이 매우 안정감이 있다. 특히 선거에서 비겁 발달은 남성 유권자의 표를 얻는 데 유리하고 재성은 여성 유권자의 표를 얻는 데 유리할 수 있는데, 이 연운은 이 두 가지가 발달 형태를 유지하고 있어 긍정적이고, 식상도 발달이라서 대중 앞에서 말하는 능력도 좋아지니 선거에 매우 유리한 해다. 이 해 2010년에 인천시장 선거에서 당선되었다.

다만, 이 대운은 사주원국에 없던 화(火)가 갑자기 40점으로 불어나는 점을 주의한다. 육친으로 화(火) 재성은 유리하게 작용하지만, 건강상 사주원국에 없던 오행이 운에서 갑자기 과도하게 들어오면 그 오행의 건강은 조심해야 한다.

사주 분석에서 가장 위험한 것이 사주원국에 없던 오행이 갑자기 과다해지거나, 과다한 오행이 갑자기 고립되어버리는 경우, 그리고 고립된 오행이 갑자기 과다하게 들어오는 경우 등이다. 이런 경우에는 건강에 대해서 특별히 살펴야 한다. 화(火)가 갑자기 많아지므로 혈관질환을 주의해야 한다.

❹ 55세 기유(己酉) 대운

앞으로 다가오는 대운이다. 대운이 월주를 충하기 때문에 긍정적인 변화변동이 예상되고, 사주주인공이 좀더 큰 꿈을 꿀 수 있는 대운이다.

다만, 건강으로는 기토(己土)와 유금(酉金)이 고립되기 때문에 위장이나 폐, 대장, 뼈 등의 건강을 잘 살펴야 한다.

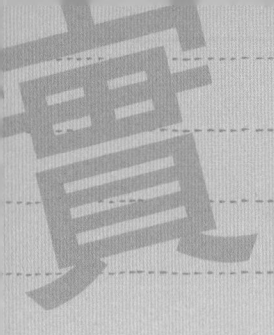

지금부터는 실제로 사주를 감정하는 실전풀이다.

제시한 5개의 사주를 실전이라고 생각하고 임상표에 직접 작성해 가면서 분석해 보자.

스스로 풀이해 본 후에는 그 뒤에 나오는 김동완 교수의 해설을 보면서

잘못 감정한 부분이나 미진한 부분을 반드시 체크하고 넘어가자.

이렇게 실전처럼 사주감정을 해봄으로써

실제 임상경험에 앞서 현실적인 감각을 익히고 부족한 부분을 보충하면서

자신의 실력을 한 단계 한 단계 높일 수 있도록 끊임없이 훈련하고 노력해 보자.

사주명리학실전풀이법
사주분석방법

1. 생년월일시로 사주팔자를 뽑는다.

2. 1. 오행의 개수와 점수를 분석한다.
   2. 오행의 개수와 점수를 통해서 성격을 분석한다.
   3. 오행의 개수와 점수를 통해서 건강을 분석한다.

3. 1. 육친의 개수와 점수를 분석한다.
   2. 육친의 개수와 점수를 통해서 성격을 분석한다.
   3. 육친의 개수와 점수를 통해서 직업 적성을 분석한다.

4. 오행과 육친을 결합시켜 성격, 직업 적성, 특성을 분석한다.

5. 1. 신살을 분석한다.
   2. 신살을 통해서 성격, 특성을 분석한다.

6. 천간의 합충을 분석한다.

7. 지지의 합충을 분석한다.

8. 에니어그램으로 성격을 분석한다.
   (심리 분석 방법으로 참고한다)

9. 성격성명학으로 성격 유형을 분석한다.

10. 1. 지장간을 분석한다.
    2. 지장간의 활용에 대해 분석한다.

11. 일반 이론의 용신과 용신격을 분석한다.

12. 대덕 이론의 격국에 대해 분석한다.

13. 허자와 궁성론으로 분석한다.

14. 물상론으로 분석한다.

15. 대덕 이론의 용신에 대해 분석한다.

16. 대덕 이론으로 대운을 분석한다.

17. 용신을 활용한 코디, 실내 인테리어에 대해 분석한다.
    (대덕 이론의 사주 용신 활용법을 참고한다)

사주감정 01 사주분석

1964년 1월 3일(음) 묘(卯)시생 남자

성명	원희룡 (정치인)			생년월일				음/양	乾/坤
	시	일	월	연	오행	木	火	土	金	水

(오행 개수/점수/육친 표)

오행	木	火	土	金	水
개수					
점수					
육친					

대운	甲乙丙丁戊己庚辛壬癸 子丑寅卯辰巳午未申酉戌亥	2004	2005	2006	2007	2008	2009	2010	2011

천간합	甲己土, 乙庚金, 丙辛水, 丁壬木, 戊癸火
지지합	子丑土, 寅亥木, 卯戌火, 辰酉金, 巳申水, 午未火
천간충	甲庚沖, 甲戊沖, 乙辛沖, 乙己沖, 丙壬沖, 丙庚沖, 丁癸沖, 丁辛沖, 戊壬沖, 己癸沖
지지충	子午沖, 丑未沖, 寅申沖, 卯酉沖, 辰戌沖, 巳亥沖
삼합	寅午戌火, 申子辰水, 巳酉丑金, 亥卯未木
방합	寅卯辰木, 申酉戌金, 巳午未火, 亥子丑水

천간 병존	甲甲 병존	부모대 또는 본인대에 파가(破家) 또는 조실부모한다
	乙乙 병존	인덕이 없고 외로우며 고독하다
	丙丙 병존	광역 역마. 일찍 고향을 떠난다
	丁丁 병존	인덕이 없다. 외롭고 고독하다
	戊戊 병존	해외 역마로 유학, 무역, 외교, 이민 등이 좋다
	己己 병존	지역 역마, 작은 역마. 한곳에 정착한다
	庚庚 병존	국내 역마로 활동적인 직업이 좋다
	辛辛 병존	어려운 일이나 비참한 일을 겪는다
	壬壬 병존	도화살 또는 인기살이 있어서 인기를 얻는 직업이 좋다
	癸癸 병존	도화살 또는 인기살이 있어서 인기를 얻는 직업이 좋다

지지 병존	子子 병존	인기를 기반으로 하는 직업이 좋다
	丑丑 병존	구두쇠 기질이 있다
	寅寅 병존	활동적이고 적극적인 직업이 좋다
	卯卯 병존	객지에서 사건사고가 있다
	辰辰 병존	고집, 독립적·자유적임(타인에 비해 사고율이 높다)
	巳巳 병존	객지에서 사건사고가 있다
	午午 병존	형살(사람의 생명을 다루는 일 – 활동적이고 자유분방)
	未未 병존	어려운 일, 힘든 일(순간 폭발 – 욱하고 전진 기질)
	申申 병존	하체의 교통사고, 객지에서 사건사고를 조심한다
	酉酉 병존	형살(사람의 생명을 다루는 직업이 좋다)
	戌戌 병존	해외 역마. 활동 범위가 큰 직업이 좋다
	亥亥 병존	형살(사람의 생명을 다루는 직업이 좋다)

지장간	子	丑	寅	卯	辰	巳	午	未	申	酉	戌	亥
오행	+水	-土	+木	-木	+土	-火	+火	-土	+金	-金	+土	-水
1순위	癸	己	甲	乙	戊	丙	丁	己	庚	辛	戊	壬
2순위		癸辛	戊丙		乙癸	戊庚	丙己	丁乙	戊壬		辛丁	戊甲

역마살	寅, 申, 巳, 亥, 戌	( )개
도화살	子, 午, 卯, 酉	( )개
명예살(고집)	辰, 戌, 丑, 未	( )개
양인살	壬子, 丙午, 戊午	( )개
괴강살	戊辰, 戊戌, 庚辰, 戊戌, 壬辰, 戊戌	( )개
백호살	甲辰, 戊辰, 丙戌, 壬戌, 丁丑, 癸丑, 乙未	( )개
귀문관살	辰亥, 子酉, 未寅, 巳戌, 午丑, 卯申	( )개
삼기격	甲戊庚, 乙丙丁, 辛壬癸	( )개
금수쌍청격	壬庚, 辛癸	( )개
천문성	1순위 : 卯, 戌, 亥, 未 / 2순위 : 寅, 酉	( )개

사 주 감 정

四柱分析

사 주 감 정

❶ 만세력을 보고 생년월일시의 사주팔자를 뽑는다.

❶

	시	일	월	연 (乾)
	丁	甲	丙	甲
	卯	午	寅	辰

76	66	56	46	36	26	16	6
甲	癸	壬	辛	庚	己	戊	丁
戌	酉	申	未	午	巳	辰	卯

❷
1. 오행의 개수와 점수를 분석한다.
2. 오행의 개수와 점수를 보고 성격을 분석한다.
3. 오행의 개수와 점수를 보고 건강을 분석한다.

❷ 1. 목(木)은 4개·35점, 화(火)는 3개·35점, 토(土)는 1개·10점, 금(金)은 0개·0점, 수(水)는 0개·30점이다.

2. 오행의 성격은 일간, 발달, 과다로 분석한다. 그러므로 갑목(甲木) 일간의 성격과, 목(木) 35점, 화(火) 35점, 수(水) 30점의 성격이 나타난다.

3. 오행의 건강은 무존재, 고립, 발달, 과다로 분석한다. 고립과 과다는 부정적, 발달은 긍정적, 무존재는 대운에 따라 다르게 나타난다. 이 사주는 특별히 과다하거나 고립된 것이 없다. 다만, 합국이 되어 목화(木火)가 과다해지므로 양적인 기운의 건강인 혈관, 심장질환을 조심한다. 더불어 목(木)이 합국으로 조금 많아지므로 뼈와 간기능 이상을 주의한다.

❸
1. 육친의 개수와 점수를 분석한다.
2. 육친의 개수와 점수를 보고 성격을 분석한다.
3. 육친의 개수와 점수를 보고 직업 적성을 분석한다.

❸ 1. 목(木) 비겁은 4개·35점, 화(火) 식상은 3개·35점, 토(土) 재성은 1개·10점, 금(金) 관성은 0개·0점, 수(水) 인성은 0개·30점이다.

2. 육친의 성격은 발달이나 과다로 분석한다. 비겁 발달, 식상 발달, 인성 발달의 성격과 특성이 나타난다. 이 사주는 과다한 육친이 없다.

3. 육친의 직업 적성은 과다나 발달로 분석한다. 비겁 발달, 식상 발달, 인성 발달의 직업 적성이 나타난다. 즉, 인성 발달로 배움에 대한 열정과 끈기가 있으니 평생 공부하고 연구하며, 비겁 발달의 사람을 상대로, 식상 발달의 입을 가지고 하는 직업이 가장 적성에 잘 맞는다. 다만, 합국으로 인성이 사라지고 비겁 발달과 식상 발달로 바뀌니 사람을 상대로 입을 가지고 하는 직업이 어울린다. 처음에 법조인으로 평생 법조문을 연구했지만, 인성이 합국으로 사라지고 비겁과 식상만 남아 정치인이 되었다.

④ 오행과 육친의 발달과 과다를 분석하면 된다. 목화(木火)가 비겁과 식상이므로 자유지향적, 적극적, 활동적, 명예지향적이면서 대인을 상대로 입을 가지고 표현력을 발휘하는 직업 적성이 어울린다. 즉, 교수, 법조인, 정치인, 외교관, 방송인, 연예인이 잘 맞는다. 다만, 목화(木火)가 많으므로 암기를 많이 해야 하는 연예계 또는 방송 분야보다는 자신을 드러내는 명예직이 어울린다.

⑤ 1. 현침살 : 갑(甲), 갑(甲), 오(午) / 도화살 : 묘(卯), 오(午)
  역마살 : 인(寅) / 명예살 : 진(辰)
  백호대살 : 갑진(甲辰) / 탕화살 : 오(午), 인(寅)
2. 신살은 많을수록 작용력이 강한데, 이 사주는 작용력이 있을 만큼 신살이 많지 않다.

⑥ 천간에는 합충이 없다.

⑦
시	일	월	연
丁	甲	丙	甲 (乾)
卯	午	寅	辰

인오합(寅午合), 인묘진(寅卯辰) 삼합이 있다. 합충이 2개로 많지도 적지도 않아 안정되어 있다.

⑧ 1. 진(辰)은 1순위가 무(戊), 2순위가 을계(乙癸), 인(寅)은 1순위가 갑(甲), 2순위가 무병(戊丙), 오(午)는 1순위가 정(丁), 2순위가 병기(丙己), 묘(卯)는 1순위가 을(乙)이고 2순위는 없다.
2. 지장간은 사주팔자 여덟 글자에 없는 오행이 있을 때, 그리고 충이 있어서 지장간이 열릴 때 살펴본다. 특히 남자 사주에서 재성이 없을 때, 그리고 여자 사주에서 관성이 없을 때 지장간에 재성과 관성이 있으면 배우자가 있다고 해석한다.
  이 사주는 진토(辰土) 재성이 고립되지 않고 잘 있어서 배우자와 문제가 없고 충도 없어서 지장간을 볼 필요가 없다.

사 주 감 정

④ 오행과 육친을 결합시켜 성격, 직업, 적성, 특성을 분석한다.

⑤ 1. 신살을 분석한다.
2. 신살을 보고 성격과 특성을 분석한다.

⑥ 천간의 합충을 분석한다.

⑦ 지지의 합충을 분석한다.

⑧ 1. 지장간을 분석한다.
2. 지장간의 활용에 대해 분석한다.

사주 감정

9 일반 이론의 용신과 용신격을 분석한다.

9 대덕 이론에서는 용신과 용신격을 거의 활용하지 않지만, 일반적으로 다음과 같이 해석한다.

인묘진(寅卯辰) 목국(木局)에 인오(寅午) 화국(火局)이 있어서 균형잡혀 있고, 득령하고 득시하고, 인묘진(寅卯辰) 합목(合木)의 힘이 강하여 신강한 사주이므로 월간 병화(丙火) 식신을 용신으로 정하는 신강용식신격이 된다. 대개 용신은 식신, 희신은 재성, 기신은 인성, 구신은 비겁이 된다. 식신이 용신이니 자식복이 있고, 인성이 기신이니 어머니복이 없다. 재성이 희신이니 부인복이 있고, 비겁은 구신이니 형제복과 친구복이 없다고 본다.

용신인 식신 병화(丙火)가 월지에서 12운성의 생을 얻고 일지에서 제왕으로써 월지와 일지에 통근했으므로 힘이 막강하다. 용신격으로 보면 신강한 사주에, 용신이 강한 육친으로부터 생을 받고, 사길신이며, 지지에 뿌리를 두고 통근하니 매우 좋은 격국을 가지고 있다. 다만, 대운 지지가 46세 대운까지 나쁘게 들어온다.

월지 지장간의 투간 여부로 보는 10정격(예전에는 8정격 활용)은 비견격이 식신격과 같이 있으면 식신격을 우선한다는 원리에 따라 식신격으로 본다. 식신격의 직업, 적성, 특성을 갖고 있고 용신(예전에는 상신이라 칭함)은 식신이 된다.

10 대덕 이론의 격국을 분석한다.

10 격국은 고전 격국, 용신 격국, 대덕 격국으로 구분된다. 고전 격국은 현재 거의 활용하지 않고, 용신 격국은 앞서 9번에서 설명하였다. 여기에서는 대덕 격국을 설명한다. 내격(10정격)으로 식신격이고, 신왕식상왕격, 목왕화왕격, 비겁발달격, 인성발달격, 식상발달격, 목화통명격, 비겁삼합의 격국을 가지고 있다. 사람을 적극적으로 활용하며, 입을 가지고 표현하고, 아이디어나 기획을 하며 진행시키는 직업이 잘 어울린다. 정치가에 잘 어울리는 사주다. 새로운 공약 개발, 선거 유세, 활동성, 대인관계 모두가 잘 어울린다.

11 허자를 분석한다.

11 연월 시기에 비겁의 허자인 을(乙)과 묘(卯), 일과 시에 을사(乙巳)와 병진(丙辰)의 허자가 발생한다고 본다. 다만, 심리적 현상으로 참고만 하는 것이 좋다.

12 사주의 물상을 분석한다.

12 늦겨울의 갑목(甲木)이니, 늦겨울에 나무가 숲을 이루고 있는데 병화(丙火) 태양과 온도가 매우 따뜻하여 나무가 성장조건을 두루 갖추었다. 나무가 무성하다. 교육이나 정치가 어울린다.

13 대덕 이론의 용신은 무존재, 고립, 발달, 과다로 분석한다. 고립된 오행과 육친은 살려주고,

과다한 오행과 육친은 억제해주며, 발달된 오행과 육친은 발달을 유지시켜주고, 무존재는 고립되지 않도록 강하게 도와주는 것이 대덕 이론의 용신이다.

이 사주는 사주원국에 고립된 것이 없고, 목(木) 비겁과 화(火) 식상이 발달된 사주이므로 목(木)과 화(火)는 적당히 들어오면 좋고, 토(土)는 고립되지는 않았지만 힘이 약하므로 대운에서 뭉쳐서 들어오는 것이 좋으며, 수(水)와 금(金)은 사주원국에 존재하지 않으니 간지로 뭉쳐서 들어오는 것이 좋다. 수(水)와 금(金)은 드문드문 들어오면 고립이나 공격을 받게 될 가능성이 크다.

⓮ 대운 역시 무존재, 고립, 발달, 과다를 분석한다. 오행과 육친이 고립이거나 과다하면 부정적인 사건사고, 발달이거나 과다면 긍정적인 변화변동으로 분석한다. 무존재는 고립이 있으면 고립을 우선으로 보고, 고립이 없으면 무존재가 부정적인 사건사고를 암시할 가능성이 있다.

초년 대운은 부모복의 여부가 중요하다. 사주원국에 인성이 발달되어 있고, 사주원국에서 안정적인 재성이 초년 대운에서도 발달로 들어오므로 부모복이 있다. 그러므로 초년의 비겁 대운과 재성 대운은 긍정적이다. 또한 인(寅)월이 수(水)로서 한국적인 공부인 지속성과 암기력에서 장점이 있다. 목화통명격(木火通明格) 역시 초년 공부복에 긍정적이다.

⓯ 46세 대운은 병신합수(丙辛合水), 오미합화(午未合火), 묘미합목(卯未合木)을 한다. 목(木) 비겁이 70점, 화(火) 식상이 50점, 토(土) 재성이 0점, 금(金) 관성이 0점, 수(水) 인성이 20점이다. 사람을 상대로 표현하고 기획하는 데 탁월한 능력을 발휘할 수 있다. 다만, 재성과 관성은 매우 불리하여 인성도 불안하다. 사업은 불리하다.

⓰ 경금(庚金)이 목화(木火)에 의해 고립된다. 목(木) 비겁이 85점, 화(火) 식상이 55점, 토(土) 재성이 0점, 금(金) 관성이 10점, 수(水) 인성이 20점이다. 관성에 욕심을 가지면 불리하다. 망신살, 관재수도 조심해야 한다. 서울시장 한나라당 예비경선에서의 패배로 정치적 손실이 컸다.

⓱ 사주 오행 중 어떤 오행이든 무난하지만, 토(土)와 금(金)이 가장 필요하다. 현관문이나 방문이나 침대 머리맡과 책상을 서쪽 방향으로 놓거나, 백색과 황색의 의상과 실내 인테리어가 좋다. 안경도 금테나 은테가 좋고, 철제 책상이나 철제 인테리어가 필요하다. 실제로 오링 테스트를 하면 서쪽 방향과 백색과 황색이 잘 어울릴 것이다.

사 주 감 정

⓭ 대덕 이론의 용신을 분석한다.

⓮ 대덕 이론으로 초년 대운을 분석한다.

⓯ 대덕 이론으로 가장 최근의 대운인 46세 대운을 분석한다.

⓰ 대덕 이론으로 46세 대운 중 2010년 경인(庚寅)년을 분석한다.

⓱ 용신, 코디, 실내 인테리어에 대해 분석한다.

사주감정

사주분석 ②

1985년 1월 4일(양) 진(辰)시생 남자

성명	정성룡 (축구선수)			생년월일				음/양		乾/坤	
시	일	월	연	오행	木	火	土	金	水		
				개수							
				점수							
				육친							

대운	甲 乙 丙 丁 戊 己 庚 辛 壬 癸	2004	2005	2006	2007	2008	2009	2010	2011
	子丑寅卯辰巳午未申酉戌亥								

천간합	甲己土, 乙庚金, 丙辛水, 丁壬木, 戊癸火
지지합	子丑土, 寅亥木, 卯戌火, 辰酉金, 巳申水, 午未火
천간충	甲庚沖, 甲戊沖, 乙辛沖, 乙己沖, 丙壬沖, 丙庚沖, 丁癸沖, 丁辛沖, 戊壬沖, 己癸沖
지지충	子午沖, 丑未沖, 寅申沖, 卯酉沖, 辰戌沖, 巳亥沖
삼합	寅午戌火, 申子辰水, 巳酉丑金, 亥卯未木
방합	寅卯辰木, 申酉戌金, 巳午未火, 亥子丑水

	甲甲 병존	부모대 또는 본인대에 파가(破家) 또는 조실부모한다
	乙乙 병존	인덕이 없고 외로우며 고독하다
	丙丙 병존	광역 역마. 일찍 고향을 떠난다
	丁丁 병존	인덕이 없다. 외롭고 고독하다
천간 병존	戊戊 병존	해외 역마로 유학, 무역, 외교, 이민 등이 좋다
	己己 병존	지역 역마, 작은 역마. 한곳에 정착한다
	庚庚 병존	국내 역마로 활동적인 직업이 좋다
	辛辛 병존	어려운 일이나 비참한 일을 겪는다
	壬壬 병존	도화살 또는 인기살이 있어서 인기를 얻는 직업이 좋다
	癸癸 병존	도화살 또는 인기살이 있어서 인기를 얻는 직업이 좋다

지지 병존	子子 병존	인기를 기반으로 하는 직업이 좋다
	丑丑 병존	구두쇠 기질이 있다
	寅寅 병존	활동적이고 적극적인 직업이 좋다
	卯卯 병존	객지에서 사건사고가 있다
	辰辰 병존	고집, 독립적·자유적임(타인에 비해 사고율이 높다)
	巳巳 병존	객지에서 사건사고가 있다
	午午 병존	형살(사람의 생명을 다루는 일 - 활동적이고 자유분방)
	未未 병존	어려운 일, 힘든 일(순간 폭발 - 욱하고 전진 기질)
	申申 병존	하체의 교통사고, 객지에서 사건사고를 조심한다
	酉酉 병존	형살(사람의 생명을 다루는 직업이 좋다)
	戌戌 병존	해외 역마. 활동 범위가 큰 직업이 좋다
	亥亥 병존	형살(사람의 생명을 다루는 직업이 좋다)

지장간	子	丑	寅	卯	辰	巳	午	未	申	酉	戌	亥
오행	+水	-土	+木	-木	+土	-火	+火	-土	+金	-金	+土	-水
1순위	癸	己	甲	乙	戊	丙	丁	己	庚	辛	戊	壬
2순위		癸辛	戊丙		乙癸	戊庚	丙己	丁乙	戊壬		辛丁	戊甲

역마살	寅, 申, 巳, 亥, 戌	( )개
도화살	子, 午, 卯, 酉	( )개
명예살(고집)	辰, 戌, 丑, 未	( )개
양인살	壬子, 丙午, 戊午	( )개
괴강살	戊辰, 戊戌, 庚辰, 戊戌, 壬辰, 戊戌	( )개
백호살	甲辰, 戊辰, 丙戌, 壬戌, 丁丑, 癸丑, 乙未	( )개
귀문관살	辰亥, 子酉, 未寅, 巳戌, 午丑, 卯申	( )개
삼기격	甲戊庚, 乙丙丁, 辛壬癸	( )개
금수쌍청격	壬庚, 辛癸	( )개
천문성	1순위 : 卯, 戌, 亥, 未 / 2순위 : 寅, 酉	( )개

사 주 감 정

四柱分析

사 주 감 정

1 만세력을 보고 생년월일시의 사주팔자를 뽑는다.

1

시	일	월	연
丙	癸	丙	甲 (乾)
辰	卯	子	子

71	61	51	41	31	21	11	1
甲	癸	壬	辛	庚	己	戊	丁
申	未	午	巳	辰	卯	寅	丑

2 오행의 개수와 점수를 분석한다.

3 사주를 오행과 육친의 무존재, 고립, 발달, 과다를 통해 분석한다.

2 목(木)은 2개·25점, 화(火)는 2개·20점, 토(土)는 1개·15점, 금(金)은 0개·0점, 수(水)는 3개·50점이다.

3 목(木) 식상은 25점, 화(火) 재성은 20점, 토(土) 관성은 15점, 금(金) 인성은 0점, 수(水) 비겁은 50점이다.

자(子)월 계수(癸水)라서 수(水) 바다의 느낌이 강하다. 그러면서 수(水)가 목(木)을 생하고, 목(木)이 화(火)를 생하는 구조로 흘러간다. 목(木)이나 화(火)가 서로 붙어 있으면서 고립 없이 발달 형태라면 더 좋은 사주 구성일 텐데 아쉽다. 일지의 묘목(卯木)은 수(水)로부터 너무 많은 생을 받아 고립된다. 합국이 되면서 묘진합목(卯辰合木)을 하니 고립의 느낌은 덜하다. 그러나 병화(丙火)는 자(子)월이고, 지지가 자진합수(子辰合水)가 되며, 묘목(卯木)의 온전한 생을 받을 수 없어 고립된다. 또한 연간 갑목(甲木)도 고립이다.

그래도 이 사주는 왕한 수(水)의 기운을 지지의 묘(卯)가 묘진합목(卯辰合木)으로 빼주고, 목(木)은 다시 화(火)를 생하는 구조로 흘러가므로 어느 정도 숨통이 트인다. 물론 고립의 문제는 있지만, 사주가 이렇게 흐름으로 유지되는 것은 긍정적이다. 만약 이 사주에 화(火)가 없이 수(水)와 목(木) 두 가지가 발달 형태이거나, 화(火)가 있어도 고립 없이 30점 이상의 발달 형태였다면 좀더 격이 높은 사주가 될 것이다.

지지가 묘진합목(卯辰合木)과 자진합수(子辰合水)으로 양분되므로 수(水)로 편중될 일은 없다. 그리고 이 사주는 대운의 흐름이 매우 긍정적이다. 사주가 추운데 대운이 목(木)와 화(火)로 60년간 들어오면서 조후를 해결해주고 있으며, 사주에 고립된 목(木)와 화(火)의 고립을 풀어주기 때문

사 주 감 정

이다. 특히 초년에 목(木) 식상이 집중적으로 들어오는 것은 운동선수에게는 더욱 긍정적이다.

직업 적성은 사주에 발달 이상인 오행(육친)을 중심으로 살펴본다. 이 사주는 수비다(水比多) 사주다. 직접 돈을 버는 사업보다는 평생 사람을 상대하거나, 지식이나 끼 등을 활용하는 직업이 좋다. 수(水)라서 정보저장능력과 암기력이 탁월하므로 한국적인 공부에도 소질이 있다. 그런데 이 사주는 공부 쪽으로 가기에는 사주원국에 인성이 없어서 약간 부담스럽다. 또한 사주원국에 인성도 없고, 재성이 약하여 초년 부모복이 떨어질 수 있다. 실제로 정성룡은 고등학교 1학년 때 아버지를 여의었다. 특히 수(水) 비다라서 칭찬과 인정에 매우 민감한데, 부모복이 떨어지는 상황에서 초년의 관성운은 공부하는 데 부정적으로 작용한다.

이 사주는 지지에 묘자(卯子)로 도화격을 이루고 있다. 그러면서 비다(比多) 사주라서 평생 끼를 발휘하면서 사람들에게 인정과 사랑을 받을 수 있는 연예, 예술, 방송 등의 직업도 어울린다. 그러나 일간이 계수(癸水)이고 수다(水多)인 사주는 어려서 일찍 끼를 발견하기가 쉽지 않다. 상대적으로 화(火)들은 겉으로 표현하는 능력이 수(水)보다 낫기 때문에 어려서부터 끼를 발견하기가 좀더 쉬운데, 수(水)들은 연예인의 끼를 발견하기가 한국적인 풍토에서는 쉽지 않다. 그래서 대개 수(水)들은 늦게 연예, 예술, 방송에서 능력을 발휘하는 경우가 많다. 더군다나 정성룡은 초년의 아버지복이 떨어지므로 연예, 예술적 끼를 일찍부터 키워주기가 쉽지 않았다. 정성룡은 취미가 음악 감상이라고 하는데, 원래 수(水)들이 절대음감이 발달되어 있어서 음악적 소질이 있다. 만약에 연예, 예술 쪽으로 갔다면 음악도 잘 어울렸을 것이다.

수(水) 비다의 사주들이 공부 쪽이나 연예, 예술, 방송으로 자기 적성을 가지고 가지 못하면 놀자주나 백수기질이 나올 수 있다. 특히 초년에 부모에게서 칭찬과 인정을 받지 못하면 친구들과 어울리는 형태로 방황할 수가 있다. 정성룡도 초년에 정(丁), 축(丑), 무(戊)로 재성과 관성이 집중적으로 들어온다. 사주도 비다라서 칭찬과 인정에 민감한데, 초년운도 튀고 싶은 관성운이라 웬만한 부모의 뒷받침이 없으면 공부하기가 쉽지 않은 것이다. 그런데 이 시기에 이런 불리한 부분을 친구들과 어울리는 대신 운동으로 발휘했으므로 매우 긍정적이다.

원래 육친 중에서 비겁들이 체력이 떨어질 가능성이 가장 많다. 칭찬에 민감하고 예민하기 때문에 더욱 그렇다. 그러나 정성룡은 축구선수 중에서 감각과 순발력이 더 요구되는 골키퍼이기 때문에 체력적으로 장점이 된다. 그리고 수(水)들은 항상 한 박자 늦추어 움직이기 때문에 어떤 상황에서도 침착성이 있다. 축구에서 골키퍼의 이런 침착성은 대단한 장점인 것이다.

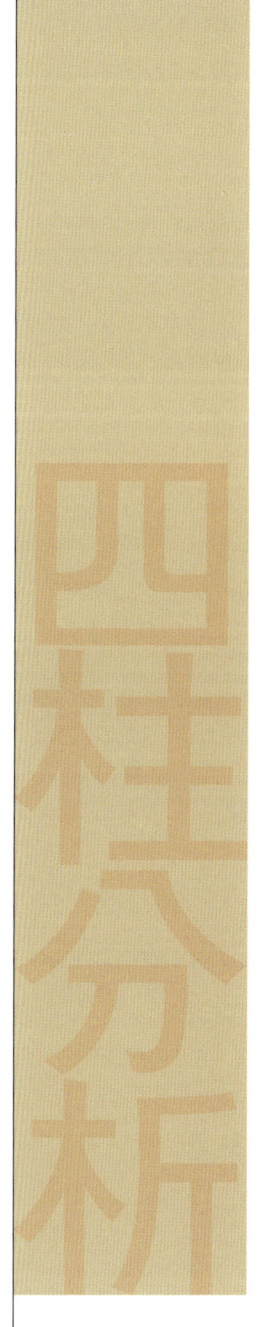

사 주 감 정

4 천간의 합충을 분석한다.

5 지지의 합충을 분석한다.

4 이 사주는 천간에 합충이 없다.

5
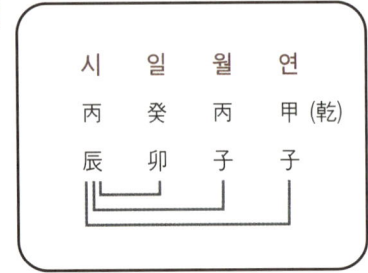

묘진합목(卯辰合木), 자진합수(子辰合水)가 중복되어 모두 3개의 합이 있다.

6 사주를 에니어그램으로 분석한다.

6 수(水)들은 에니어그램의 6번 유형인 충성가이다. 미래에 대한 두려움이 있기 때문에 늘 정보를 저장하거나 안정을 추구하는 심리가 강하다. 관다(官多)들은 운동을 하다가 자기 마음대로 안 되면 그만둘 수 있지만, 수(水)들은 그냥 꾹 참고 운동을 계속할 가능성이 많다. 특히 한국적인 풍토에서 운동선수들 사이에는 위계질서나 기합 등의 문화가 남아 있는데, 수(水)들은 이러한 불합리한 점을 참고 견디며 꾸준히 운동을 할 수 있다는 것이다.

　그리고 이 사주는 수다이면서도 지지에 귀문관살이 없는 점이 다행이다. 귀문관살이 있으면 사주가 지나치게 음적으로 흘러서 결정적일 때 제 실력을 발휘하지 못할 수 있기 때문이다. 골키퍼는 상대 공격수와 1:1로 대결하거나 페널티킥 상황이 많은데, 수다에 귀문관살까지 있으면 소심하고 배짱이 떨어지므로 이런 상황에서 위축되어 실력 발휘를 하기 어려울 것이다.

7 성격성명학(파동성명학)으로 성격 유형을 분석한다.

7 이름도 사주 못지않게 성격에 영향을 미친다. 정성룡은 양력으로 1985년생이다. 이름이 성룡(成龍)으로서 중심성격이 음정재이다.(성명학은 양력으로 본다) 은근한 고집과 끈기로 실속 있게 자기 일을 끌고 가는 타입이다. 예를 들어, 시위를 하다가 배가 고프면 앉아서 밥을 먹는 스타일이다. 대개 이런 이름들이 초년에 부모와의 갈등이나 부모복이 없는 것을 잘 극복해내는 능력이 있다. 성공에 대한 욕망도 강하고 자기관리능력이 있기 때문에 초년에 힘든 상황에서도 힘든 상황 따로, 내 일 따로 하는 분리해가며 실속 있게 인생을 끌고 갈 수 있다.

　정성룡은 사주가 수(水) 비다라서 끈기 있고 실속 있게 인생을 끌고 가기가 약간 어려울 수 있는

데, 이름에서 이런 단점을 보충해주므로 아주 좋은 이름이라고 할 수 있다.

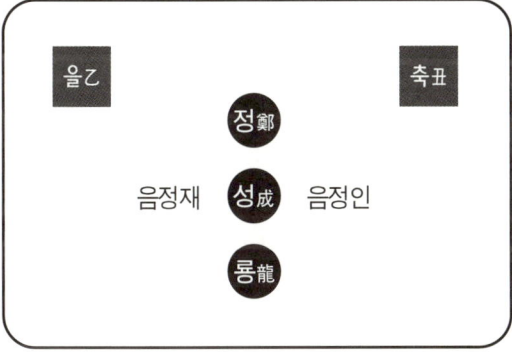

❽ 일반 이론으로 용신과 용신격을 보면 사주명리학자마다 의견이 다를 것이다. 먼저 월지가 천간에 투출되지 못해 신약하다고 보아 비견 용신에 신약용비견격으로 볼 수 있다. 그리고 월지가 득령하고 연지가 일간에 비화(比和)되며, 자진합수(子辰合水)가 되어 신강하므로 상관 용신이나 정재 용신에 신약용신관격 또는 신약용정재격으로 보기도 한다. 월지가 천간에 투출된 것으로 격국을 정하는 내격은 비견격이 된다.

한편, 대덕 이론으로 보면, 행운용신은 묘진합목(卯辰合木)과 자진합수(子辰合水)로 조후가 균형을 이루니 어떤 오행이 와도 문제가 없다. 다만, 수(水)나 목(木)은 적당히 대운에 들어와도 문제가 없지만, 사주원국에 없는(무존재인) 금(金), 그리고 사주원국에서 힘이 약한 토(土)나 화(火)는 간지로 뭉쳐서 들어오는 것이 좋다. 고립용신은 연간 갑목(甲木)으로, 뼈와 간기능 건강을 지키기 위해 목(木)을 도와주는 용신이 필요하다.

❾ 이 사주는 비견격(내격), 시하일위정관격, 도화격, 수왕목화왕격, 신왕식재왕격을 갖추고 있다.

❿ 천간의 갑(甲)과 병(丙) 사이에 을목(乙木) 식상이 들어오고, 지지의 자자(子子) 사이에 합으로 축(丑) 관성과 오(午) 재성이 들어온다. 그리고 월주와 일주 사이에 천간으로는 갑을(甲乙) 식상이, 지지로는 축인(丑寅)의 관성 식상이 들어온다. 천간과 지지에서 공협의 방향이 다른데 이를 역전이라고 한다. 일부에서는 역전이 되면 정신병을 앓는다고 하지만, 근거 없는 이야기다. 이 사

사 주 감 정

주는 목(木) 식상, 화(火) 재성, 토(土) 관성 등이 허자로 들어오는데 긍정적으로 본다.

특히 목다(水多)이고 추운 사주에 강한 기운을 빼주는 목(木) 식상이 강하게 허자로 들어오는 것은 긍정적인 역할을 많이 한다.

⓫ 사주의 물상을 분석한다.

⓫ 한겨울 세상이 온통 얼어붙었는데 또 다시 눈보라가 치는 형상이다. 특히 수(水)가 과다하면 세상이 추위나 눈보라로 휩싸여 나무가 살기 힘들다. 대운에서 목(木)의 나무가 몰려와서 바람을 막아주거나, 화(火)의 태양이 몰려와 눈을 녹여주면 좋은 물상이다. 그런데 이 사주는 병화(丙火) 2개가 떠 있으니 마치 한겨울 꽁꽁 언 강에 태양이 내리쬐고 있는 형상 또는 겨울에 눈이 내리면서 동시에 햇빛이 내리쬐는 매우 아름다운 물상이다.

그리고 대운에서 나무를 의미하는 목(木)이 몰려와 바람을 막아주고 있으며, 또한 따뜻한 화(火)의 태양도 들어와서 눈을 녹여주고 있으니 평온한 아름다움이 연상되는 물상이다.

⓬ 대덕 이론으로 대운을 분석한다.

⓬ 이 사주는 대운에서 수(水)로만 몰려가지 않으면 어느 오행이 들어와도 좋다. 특히 지지가 자진합수(子辰合水)를 하지만, 늘 묘(卯)가 묘진합목(卯辰合木)을 해주므로 수(水)로 편중되는 경우가 없어 긍정적이다. 특히 이 사주는 대운 지지가 목(木)으로 30년, 화(火)로 30년간 흘러가면서 사주원국에 힘이 약한 목(木)과 화(火)를 보충해주고, 추운 사주가 대운으로 가면서 더워지면서 조후를 해결해주기 때문에 매우 좋은 모습이다.

앞에서도 설명했지만, 초년 대운인 1세 정축(丁丑) 대운과 11세 무인(戊寅) 대운은 사주원국이 목(水)비다이면서 초년 부모복이 떨어지는 상황에서 재성과 관성운이므로 공부 쪽으로 가는 것이 힘들다. 이 시기에 인정받고 싶은 욕구를 친구들을 통해 발휘하면 초년에 놀자주의로 흘러 매우 부정적인데, 운동(축구)을 하면서 풀었으니 초년운을 잘 끌고 갔다고 할 수 있다. 그리고 운동선수에게 식상운은 긍정적인데, 인(寅) 대운부터 서서히 골키퍼로 인정받게 된다. 2001년부터 청소년 축구대표로서 인정받게 되고, 2003년에는 프로축구팀에 입단하게 된다.

21세 기묘(己卯) 대운은 지지에 묘(卯)가 들어와 묘진합목(卯辰合木)을 하여 식상이 더 늘어난다. 식상은 남 앞에서 입을 가지고 말하는 능력이나, 자기의 재주나 끼를 발휘하는 데 장점이 있다. 사주원국에 비겁이 발달되어 있으므로 사람들에게 운동선수로서 식상인 재능을 인정받을 수 있는 대운이다.

2010년 경인(庚寅)년은 천간에 경금(庚金) 인성이 들어오므로 사람들에게 사랑받을 수 있는 연운이다. 특히 경금(庚金)이 갑목(甲木)을 벽갑하여 화(火)를 살려주므로 추운 사주가 따뜻해진다. 이렇게 천간의 경갑충(庚甲冲)과 병인충(丙庚冲)은 긍정적인 변화변동을 내포한다. 또한 지지로는 인(寅)이 들어와 인묘진합목(寅卯辰合木)으로 목(木) 식상을 더 늘려주므로 운동선수로서 최고의 능력을 발휘할 수 있는 해다. 2010년 남아공 월드컵에서 주전 골키퍼로서 한국의 16강 진출에 많은 공헌을 하였다. 특히 그간 대표팀의 주전 골키퍼를 해오던 선수를 제치고 주전으로 발탁되어 명성을 날렸으니 좋은 변화변동의 해인 것이다.

나머지 대운 중 31세 경진(庚辰) 대운도 천간으로 갑경충(甲庚冲)과 병경충(丙庚冲)을 하여 긍정적인 변화변동을 예고하고, 지지는 묘진합목(卯辰合木)의 식상과 자진합수(子辰合水)의 비겁이 늘어나므로 골키퍼로서 많은 활약이 예고되는 대운이다.

41세 신사(辛巳) 대운부터는 사주에 약한 화(火) 재성을 도와주는 화(火)운이 들어오므로 큰 무리가 없다. 다만, 이 대운은 천간의 병(丙)이 병신합수(丙辛合水)를 하므로 지지의 사(巳)가 고립될 수 있다. 이 사주는 화(火)가 들어오려면 간지 발달 형태로 들어오는 것이 더 긍정적이다. 그래도 사화(巳火)를 지지의 묘진합목(卯辰合木)으로 늘 생해주는 구조는 좋다.

무엇보다 이 사주는 추운 사주인데, 대운이 목화(木火)로 가므로 더할 나위 없이 좋다.

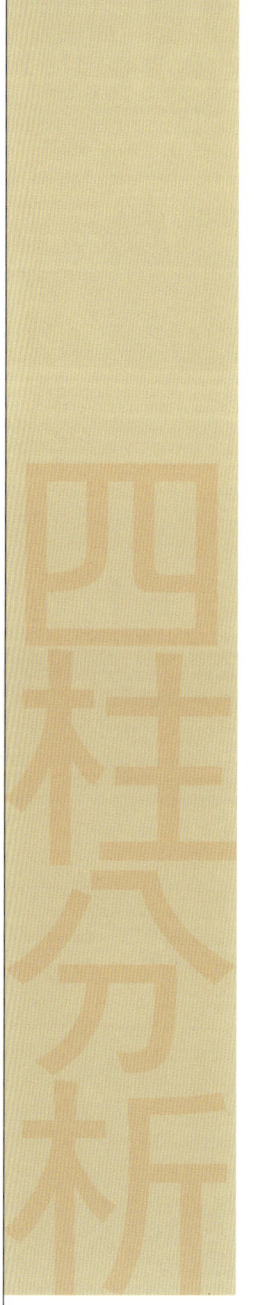

사주감정 03 사주분석

1981년 7월 19일(양) 자(子)시생 남자

성명	이원희 (유도선수)			생년월일				음 / 양		乾 / 坤
	시	일	월	연	오행	木	火	土	金	水
					개수					
					점수					
					육친					

대운	甲 乙 丙 丁 戊 己 庚 辛 壬 癸	2004	2005	2006	2007	2008	2009	2010	2011
	子 丑 寅 卯 辰 巳 午 未 申 酉 戌 亥								

천간합	甲己土, 乙庚金, 丙辛水, 丁壬木, 戊癸火
지지합	子丑土, 寅亥木, 卯戌火, 辰酉金, 巳申水, 午未火
천간충	甲庚沖, 甲戊沖, 乙辛沖, 乙己沖, 丙壬沖, 丙庚沖, 丁癸沖, 丁辛沖, 戊壬沖, 己癸沖
지지충	子午沖, 丑未沖, 寅申沖, 卯酉沖, 辰戌沖, 巳亥沖
삼합	寅午戌火, 申子辰水, 巳酉丑金, 亥卯未木
방합	寅卯辰木, 申酉戌金, 巳午未火, 亥子丑水
천간 병존	甲甲 병존	부모대 또는 본인대에 파가(破家) 또는 조실부모한다
	乙乙 병존	인덕이 없고 외로우며 고독하다
	丙丙 병존	광역 역마. 일찍 고향을 떠난다
	丁丁 병존	인덕이 없다. 외롭고 고독하다
	戊戊 병존	해외 역마로 유학, 무역, 외교, 이민 등이 좋다
	己己 병존	지역 역마, 작은 역마. 한곳에 정착한다
	庚庚 병존	국내 역마로 활동적인 직업이 좋다
	辛辛 병존	어려운 일이나 비참한 일을 겪는다
	壬壬 병존	도화살 또는 인기살이 있어서 인기를 얻는 직업이 좋다
	癸癸 병존	도화살 또는 인기살이 있어서 인기를 얻는 직업이 좋다

지지 병존	子子 병존	인기를 기반으로 하는 직업이 좋다
	丑丑 병존	구두쇠 기질이 있다
	寅寅 병존	활동적이고 적극적인 직업이 좋다
	卯卯 병존	객지에서 사건사고가 있다
	辰辰 병존	고집, 독립적·자유적임(타인에 비해 사고율이 높다)
	巳巳 병존	객지에서 사건사고가 있다
	午午 병존	형살(사람의 생명을 다루는 일 - 활동적이고 자유분방)
	未未 병존	어려운 일, 힘든 일(순간 폭발 - 욱하고 전진 기질)
	申申 병존	하체의 교통사고, 객지에서 사건사고를 조심한다
	酉酉 병존	형살(사람의 생명을 다루는 직업이 좋다)
	戌戌 병존	해외 역마. 활동 범위가 큰 직업이 좋다
	亥亥 병존	형살(사람의 생명을 다루는 직업이 좋다)

지장간	子	丑	寅	卯	辰	巳	午	未	申	酉	戌	亥
오행	+水	-土	+木	-木	+土	-火	+火	-土	+金	-金	+土	-水
1순위	癸	己	甲	乙	戊	丙	丁	己	庚	辛	戊	壬
2순위		癸辛	戊丙		乙癸	戊庚	丙己	丁乙	戊壬		辛丁	戊甲

역마살	寅, 申, 巳, 亥, 戌	(	)개
도화살	子, 午, 卯, 酉	(	)개
명예살(고집)	辰, 戌, 丑, 未	(	)개
양인살	壬子, 丙午, 戊午	(	)개
괴강살	戊辰, 戊戌, 庚辰, 戊戌, 壬辰, 戊戌	(	)개
백호살	甲辰, 戊辰, 丙戌, 壬戌, 丁丑, 癸丑, 乙未	(	)개
귀문관살	辰亥, 子酉, 未寅, 巳戌, 午丑, 卯申	(	)개
삼기격	甲戊庚, 乙丙丁, 辛壬癸	(	)개
금수쌍청격	壬庚, 辛癸	(	)개
천문성	1순위 : 卯, 戌, 亥, 未 / 2순위 : 寅, 酉	(	)개

사 주 감 정

1 만세력을 보고 생년월일시의 사주팔자를 뽑는다.

1

시	일	월	연
甲	己	乙	辛 (乾)
子	亥	未	酉

74	64	54	44	34	24	14	4
丁	戊	己	庚	辛	壬	癸	甲
亥	子	丑	寅	卯	辰	巳	午

이 사주는 생시가 오후 11시 30분이 지났으므로 7월 20일 자(子)시생이다.

2 오행의 개수와 점수를 분석한다.

2 목(木)·2개·20점, 화(火)·0개·30점, 토(土)·2개·10점, 금(金)·2개·20점, 수(水)·2개·30점이다.

3 육친의 개수와 점수를 분석한다.

3 목(木) 관성은 2개·20점, 화(火) 인성은 0개·30점, 토(土) 비겁은 2개·10점, 금(金) 식상은 2개·20점, 수(水) 재성은 2개·30점이다.

4 오행과 육친을 결합시켜 성격, 직업, 적성, 특성을 분석한다.

4 사주원국의 오행(육친) 점수를 보면 발달이 3개나 된다. 금(金) 식상은 점수로는 20점이지만, 간지로 있어서 30점 이상의 기운을 지녔으므로 발달로 본다. 화(火) 인성 발달, 금(金) 식상 발달, 수(水) 재성 발달을 이룬 사주다. 사주가 아무리 신약해도 이렇게 사주원국에서 육친 발달이 3개 이상이면 안정된 삶을 살 가능성이 많다. 특히 이 사주는 발달된 오행들이 서로 수극화(水剋火), 화극금(火剋金)을 이루고 있다. 이를 대덕격2라고 하는데, 인기와 명예를 가지는 직업에서 능력을 발휘한다.

그리고 대운 분석시 미(未)는 토(土) 비겁의 구실을 하기 때문에 비겁, 식상, 재성이 왕한 사주가 된다. 즉, 신왕식재왕의 구조를 가지고 간다. 내 편과 상대편의 세력이 균형을 이루므로 평생 안정적이면서 식상과 재성의 복을 가지고 가는 것이다. 보통 사주에 식상이 잘 발달되면 평생 먹을 복이 있다고 보는데, 사주주인공인 이원희는 식상의 먹을 복과 재성의 돈복을 다 가지고 가므로 더욱 긍정적이다. 사주원국에서 목화(木火)와 금수(金水)가 각각 50점으로 균형을 이룬 것도 사주의 안정성을 더욱 뒷받침해준다.

5 고립오행은 월간 을목(乙木)과 시간 갑목(甲木)이다. 둘 다 수(水)의 생을 받고 있지만, 해(亥)가 자(子)와 해자합(亥子合)을 하는 것을 고려하면 생이 과다하다. 또한 미(未)월은 한참 더울 때이므로 미(未) 속의 을목(乙木)도 힘들긴 마찬가지다. 따라서 목(木)의 건강인 간, 뼈, 관절, 갑작스런 사건사고 등을 주의해야 한다. 하지만 대운이 목(木)과 수(水)로 흘러가는 것은 목(木) 건강과 관련해 매우 긍정적이다. 어느 정도 목(木)의 고립을 풀어주기 때문이다.

그리고 미(未)월생들은 더운 계절에 태어났기 때문에 기본적으로 혈관질환을 늘 조심해야 한다. 사주의 천간 지지는 갑기합(甲己合), 을기충(乙己沖), 을신충(乙辛沖), 해자합(亥子合)으로 4개 정도 줄이 가 있기 때문에 적당하게 면역력을 갖추고 있다.

6 사주원국을 보면 인성의 공부·연구·연습·끼 등을 가지고, 식상의 입을 활용하면서, 재성의 부드러운 관계성으로 돈을 버는 직업이 어울린다. 공부하면서 입을 활용하는 교수나 교사도 잘 어울린다. 아니면 끼를 활용하는 연예, 예술, 방송 등의 직업도 좋다. 평생 연습하는 운동선수도 잘 어울린다.

그러나 끼를 가지고 가는 연예계는 도화살이 조금 부족한 듯하고, 공부 쪽으로 직업을 삼기에도 부담이 있다. 사주원국에 화(火) 인성이 30점으로 발달 형태이지만, 한국의 학습풍토에서 화(火)들이 암기하고 반복하는 공부를 하기엔 벅찰 수 있다는 의미다. 또한 초년 대운의 한참 공부할 시기에 계(癸)의 재성운도 공부 쪽으로 끌고 가기엔 부담이 많다.

사주에서 운동을 잘할 수 있는 육친은 관성, 인성, 재성 등이다. 관성은 어렸을 때부터 까불까불하고 모험을 하는 성향이므로 운동감각이 좋다. 그 다음으로 인성은 관성보다 배짱은 떨어지지만 인내심이 있다. 인성이 발달된 아이들은 관다보다는 덜 씩씩하지만, 본인이 하겠다고 우기면 부모가 말리지 못한다. 이들은 남에게 인정받고 싶은 욕구가 있기 때문에 끝까지 물고 늘어지는 성향이 있다. 또한 인성은 연습하는 기질을 의미하기 때문에 기본적으로 운동에 소질이 있다. 연습하는 기질에 남에게 인정받고 싶은 욕심이 어우러지면 운동을 통해서 소질을 발휘할 수 있다. 여기에 인성 발달은 부모복을 의미하기 때문에 칭찬해주는 부모를 만나면 운동으로 본인의 능력을 더욱 잘 발휘할 수 있다.

이 사주는 재성 역시 30점으로 발달이다. 재성은 어울림, 관계성, 놀자주의 성향이기 때문에

사주감정

5 오행의 개수와 점수를 통해 건강을 분석한다.

6 오행과 신살과 육친을 종합하여 성격을 분석한다.

사 주 감 정

운동감각이 있다. 관계지향적인 성향이므로 어느 정도 체력이 튼튼할 가능성이 많다. 이렇게 이 사주는 인성과 재성이 잘 발달되어 운동 소질이 충분하다.

초년운을 보면 한참 공부할 나이인 14세 대운의 계(癸)운이 재성운이다. 이 시기에는 공부 쪽보다 놀자주의의 심리가 강한데, 이 때 공부 대신 운동을 택한 것도 사주의 장점을 잘 가지고 간 것이다.

사주의 간지도 신(辛), 을(乙), 기(己)로 음적인 기운이 강하고, 지지의 자유(子酉) 귀문관살도 운동하는 데 긍정적이다. 양적인 기운이나 관다(官多) 사주는 운동을 하다 마음에 들지 않으면 그만둘 가능성이 많은데, 음적인 성향이면 소심함이나 미래에 대한 두려움 때문에 꾹 참고 운동을 꾸준히 잘할 수 있는 것이다.

7 천간의 합충을 분석한다.

7

시	일	월	연
甲	己	乙	辛
子	亥	未	酉

갑기합(甲己合), 을기충(乙己沖), 을신충(乙辛沖)을 한다.

8 지지의 합충을 분석한다.

8

시	일	월	연
甲	己	乙	辛
子	亥	未	酉

해자합(亥子合) 하나만 있다.

9 일반 이론에서는 사주마다 용신과 격국이 하나씩 있다고 설명하지만, 대덕 이론에서는 사주의 특성을 보여주는 다양한 격국을 모두 인정하고 사주 분석에 활용한다.

　대덕 이론에서는 이 사주가 편관격(내격), 식상발달격, 재성발달격, 인성발달격, 천문격, 현침격, 대덕격2 등의 격국을 가지고 있다고 본다.

10 미(未)월의 기토(己土)는 뜨거운 한여름의 좁은 정원이나 화단 흙이다. 가장 먼저 땅인 토(土)가 좀더 필요하고, 더위를 식혀줄 비나 물도 필요하다. 그리고 한여름의 기토(己土)인 작은 정원이나 텃밭에 나무가 갑(甲)과 을(乙)로 발달되어 있어서 명예와 부동산, 재물복, 인복을 얻을 수 있는 물상이다.

　또한 금(金)의 바위산에 햇볕이 내리쬐고 있으며, 그 바위산을 중심으로 시원한 물이 흐르는 형상 또는 바위산에 시원한 여름비가 내리는 형상이다. 또한 여름의 화(火)와 금(金) 기운이 강한데, 먼저 금광석을 제련하는 형상으로 볼 경우 가장 우선적으로 필요한 것이 수(水)다. 제련된 금광석을 물로 씻어내야 더욱 빛나게 되는데, 이 사주는 충분한 물이 흐르고 있어서 매우 좋은 물상이다.

11 고전 이론의 입장에서 용신은 하나뿐이며, 반드시 대운에서 용신이나 용신을 생하는 희신운이 들어와야 발복한다고 설명한다. 그러나 대덕 이론은 용신론의 한계를 오행(육친)의 고립, 발달, 과다로 분석한다.

　이 사주는 대운에서 어떤 오행이 들어와도 큰 무리가 없다. 오행이나 육친이 어느 하나로 편중될 가능성이 전혀 없기 때문이다. 지지가 해자합수(亥子合水)도 되지만, 미토(未土)와 유금(酉金)이 늘 균형을 잡아주기 때문에 하나의 오행이 과다해지거나, 하나의 오행이 고립될 가능성이 전혀 없다.

　다만, 이 사주는 목(木)이 고립되어 있으므로 대운에서 고립을 풀어주는 오행이 힘있게 뭉쳐서 들어오는 것이 좋다.

12 원래 사주원국이 인성 발달이고, 초년운에 오(午)나 사(巳)운의 인성운이 오므로 어느 정도 공부를 할 가능성이 있다.

　그러나 초년 대운이 4세 갑오(甲午) 대운, 14세 계사(癸巳) 대운 등으로 관성, 인성, 재성, 인

사 주 감 정

9 대덕 이론의 격국을 분석한다.

10 사주의 물상을 분석한다.

11 대덕 이론의 용신을 분석한다.

12 대덕 이론으로 초년 대운을 분석한다.

사 주 감 정

성 등으로 들어와 일관성 있게 공부하기에는 무리가 많다.

특히 14~18세는 한창 공부에 매진할 시기인데 재성운이 들어오므로 공부를 잘할 가능성이 떨어진다. 이 시기에 공부를 안 하면 놀자주의로 친구들과 어울려 지내느라 사주의 장점을 발휘하지 못할 수도 있는데, 이원희는 이 시기에 일찍 운동(유도)을 하여 용인대학교에 들어갔다. 매우 긍정적으로 풀어나갔다고 할 수 있다.

⑬ 가장 최근 대운인 24세 임진(壬辰) 대운을 분석한다.

⑬ 대운 점수를 보면 목(木) 관성은 10점, 화(火) 인성은 0점, 토(土) 비겁은 40점, 금(金) 식상은 40점, 수(水) 재성은 50점으로, 신왕식재왕의 대운이다.

대운 자체가 어느 정도 안정감이 있고, 운동선수에게 식상과 재성이 많이 느는 것은 매우 긍정적이다. 식상이 느는 것은 사람들 앞에서 말이나 표현하는 능력이 강해지는 것을 의미하고, 재성이 느는 것은 관계성과 어울림이 좋아지거나, 부끄러움을 잘 타지 않아서 두려움이 없어지고 배짱과 여유로움이 생기는 것을 뜻한다.

그리고 이원희 사주는 사주원국에 귀문관살이 있는데, 귀문관살은 감수성이 예민하고, 소심하며, 배짱이나 추진력이나 결단력이 다른 사람에 비해 약하다. 그런데 대운에서 재성이 이렇게 늘어나면 귀문관살의 소심함과 두려움을 극복할 수 있으므로 유도선수인 사주주인공에게 이 대운은 매우 긍정적인 역할을 하였다.

이 시기의 대운 중 2004년 갑신(甲申)년에 아테네 올림픽에서 유도 금메달을 획득하였다. 지지의 신자진합수(申子辰合水)로 인해 수(水) 재성이 더 늘어나니 긍정적이고, 특히 천간의 갑기합토(甲己合土)로 비겁도 많아지는 연운이니 사람들에게 널리 인정받을 수 있었다.

이 시기의 이력을 보면, 2004년 갑신(甲申)년 올림픽 금메달, 2006년 병술(丙戌)년 아시안게임 금메달을 획득하며 여러 국제대회에서 운동선수로 능력을 발휘하였다.

그리고 2008년 무자(戊子)년에 골프선수 김미현과 결혼하며 큰 화제를 불러일으켰다. 둘 다 우리나라를 대표하는 스타급 운동선수였기 때문이다.

남자의 경우 연운에서 3~4년 사이에 식상과 재성이 집중적으로 들어오면 3년째나 4년째 해에 결혼을 많이 한다. 2005년 을유(乙酉)년, 2006년 병술(丙戌)년, 2007년 정해(丁亥)년, 2008년 무자(戊子)년 등, 이원희는 연운에서 유(酉), 해자(亥子)로 4년 중에서 3년 동안 식상과 재성이 집중적으로 들어왔다.

🔢 앞서 언급한 것처럼 이 사주는 나머지 대운에 어떤 오행이 와도 별 무리가 없다. 오행이나 육친이 어느 하나로 편중될 가능성이 전혀 없기 때문이다. 다만, 목(木)은 사주원국에서 고립되어 있으므로 대운에서 힘있게 들어와 고립을 풀어주는 것이 좋다.

34세 신묘(辛卯) 대운과 44세 경인(庚寅) 대운을 살펴보자. 사주원국에 목(木)이 고립되어 있는데 34세 대운의 해묘합목(亥卯合木)과 묘미합목(卯未合木), 그리고 44세 대운의 인해합목(寅亥合木)으로 20년 동안 목(木)의 고립을 풀어주고 있다. 목(木)이 좀더 부드러워지면서 관성의 명예복을 더 가져갈 수 있는 대운이다.

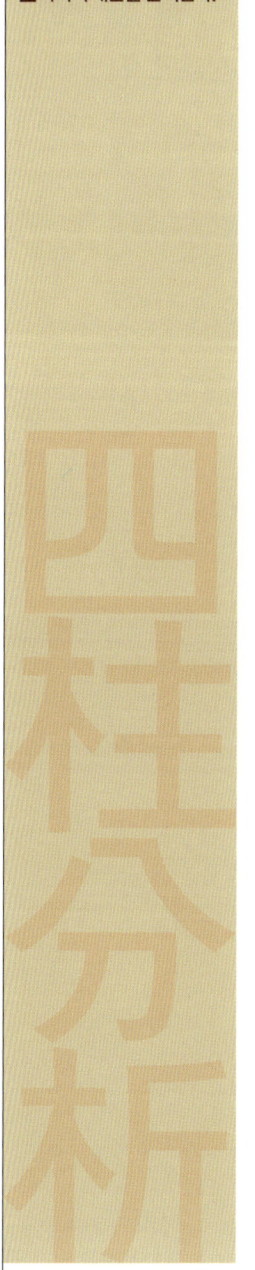

🔢 나머지 대운을 분석한다.

사주감정

04 사주분석

1970년 8월 27일(음) 자(子)시생 남자

성명	박명수 (개그맨)	생년월일				음/양		乾/坤	
시	일	월	연	오행	木	火	土	金	水
				개수					
				점수					
				육친					

대운	甲乙丙丁戊己庚辛壬癸 子丑寅卯辰巳午未申酉戌亥	2004	2005	2006	2007	2008	2009	2010	2011

천간합	甲己土, 乙庚金, 丙辛水, 丁壬木, 戊癸火
지지합	子丑土, 寅亥木, 卯戌火, 辰酉金, 巳申水, 午未火
천간충	甲庚沖, 甲戊沖, 乙辛沖, 乙己沖, 丙壬沖, 丙庚沖, 丁癸沖, 丁辛沖, 戊壬沖, 己癸沖
지지충	子午沖, 丑未沖, 寅申沖, 卯酉沖, 辰戌沖, 巳亥沖
삼합	寅午戌火, 申子辰水, 巳酉丑金, 亥卯未木
방합	寅卯辰木, 申酉戌金, 巳午未火, 亥子丑水
천간 병존	甲甲 병존	부모대 또는 본인대에 파가(破家) 또는 조실부모한다
	乙乙 병존	인덕이 없고 외로우며 고독하다
	丙丙 병존	광역 역마. 일찍 고향을 떠난다
	丁丁 병존	인덕이 없다. 외롭고 고독하다
	戊戊 병존	해외 역마로 유학, 무역, 외교, 이민 등이 좋다
	己己 병존	지역 역마, 작은 역마. 한곳에 정착한다
	庚庚 병존	국내 역마로 활동적인 직업이 좋다
	辛辛 병존	어려운 일이나 비참한 일을 겪는다
	壬壬 병존	도화살 또는 인기살이 있어서 인기를 얻는 직업이 좋다
	癸癸 병존	도화살 또는 인기살이 있어서 인기를 얻는 직업이 좋다

지지 병존	子子 병존	인기를 기반으로 하는 직업이 좋다
	丑丑 병존	구두쇠 기질이 있다
	寅寅 병존	활동적이고 적극적인 직업이 좋다
	卯卯 병존	객지에서 사건사고가 있다
	辰辰 병존	고집, 독립적·자유적임(타인에 비해 사고율이 높다)
	巳巳 병존	객지에서 사건사고가 있다
	午午 병존	형살(사람의 생명을 다루는 일 – 활동적이고 자유분방)
	未未 병존	어려운 일, 힘든 일(순간 폭발 – 욱하고 전진 기질)
	申申 병존	하체의 교통사고, 객지에서 사건사고를 조심한다
	酉酉 병존	형살(사람의 생명을 다루는 직업이 좋다)
	戌戌 병존	해외 역마. 활동 범위가 큰 직업이 좋다
	亥亥 병존	형살(사람의 생명을 다루는 직업이 좋다)

지장간	子	丑	寅	卯	辰	巳	午	未	申	酉	戌	亥
오행	+水	-土	+木	-木	+土	-火	+火	-土	+金	-金	+土	-水
1순위	癸	己	甲	乙	戊	丙	丁	己	庚	辛	戊	壬
2순위		癸辛	戊丙		乙癸	戊庚	丙己	丁乙	戊壬		辛丁	戊甲

역마살	寅, 申, 巳, 亥, 戌	( )개
도화살	子, 午, 卯, 酉	( )개
명예살(고집)	辰, 戌, 丑, 未	( )개
양인살	壬子, 丙午, 戊午	( )개
괴강살	戊辰, 戊戌, 庚辰, 戊戌, 壬辰, 戊戌	( )개
백호살	甲辰, 戊辰, 丙戌, 壬戌, 丁丑, 癸丑, 乙未	( )개
귀문관살	辰亥, 子酉, 未寅, 巳戌, 午丑, 卯申	( )개
삼기격	甲戊庚, 乙丙丁, 辛壬癸	( )개
금수쌍청격	壬庚, 辛癸	( )개
천문성	1순위 : 卯, 戌, 亥, 未 / 2순위 : 寅, 酉	( )개

사 주 감 정

四柱分析

사 주 감 정

1 만세력을 보고 생년월일시의 사주팔자를 뽑는다.

1

시	일	월	연
丙	庚	乙	庚 (乾)
子	戌	酉	戌

74	64	54	44	34	24	14	4
癸	壬	辛	庚	己	戊	丁	丙
巳	辰	卯	寅	丑	子	亥	戌

2 오행의 개수와 점수를 분석한다.

2 목(木)은 1개·10점, 화(火)는 1개·10점, 토(土)는 2개·25점, 금(金)은 3개·50점, 수(水)는 1개·15점이다.

3 오행의 무존재, 고립, 발달, 과다를 통해 성격과 건강을 분석한다.

3 금(金)이 과다하므로 맺고 끊음이 정확하고, 자기관리가 뛰어나다. 그러나 목(木) 고립, 화(火) 고립이 있어서 건강을 주의해야 한다.

4 육친의 개수와 점수를 분석한다.

4 목(木) 재성은 1개·10점, 화(火) 관성은 1개·10점, 토(土) 인성은 2개·25점, 금(金) 비겁은 3개·50점, 수(水) 식상은 1개·15점이다.

5 천간의 합충을 분석한다.

5

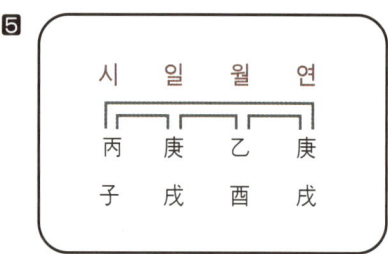

병경충(丙庚沖)과 을경합(乙庚合)이 중복된다. 모두 4개의 합충이 있다.

⑥

시	일	월	연
丙	庚	乙	庚
子	戌	酉	戌

유술합(酉戌合)이 중복된다. 모두 2개의 합이 있다. 천간과 지지의 합충이 모두 6개다.

⑦ 금(金) 일간에 금다(金多)이므로 완벽함을 추구하는 1번 유형(개혁가), 토금(土金)으로 편중되어 행동가와 실천가 기질이 있는 8번 유형(지도자), 비견과 겁재로 편중되어 있으므로 4번 예술가 유형이다.

⑧ 중심성격이 양정인, 부중심성격이 양정관이다. 감각이 발달되고 모성본능이 있으며, 섬세하고 명예욕이 강하다.

⑨ 일반 이론의 신강신약으로 보면, 신강한 사주이므로 술(戌)에 뿌리를 내리고 있는 시간 병화(丙火)를 용신으로 삼는다. 신강용편관격 사주가 된다.

간혹 시지 자수(子水)로 용신을 정하여 신강용상관격으로 보는 경우도 있다.

월지의 지장간 기준으로 보면 겁재격으로, 이 또한 신강하므로 편관이나 상관을 용신으로 정한다.

사 주 감 정

⑥ 지지의 합충을 분석한다.

⑦ 사주를 에니어그램으로 분석한다.

⑧ 성격성명학으로 성격 유형을 분석한다.

⑨ 일반 이론의 용신과 용신격을 분석한다.

사 주 감 정

간혹 신강신약으로 보지 않고 종격으로 보는 사람도 있지만, 이 사주는 편관이 있으므로 타당성이 약하다.

⑩ 허자를 분석한다.

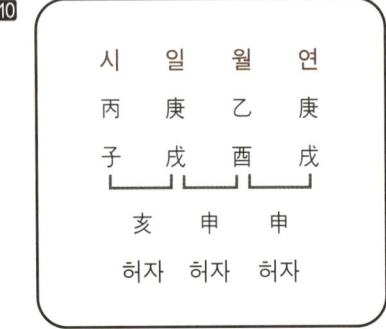

이 사주는 연과 월에 신(申) 비견이 허자로 들어오므로 초년에 인덕이 있고, 사람을 상대로 하는 직업선택이 유리하며, 인기도 있다. 또한 월과 일에도 신(申) 비견이 허자로 들어오므로 청년기도 초년과 같이 해석한다. 마지막으로 일과 시에 해(亥) 식신이 허자로 들어오므로 중년과 말년에 의식주가 풍족하고 표현력이 발달된다고 본다.

⑪ 사주의 물상을 분석한다.

⑪ 가을 바위산에 태양이 높이 떠 있고, 계곡물이 흐른다. 또는 난 한 그루가 피어 있다. 생산성보다는 풍경이 아름다우니 연예, 예술, 방송이 어울린다.

⑫ 대덕 이론의 용신을 분석한다.

⑫ 고립용신은 을목(乙木), 병화(丙火), 술토(戌土)로, 특히 을목(乙木)의 고립이 심하다. 늘 뼈와 간기능 이상을 주의 깊게 살펴야 한다. 또한 위장과 심장, 혈압, 중풍도 조심해야 한다.
　행운용신은 금(金)은 드문드문 들어오면 좋고, 목화토수(木火土水)는 간지로 들어오면 좋다.

⑬ 대덕 이론으로 대운을 분석한다.

⑬ 34세 기축(己丑) 대운의 점수를 보면 목(木) 재성은 0점, 화(火) 관성은 10점, 토(土) 인성은 10점, 금(金) 비겁은 105점, 수(水) 식상 15점이다.
　금(金) 비겁이 105점으로 매우 강하게 몰려온다. 일반 이론의 용신론으로 보면 기신인 금(金) 운이 오므로 매우 불리하다고 할 것이다. 그러나 대덕 이론에서는 비겁이 강하게 밀려오지만 사주주인공이 비겁의 직업인 연예인이므로 오히려 유리하다고 본다. 인기를 더 가져갈 수 있기 때

문이다.

다만, 재성과 목(木)의 고립으로 인해 부인과의 다툼, 부인의 건강과 본인의 건강문제(뼈와 간)를 매우 조심해야 한다.

그리고 34세 대운 중 2009년 기축(己丑)년의 연운 점수를 보면, 목(木) 재성은 0점, 화(火) 관성은 10점, 토(土) 인성은 20점, 금(金) 비겁은 115점, 수(水) 식상 15점이다. 이 해는 금(金)의 과다로 목(木)의 고립을 더욱 심화시키니 간경화로 병원에 입원하게 되었다.

이후 44세 대운, 54세 대운, 64세 대운은 반복적으로 금(金), 토(土), 화(火)를 고립시키므로 건강에 매우 주의해야 한다. 정기적인 건강검진이 필요하다. 비겁이 계속 들어오므로 비겁의 직업인 연예, 예술, 방송일에 충실하면 문제가 없겠지만, 방송을 하지 않고 사업에만 전념하면 사업상 어려움과 관재수를 조심해야 한다.

사주 감정

05 사주 분석 四柱

1953년 12월 8일(음) 진(辰)시생 남자

성명	김근중 (화가)			생년월일				음/양	乾/坤
시	일	월	연	오행	木	火	土	金	水
				개수					
				점수					
				육친					

대운	甲乙丙丁戊己庚辛壬癸 子丑寅卯辰巳午未申酉戌亥	2004	2005	2006	2007	2008	2009	2010	2011

천간합	甲己土, 乙庚金, 丙辛水, 丁壬木, 戊癸火
지지합	子丑土, 寅亥木, 卯戌火, 辰酉金, 巳申水, 午未火
천간충	甲庚沖, 甲戊沖, 乙辛沖, 乙己沖, 丙壬沖, 丙庚沖, 丁癸沖, 丁辛沖, 戊壬沖, 己癸沖
지지충	子午沖, 丑未沖, 寅申沖, 卯酉沖, 辰戌沖, 巳亥沖
삼합	寅午戌火, 申子辰水, 巳酉丑金, 亥卯未木
방합	寅卯辰木, 申酉戌金, 巳午未火, 亥子丑水

천간 병존	甲甲 병존	부모대 또는 본인대에 파가(破家) 또는 조실부모한다
	乙乙 병존	인덕이 없고 외로우며 고독하다
	丙丙 병존	광역 역마. 일찍 고향을 떠난다
	丁丁 병존	인덕이 없다. 외롭고 고독하다
	戊戊 병존	해외 역마로 유학, 무역, 외교, 이민 등이 좋다
	己己 병존	지역 역마, 작은 역마. 한곳에 정착한다
	庚庚 병존	국내 역마로 활동적인 직업이 좋다
	辛辛 병존	어려운 일이나 비참한 일을 겪는다
	壬壬 병존	도화살 또는 인기살이 있어서 인기를 얻는 직업이 좋다
	癸癸 병존	도화살 또는 인기살이 있어서 인기를 얻는 직업이 좋다

지지 병존	子子 병존	인기를 기반으로 하는 직업이 좋다
	丑丑 병존	구두쇠 기질이 있다
	寅寅 병존	활동적이고 적극적인 직업이 좋다
	卯卯 병존	객지에서 사건사고가 있다
	辰辰 병존	고집, 독립적·자유적임(타인에 비해 사고율이 높다)
	巳巳 병존	객지에서 사건사고가 있다
	午午 병존	형살(사람의 생명을 다루는 일 – 활동적이고 자유분방)
	未未 병존	어려운 일, 힘든 일(순간 폭발 – 욱하고 전진 기질)
	申申 병존	하체의 교통사고, 객지에서 사건사고를 조심한다
	酉酉 병존	형살(사람의 생명을 다루는 직업이 좋다)
	戌戌 병존	해외 역마. 활동 범위가 큰 직업이 좋다
	亥亥 병존	형살(사람의 생명을 다루는 직업이 좋다)

지장간	子	丑	寅	卯	辰	巳	午	未	申	酉	戌	亥
오행	+水	-土	+木	-木	+土	-火	+火	-土	+金	-金	+土	-水
1순위	癸	己	甲	乙	戊	丙	丁	己	庚	辛	戊	壬
2순위		癸辛	戊丙		乙癸	戊庚	丙己	丁乙	戊壬		辛丁	戊甲

역마살	寅, 申, 巳, 亥, 戌	( )개
도화살	子, 午, 卯, 酉	( )개
명예살(고집)	辰, 戌, 丑, 未	( )개
양인살	壬子, 丙午, 戊午	( )개
괴강살	戊辰, 戊戌, 庚辰, 戊戌, 壬辰, 戊戌	( )개
백호살	甲辰, 戊辰, 丙戌, 壬戌, 丁丑, 癸丑, 乙未	( )개
귀문관살	辰亥, 子酉, 未寅, 巳戌, 午丑, 卯申	( )개
삼기격	甲戊庚, 乙丙丁, 辛壬癸	( )개
금수쌍청격	壬庚, 辛癸	( )개
천문성	1순위 : 卯, 戌, 亥, 未 / 2순위 : 寅, 酉	( )개

사 주 감 정

四柱分析

사 주 감 정

1 만세력을 보고 생년월일시의 사주팔자를 뽑는다.

1

	시	일	월	연
	丙	戊	乙	癸 (乾)
	辰	辰	丑	巳

72	62	52	42	32	22	12	2
丁	戊	己	庚	辛	壬	癸	甲
巳	午	未	申	酉	戌	亥	子

2 오행의 개수와 점수를 분석하시오.

2 목(木)은 1개 · 10점, 화(火)는 2개 · 20점, 토(土)는 4개 · 40점, 금(金)은 0개 · 0점, 수(水)는 1개 · 40점이다.

3 육친의 개수와 점수를 분석하시오.

3 목(木) 관성은 1개 · 10점, 화(火) 인성은 2개 · 20점, 토(土) 비겁은 4개 · 40점, 금(金) 식상은 0개 · 0점, 수(水) 재성은 1개 · 40점이다.

4 사주를 오행과 육친의 무존재, 고립, 발달, 과다를 통해 분석한다.

4 이 사주는 월지가 축(丑)월이므로 기본적으로 수(水) 기운이 존재한다. 목(木) 관성은 1개 · 10점, 화(火) 인성은 2개 · 20점, 토(土) 비겁은 4개 · 40점, 금(金) 식상은 0개 · 0점, 수(水) 재성은 1개 · 40점으로, 전체적으로 화(火), 토(土), 수(水)의 점수가 고루 분포되어 있다. 다만, 화(火)의 점수가 약간 부족한 듯하고, 고립도 있어서 다소 불안정해 보인다.

이 사주는 모험보다는 안정을 위주로 인생을 끌고 간다. 재성의 부드러운 대인관계, 그리고 비겁의 끼나 재주를 통해 직업적으로 명예를 취할 수 있는 사주다.

다만, 축(丑)월을 수(水)로 봤을 때 을목(乙木)이 지나친 생을 받아서 고립되고, 축(丑) 속에 있는 신금(辛金)과 시간 병화(丙火)는 고립된다. 42세 대운까지는 신금(辛金)의 고립문제가 없지만, 52세 대운에 축미충(丑未沖)으로 신금(辛金)이 튀어나오면 신금(辛金)의 고립이 걱정된다. 특히 을목(乙木)은 대운에서 축(丑)월이 토(土)의 역할을 하고 계수(癸水)는 무계합화(戊癸合火)로 전혀 생을 해주지 못하여 고립이 더욱 심해진다.

건강을 보면, 이 사주는 지지가 진토(辰土)와 축토(丑土)로만 이루어져 있어서 알레르기, 과민성 위장 대장질환은 필수로 가져간다.

5️⃣

시	일	월	연
丙	戊	乙	癸
辰	辰	丑	巳

무계합(戊癸합) 하나가 있다.

6️⃣ 지지의 합충은 없다.

7️⃣ 이 사주는 천간과 지지를 통틀어 천간의 무계합화(戊癸合火) 하나만 있어서 사건사고를 견뎌낼 수 있는 면역력이 약하다고 본다. 대운에서 합국이나 집중적인 충이 몰려올 경우 건강이나 일 문제가 심각해질 수 있지만, 다행스럽게도 지지가 토(土)로 구성되어 있어서 합국이나 충으로 집중되는 경우는 크게 없을 것 같다.

8️⃣ 일반 이론에서는 토(土) 비겁이 강하기 때문에 이 사주를 신왕한 사주로 보는 사람이 많을 것이다. 그러면 비겁을 극하는 월간의 을목(乙木) 정관을 용신으로 잡고, 수(水)를 희신으로 잡는다. 그러면 신왕용정관격이 된다.

9️⃣ 정재격(내격), 월상일위정관격, 명예격, 비겁발달격, 재성발달격, 토왕수왕격, 신왕재왕격, 식상대운격 등 다양한 격국을 가지고 있다. 다른 사람과 부드럽고 성실하게 대인관계를 이루어가면서, 끼나 지식을 전해주고 명예를 가져가는 사주다.

🔟 2세 갑자(甲子) 대운과 12세 계해(癸亥) 대운을 보면, 사주원국에서 고립된 인성이 12세 대운에서 무계합화(戊癸合火)를 하므로 긍정적이다. 시간 병화(丙火)가 고립이지만, 무계합화(戊癸合火)가 고립을 해소시켜주어 부모의 사랑을 받게 되었다.

또한 재성이 발달되어 아버지와 인연이 있었는데, 초년에 재성이 들어왔으므로 미술과 같은 예술 분야에서 능력을 발휘할 수 있다. 무계합화(戊癸合火)로 인성이 힘을 받고 있고, 재성이 들어와 예술, 예능 쪽의 끼를 가져가는 공부라면 이 사주에 긍정적인 역할을 했을 것으로 보인다.

사 주 감 정

5️⃣ 천간의 합충을 분석한다.

6️⃣ 지지의 합충을 분석한다.

7️⃣ 사주의 형충합을 분석한다.

8️⃣ 일반 이론의 용신과 용신격을 분석한다.

9️⃣ 대덕 이론의 격국을 분석한다.

🔟 대덕 이론으로 초년 대운을 분석한다.

CHAPTER 03

인터넷 사주 카페 「사주를 사랑하는 사람들」의 《사주토론방 코너》에서는

카페 회원들 사이에 열띤 토론과 답변이 이루어지고 있다.

그 중에서 사주명리학을 학습하는 데 도움이 될 만한 내용을 간추려 실어본다.

사주를 두고 토론하면서 각각의 의견을 대덕 이론과 일반 이론으로 구분했는데,

대덕 이론은 저자인 김동완 교수의 이론을 집중적으로 활용하여 사주 분석을 한 것이고,

일반 이론은 고전 이론이나 현대의 용신론이나 격국론을 활용하여 사주 분석을 한 것이다.

하나의 사주를 대덕 이론의 관점과 일반 이론의 관점에서 모두 분석할 수 있고,

질문자와 답변자 사이에 실시간으로 주고받는 질문과 답변을 통해

사주 상담 현장을 현실감 있게 느낄 수 있다.

또한 저자가 쟁점내용을 한눈에 알기 쉽게 정리해주므로

이 토론을 지켜보는 것만으로도 사주 실력이 부쩍 늘어날 것이다.

실전 토론 ③

CHAPTER 03 사 주 명 리 학 실 전 풀 이

실전토론

다음 카페 「사주를 사랑하는 사람들」이 2006년에 개설되어 이제 4년이 지났다. 짧다면 짧은 시간에 7,000명 회원이 모여 이제는 인터넷 사주 카페 가운데서 꽤 유명하고 인기 있는 카페가 되었다. 이 모든 것은 카페 회원분들과 제자분들의 열정 덕분이라고 생각한다.

카페 《사주토론방 코너》의 〈사주를 질문해주세요〉와 〈사주의 이론을 알려주세요〉에서는 열띤 토론과 질문 답변이 이루어지고 있다. 그 중에서 사주명리학을 학습하는 데 도움이 될 만한 내용을 간추려서 실어본다. 되도록 실시간으로 대화가 오가는 인터넷 분위기를 살리기 위해 회원들의 글을 그대로 사용하였다.

사주를 두고 토론을 하면서 각각의 의견을 대덕 이론과 일반 이론으로 구분한 것이 눈에 띨 것이다. 여기서 대덕 이론은 이제까지 사주명리학 시리즈를 통해 저자가 설명한 이론을 집중적으로 활용하여 사주 분석을 한 것이고, 일반 이론은 고전 이론이나 현대의 용신론이나 격국론을 활용하여 사주 분석을 한 것이다.

회원들의 토론 중에서 사주 분석이 심도 있고 자세한 글 위주로 소개하되, 대덕 이론을 활용한 회원은 대덕이론분석으로, 일반 이론을 활용한 회원은 일반이론분석으로 구분하였다. 만약 한 가지 사례(질문)에서 같은 이론을 바탕으로 여러 사람이 토론에 참가하고 있다면 닉네임 대신에 대덕이론분석1, 대덕이론분석2, 일반이론분석1, 일반이론분석2 등으로 번호를 매겨 구분하였다. 따라서 20개의 사례마다 똑같은 대덕이론분석1과 일반이론분석1이라도 이들이 서로 다른 사람일 수도 있음을 알려둔다. 다시 말해, 대덕이론분석1이 같은 사람일 수도 있고 아닐 수도 있고, 마찬가지로 일반이론분석1도 같은 사람일 수도 있고 아닐 수도 있는 것이다.

Q1. 제가 부모복이 없나요?

사주에 관심이 많아서 취미로 잠깐 배우고 있답니다(완전 초보). 제가 어디 가서 뭘 보면 항상 초년복이 없고, 부모복이 없다고 나옵니다. 철학관도 그렇고, 신점집도 그렇고.
　그런데 제가 살아온 세월을 돌이켜보면 초년에 고생한 게 없거든요. 아버지께서 자수성가하셔서 어릴 적 좋은 집에서 경제적으로 부족함 없이 살았고, 배우고 싶은 건 전부 다 배웠거든요(악기, 미술 등등). 부모님 궁합이 안 좋으셔서 티격태격하시긴 했지만(심각할 정도는 아니었습니다) 제가 부모복이 없다고는 한번도 생각 안 했는데, 자식들한테 끔찍이 하시고 결혼한 지금도 그렇게 챙겨주려고 하세요. 다만, 22세 때 아버지께서 사고로 몸이 불편하게 되신 것을 빼고는, 이 정도면 부모복 많은 거라고 생각하는데……. 어디를 가나 부모복이 없다는 말에 수긍할 수가 없는데 설명을 꼭 듣고 싶네요.

1976년 5월 30일(양) 진(辰)시생

시	일	월	연
甲	壬	癸	丙 (坤)
辰	午	巳	辰

78	68	58	48	38	28	18	8
乙	丙	丁	戊	己	庚	辛	壬
酉	戌	亥	子	丑	寅	卯	辰

≪ 323

사주 답변 >>>

일반이론분석 1
태어난 시간이 오전이 아니라 오후일 가능성도 있지 않을까요? 한번 확인해보세요. 본인이 잘못 아는 걸 수도. 그냥 제 생각일 뿐입니다. 유(酉)시일 수도…….

<<< **사주주인공**   아니에요. 정확하다고 엄마가 그러셨어요. 오전 8시 40분 진(辰)시 맞습니다.

일반이론분석 2
아마도 철학관에서 님의 사주를 종재살로 보고, 초년운이 수금(水金)이니 기신운으로 보고 그렇게 말했을 수도 있습니다. 제가 볼 때는 님의 사주는 수고(水庫)인 진(辰)과, 사(巳) 중 경(庚)으로 인해 완전한 종재살이 아닙니다. (신약한 사주로 봅니다) 초년에 28세 대운까지 천간의 금수(金水)운이 좋기 때문에 괜찮고, 48세 대운과 58세 대운은 지지의 수(水)운으로 버틸 수 있습니다. 하지만 38세 대운과 68세 대운은 힘들 것입니다.

<<< **사주주인공**   일반이론분석 2님 답변 감사해요. 그런데 38세 대운부터 좋아진다고 들었는데 아니군요. 어떻게 힘들지 말씀해줄 수 있으세요? 남편으로 인해서인가요?

일반이론분석 3
일반이론분석 2님, 다른 건 모르겠고 아버지를 나타내는 재(財)가 힘이 있으니 아버지복이 있는 게 아닐까요?

대덕이론분석 1
부모복의 여부는 본인이 어떻게 느끼고 있느냐가 가장 중요하다고 봅니다. 일단 사주주인공님의 사주는 화(火) 재성이 55점입니다. 재다신약 사주입니다. 보편적으로 재다는 아버지복이 떨어진다고 합니다. 그런데 님의 사주는 재다이지만 일간이 임수(壬水)입니다. 임수(壬水)는 큰 바닷물을 의미하므로 지지의 웬만한 화국(火局)은 능히 이겨내는 능력이 있습니다. 그래서 이런 경우엔 우리가 현무당권격이라고 격을 붙여줍니다.

    현무당권격을 이루면 신약보다 우선합니다. 즉, 재다신약보다 격이 우선한다는 말입니다. 사주가 재다신약이면 돈욕심이 강해 인생을 살면서 모험을 많이 하므로 위험할 수 있는데, 이렇게 격을 이루면 인생을 모험하지 않으면서 안정적으로 끌고 갈 수 있습니다. 그리고 현무당권격을 이루면 재다의 아버지복이 떨어지는 부분도 일정 부분 보완할 수 있습니다. 만약 일간이 작은 연못을 의미하는 계수(癸水)라면 강한 화국을 견뎌내기가 쉽지 않습니다. 그래서 이런 경우엔 재다신약의 작용을 많이 합니다.

그러나 님의 사주는 재다임에도 불구하고 격을 이루었기 때문에 긍정적입니다. 일정 부분 아버지 복을 가지고 갈 가능성이 많기 때문에 초년의 8세 임진(壬辰) 대운의 비겁운과 관성운을 끌고 갈 수가 있습니다. 즉, 님의 말씀처럼 이 시기에 칭찬과 인정을 많이 받고 자랐다면 오히려 긍정적으로 작용할 가능성이 많습니다. 18세 신묘(辛卯) 대운은 한참 공부할 시기인데 인성과 식상으로 들어와서 더욱 긍정적인 역할을 합니다.

그리고 기본적으로 수(水) 일간에 화(火)가 많은 사주들이 예술적 끼가 많습니다. 일간 임수(壬水)는 도화적 기질을 말하고요, 화(火)도 표현주의, 그 다음 재성도 관계성과 어울림이므로 예술적 끼가 풍부합니다. 일간 수(水)는 이과적 기질을 말하고요. 재성 화(火)는 표현하는 문과적 기질을 말하기 때문에 이런 사주는 이과와 문과적 기질이 혼합된 직업군에서 능력을 많이 발휘합니다. 즉, 건축설계나 건축디자인 계통의 직업군들이 많습니다. 또한 끼를 살려 연예, 예술, 방송 분야도 좋구요. 남자라면 재성이라서 여자에게 인기도 좋아 선거할 때 유리하므로 정치인도 잘 맞습니다.

다만, 이런 사주가 구성이 좋지 않으면, 일간 수(水)의 생각지향적인 성향에(생각을 저장하므로) 화(火) 재성이 가진 돈 벌고 싶은 욕망이 강하기 때문에 늘 머릿속에 '한방', 즉 일확천금에 대한 욕망이 강할 수 있으니 이 부분은 조심해야 합니다. 그리고 연예, 예술, 방송으로 잘 풀리지 않으면 백수기질도 나타날 수 있는 것이 이런 사주의 형태입니다. 이런 사주가 다 그렇다는 것이 아니라 사주 구성이 안 좋은 경우를 말하는 것입니다. 님이 부모복이 있다고 느끼시면 충분한 겁니다.

<<< **사주주인공** 　대덕이론분석 1님, 좋은 말씀 감사합니다. 재다신약인 건 아는데 현무당권격으로 볼 수도 있군요.

전 어릴 적부터 손재주도 좋고 감각과 센스가 많았어요. 현재 하는 일도 그런 쪽이고요. 예술 방면으로 소질이 많아서인지 미대를 나와서 돈도 잘 벌고 있답니다. 여자로서 괜찮은 직업에, 인생 모험을 하는 것을 상당히 싫어하고 언제나 안정적인 것만 추구하고 있답니다. 자세히 풀어주셔서 감사해요.

<<< **일반이론분석 3**　아, 이 사주가 현무당권격이군요.

일반이론분석 1　부모복이 있다고 본인이 느끼시기에, 유(酉)시일 경우 유금(酉金)의 고립도 없어 보이고 인성을 가지고 가므로 말씀드려봤습니다. 또 유(酉)시일 경우 악기 등을 다루는 도화살도 사주원국보다 강해질 것 같았거든요. 그런데 대덕이론분석 1님께서 답글에 정확하게 설명해주셨네요. 사주주인공님의 고민이 해결되어 다행입니다. 유(酉)시는 무시하셔도 되겠네요.

일반이론분석 4 대덕이론분석 1님 가끔씩이라도 나오셔서 공부 잘하고 갑니다.

<<< 김동완 교수의 해설

대덕이론분석 1님이 자세하고 명쾌하게 분석해주었다. 사주원국의 오행(육친) 총점수가 110점인데, 이 사주는 화(火) 재성이 55점인 재다신약 사주다. 재다신약 사주는 초년에 재성운이 오면 아버지와의 인연이 부족하지만, 현무당권격을 이룬 재다신약은 아버지와 인연이 없다고 단정할 수 없다.

일간이 임수(壬水)나 계수(癸水)이고, 지지에 화(火)가 많은 사주를 현무당권격이라고 하는데, 이 사주가 바로 일간이 임수(壬水)인 현무당권격이다. 현무당권격은 재다신약보다 우선하고, 아버지복이 약한 것을 어느 정도 보완해준다.

한편 이 사주의 격국을 보면 내격, 즉 십정격의 편재격, 시상식신격, 월상겁재격, 현무당권격, 재관왕격(이 격은 구조가 조금 약하다)을 갖추고 있어서 예술, 연예, 방송의 끼가 가득한 사주다.

재성이 55점으로 약간 많은 듯 보이지만 현무당권격을 이루고 있고, 초년 대운에서 수(水)와 토(土)와 금(金)으로 흘러가면서 화(火) 재성의 기운을 설기시켜주고 있다. 또한 18세 대운은 병신합수(丙辛合水)로 더욱 강력하게 화(火) 기운을 극제하고 있다.

Q2. 고시생인데 시험에 합격할 수 있을까요?

직장을 다니다가 그만두고 현재 고시를 준비하고 있습니다. 제가 몇 군데 알아봤는데 끈기가 없어서 힘들 거라고 합니다. 또한 부모형제복이 없다, 27살에 결혼하면 좋은데 그 때 못하면 31살이 되어서 할 수 있다, 인복이 없다, 구설수에 잘 오른다고 합니다. 정말 그런가요?

1984년 9월 4일(양) 사(巳)시생

	시	일	월	연
	癸	辛	壬	甲 (坤)
	巳	丑	申	子

79	69	59	49	39	29	19	9
甲	乙	丙	丁	戊	己	庚	辛
子	丑	寅	卯	辰	巳	午	未

● 사주 답변 >>>

대덕이론분석 1

상담을 받은 내용 중에 좋은 말은 하나도 없네요. 모든 사주는 다 장점을 가지고 태어납니다. 그 장점을 읽어주는 것이 명리상담가가 할 일이라고 봅니다.

일단 사주주인공님은 신(申)월에 태어나셨는데, 양력 9월 4일이라 금(金) 기운이 존재한다고 봅니다. 1980년대 이후라서 온난화의 영향을 고려하면 화(火)의 기운도 고려해야 합니다. 또한 사(巳)시라서 화(火) 기운도 힘이 있습니다. 만약 이 날이 더웠으면 화(火)를 더 봐줘야 합니다. 그래서 신(申)월이나 인(寅)월은 사주 분석이 쉽지 않습니다. 하여튼 이 사주는 신(申)월에 금(金)과 화(火)를 반반씩 줘도 되고, 아니면 금(金) 점수를 더 줘도 된다고 봅니다. 그러면 사주가 금(金) 비겁발달격, 수(水) 식상발달격, 화(火) 관성발달격이 됩니다. 발달 형태가 세 가지이므로 긍정적으로 봅니다. 특히 식상(의식주와 언어능력)이 발달 형태이므로 평생 먹을 복이 따릅니다. 물론 살면서 힘든 과정도 있겠지만 기본적으로 돈복은 가지고 갑니다.

그리고 님의 사주는 사주원국에서는 수(水) 식상이 30점 정도이지만, 대운이 들어오면서 사신합수(巳申合水)와 신자합수(申子合水)를 하여 수(水) 식상이 많이 늘어나게 됩니다. 사주는 지지가 하나의 합국으로 몰려가면 위험한데, 님의 사주는 지지에서 자축합토(子丑合土)를 해주어 균형을 잡아주는 것이 좋은 모습입니다. 이러면 수(水)가 대운에서 들어와도 큰 부담이 없게 됩니다.

다만, 님의 사주는 시간에 있는 관성 사화(巳火)가 고립입니다. 그리고 연간에 있는 갑목(甲木)은 연지 자수(子水)와 월간 임수(壬水)가 수생목(水生木)을 하지만, 합국까지 고려하면 너무 많은 생으로 고립되는 느낌입니다. 일지에 있는 축토(丑土) 인성도 고립이지만, 합국이 되면서 자축합토(子丑合土)가 되므로 크게 걱정할 필요는 없을 듯합니다. 이렇듯 이 사주는 대운에서 목(木)이나 화(火), 그리고 토(土)와 금(金) 등은 되도록 힘있게 들어오는 것이 좋고, 반면에 수(水) 식상은 안 들어오거나 힘이 없이 들어오는 것이 좋습니다. 직업이나 적성을 선택할 때는 사주원국에서 힘이 강한 것이 장점이 되므로 그것을 추구해야 하지만, 대운을 분석할 때는 복의 유무를 따지므로 사주원국에서 힘이 강한 것은 되도록 약하게 들어오거나 안 들어오는 것이 좋다는 뜻입니다.

일단 님의 적성을 보면 일간이 신금(辛金)이고, 사주에 수(水)의 기운도 강합니다. 암기하고 반복하는 한국적인 공부에 장점이 많은 사주입니다. 다만, 신(申)월에 화(火)의 기운을 더 줄 경우 문과적인 성향도 일정 부분 존재한다고 봅니다. 초년 대운인 9세 신미(辛未) 대운은 비겁과 인성으로 들어와 공부하는 데 긍정적이었지만, 19세 대운은 비겁과 관성으로 들어와 집에서 칭찬과 인정을 크게 받지 않았다면 공부 쪽으로 끌고 가기가 약간 힘들었을 겁니다.

님의 사주는 격국을 보면 내격의 상관격(언어능력을 활용하는 일), 시하정관격(침착하고 신중하며 대인관계, 교류가 중요한 일), 일하편인격(평생 공부하거나 연구하고 연습하는 일), 금수쌍청격(머리가 좋고 창조적인 능력이 있음), 신임계(辛壬癸) 인간삼기격(인덕이 좋고 명예나 관직을 추구하는 일), 비겁발달격, 식상발달격, 관성발달격 등으로 격도 다양하고, 평생 공부나 연구를 하면서 입을 가지고 (언어능력을 활용) 명예를 지키는 직종이 좋습니다. 님이 위에서 언급하신 고시가 공무원 시험이라고 보면 제가 말씀드린 적성과 잘 맞습니다. 님의 사주는 공무원도 좋고, 공부 쪽으로 끌고 가셨으면 교수나 교사도 좋습니다. 물론 공무원도 입을 많이 활용하므로 긍정적이라고 봅니다.

다만, 공무원 시험이라는 것이 사주주인공님 혼자만 하는 게 아니고 경쟁시험이라 외부적인 변수가 있습니다. 또한 님은 지금 대운이 경오(庚午) 대운입니다. 그리고 올해는 경인(庚寅)년, 내년은 신묘(辛卯)년입니다. 대운 자체는 관성운(시험합격)이라 긍정적인데, 연운에서 비겁과 재성이 강하게 들어옵니다. 비겁과 재성은 친구와 어울림을 의미하므로 공부보다는 그 쪽에 관심이 많이 생길 수 있습니다. 일단 올해는 인오합(寅午合)으로 관성이 강하게 늘어나니 전력투구해보시길 바랍니다. 노력하신다면 좋은 결실이 있을 것입니다. 29살에는 대운이 기사(己巳)인데, 인성과 관성으로 바꾸는 구조라서 공무원 시험을 준비하는 데 아주 긍정적인 모습입니다.

그리고 님은 일간이 신금(辛金)인데, 이 금(金)들은 약간 융통성이 떨어지고 원칙적인 기질에 자기가 싫어하는 대상에게는 관심을 가지지 않지만, 대신 자기관리능력이 좋습니다. 영업하는 능력은 떨어지지만, 주어진 테두리 안에서 지키는 능력은 탁월하므로 공무원 쪽에 관심을 가지셔도 좋다고 봅니다. 시대가 어려워 다들 공무원 시험으로 몰리는 현실이지만, 제가 언급해드린 부분을 참고하셔서 전력투구하시길 바랍니다. 좋은 성과가 있을 겁니다.

그리고 남자문제는 님이 자리를 잡으신 다음에 사귀어도 충분합니다. 지금은 님의 일에 전력하시길 바랍니다. 결혼이라는 것은 하늘의 기운입니다. 때 되면 하는 것이니 지금은 더 중요한 일에 매진하시길 바랍니다.

<<< **사주주인공**   성의 있게 답변해주셔서 정말 감사합니다.

대덕이론분석 2   대덕이론분석 1님 수고하셨습니다.

대덕이론분석 3   대덕이론분석 1님의 명쾌한 풀이와 해석에 많이 배울 수 있는 기회가 되어 정말 감사합니다.

대덕이론분석 4   대덕이론분석 1님 오늘도 님의 덕분에 배움의 갈증을 풀었습니다. 늘 건강하시길 바라요.

대덕이론분석 5   '결혼이라는 것은 하늘의 기운입니다. 때 되면 하는 것이니 지금은 더 중요한 일에 매진하시길 바랍니다'란 말씀이 가장 적절한 답변인 것 같습니다. 말 한 마디가 얼마나 중요한지 알게 해주는 글인 것 같습니다.

 <<< 김동완 교수의 해설

위에서 대덕이론분석 1님의 사주 분석이 훌륭하다. 사주주인공님이 질문한 직업 적성이나 인복의 문제는 오행과 육친과 격국을 종합적으로 판단해서 답해야 한다. 시험합격 여부 또한 대운에서 오행(육친)의 발달, 과다, 고립 등으로 분석해야 한다.

일단 이 사주의 논점은 월지 신금(申金)의 오행을 어떻게 분석할 것인가이다. 원래 오행이 금(金)이므로 월지에 금(金) 30점을 다 주면 될 것 같지만, 양력 9월 4일이면 한여름 뜨거운 열기가 남아 있으므로 화(火)의 기운을 읽어줘야 한다. 그래서 신(申)월에 금(金)과 화(火)를 반반씩 줘도 되고, 아니면 금(金) 점수를 더 줘도 된다.

그러면 사주가 금(金) 비겁발달격, 수(水) 식상발달격, 화(火) 관성발달격이 된다. 세 격국은 공무원도 잘 맞고, 공부 쪽으로도 잘 맞는 사주다.

다만, 시험에 합격할 수 있는지는 대운을 봐야 한다. 요즘 공무원이나 고시를 준비하는 사람이 워낙 많아서 대운 분석대로 합격한다 또는 불합격한다고 장담하기 어렵다. 이러한 외부변수를 제외하고 단순히 대운만 보면, 현재 19세 경오(庚午) 대운은 운 자체가 관성운이라서 시험합격운이 있고, 다음 29세 기사(己巳) 대운 역시 공무원 시험을 준비하는 데 매우 긍정적이다. 일단은 열심히 공부하기에 달려 있다.

덧붙인다면, 먼저 연간의 갑목(甲木) 고립으로 인한 건강문제가 있다. 다음으로, 사주가 신(申)월인데 기온을 유추해보면 9월 1일 평균기온이 23.2℃, 9월 7일의 평균기온이 23.5℃이므로 조열하다. 조열한 기운이 신자합수(申子合水)와 사신합수(巳申合水)로 인해 한습한 기운으로 바뀌기 때문에 조울증과 관련한 건강문제를 항상 조심해야 한다.

다만, 수국(水局)이 와서 암기력이 확대되는 것은 매우 긍정적이다. 고시공부에 매우 유리하다. 격국의 구성도 매우 좋다. 이 사주는 내격은 상관격, 시하일위정관격, 일하일위편인격, 금수쌍청격, 식상발달격, 삼귀격 등이 있다.

하지만 고시공부를 할 때는 철학관이나 점집을 전전하기보다는 그 시간에 공부를 더 열심히 하는 것이 좋을 듯하다. 철학관이나 점집은 상담의 역할, 조언자의 역할을 뿐이지 모든 것은 본인의 노력이 가장 중요하기 때문이다.

3. 어떤 일을 하면 제 사주에 타고난 대로 살 수 있을까요?

예전에 제게 맞는 직업을 찾고 싶다고 글을 올린 적이 있습니다. 그 때 많은 분들이 제 사주에 관성이 많고 관성은 남자를 뜻하기도 하므로 그것 때문에 부부 사이에 문제가 될 수도 있다고 하셨습니다. 그런데 막상 직업에 관한 언급은 없었습니다. 제가 허튼 행동은 절대로 하지 못하는 성격이라서 결혼생활 14년 동안 단 한 번도 잘못된 행동은 해본 적이 없으며, 앞으로도 없을 것임을 제 자신이 잘 알고 있습니다. 소심한 성격에 직업에 관한 질문은 다시 해보지도 못하고 글을 내리게 되었습니다.

다시 한번 제 적성에 맞는 일을 찾고 싶어서 이렇게 글을 올립니다. 제가 어떤 일을 하면 제 사주에 타고난 대로 살 수 있을까요? 현재도 일(임시직)은 하고 있습니다. 오늘은 지인에게서 분식집(만두전문점) 인수 제의를 받았는데 이 일이 저하고 맞을지요? 제가 화초 가꾸는 일을 취미생활(화초만 보면 마냥 행복합니다)로 하고 있는데 이것을 직업으로 하면 저한테 잘 맞을지요? 아이들에게 책을 대여하고 독서지도를 하며 회원을 관리하는 지점 운영에도 관심을 가지고 있습니다. 어릴 때는 시를 무척 좋아해서 늘 시집을 끼고 읽었으며 습작을 즐겨 했습니다. 정말 제가 타고난 사주대로 제 일을 하며 살고 싶습니다.

관성이 많은 여자는 팔자가 세다고 하는데 사실인가요? 현재 제 경우도 남편은 아주 바르고 좋은 사람이지만 대부분의 일은 제가 처리해야 합니다. 제 사주의 특징이 궁금합니다. 제 사주가 신약사주인가요?

1970년 5월 30일(음) 미(未)시생

시	일	월	연
辛	甲	壬	庚 (坤)
未	申	午	戌

79	69	59	49	39	29	19	9
甲	乙	丙	丁	戊	己	庚	辛
戌	亥	子	丑	寅	卯	辰	巳

사주 답변 >>>

대덕이론분석 1

일단 관성에 대해 말씀드립니다. 어떤 사람들은 사주주인공님의 사주에 관성이 3개이고 혼잡되어 있어 남편복이 떨어진다고 하지만, 님의 사주에서 관성은 고립 없이 점수 35점으로 발달 형태를 이루고 있습니다. 아무런 문제도 없으니 걱정하실 필요 없습니다.

대덕 이론에서는 사주에 식상이 강하면 언젠가 한번은 먹는 장사에 관심을 가진다고 했는데 사주주인공님도 그러시네요. 이 사주는 월지가 오(午)월이라 시지 미(未)를 화(火)의 기운으로 읽어주면 식상이 45점이 됩니다. 금(金) 관성도 점수로는 발달 형태이지만, 월지에 오화(午火)가 있어서 식상에 초점이 맞춰진 사주입니다. 일간 갑목(甲木)의 자유지향적이면서 배려적인 성향에, 일정 부분 성공하고 싶은 욕망도 강한 사주입니다. 다만, 사주에 식상이 강하여 결정적인 배짱은 좀 떨어진다고 보입니다. 만약 이름에서 성격성명학으로 편관의 이름이 보충되지 않는다면 리더십이 필요한 사업가적 기질은 떨어진다고 봅니다.

아시다시피 사주에 식상이 강하면 그 쪽 직업에 초점을 맞춰야 합니다. 즉, 입을 활용하면서 아이디어나 정보나 기획력을 가지고 가는 직업, 그러면서 멘토(mentor) 역할, 즉 참모나 중재자의 역할에 초점을 맞추면 긍정적이겠지요. 님은 월간에 임수(壬水)가 투간되어 있고, 이것이 월상일위편인격을 구성하고 있습니다. 식상도 발달격이라 초년에 공부 쪽으로 끌고 가셨으면 평생 공부하면서 입을 활용하는 교수, 교사, 공무원 등의 직업이 가장 좋습니다. 또한 갑목(甲木) 일간에 화(火) 식상은 자존심도 강하고 이해력도 좋습니다. 사주에 화(火)도 강해서 표현감각과 예술적 감각 그리고 센스 등도 좋습니다. 그리고 손재주를 의미하는 현침살도 발달되어 있어서 이 두 가지를 활용하는 직업군도 좋습니다. 님이 위에서 언급하신 분야 등은 이러한 기질에 잘 맞는다고 하겠습니다. 그리고 식상이 잘 발달되어 있어 음식장사도 일정 부분 맞는다고 봅니다.

그러나 이 쪽에 어느 정도 적성이 있다는 것이지, 이걸 하면 반드시 성공한다는 의미는 아닙니다. 이 사주의 지금 39세 무인(戊寅) 대운과 올해 경인(庚寅)년까지 포함해서 대운 점수를 계산해보니 목(木) 10점, 화(火) 85점, 토(土) 10점, 금(金) 45점, 수(水) 10점이 나옵니다. 목(木)이 화(火)를 생하는 것까지 보면 화(火) 식상이 95점으로 약간 과다한 느낌입니다. 식상은 의식주를 말하기 때문에 점수가 이 정도면 식상복도 있다고 하겠지만, 점수가 다소 많은 느낌입니다. 이러면 구설수를 조심할 필요가 있습니다. 또한 올해는 인미(寅未) 귀문관살이 대운과 연운에서 2개가 들어옵니다. 신경 쓸 일이 생길 가능성도 있습니다. 사주에 화(火)가 강한 것은 적성을 살필 때는 유리하게 작용하지만, 대운에서는 사주원국에서 힘이 강한 것은 약하게 들어오는 게 좋으므로 올해 화(火)가 몰려오는 것은 약간 부담스러워 보입니다.

참고로 제가 님의 사주를 보고 음식장사가 괜찮은지 주역점을 쳐보았습니다. 그랬더니 택천(澤天)괘의 초구가 나왔습니다. 공교롭게도 택천괘는 결단하고 결정할 일이 있는 괘를 말합니다. 이 중에서 초구를 보면 '장우전지(壯于前趾)니 왕(往)하여 불승(不勝)이면 위구(爲咎)리라'입니다. 그냥 풀이하면 '앞발꿈치에서 씩씩하니 가서 이기지 못하면 허물이 되리라'입니다. 즉, 어떤 것을 결정하는데 엉뚱한 데서 결단하면 위험하다는 의미입니다. 정확한 목표를 정하고 결정해야지, 아무 데서나 결단하면 부정적이라는 것입니다. 본인이 처한 상황을 객관적으로 판단해야지 조급하게 일을 처리하면 후회한다는 것입니다. 그리고 이동이나 변동은 조심하라고 나오네요. 물론 주역점이라는 것이 마음이

절실한 본인이 괘를 뽑아야 정확하게 나옵니다. 이 주역점은 제가 뽑은 것이니 확실하지 않을 수도 있습니다. 다만 사주주인공님이 선택하시는 데 참고로 보시면 되겠습니다. 사주 대운에서 식상이 조금 과다해지니 올해는 뭘 하시더라도 무리한 확장 등은 많이 숙고하시고 결정하시길 바랍니다.

일반이론분석 1

사주주인공님 말씀처럼 여자 사주에 관성이 많거나 없으면 가장 먼저 싫은 소리를 듣는 구석이 남편과의 문제입니다. 관성이 혼잡하면 남편과 생사이별하는 경우도 있지만, 님의 경우 일간은 신약하지만 관성들을 화살(化殺)로, 제살(制殺)로 모두 잘 다스리고 있습니다. 이런 상황은 남편이나 관청(관성) 남자들 때문에 고생은 할 수 있어도, 대덕이론분석 1님께서도 확인해주셨듯이 최악의 상황까지는 잘 가지 않습니다. 그러나 화살해주는 것이나 제살해주는 것이 잠시 잠깐 한눈을 파는 시기에 남편과 위기를 맞이할 수 있습니다. 하지만 그 시기만 넘기시면 무탈해지므로 혹시라도 남편과의 결혼 생활에 회의가 들 경우 2~3년만 참아보시면 된답니다. 신약이기는 하나 화살을 할 인성이 맑고, 제살을 할 식상이 투간은 못했지만 월령을 얻었으니 관성은 능히 감당할 수 있습니다. 단, 사업 등을 하셔서 재성이 강해질 경우에는 화살과 제살 모두 약해지니 남편의 살뜰한 애정은 줄어들 수 있습니다. 서로 간에 신뢰가 있을 테니 이 점은 감안하시고 사업 구상을 해보시면 좋겠습니다.

　제가 보기에, 식상을 본인이 직접 요리를 하거나 시를 쓰는 것, 무엇을 기르는 것과 같이 무엇을 만드는 쪽으로 활용하면 일간이 신약하고 비겁도 없어서 설기를 감당할 수 없다고 봅니다. 잠시는 되더라도 사업은 꾸준해야 하는데, 그 꾸준한 설기를 감당할 수가 없습니다. 앞으로 오는 대운과 일지와 시지를 참작해보면, 인성과 관련되며 관청의 허가가 필요한 식상업이 길하다고 봅니다. 말씀하신 것 중에서는 어린이용도서 대여업이 가장 잘 맞는 편입니다. 인성과 식상이 모두 맑아지는 시기가 곧 오니, 눈 앞의 재물에 연연하지 않고(재성에 마음을 두는 순간 남편을 의미하는 관성뿐 아니라 사업의 대상인 인성과 식상이 모두 탁해집니다), 교육과 관련된 식상업을 하신다면 본인께서도 큰 보람을 느끼실 것입니다. 규모를 조그맣게 할 경우에는 (남을 들이지 않고 좁은 구역에 1인 사업의 형태) 지금이라도 가능하지만, 규모 확장은 그렇게 해서 충분한 경험이 생긴 후에 하셔야 합니다. 참고하세요.

일반이론분석 2

상관이 왕하여 제살을 하고 있는데 인수가 살을 화하고 있어 인수 임(壬)이 이 사주에서 매우 중요한 용신입니다. 여자 사주에서 인성을 용하는 사주는 전통적인 결혼관을 가졌다고 할 수 있습니다. (남자분들이 이 점을 알아서 인성이 용신인 여자분을 선택한다면 필히 현모양처를 얻을 것입니다)

　대운을 보면, 39세 대운에 임(壬)을 극하는 천간의 무(戊)운에다 관성을 극하는 지지의 인오술(寅

午戌) 화국운이 오므로 힘들어질 것입니다. 해자(亥子) 대운에 비로소 뜻을 얻는데 시기가 너무 늦다고 하겠습니다. 사주의 틀은 어느 정도 이루었으나 틀을 완성하는 운이 닿지 않으니, 뜻은 있되 날아오르지 못하는 새와 같습니다.

    연운에서 수(水)운을 놓치지 말기 바랍니다. 님은 직접적인 장사 성향이 아니라고 봅니다. 관리자 성향을 지니고 있기에 중간관리자 위치에서 사람이나 인재를 관리하는 직종이 맞을 것입니다.

일반이론분석 3   여러 학자님들께서 시원하게 자세하게 잘 써주셨네요. 제가 한 마디 덧붙이면, 오(午)월 미(未)시에 답이 있는 듯합니다. 목욕탕이나 뜨거운 불로 만드는 음식, 요식업, 독서관리도 좋아 보입니다. 요식업 같은 일을 하게 되면 남편과 거리가 좀 멀어질 것 같고……. 식상이 많아서 막상 하려고 하면 망설여지거든요. 사주가 관다라고 할 수 있지만, 관다는 팔자가 센 것은 아니고, '남편이 하는 일이 마음에 안 들어. 내가 해야 시원해' 정도로 이해하시면 되겠네요.

사주주인공   대덕이론분석 1님을 비롯한 일반이론분석1, 일반이론분석 2, 일반이론분석 3님 등 댓글 달아주신 모든 분들께 진심으로 감사드립니다. 소중한 댓글들은 모두 인쇄해서 두고두고 읽으며 제 삶의 중요한 순간에 지침으로 삼겠습니다.

<<< 김동완 교수의 해설

일반이론분석 1님이 관살혼잡(官殺混雜) 사주는 남편, 남자, 관재(관청) 문제로 고생할 수 있다고 했는데, 정관 1개에 편관 1개로 2개의 관성만 있어도 관살혼잡이 되기 때문에 현실적으로 관살혼잡 사주가 너무 많다. 관살혼잡에 대한 정의와 해석은 더 많은 임상을 통해 이론적 허점을 극복해야 할 것이다. 또한 일반 이론에서는 인성을 인수라고 부르기도 하는데, 인성이든 인수든 용어를 통일하면 사주명리학을 공부하는 초보자들에게 큰 도움이 될 것이다.

  그리고 일반이론분석 1님이 말씀하신 제살(制殺)은 살(殺), 즉 정관과 편관의 강력한 힘을 제압하는 식신과 상관을 말한다. 화살(化殺)은 합화하여 살(殺), 즉 관성을 제압한다는 의미다. 합화하여 식상이 되어 제살한다는 말로 '화살'을 '제살'로 바꾸는 것이 정확한 표현이다. 화살(化殺)은 설기(洩氣)의 오류로 보인다. 화(化)가 있긴 하지만 화(化)는 합화(合火)의 줄임말이다. 일반이론분석 1님이 "화살을 할 인성은 맑고"라고 했는데, 인성 임수(壬水)는 합도 하지 않고 충도 하지 않아 변화가 없다. 그러므로 인성과는 무관하고 그저 설기한다는 표현이 정확하다고 본다.

재성이 관성을 생하는데 식상으로 합화하는 것은 관살혼잡을 제압하는 형태이므로 일반 이론의 입장에서는 유리하다고 하겠지만, 대덕 이론에서는 별로 문제삼지 않는다. 관성이 잘 발달되고 고립되지 않았으므로 관살혼잡 자체가 전혀 문제되지 않는 것이다.

한편으로, 일반이론분석 2님이 용신이 임수(壬水)라고 했는데, 그러면 신약용편인격 사주로 볼 수 있을 것이다. 그러나 일반 이론에서는 신약 사주를 신강 사주에 비해 부정적으로 보는 반면, 대덕 이론에서는 신강과 신약을 구분하지 않는다. 굳이 구분한다면, 사주의 오행과 육친을 고립, 발달, 과다와 무존재로 구분하고 사주를 분석할 뿐이다. 대덕 이론에 따른 이 사주의 분석은 대덕이론분석 1님의 의견을 참고하면 될 것이다.

이 사주의 격국에 대해서 설명을 추가한다. 내격은 상관격, 월상일위편인격, 관성발달격, 식상발달격, 목화통명격, 간지공협격, 금수쌍천격 등의 격국이 있다.

대덕 이론에서는 오행과 육친과 격국과 신살을 통하여 성격, 특성, 직업 적성 순서로 읽어 나가는 반면, 일반 이론에서는 성격, 특성보다는 육친과 용신으로 직업적성 부분에 초점을 맞추어 설명하고 있다. 예를 들어, 관성이 혼잡하면 남편과 생사이별한다, 재성이 강하면 사업을 하는 것이 좋다, 식상이 강하면 관청의 허가와 관련된다 등 단순 판단이 주류를 이룬다.

다만, 대덕 이론에서도 재성이 관성과 결합하지 않으면 사업가로서 배짱이나 적극성이나 관리능력이 떨어지고, 일확천금의 욕심이 커질 수 있다고 해석한다.

Q4 대운수 계산에 대한 질문입니다

 아래 사주에서 대운수 계산에 대한 질문입니다.

첫째, 태어난 날로부터 다음 절기인 입춘 전까지 20일로 계산하면 대운수가 7이 되는데(만세력 기준), 대덕 이론에 의하면 해(亥)시생이라 당일은 12시간이 되지 않으므로 하루로 볼 수 없고, 다음 날부터 입춘 전날까지 계산하면 대운수가 6이 되는 것이 맞지요?

둘째, 해자축(亥子丑)월생은 만 나이를 적용한다고 하셨습니다. 그러면 우리나라 나이로 따지면 태어난 날로부터 입춘 전까지가 1세이고, 이어서 입춘부터 생일 전날까지를 2세로 보지만, 대운수 계산에서는 태어난 날로부터 다음 생일 전날까지를 1세로 보는 것이 맞지요?

셋째, 대운수 적용 시점은 태어난 날을 기준으로 하는지 아니면 새해가 시작되는 입춘부터 적용하는지가 궁금합니다.

넷째, 대운수를 태어난 날을 기준으로 적용한다면 해자축(亥子丑)월생뿐만 아니라 모든 경우에 만 나이를 적용하는 것이 바람직하다는 생각이 듭니다. 그게 아니라 새해가 시작되는 입춘을 기준으로 적용한다면 해자축(亥子丑)월생에게도 우리나라 나이 계산법을 적용하는 것이 맞다는 생각이 듭니다.

제 생각이 잘못되었나요? 그렇다면 그 이유에 대해서 알고 싶습니다. 참고로 양력 생일은 1957년 1월 15일입니다.

1956년 12월 15일(음) 해(亥)시생

시	일	월	연
辛	丁	辛	丙 (乾)
亥	亥	丑	申

76	66	56	46	36	26	16	6
己	戊	丁	丙	乙	甲	癸	壬
酉	申	未	午	巳	辰	卯	寅

사주 답변 >>>

대덕이론분석 1   저는 사주명리학을 공부하면서 이런 기술적 부분에 대해 별로 신경을 안 써왔습니다. 이런 부분보다는 주어진 사주 분석의 알맹이를 분석하는 것이 좀더 올바른 방법이라고 생각합니다.

다만, 저는 해자축(亥子丑)월생은 입춘이 멀지 않기 때문에 한국 나이에서 1살을 빼주면서 대운 분석을 하고 있고, 대운수를 적용할 때 생일 기준이 맞지만 편의상 입춘을 기준으로 적용하고 있습니다. 이렇게 해도 개인적으로 임상에서 큰 부담은 없다고 느끼고 있습니다.

사주주인공님이 질문하신 내용에 세세하게 설명하지 못해 죄송합니다. 사주 상담은 기술적 문제보다는 그 알맹이를 얼마나 상담자에게 잘 설명하느냐에 달려 있다고 봅니다. 저는 아직 상담자에게 그 알맹이를 잘 전달하지 못해 불철주야 노력하고 있습니다. 님의 질문에 명쾌히 대답하지 못한 점 이해하시구요. 님이 질문하신 내용은 님이 느끼고 이해하신 방향으로 적용하신다면 큰 무리는 없다고 보여집니다.

사주주인공   사주 분석에 알맹이가 중요하다는 대덕이론분석 1님의 답변에 감사드립니다. 많이 편중된 사주는 대운에서 합충이 몰려올 경우 그 시기가 중요한 것 같아서 질문했습니다. 저 나름대로 여러 가지 가능성과 임상 경험을 통해 해답을 찾아보겠습니다. 항상 건강하시고 행복하십시오. 다시 한번 감사드립니다.

<<< **대덕이론분석 1**   네. 사주주인공님의 사주는 말씀하신 것처럼 사주원국을 분석하면 수(水) 관성과 금(金) 재성으로 약간 편중되어 있습니다. 일간 정화(丁火)도 고립되어 있고, 연간의 병화(丙火)도 고립의 형상입니다. 다만, 대운을 분석할 경우엔 월지의 축(丑)이 토(土) 구실을 하므로 사주의 지지가 그래도 균형을 이루는 사주입니다.

그러나 이 사주는 천간이 병신합수(丙辛合水)를 늘 준비하고 있고, 지지도 합으로 수(水)가 늘면 위험해질 수 있습니다. 또한 천간은 네 글자가 전부 두 줄씩 금이 가 깨져 있습니다. 특히 일간 정화(丁火)는 고립되어 있으면서 정신충(丁辛沖)으로 두 줄 금이 가 있어서 일간인 나는 돈인 재성 때문에 힘들다는 통변이 가능합니다. 인생에서 늘 그렇단 말씀이 아니고 대운에서 불안요소가 올 때 그렇단 말씀입니다. 제가 보기에 이 사주는 36세 을사(乙巳) 대운이 위

험해 보입니다. 특히 을사(乙巳) 대운은 사신합수(巳申合水)로 사주원국에 대운이 정화(丁火)와 축토(丑土) 하나 남고 수(水)가 과다해지는 느낌입니다.

그리고 이렇게 편중되는 것보다 더 안 좋은 것이 있는데, 바로 용신이 들어와 나를 도와주는 것이 아니라 나를 배반하고 기신 역할을 할 때입니다. 님의 사주에서 고립된 일간 정화(丁火)와 연간 병화(丙火)는 대운에서 화(火)가 들어오기를 학수고대하고 있습니다. 그런데 사화(巳火)가 들어와서 정화(丁火)나 병화(丙火)는 나 몰라라 하고 신(申)과 합을 하여 기신인 수(水)로 배신하므로 일간인 정화(丁火)는 더 힘들어집니다. 우리 인생도 그렇듯이 원래 의지하던 사람이 나를 배반하면 더 힘들어지듯이 말입니다. 그래도 사주의 지지에 자(子)운이 안 들어온 것은 매우 다행스럽다 하겠습니다. 신자합수(申子合水)에 해자축합수(亥子丑合水)를 하면 새(巳)가 들어온 것보다 훨씬 더 부정적이었을 것입니다. 그리고 36세 대운은 제가 보기에 대략 1992년도부터 2001년까지로 보이는데 이 대운수는 직접 살펴보시길 바랍니다.

앞으로의 대운은 큰 무리가 없어 보입니다. 지지에 천문성과 형살도 강해서 명리 공부에도 관심이 많으리라 보입니다. 감사합니다.

사주주인공 대덕이론분석 1님 정말 감사합니다. 제 사주가 편중되고 인생의 굴곡이 많아(변화와 변동이 많다고 표현하는 것이 맞을 것 같네요) 대운수 적용 시점에 대해 제 사주를 분석하던 중, 어제 우연히 다음과 같은 사실을 발견했습니다. 바로 저의 대운수 6이 인생의 새로운 전환기이거나 인생의 상승 주기에 해당한다는 사실입니다.

설명하면, 16세(1971년말)에 오직 기술을 배워 돈을 벌어보겠다는 마음으로 가출, 26세(1981년초)에 독학으로 대학에 입학하여 국비 장학생으로 학비와 기숙사비외 장학금을 받음, 36세(1991년말)에 직장에서 인사이동 이후 국내외에서 많은 활동과 큰 명예도 얻음, 46세(2001년초)에 실직 후 많은 어려움을 겪었으나 이 때 시작한 자영업이 순조로워서 어려움을 극복함, 56세(2011년)에 몇 년 전부터 준비한 부동산 중개업을 개업할 예정입니다(사주명리학을 공부하기 이전부터 준비한 사항임).

우연의 일치인가? 끼워 맞추기식 풀이인가? 아니면 주어진 사주팔자대로 사는 것인가? 10년을 주기로 주파수를 그리며 상승과 하강을 계속하는 저의 운명 말입니다. 많은 의문점과 약간의 흥분 내지는 전율까지 느껴지는군요.

대덕이론분석 1님의 말씀에 감사드리며, 참고가 될까 싶어 올려봅니다. 말씀하신 36세 을사(乙巳) 대운에 수(水)가 과다하여 위험해 보이지만, 이 때부터는 국내외를 왕복하면서, 제 인생에서 가장 활동적인 시기였습니다. 물론 1992~1997년까7지 질병이나 어려움도 없었습니다. 그러나 1998년 IMF 이후에 제 운명은 많이 힘들고 어려웠습니다. 인생을 포기할까 하는 생각을 아주 아주 많이 해 보았으니까요. 지금은 많이 안정적이고 편안한 상태입니다. 항상 모두에게 감사하며, 베풀 수 있을 때 베풀면서 사는 인생이 참 행복이 아닌가 생각합니다. 일체유심조(一切維心造), 세상만사 모든 것 오직 마음에서 이루어진다는 평범한 진리를 생각하며 대덕이론분석 1님 그리고 이 카페에 참여하시는 모든 분들께 감사드립니다. 모두 모두 행복하세요.

대덕이론분석 1 네, 사주주인공님 좋은 자료 올려주셔서 공부하는 데 많은 참고가 됨을 감사드립니다. 다만, 몇 가지만 말씀드리겠습니다. 결코 님의 말씀을 반박하기 위함이 아님을 먼저 밝혀드리고, 같이 공부하는데 도움이 될까 해서 몇 말씀 드립니다.

님은 올해 한국 나이로는 55세이지만, 사주를 분석할 경우에는 달라집니다. 즉, 님은 축(丑)월생이기 때문에 사주상으로는 54세입니다. 그러면 님이 위에서 말씀하신 대운이 출발하는 연도의 끝자리가 1이 아닌 2가 됩니다. 즉, 36세 대운이 시작하는 연운은 92년, 46세 대운이 시작하는 연운은 2002년인 것입니다. 그리고 님이 1981, 1991, 2001년 연운부터 인생에 변화변동이 많았다고 하셨는데, 대운의 영향은 대운이 시작되는 연운이 아니라 그 대운이 시작되기 전 해의 하반기부터 강하게 밀려오는 경우가 많습니다. 즉, 46세 대운의 시작 연운인 2002년부터의 변화변동은 이미 2001년부터 시작된다는 말씀입니다.

그리고 위에서 말씀하신 2001년은 36세 을사(乙巳) 대운의 끝자락인 해입니다. 2001년은 연운이 신사(辛巳)입니다. 즉, 이 해부터 님이 언급하신 변화변동이 시작되었던 것입니다. 이 해에 실직 후 힘들었다고 하셨는데, 아마도 제가 위에서 분석한 대로 사신합(巳申合)이나 수(水)가 연운에서도 들어오니 조금 힘들지 않았나 보여집니다. 그리고 1998년도의 IMF의 연운도 이 을사(乙巳) 대운에 속하는 시기입니다. 님이 이 시기에 활발한 활동과 성과를 거두었지만, 1998년도의 IMF로 인해 많이 힘드셨으리라 봅니다. 이렇게 이 을사 대운, 특히 사(巳) 대운은 제가 보기에 님의 인생에서 삶의 굴곡도 어느 정도 있었다고 보여집니다. 님의 상황을 전혀 모른 체 제가 배운 명리학 실력으로 사주 분석을 드렸었는데, 이렇게 전후 상황을 말씀해주셔서 공부하는 데 많은 참고가 되었습니다.

사주주인공 대덕이론분석 1님 기대 이상의 도움 말씀에 매우 감사드립니다.

일반이론분석 1   도움이 될지 모르겠으나 몇 자 올립니다. 저도 일전에 궁금해한 사항이어서 아는 만큼만 올립니다.

첫째, 대운수는 생일부터 절기일까지의 일수를 3으로 나눕니다.

둘째, 나머지 시간은 1일은 4개월, 1시간은 5일, 1분은 2시간으로 계산합니다. 1957년 2월 4일 10시 54분 39초가 입춘 절입시간이므로 19일 10시간 54분을 상위 내용으로 계산하면 6년 5개월 25일이 대운이 바뀌는 시각입니다. 소숫점까지 계산한 것은 아니므로 정확하게 계산해보세요.

단, 님의 명조를 해(亥)시로만 알고 있어서 일수 계산은 약간 차이가 있을 수 있습니다. 참고로, 컴퓨터 만세력으로는 6년 6월 20일로 대운수가 계산되어 있습니다.

명조 해석에서 무엇 하나 중요하지 않은 것은 없다고 봅니다. 일례로, 길한 대운으로 접어들었는데 틀리다고 하는 말들을 많이 듣습니다. 미신이다, 엉터리다 하면서요. 웃을 수밖에요.

사주주인공   일반이론분석 1님의 상세한 설명으로 궁금한 점이 풀리고 많은 도움이 되어 감사합니다. 본인이 태어난 연, 월, 일, 시, 분, 초부터 다음 절기절입 시각까지 시간을 계산하여 대운수를 계산하면 정확하겠군요. 그런데 입춘절입 시각을 어떻게 계산하는지 궁금합니다. 대덕이론분석 1님께서 말씀하셨듯이 사주 분석은 그 내용과 알맹이가 매우 중요한 것이지만, 대운에서 새로운 기운이 들어오는 시점도 중요하게 생각되어서 말입니다.

일반이론분석 1   제가 사주주인공님의 질의 내용을 잘 이해하지 못하는지는 모르나, 입춘 절입시각은 만세력에 나와 있습니다. 입춘 당일로만 보면, 10시간 54분 후에 들어오므로 시간은 10x5 = 50일(1개월 20일), 분은 54x2 = 108(4.5일)을 대운수로 나눈 나머지와 개월수 연관하여 합산하시면 됩니다.

명리를 더 공부하시다 보면 원론적인 개념에 의구심이 들 것입니다. 선학께서 공부하시고 내린 답이니 그렇겠지 하는 무조건적인 배움에서, 왜 이렇게 되었는지 스스로 궁구하는 시기가 올 것입니다. 사주 분석에서 내용도 중요하고 사주가 무엇을 말하려는지 아는 것도 중요하지만, 그 이전에 최대한 정확한 이론적 자료를 확보하지 않는 한 사주 분석에서 오류를 범할 수 있습니다. 작은 각도로 벗어날 수도 있지만, 중요한 하나를 무시하거나 소홀히 하는 경우 큰 각도로 벗어날 수 있음을 아셨으면 합니다.

한 가지 이론에 충실하신 후, 다른 이론들을 많이 접해보시기 바랍니다. 또 어쩔 수 없이 다른 이론을 찾으실 겁니다. 한 가지 이론에 얽매이다 보면 앞이 흐려질 수 있기 때문에 드리는 말씀입니다.

사주주인공   일반이론분석 1님의 지도에 감사드립니다.

문제의 사주는 재관다신약 사주로서 독립적인 기질이 강하다. 또한 금수다(金水多) 사주로서 궁금한 것이 많고, 그 궁금한 것이 해결되어야 다음으로 넘어갈 수 있는 사주다. 내격은 편재격, 재성발달격, 역마격, 재관왕격, 금수왕격, 대운비겁발달격, 대운식상발달격 등의 격국이 있다.

사주주인공의 질문 중에 대운수 적용 시점에 대한 질문이 있다. 생일 기준인지 아니면 새해가 시작되는 입춘 기준인지 궁금하다는 내용이었는데, 결론부터 말하면 대운 계산법은 자신의 생일을 기점으로 계산하고, 나이도 자신의 생일을 기점으로 정해야 정확하다. 즉, 자신의 생일부터 일일이 계산하는 방법이 가장 정확할 것이다. 그런데 사주를 볼 때마다 일일이 생일부터 계산한다는 것은 상담시 그리 호락호락한 일이 아니다. 계산하는 사이 내담자는 일어나 나가버릴지도 모른다. 그래서 한국나이로 정하되, 겨울생처럼 몇 달 안 되어 1살을 더 먹는 경우에만 만 나이로 계산하는 방법을 많이 활용하고 있다. 대운수 계산과 적용 시점에 대해서는 일반이론분석 1님이 잘 정리해주었다.

그리고 문제의 사주의 대운 분석은 대덕이론분석 1님의 의견을 참고하면 된다. 대운 분석 역시 오행(육친)의 발달, 과다, 고립, 무존재가 기본이 된다. 그리고 합국으로 인해 사주가 특정 오행으로 편중되면 사건사고뿐만 아니라 건강문제까지 초래할 수 있으니 미리 대비해야 한다.

대운수는 앞과 뒤로 일어날 가능성을 예측하는 데 활용된다. 예를 들어, 간암에 걸린 사람의 운명이라고 해서 어느 날 갑자기 간암에 걸리는 것은 아니다. 몇 년간 장기적으로 간기능을 저하시키는 대운이 들어오다가 어느 순간 암을 진단받는 경우가 많다. 사건사고나 사업 확장도 몇 년 전부터 욕심을 부리다 부도 등의 어려움을 겪는다. (간혹 갑자기 발생하는 경우도 있기는 하다)

그러므로 대운수가 정확해야 하는 것이 우선이지만, 근사치에 있으면 오히려 미리 예측하여 대비하고 준비할 수 있으리라 본다. 사주 상담은 일어나는 일을 맞추는 것이 아니라 미리 앞 일을 상담해주는 역할이다. 예를 들어, 만약 25세 때 상담해주면서 35세 전후에 조심해야 한다고 조언해주면 최고의 상담이라고 할 수 있을 것이다.

5. 갑자기 뇌졸중으로 쓰러져 고생을 많이 했습니다

 제 사주에 대해서 여러 철학관에 문의해보았지만 답변이 제각각이어서 많이 혼란스럽군요. 저는 결혼 후 44세까지는 매우 힘든 일들을 하면서 생활해왔지만, 45세 이후에 시작한 자영업이 잘 되어 재물이 좀 들어왔습니다. 그러나 2005년 11월 23일 갑자기 뇌졸중으로 쓰러져 고생하다가 지금은 많이 회복된 상태입니다. 앞으로 제 운명이 어떻게 될지 많이 궁금하여 도움을 요청합니다.

1951년 2월 17일(음) 술(戌)시생

시	일	월	연
壬	癸	辛	辛 (乾)
戌	亥	卯	卯

76	66	56	46	36	26	16	6
癸	甲	乙	丙	丁	戊	己	庚
未	申	酉	戌	亥	子	丑	寅

 사주 답변 >>>

대덕이론분석 1

사주주인공님의 사주는 일간 계수(癸水)도 힘이 있고, 목(木) 식상도 잘 발달된 신왕식상왕의 구조라서 평생 먹을 복은 가지고 가는 사주입니다. 님이 자영업을 하셔서 어느 정도 부를 얻은 것은 사주의 이런 구조의 영향입니다. 물론 님이 태어나신 시간이 술(戌)시라는 가정하에 말씀드리는 겁니다. 님의 생시를 못 믿어서가 아니라 1950년대는 아무래도 시간 개념이 부족했기 때문에 드리는 말씀입니다. 즉, 술(戌)시로도 볼 수 있고, 해(亥)시로도 볼 수 있다는 말씀입니다. 다만, 해(亥)시로 보더라도 식상이 강하기 때문에 이 사주 분석의 큰 틀은 바뀌지 않습니다. 아무튼 님이 술(戌)시로 올려주셨으니 술(戌)시로 분석해드립니다.

시간을 술(戌)시로 보면 사주의 지지가 두 줄씩 금이 가 전부 깨져 있습니다. (이 부분은 해시여도 마찬가지입니다) 즉, 술(戌)은 묘술합(卯戌合)이 중복되고, 해(亥)는 해묘합(亥卯合)이 중복되며, 월지와 연지의 묘(卯) 역시 해묘합(亥卯合)이 중복되어 지지 네 글자가 전부 두 줄씩 금이 가 있습니다. 천간에 금이 가면 육친문제를 살펴보셔야 하고, 지지에 전부 금이 가면 반드시 건강을 조심하셔야 합니다. 2005년에 뇌졸중으로 힘드셨다 하셨는데 이 시기가 46세 병술(丙戌) 대운입니다. 대운 천간에 병(丙)이 들어와 병신합(丙辛合)과 병임충(丙壬沖)으로 두 줄이 가고, 대운 지지에 술(戌)이 들어와 또 두 줄 금이 갑니다. 그리고 연운 을유(乙酉)도 천간의 을(乙)이 을신충(乙辛沖)으로 두 줄 가고, 지지의 유(酉)도 묘유충(卯酉沖)과 유술합(酉戌合)으로 세 줄 금이 가서 매우 불안정한 시기입니다.

그리고 이 사주는 사주원국에 화(火)의 기운이 없습니다. 이렇게 사주원국에 없던 화(火)가 병술(丙戌) 대운에는 지지의 묘술합화(卯戌合火)로 갑자기 불어나고, 또한 해묘합목(亥卯合木)으로 목(木)이 늘어 목생화(木生火)를 해주니 사주에 없던 화(火)가 갑자기 불어납니다. 고립된 것이 대운에서 더 고립되는 것도 위험하지만, 사주원국에서 고립된 것이 갑자기 늘어나는 것도 위험하고, 사주원국에 없던 것이 갑자기 들어와도 위험해집니다. 게다가 님의 사주는 지지가 모두 두 줄씩 금이 가 깨져 있어서 건강 쪽으로 불안정 요소가 많았던 겁니다.

그 다음, 병술(丙戌) 대운은 천간의 병신합수(丙辛合水)와 지지의 묘술합화(卯戌合火)로 인해 수(水)와 화(火)가 싸우는 대운, 즉 수화상전(水火相戰)의 느낌이 나는 대운입니다. 극과 극이 부딪치니 문제가 생길 가능성이 있습니다. 그래도 뇌졸중에서 회복되신 것은 목(木)이 중간에서 통관시켜줬기 때문이라 보여집니다. 아무튼 님의 사주는 평생 의식주복은 어느 정도 있는데 이렇게 대운에서 한번 요동치면 건강문제를 한번은 신경 써야 하는 사주입니다. 지지가 두 줄 금이 가서 불안정 요소가 있기 때문에 더 그렇습니다.

하지만 건강상 힘든 시기는 지나갔다고 보여집니다. 님의 사주는 천간에 있는 신금(辛金)이 둘 다 고립의 느낌인데, 56세 대운과 66세 대운에서 금(金)이 들어와 이 고립을 풀어주고 있어서 매우 긍정적입니다. 거기다 지지에 해(亥), 술(戌), 묘(卯) 등 천문성이 매우 강합니다. 사람의 생명을 다루는 학문 쪽에도 소질이 많은 사주입니다. 또한 말년으로 이렇게 인성운이 들어오니 공부하는(특히 사람의 생명을 다루는 공부, 예를 들면 명리학 등) 분야도 어울린다고 보입니다. 항상 마음을 느긋하게 가지며 스트레스를 줄이면서 매진하신다면 평안한 노후가 기다리고 있습니다. 님의 노후는 매우 긍정적입니다.

사주주인공 너무나 감사합니다. 대덕이론분석 1님의 사주풀이에 깊이 감명받았습니다.

일반이론분석 1 부동산에 투자하시고, 건강은 폐 쪽의 염증이나 간의 건강을 조심하면 별 탈 없으실 겁니다.

<<< 김동완 교수의 해설

사주주인공님의 사주는 계수(癸水) 일간에, 연월일이 음으로 이루어져 있고, 연월일에 괴강살·백호대살·양인살도 없어서 결정적인 배짱이나 추진력이 부족하다. 타고난 성격이 사업가보다는 공무원이나 교사 같은 직업이 잘 어울린다. 이렇게 사업가 기질이 아닌 사람이 사업을 하다 보니 스트레스가 매우 심했을 것이다. 성실성으로 사업을 잘 이끌어왔겠지만, 타인에 비해 소심하고 늘 스트레스가 쌓이고 걱정이 많은 성격 유형이기 때문에 잠재되어 있는 걱정과 스트레스가 쌓여 어느 날 뇌졸중과 같은 혈관질환을 불렀으리라 본다.

게다가 대덕이론분석 1님의 설명처럼, 대운이 들어오면서 사주원국의 지지가 해묘합목(亥卯合木)과 묘술합화(卯戌合火)를 하여 목화(木火)의 기운이 매우 강해지고, 대운에서도 무계합화(戊癸合火), 정임합목(丁壬合木), 해묘합목(亥卯合木) 등 또 목화(木火)로 몰려가므로 건강상 위험해 보인다. 다행스럽게도 지나치게 과도한 편이 아니라 생명까지 위험한 것은 아니다. 실제로 46세 병술(丙戌) 대운에 뇌졸중으로 쓰러진 적이 있다고 했는데, 사주원국에 없던 오행이 대운에서 합국으로 갑자기 밀려오면 그 오행의 건강문제가 생기므로 주의해야 한다.

일반이론분석 1님의 부동산 투자 권유는 성격상 안정적인 재물관리에 유리하고, 폐나 간을 조심하라는 당부도 금(金) 고립이므로 매우 적절하다.

더불어 사주 분석에서는 합충의 수가 매우 중요하다. 사주원국에도 합충이 많으면서 대운이나 연운에서 또 다시 합충을 이루면 매우 불리하여 사건사고와 변화변동이 발생한다. 대덕 이론의 용신으로는 고립된 것을 살려주는 용신, 그리고 과다한 것을 절제시키는 용신 등이 있는데, 대운에서 용신이 들어오더라도 합을 하여 기신으로 배신하는 경우에는 매우 위험한 사건사고와 변화변동이 생기게 된다.

이 사주의 격국으로는 내격에 식신격, 시하일위정관격, 천문격, 신왕식상왕격, 수왕목왕격, 금수쌍청격, 삼귀격, 식상발달격, 비겁발달격 등이 있다. 사업가 대신 학자나 공무원 같은 안정적인 직장을 가지고 있었다면 어땠을까, 목(木)이 많아지므로 경쟁적인 직장이 아닌 교육 분야나 공무원 같은 명예직은 어땠을까 생각해본다.

Q6 지난 10년간 매우 힘들었습니다. 언제쯤 괜찮아질까요?

저와 친한 형님인데, 매우 영리하고 사회적 지위도 매우 높습니다. 그런데 지난 10년간 매우 힘든 고비를 넘기고 이제 좀 풀리려나 하고 있습니다. 언제쯤 괜찮아질까요?

1964년 8월 5일(양) 자(子)시생

시	일	월	연
戊	丙	辛	甲 (乾)
子	戌	未	辰

71	61	51	41	31	21	11	1
己	戊	丁	丙	乙	甲	癸	壬
卯	寅	丑	子	亥	戌	酉	申

 사주 답변 >>>

대덕&일반이론 혼합분석 1

직업이 사람을 상대하면서 말을 써먹는 법조인이나 변호사 또는 경찰 같은데, 화토상관격이니 머리가 매우 좋고 관성을 써먹지 못하니 경찰은 아닌 듯합니다. 이 사람이 불경기를 만난 것은 해(亥) 대운부터로, 이유는 갑목(甲木)이 고립인데 더 고립되어서이고, 가정문제도 있을 것입니다. 병신합수(丙辛合水), 일지에 있는 술토(戌土) 식상 속의 신금(辛金) 재성, 이런 것들이 문제지요. 고집격(명예격)에, 백호대살이 연주 갑진(甲辰)과 일주 병술(丙戌)에 있으니 이직이나 이동할 것이 아니면 신경을 많이 써야겠네요. 앞으로도 별로 좋은 운은 아닌 듯합니다.

사주주인공

대덕&일반이론 혼합분석 1님. 감사합니다. 이 분은 제 대학선배인데 서울대 법대를 나왔고, 대학 3학년 때 사법시험에 합격했습니다. 그런데 판검사를 지원하지 않고 그냥 변호사 생활을 쭉 해오다가 2006년 서울에 있는 법대 교수가 되었지요. 말씀대로 가정적인 문제가 컸습니다. 자녀가 둘인데, 이혼하고 지금은 혼자 삽니다. 대학 3학년인 1985년에 사법시험에 합격했으니 서울대 법대생 중에서도 최상위에 해당할 정도의 천재적인 머리를 타고난데다가 외모도 출중합니다. 그런데 이혼하고 변호사 생활을 거의 12년을 하고도 재산을 거의 모으지 못했네요.

여러 고수님들께 여쭙고 싶은 게 있습니다. 이 사주가 관성을 써먹지 못해 판검사를 하지는 못했지만, 법학교수는 쉽게 되었습니다. 그것도 서울 시내에 있는 명문 사립대학 교수가 되었지요. 관운이 있고 없고는 판검사와 관계가 있는 것이지 사립대학 교수와는 관계가 없는 것인지요? 그리고 이 형님은 계속 배우자운이 약해서 재혼을 하기도 어려운지요?

대덕이론분석 1

아주 능력이 많은 분으로 보입니다. 말씀해주신 것을 토대로 사주를 분석하다가, 혹시 태어난 시간을 해(亥)로도 볼 수 있지 않을까 생각해보았습니다. 이 부분은 순전히 저의 생각입니다. 하지만 이 분의 생시를 정확하게 말씀하지 않으셨고, 오히려 자(子)시인 경우보다 해(亥)시로 분석했을 때 이 분의 삶과 일치하는 부분이 많은 것 같아서 말씀드립니다. 시간이 해(亥)시라면 사주의 연주와 월주는 그대로이지만, 일주는 을유(乙酉)가 되고, 시주는 무자(戊子)가 정해(丁亥)로 바뀝니다. 그러면 시간에 화(火) 식상이 강하고(언어능력), 인성(공부복) 해수(亥水)도 잘 있고, 명예적이고 독립적인 관성도 잘 있어서 평생 공부하면서 입을 가지고 명예를 추구하는 직업이 잘 맞는 사주가 됩니다. (이건 어디까지나 저의 생각입니다. 이렇게도 생각해볼 수 있지 않나 하는 마음에서 말씀드린 것이니 참고 정도로 하시기 바랍니다.) 항상 사주를 분석할 때 70년대생 이전 세대, 즉 40~60년에 출생한 사람들은 시계가 잘 보급되지 않았고 시간 개념이 지금처럼 정확하지 않기 때문에 생시 확인에 어려움이 있습니다. 그래서 두 가지 시간을 적용하여 오차를 줄이는 것이 올바른 방법이라 생각되어 드리는 말씀이니 이해해주셨으면 감사하겠습니다. 님이 올려주신 사주의 자세한 풀이는 다른 분들에게 맡깁니다.

다만 님이 질문하신 내용을 말씀드리면, 사주에 관성이 있어야만 관직으로 가는 것은 아닙니다. 사주 구성이 좋으면 관성이 없어도 능력을 발휘하는 사주가 많습니다. 요새는 식상이 우대받는 시대라 식상이 잘 발달되어도 능력을 발휘하는 분들이 많습니다. 다만, 사주에 관성이 힘있게 잘 있고, 또한 관성이 발달 이상이거나 관다신약들은 강력한 카리스마로 남들을 지배하는 능력을 많이 발휘합니다. 즉, 독립적이고 자유로운 내 일을 선호한다고 보는 것입니다. 대학교수나 변호사는 관직이 아니고 판사와 검사는 관직이지만, 관성이 발달 이상인 사람은 이 모든 직종이 독립적이고 자유로우며 명예를 가지고 가기 때문에 그런 면에서 공통점이 있다는 겁니다. 즉, 님이 올려주신 사주로 봤을 때 이 분 사주에서 관성이 약하여 판사나 검사를 못하고 변호사나 대학교수를 하는 것이 아니란 의미입니다.

그리고 이 분 사주를 보면 시지의 관성 자수(子水)가 고립인데, 합이 되면서 자진합수(子辰合水)로 고립을 풀어줍니다. 그리고 31세 을해(乙亥) 대운, 그리고 41세 병자(丙子) 대운으로 20년간 관성이 힘있게 들어옵니다. 이러면 명예를 가지고 가면서 독립적인 내 일을 끌고 갈 수 있습니다. 사주에 관성이 하나만 있고 고립돼 있으면서 두 줄 금이 가면 독립적인 성향보다는 직장의 불안정성이 나타날 수 있지만, 이 분처럼 이렇게 관성이 대운에서 강해지면 독립적인 성향이 강하게 발휘됩니다.

사주주인공 대덕이론분석 1님 정말 감사합니다. 밤 12시 30분 이전이라면 전날 해(亥)시로 보는 게 더 맞겠군요. 사실 이 형님이 이혼 후 10살 어린 여자를 지방 국립대 교수로 올해 취직시키고는 그 여제자와 재혼을 하려고 합니다. 그 여제자는 저보다 2살 어린데, 나름대로 고집도 있고 해서 이 형님에게 상처를 주지 않을까 무척 걱정되어서 이 글을 올리게 되었습니다.

<<< **대덕이론분석 1** 네. 그래서 제가 시간 개념을 언급한 겁니다. 즉, 정확한 날짜와 시간이 아니라 그냥 밤 12시 30분이라고 하면 시간 개념이 너무 포괄적이라는 겁니다.

<<< **김동완교수** 여기서 질문자(사주주인공님)와 대덕이론분석 1님 사이에 생각의 차이가 있는 것 같습니다. 먼저 사주주인공님은 생시가 밤 12시 30분 이전이면 전날 해(亥)시라고 잘못 생각하고 계십니다. 그리고 대덕이론분석 1님은 밤 12시 30분의 기준보다는 25일 밤인가 24일 밤인가 26일 밤인가 의구심을 갖고 계시는 걸로 보입니다.

먼저 사주주인공님의 질문에 답하면, 이 사주는 밤 12시 30분 이전이라도 자(子)시가 맞습니다. 다만, 밤 12시 30분에 태어났다는 것이 8월 5일 밤인지, 8월 4일 밤인지 명확하지 않습니다. 8월 4일 밤 12시 30분 출생이라면 8월 5일 자(子)시이고, 8월 5일 밤 12시 30분 출생이라면 8월 6일 자(子)시가 됩니다. 이 사주는 8월 5일 자(子)시로 분석하는 것이 타당하다고 봅니다.

사주주인공 그리고 대덕&일반이론 혼합분석 1님 말씀대로 이 선배는 무척 고집이 강하고 자존심 또한 강합니다. 남에게 지배받는 것을 무척 싫어하는 성격이지요. 이혼하게 된 계기는 화류계 여성과의 잠깐의 외도를 용서받지 못했기 때문입니다.

<<< **대덕이론분석 1** 사주주인공님. 이 사주로 풀이하면 재성은 고립되어 있고, 운에서도 재성을 20년간 고립시키고 있습니다. 즉, 31세 대운과 41세 대운 모두 말입니다. 그리고 이 사주 천간의 일간 병화(丙火)는 재성 신금(辛金)과 병신합수(丙辛

승수)를 하여 재성이 사라지고 관성이 만들어집니다. 이러면 나는 내 부인과 아이를 낳고 헤어집니다. 그리고 그 아이는 부인이 키우는 형태가 됩니다.

만약 이 사주가 맞는다면 앞으로도 여성과의 인연은 썩 긍정적이지 않습니다. 지지 술(戌) 속에 있는 재성 신금(辛金)도 진술충(辰戌沖)으로 튀어나와 병신합수(丙辛合水)가 되므로 일간인 나는 양다리를 걸치는 구조가 됩니다. 즉, 신금(辛金)이 튀어나와 고립이 안 되면 이런 문제는 발생하지 않는데, 고립되어버리므로 이런 문제가 발생할 개연성이 많다고 보여집니다. 좋은 말씀 못 드려 죄송합니다. 하지만 이 분 사주는 태어난 시간을 정확히 하여 사주를 분석하는 것이 좋다고 보여집니다. 사주라는 것은 최선이 아니면 차선을 찾아서 사람을 살려야 하기 때문입니다.

사주주인공   대덕이론분석 1님 정말 대단하십니다. 사실 이 선배는 서울대 법대 재학중 사법시험에 합격한 이후에는 돈 다 날려먹고 마누라한테 이혼당하고 애들도 뺏기고 빚만 지고 쫓겨난 뒤 자살을 생각할 정도로 어려운 시기를 지내다, 2006년 서울의 사립로스쿨 교수가 된 것 말고는 계속 좋은 일이 없네요. 이번에 시도하는 결혼도 제가 보기에는 그리 긍정적이지 않아 매우 걱정입니다. 대덕이론분석 1님, 사실 저도 서울대를 졸업하고 남들이 부러워할 만한 사회적 지위에 있지만, 결정적인 순간에 자꾸 운명의 장난처럼 일이 틀어지니 이렇게 주역과 명리학에 관심을 가지고 운명이라는 게 있구나 생각하게 되었습니다.

<<< **대덕이론분석 1**   보잘 것 없고 배울 게 너무 많은 저에게 좋은 말씀해주셔서 부끄럽습니다. 감사합니다.

사주주인공   아직 용기가 없어 제 사주를 밝히지는 못하지만, 언제 한번 공부해보고 의문이 생기면 여기에 올려보도록 하겠습니다. 긴 시간 설명해주셔서 감사합니다.

일반이론분석 1   앞으로 운로가 좋아 보이며, 교수가 적성과 사주로 보았을 때 딱 맞습니다. 식상이 왕하여 관성을 극하는 운이라 풍파를 많이 겪었다고 보고, 41세 자(子)운에 관성이 강해지고 천간으로 병정(丙丁)이 들어오니 일간에 힘이 생겨 좋아지고, 51세 축(丑) 대운에는 심리적으로 조금 힘든 일이 있지만 직업에는 변동 상황이 없을 것으로 보이고, 말년까지 좋아 보입니다.

60세 전에는 웬만하면 재혼은 안 하시는 게 좋으리라 생각합니다. 여자복이나 재복이 없는 시기에 억지로 만들려고 하면 힘든 인생이 된다고 봅니다. 아마 지금 재혼하시면 55세 축(丑) 대운에 시끄러운 상황이 벌어지리라 보이며, 61세 이후에 좋은 운이니 그 때 재혼을 생각해보시는 게 좋아 보입니다. 돈을 버시면 부동산에 투자하셔서 묶어놓고 말년에 쓰시는 쪽으로 하세요.

사주주인공   대덕이론분석 1님 감사합니다. 그 형님에게 그리 전하겠습니다. 정말 감사합니다.

 <<< 김동완 교수의 해설

질문자는 사주주인공의 직업 적성과 결혼운에 대해 묻고 있다. 특히 사주에 관성이 있어야만 관직으로 진출하는지 묻고 있다.

먼저 대덕&일반이론 혼합분석 1님은 이 사주가 사람을 상대하면서 말을 써먹되, 관성을 써먹지 못하니 법조인(변호사)으로 풀이하고 있다.

그리고 일반이론분석 1님은 이 사주에는 교수가 딱 맞지만, 식상이 왕하여 관성을 극하는 운이므로 풍파를 많이 겪었다고 설명하였다. 하지만 식상이 강한 사람도 안정적인 삶을 사는 경우가 많다. 탤런트 최종수도 식상다 사주이지만, 데뷔 이래 일로든 가정으로든 안정적인 모습을 보여주고 있다.

관성을 써먹지 못해 판검사를 못한 게 아니냐는 질문에 대해 대덕이론분석 1님이 명쾌하게 설명해주고 있다. 사주에 관성이 있어야만 관직에 진출하는 것은 아니며, 사주 구성이 좋으면 관성이 없어도 관직에 진출할 수 있다. 2부에서 살펴본 경남도지사 김두관의 사주와 인천시장 송영길의 사주가 바로 그 예다. 문제의 사주 역시 관성이 약해서가 아니라, 대운에서 관성이 강해져서 독립적인 성향이 강하게 발휘되었기 때문에 판검사의 관직과 멀어지게 된 것이다.

여기에 격국을 추가하면, 이 사주는 상관격, 시하일위정관격, 월상일위정재격, 천문격, 명예격, 간지공협격, 식상발달격, 비겁발달격, 대덕격1 등 다양한 격국을 가지고 있어서 법조인에 매우 잘 어울리는 사주다.

다음으로 결혼운(배우자운)을 보면, 사주원국에서 월간의 신금(辛金) 재성이 100% 합국으로 인해 관성으로 변했다. 따라서 배우자와 생사이별의 아픔이 반드시 생기게 된다. 대덕이론분석 1님의 설명을 참고하면 된다.

이 사주 분석에서 가장 아쉬운 점은 '되는 일이 없다'는 말이 반복되고 있다는 것이다. 서울대 법대를 나와서 변호사를 하고 교수까지 하는 사람, 누가 봐도 한국 땅에서 최고의 지위와 1%안의 상위권에 드는 사람이 '되는 것이 없다'는 부정적인 마음을 가지고 있는 것은 문제라고 본다. 현재의 삶에 만족하고, 나보다 못한 사람들의 모습을 돌아보며 "나의 삶이 그래도 행복하구나. 그래서 나보다 못한 사람들에게 나누고 베풀어야겠구나" 하는 모습을 보여줘야 하지 않을까?

좀더 자신감 있고 적극적으로 삶의 희망을 가지고, 자신이 가진 특권과 상류층의 모습을 가난하고 힘들고 어려운 이웃과 함께 나누길 바란다. "아! 내가 저렇게 힘든 분들보다는 행복하구나. 저렇게 어려운 삶을 살고 있는 사람들도 행복을 느끼고 있구나" 하는 긍정적인 생각을 가지게 될 것이다.

Q7. 10년 다닌 회사를 퇴직했습니다. 재취업을 할 수 있을까요?

금융회사(증권사)에 10년 동안 근무했습니다. 팀장이 바뀌면서 여러 가지로 스트레스를 받아 몸이 상해 퇴사했습니다. 퇴사한 지 얼마 안 돼 아직은 홀가분하고 좋지만, 적지 않은 나이에 재취업을 할 수 있을지 또 결혼은 할 수 있을지 걱정됩니다. 제 사주가 어떤지 부탁드립니다. 감사합니다.

1976년 1월 15일(양) 술(戌)시생

시	일	월	연
戊	丙	己	乙 (坤)
戌	寅	丑	卯

77	67	57	47	37	27	17	7
丁	丙	乙	甲	癸	壬	辛	庚
酉	申	未	午	巳	辰	卯	寅

사주 답변 >>>

대덕이론분석 1

사주 자체는 크게 보면 식관다신약에 목(木) 인성이 잘 발달된 사주입니다. 목(木) 35점, 화(火) 10점, 토(土) 35점, 금(金) 0점, 수(水) 30점으로, 대덕 이론에서 30점 이상이면 발달로 보는데, 발달인 것이 3개 이상이므로 살면서 별 걱정 없이 안정적으로 나갈 것 같습니다.

수(水)가 30점으로 발달되어서 아마 수적인 감각과 계산능력이 있다고 봅니다. 그런 부분에서 증권사와 잘 맞아 보입니다. 토(土) 점수가 35점인데 이것은 식상이 되고, 수(水) 점수 30점은 관성 점수가 됩니다. 식상은 입과 관련된 부분 즉 창의적인 기질을 의미하고, 관성은 리더 기질과 통제력 그리고 자기절제력과 관련되어서 증권사에서 입을 가지고 창의력을 발휘하면서 자신에게 100% 맡겨지는 일을 했다면 나름대로 능력을 발휘했을 거라고 봅니다. 또 대운에서 묘술합화(卯戌合火), 인묘합목(寅卯合木)을 하여 목화(木火)의 기운도 안정적이고 균형적으로 생겨서 사람들과의 관계도 좋아집니다. 팀장 때문에 스트레스를 받아 회사를 그만뒀다고 하는데, 님의 사주는 믿고 맡겨주고 인정해 주면 2배의 능력을 발휘하는 사주인데 증권사의 업무상 그런 환경이 잘 조성되지 않아서 힘들었을 것으로 보입니다.

지금 건강상으로는 목(木)이 걱정됩니다. 목(木)에 관한 건강을 조심해야 합니다. 뼈, 간, 작은 수술, 여성기질환 쪽은 항상 신경 쓰세요. 대운으로 봐서는 36살까지는 인묘진(寅卯辰) 삼합이 들어와서 목(木)의 건강을 도와주지만, 37세 대운부터는 그런 부분을 신경 써야 할 것 같습니다. 그렇게 심각한 내용은 아니므로 건강검진 등 평소에 신경 쓰시면 큰 어려움은 없을 것으로 보입니다.

마지막으로 나름대로 조언하고 싶은 내용이 있습니다. 식관다신약 사주는 음식과 먹는 것에 관심이 무척 큽니다. 만약에 증권사 말고 다른 직종으로 가고 싶으시다면 재취업시 음식과 관련된 업종도 나름대로 잘 맞을 것 같습니다. 꼭 직접 음식을 만진다는 의미보다는 음식과 관계된 업종도 잘 맞습니다. 예를 들면, 커피사업부라든지 품질검사팀 등의 업무가 괜찮을 것 같습니다.

결혼은 무관(無官) 사주이지만 결혼적령기(26~46살)에 관성(남자)이 들어오므로 편안하게 생각하시면 될 것 같습니다. 결혼은 자기 일을 열심히 하다 보면 그 감정과 능력이 밖으로 새어 나가서 그 향기를 맡고 진정한 인연이 나타난다고 믿습니다.

저는 사주는 골프라고 생각합니다. 사주를 알면, 인생이라는 18홀을 도는 동안 실수를 최대한 줄여가면서 마지막 18홀까지 한 타 한 타 줄여갈 수 있다고 생각합니다. 저희 사주상담가들은 캐디 정도의 역할을 한다고 생각합니다. 아시는 분들은 골프라는 운동에서 캐디의 중요성을 다 아신다고 생각합니다. 열심히 하셔서 재취업의 행복을 가지시기를 바라면서 이만 줄입니다.

사주주인공 대덕이론분석 1 님의 감사합니다. 용기 얻고 갑니다.

일반이론분석 1 20대 후반에 결혼했으면 참 좋았을 텐데 하는 생각이 듭니다. 어디까지 그렇다는 이야기이고, 부동산중개업에 도전해보라고 충고하고 싶네요. 쉬는 중에 부동산중개사에 꼭 한번 도전해보세요.

  <<< 김동완 교수의 해설

대덕이론분석 1님이 자세하게 설명해주었다. 사주에서 직업 적성을 볼 때는 사주원국에서 발달한 오행을 봐야 한다. 이 사주는 사주원국의 오행 점수가 목(木) 인성은 35점, 화(火) 비겁은 10점, 토(土) 식상은 35점, 금(金) 재성은 0점, 수(水) 관성은 30점이다. 목(木) 인성, 토(土) 식상, 수(水) 관성, 이 세 가지가 30점 이상으로 발달이다. 한편 대덕이론분석 1님은 식관다신약에 목(木) 인성이 발달한 사주라고 했지만, 식관인다 신약으로 표현하는 것이 더 정확하다. 이러한 식상 발달, 관성 발달, 인성 발달을 모두 충족시키려면 입을 가지고(식상), 명예를 지키며(관성) 평생 끼를 발휘하거나 연구하는(인성) 직업이 가장 잘 어울린다.

한편 일반이론분석 1님의 상담 내용 중 20대 후반에 결혼했더라면 좋았을 거라는 내용은 추가 설명이 없어서 아쉽다. 구체적으로 사주 구성이나 대운 구성을 함께 설명했다면 좋았을 것이다. 마찬가지로 부동산중개업 권유도 합당한 설명이 추가되어야 사주 상담에서 신뢰를 줄 수 있을 것이다.

마지막으로 대덕 이론의 관점에서 격국에 대한 설명하면, 이 사주는 내격에 상관격, 식상발달격, 관성발달격, 인성발달격, 대덕격2 등을 가지고 있다.

몸이 허약해요

요새 중요한 시험이 있어서 열심히 공부해야 하는 상황인데, 조금만 과로해도 다음 날 너무 힘드네요. 눕기만 하면 바로 잠들어서 기약 없이 잠을 잡니다. 어렸을 때부터 몸이 전체적으로 허약하고 안 좋았어요. 종아리가 가는 편이고 발도 평발이라서 오래 못 걸어요. 아무리 노력해도 체력이 좋아지지 않네요. 제 사주에도 그런 게 나오는지요? 항상 열정은 넘치는데 몸이 안 따라줍니다. 아, 그리고 제 용신 좀 알려주시면 감사하겠습니다.

1983년 10월 22일(양) 인(寅)시생

시	일	월	연
甲	癸	壬	癸 (坤)
寅	未	戌	亥

76	66	56	46	36	26	16	6
庚	己	戊	丁	丙	乙	甲	癸
午	巳	辰	卯	寅	丑	子	亥

 사주 답변 >>>

대덕이론분석 1

일단 사주주인공님의 사주로 봤을 땐 수(水) 일간이고, 그것도 계수(癸水) 일간, 즉 음 일간이어서 더욱 생각지향적입니다. 거기에 술토(戌土)를 금(金) 15점, 토(土) 15점으로 보면 금생수(金生水)까지 해서 수(水) 기운이 55점이니 만만치 않습니다. 더 생각지향적으로 바뀐다는 말이죠. 사주는 다 장단점이 있습니다. 그 나름대로 사주가 가지는 매력도 있고요. 생각지향적이라는 말은 장점으로 보면 항상 어떤 일을 시작할 때나 추진할 때 생각을 먼저 한다는 말입니다. 즉, 신중하다는 의미입니다. 하지만 단점으로 보면, 생각을 많이 하다 보니 남들보다 시작이 느려지게 되고 추진력이 떨어집니다. 게다가 미인(未寅) 귀문관살까지 2개가 있으므로 단점을 더욱 키우게 됩니다.

이렇게 수(水)가 많고 귀문관살까지 있는 사람은 체력이 떨어진다기보다는 반복되는 생활패턴이 체력을 떨어지게 만든다고 볼 수 있습니다. 어떤 일을 할 때마다 생각을 많이 하다 보니 생각이 항상 저장되는 경향이 있습니다. 생각이 저장된다는 건 뭘까요? 그것은 위장이나 대장에 항상 영향을 미칩니다. 그러면 위나 대장이 약해지고 당연히 체력이 떨어지며, 특히 위나 대장이 안 좋은 사람은 무기력한 면을 많이 보입니다. 아침에 일어나기도 힘들고, 가끔씩 특별한 이유 없이 쑤시고 아프지요. 신경을 많이 쓰거나 생각을 많이 할 땐 등이 그럴 수도 있습니다. 등 쪽에 위신경이 분포되어 있으니까요.

열정이 넘치는데 몸이 안 따라준다는 말도 어떻게 보면 제가 위에서 말씀드린 부분에서 크게 벗어나지 않습니다. 생각이나 계획은 굉장히 많은데 그것을 실행하는 실천력이 많이 떨어집니다. 체력을 향상시키기 위해서는 지금까지의 습관을 고치는 게 중요합니다. 생각을 조금 줄이시고, 계획을 너무 거창하게 세우지 마시고 하나 하나 작게 만들어서 조금씩 실천해가는 습관이 필요합니다.

마지막으로 용신을 알려달라고 했는데, 용신으로 모든 것을 해결하려고 하는 순간부터 힘들어집니다. 이것은 어떤 사주도 마찬가지입니다. 하지만 님에게 딱 맞는 용신이 하나 있기는 있습니다. 그것은 '생각을 줄이고 바로 행동하자'입니다. 이것을 용신으로 잡으시면, 지금까지 님의 인생이 비포장도로였다면 이제부터는 고속도로입니다. 용신을 잘 쓰시기를 빌며 이만 줄입니다.

<<< **사주주인공**   제가 어렸을 때 초년운이 굉장히 안 좋았는데, 사주에 그런 게 나오나요? 저는 왜 이렇게 인복이 없는 걸까요?

<<< **대덕이론분석 1**   수비다(水比多) 사주인데 초년에 또 비겁이 들어오니 그리 긍정적이지 못합니다. 초년을 거의 비겁운으로 보냈다고 해도 과언이 아닙니다. 수비다들은 칭찬을 많이 듣고 싶어하는데 우리 부모님 세대들은 자식, 특히 딸들에게 칭찬해주는 경우가 드물어서 많이 힘들었을 것 같습니다. 그래서 칭찬을 듣고 싶어서 밖으로 많이 돌았을 것 같아 보이네요. 왜냐하면 친구들이나 밖에서 그냥 만나는 사람들은 대개 꾸지람보다는 칭찬을 많이 해주니까요.

인복이 없다고 보기는 힘듭니다. 어떻게 보면 님의 성격 구조가 그런 부분을 더 강화시킨다고 볼 수 있습니다. 수(水) 기운과 귀문관살의 기운으로 인해 사람을 가려 사귈 가능성이 많아 보입니다. 즉, 자기가 좋아하는 사람이나 코드가 맞는 사람만 만날 경우가 많죠. 그리고 혼자 있고 싶어하는 기운도 상당하구요. 이런 부분 때문에 만날 사람은 줄어들고(어떻게 보면 적은 수도 아닙니다), 계속 그렇게 생각하다 보니 부정적인 생각만 머릿속에 남아 있는 것 같습니다. 이제 그런 생각은 버리고 긍정적인 마인드로 무장하시기를 빕니다.

<<< **사주주인공**   자꾸 질문해서 죄송한데 올해 남자를 사귀어도 될까요. 아무래도 나이가 있다 보니 남자 만나는 게 신중해지네요. 이번에 만나면 결혼까지 해야 할 거 같고.

<<< **대덕이론분석 1**   관성 대운이라서 인연은 있을 거 같습니다. 신묘(辛卯)년이나 임진(壬辰)년에 인연이 생길 가능성이 많습니다. 희망을 가지세요.

일반이론분석 1   저랑 좀 비슷한 것 같네요, 사주도 그렇고 상황도 몇 년 전 제 경우와……. 그 때로 돌아간다면 운동을 하면서 공부를 했을 것 같아요. 개운(開運)을 하는 거의 유일한 방법이 운동으로 건강해지는 것이라던데……. 어쭙잖지만 파이팅하시고 생각 너무 많이 하지 마세요. 지쳐요.

일반이론분석 2   신경성 소화장애, 나이 들어서는 당뇨를 조심하세요. 췌장에 문제가 생길 여지가 많고, 알레르기성 피부염, 장염이나 위궤양도 조심하세요. 남자가 없다면 남자가 생길 운이고, 35세까지는 마음고생이 심하겠습니다.

   <<< **김동완 교수의 해설**

일반이론분석 1님의 분석 중 운동을 하면서 공부를 하면 좋겠다는 내용, 특히 자신의 사주와 사주주인공님의 사주가 비슷하다는 내용이 사주주인공님에게 힘이 되었으리라 본다.

일반이론분석 2님은 건강 분석에서 구체적인 사주 상황까지 함께 설명했더라면 더욱 좋았으리란 아쉬움이 남는다. 왜 신경성 소화장애를 조심해야 하는지, 왜 나이가 들면 당뇨를 조심해야 하는지 등등 구체적인 사주 상황이 없어서 아쉽다.

여기에 격국에 대해 설명을 추가한다. 이 사주는 내격 중 정관격, 상관발달격, 비겁발달격, 천문격, 명예격 등이 있다. 명예격, 비견발달격 등은 지기 싫어하는 성향이 강하다. 여기에 대덕이론분석 1님이 설명한 것처럼, 미인(未寅) 귀문관살과 늦가을의 금(金)과 수(水)의 기(氣)가 강해서 쓸데없는 걱정과 완벽주의 성향이 더해져 스트레스나 과민성 기질로 쉽게 피곤할 가능성이 높다. 운동과 취미생활 등으로 생각의 기운을 없애면 좋을 듯하다.

Q9 자리잡지 못하는 형제의 사주입니다

 배경을 말씀드리면, 어릴 적 어른들께 사랑을 많이 받고 자랐으며, 16세부터 해외에서 공부하고 20세 후반에 한국에 들어왔습니다. 기토(己土) 일간이라 차분하고 여유롭고 따뜻한 심성을 가졌고, 여자들한테 인기도 많습니다. 하지만 자오충(子午沖)이 걱정되고, 불 기운이 많은 사주라 많이 걱정되네요. 현재까지는 뚜렷한 직장 없이 좀 오래 쉬고 있어서 부모님 걱정이 이만저만이 아니세요. 앞으로 직장운은 어떤지 감명 부탁합니다.

1979년 1월 2일(양) 오(午)시생

시	일	월	연
庚	己	甲	戊 (乾)
午	巳	子	午

81	71	61	51	41	31	21	11
壬	辛	庚	己	戊	丁	丙	乙
申	未	午	巳	辰	卯	寅	丑

 사주 답변 >>>

대덕이론분석 1 전체적인 사주 구성은 인다의 느낌에 재성이 잘 발달된 사주입니다. 인다는 남들이 볼 때 모성본능을 일으킬 정도의 심성을 가졌습니다. 인정받고 싶어하는 것도 인다의 특징입니다. 그리고 재성이 30점으로 발달되어 관계성이 좋습니다. 어디를 가도 대인관계 하나만은 뛰어납니다. 거기에다가 지지에 도화격을 이루었으니 인기를 얻는 것은 당연하구요. 일단 목생화(木生火)까지 고려해서 화(火) 기운이 발달되어 있으니 초년에 외국에서 공부한 것은 나름대로 잘 선택한 것 같습니다.

이 사주에서 가장 걱정되는 부분은 두 가지입니다. 첫째, 월간 갑목(甲木)이 갑경충(甲庚沖), 갑무충(甲戊沖), 갑기합(甲己合)으로 금이 세 줄 가 있습니다. 이렇게 천간의 관성에 두 줄 이상 금이 가면 직장의 안정성이 떨어진다고 봅니다. 이 사주의 갑목(甲木)은 금이 세 줄이므로 그런 부분은 조금 더 강도가 세다고 보여집니다. 거기에다가 갑목(甲木)이 고립인 것도(월지 자수가 생해줄 것 같지만 수 30점으로 너무 많은 생을 받아서 물에 나무가 뜨는 형상) 생각해야 합니다. 또 다른 한 가지로, 지금 님은 자오충(子午沖)이 걱정된다고 하셨는데 충이라고 해서 다 나쁜 것은 아닙니다. 하지만 지금 형국처럼 합충으로 지지에 모두 두 줄이 가면 건강 쪽으로 많이 생각해야 합니다. 즉, 앞에 말한 갑목(甲木)에 대한 건강문제가 발생할 수 있으니 조심하시기 바랍니다.

적성을 보면 화(火) 인성 발달, 수(水) 재성 발달, 도화격, 편재격, 시상상관격, 월상정관격이라서 예술적 끼는 나름대로 있습니다. 초년에 그런 쪽으로 갔어도 좋았을 것 같습니다. 외국에서 어떤 공부를 하셨는지 모르겠지만, 예술 쪽으로 적성을 살리지 못하셨다면 건축 분야의 직업도 잘 맞을 것 같습니다. 건강 부분을 생각하시고, 이제 자리에서 일어나셔서 취업에 성공하시기를 빌겠습니다.

<<< **사주주인공**   역시 대덕이론분석 1님이시네요. 사주에 관심을 갖다 보니 가족들의 사주도 많이 걱정되어서요. 직장의 불안정 맞네요. 현재까지는 적성은 이과, 예술 분야 다 별로에요. 본인이 관심도 없고 예술적 기질은 발견하지 못했어요. 어머니께서는 공부를 더 시키려고 하세요. 외국에서는 문과 쪽을 공부했습니다. 건강 부분에 대해서 본인한테도 말해줘야겠어요.

<<< **대덕이론분석 1**   적성은 조금 모호한 부분이 있습니다. 예를 들면, 사주에 입을 가지고 하는 직업이 잘 맞는다고 나와서 말해주면, 정작 본인은 "저는 말을 잘 못하는데요"라고 합니다. 입을 가지고 하는 직업이 잘 맞는다는 의미는 그 쪽과 관련된 일이 잘 맞는다는 뜻입니다. 입을 가지고 하는 일 중에 교사가 대표적인 직업인데 교사가 다 말을 잘하는 것은 아닙니다. 그런 부분에서 적성이라는 것이 나옵니다. 아마 예술 쪽은 안 해봐서 그런 부분을 잘 모를 수도 있을 것 같습니다. 지금은 너무 늦은 나이여서 하기는 힘들겠지만요. 인다여서 평생 공부하는 일도 나름 잘 맞으니까 공부하시면서 천천히 자신의 적성을 찾아보시는 것도 좋을 것 같습니다.

<<< **사주주인공**   감사합니다.

<<< 김동완 교수의 해설

위의 사주는 겨울생의 수(水) 기운과 화(火)의 기운이 발달되어 있지만, 인성의 기운과 기토(己土) 일간의 안정적 기질이 겹쳐 자신의 끼를 적극적으로 발휘시켜주지 않으면 감정을 드러내기 어렵다. 특히 부모의 사랑을 많이 받는 인성 발달 사주라서 연예, 예술, 방송 쪽으로는 키우고 싶지 않은 부모님의 의사가 많은 영향을 미쳤을 것이다.

격국을 보면 편재격, 시상일위상관격, 월상일위정관격, 도화격, 인성발달격, 재성발달격 등이 있다. 재인다신약 사주로, 재성의 어울림과 인다의 의존적 기질 때문에 빡빡한 직장생활은 어울리지 않는다. 1순위 직업인 연예, 예술, 방송 분야 아니면 회계사, 법조인, 공무원 등의 직업도 무난하다. 재성 발달은 회계, 금융, 수리, 수학과 관련된 직업, 인성 발달은 공무원, 경찰관, 연구원, 학자 등의 직업이 어울린다.

10. 제 궁합 좀 봐주세요

 결혼을 앞두고 있어요. 지금 벌여놓은 사업이 있어서 내년 초나 빠르면 올 겨울에 결혼할까 생각중이에요. 저 이 남자랑 결혼해도 될까요? 저한테 정말 잘하거든요. 제가 이 사람을 사랑해서 결혼하는 게 아니라, 결혼을 원하고 이 사람이면 나한테 잘하고 결혼해도 괜찮겠단 생각이거든요. 어떤가요?

1980년 9월 29일(음) 인(寅)시생

시	일	월	연
甲	癸	丙	庚 (坤)
寅	未	戌	申

80	70	60	50	40	30	20	10
戊	己	庚	辛	壬	癸	甲	乙
寅	卯	辰	巳	午	未	申	酉

1975년 11월 14일(음) 자(子)시생

시	일	월	연
戊	丙	戊	乙 (乾)
子	申	子	卯

73	63	53	43	33	23	13	3
庚	辛	壬	癸	甲	乙	丙	丁
辰	巳	午	未	申	酉	戌	亥

> 사주 답변 >>>

대덕이론분석 1

사주주인공님의 글을 잘 읽었습니다. 카페 토론방을 보면 궁합을 봐 달라는 글이 많이 올라옵니다. 아마도 결혼이라는 것이 사람들의 인생에서 중요한 부분이라서 그런 듯합니다. 일단 제 의견을 말씀드리면, 궁합보다 중요한 것은 사랑이라고 생각합니다. 정말 궁합을 알기 원하는 분들께 이렇게 묻고 싶을 때가 있습니다. "만약에 궁합이 안 좋다고 하면 결혼을 안 하실 건가요?" 궁합을 보고 싶어하시는 분들이 그런 의도를 가지고 있다고 생각하지는 않습니다. 결혼이라는 것이 두려우니까, 처음 하는 거니까 확인하고 싶은 마음일 겁니다.

옛 어른들 말씀에 '만날 사람들은 주변에서 결혼하지 말라고 해도 어떻게든 결혼한다'고 했습니다. 사주에서 봐도 그게 틀린 말은 아닌 것 같습니다. 사주상으로 끌리는 사람이 있고, 그런 사람들은 만나게 되어 있습니다. 여자 사주에 자식이 없는 사주가 있고, 남자 사주에 자식이 없는 사주가 있습니다. 그런 사람들은 만나면 무척 끌리게 되어 있습니다. 둘이 만나야지 자식이 안 생기니까요. 만약 이런 분들에게 "두 분이 결혼하시면 자식이 없을 수도 있습니다"라고 말했을 때 정말 사랑으로 모든 것을 극복하는 사람과, 사랑보다는 현실을 먼저 생각하는 사람은 반응이 서로 다를 것입니다. 현실적인 사람은 아마 자식이 없을 수도 있다는 말에 힘들어할 수도 있습니다. "이 사람이랑 만나면 자식이 없다는데 어떡하지? 계속 만나야 할까?" 이런 걱정 때문에 두 사람 사이에 남아 있던 사랑이 조금씩 사라질 수도 있겠죠. 반대로 정말 사랑하는 사람들은 이런 반응일 수도 있습니다. "아 그래요. 그럼 우리는 입양하거나 시험관 아기를 해야 되겠네요." 이런 부분이 저를 항상 생각하게 만듭니다. 사랑은 항상 궁합을 넘어선다는 것을 말입니다.

그리고 다른 예로 비슷한 부분이 있어도 끌리게 되어 있습니다. 님의 사주와 남자분의 사주는 비슷한 부분이 많습니다. 식관다신약 사주에 인성도 간지로 잘 발달되어 있어서 비슷한 부분이 매우 많습니다. 어떻게 보면 이렇게 똑같기도 힘듭니다. 즉, 끌리는 부분이 있다는 거죠.

그런데 궁합을 확인하고 싶어하는 마음은 아마도 님의 미인(未寅) 귀문관살의 영향력도 있는 것 같습니다. 다른 글을 읽다 보니 미용실을 하신다던데, 미인(未寅) 귀문관살이 있는 분들은 항상 생각이 많습니다. 그런 부분이 인생에 여러 가지로 적지 않은 영향을 미칠 것입니다. 특히 어떤 일이든 시작 단계에서 많이 망설이게 되는 부분이 있습니다. 그런 부분에서 손해를 보는 것이 있을 겁니다. 그렇다고 해서 단점만 있는 것은 아닙니다. 미인(未寅) 귀문관살이 있는 분들은 배려심도 많고 생각지향적이라서 남들이 알아차리지 못하는 감성적인 부분을 잘 알아차리므로 사람들을 상대할 때 도움이 될 수도 있습니다. 그래서 결혼이라는 인생의 중대한 결정 앞에서 망설이게 되는 것 같습니다. 너무 걱정하지 마시고 좋은 인연 만드시고, 평상시 생각을 줄이고 행동으로 많이 표현하시길 바랍니다.

사주주인공 아 정말 감사합니다. 대덕이론분석 1님, 저는 그럼 이 분과 궁합이 좋다는 건가요? 안 좋다는 건가요? 제가 무슨 말인지 알아듣겠는데 제가 아이를 가질 수 없다는 뜻인가요? 제발 알려주세요.

대덕이론분석 1 아이가 없다는 말은 예를 든 것뿐입니다. 오해하지 마세요. 위에서 말씀드린 것처럼 사주주인공님과 남자분의 사주 구성이 비슷해서 궁합상 서로 끌리게 되어 있다고 말씀드린 겁니다.

사주주인공 아, 네 정말 감사합니다. 근데 결혼하면 괜찮을까요? 토끼띠랑 원숭이띠는 안 좋다고 해서요.

 대덕이론분석 1 띠로 보는 궁합은 일관성이 없습니다. 그렇게 따지면 님은 절대로 한국의 토끼띠 남자는 만날 수 없다는 결론에 도달하게 됩니다. 그런 것은 안 믿으셔도 됩니다.

사주주인공 대덕이론분석 1님 정말 감사합니다.

<<< 김동완 교수의 해설

대덕이론분석 1님의 설명처럼 궁합을 볼 때는 띠동물로 보는 원진살에 의존하지 말고 사주 분석을 통해 판단해야 한다.

여자 사주와 남자 사주 모두 인성이 연주에 간지로 있고, 여자는 자식에 해당하는 식상이 시지에 간지로 있고, 남자는 자식에 해당하는 관성이 월지와 시지에 있다. 둘 다 신약 사주로 독립적, 자유적, 명예지향적이고, 타인에 비해 성공하고 싶은 감정이 강하다. 이런 성격이 닮아 있고, 서로의 배우자 궁합이 닮아 있다. 또한 여자 사주에 관성이 잘 있고, 남자 사주에 재성이 잘 있어서 두 사람은 이혼하지 않고 잘 살 것이다. 다만, 예민하고 감수성이 있고 지기 싫어하는 성격이라서 서로를 좀더 배려하지 않으면 다툼이 자주 일어날 수도 있다.

궁합이 좋다, 안 좋다, 결혼해야 한다, 하지 말아야 한다 등 극단적인 궁합법이 몇 백 년 동안 성행했고 지금까지도 유행하고 있다. 궁합에는 무조건 결혼하면 좋다고 하는 100점 궁합의 합(合), 삼합(三合), 천을귀인 등이 있고, 결혼하지 말아야 하는 0점 궁합의 원진살, 충, 파, 해, 공망, 백호대살 등이 있는데, 한마디로 말해 이런 이론은 사라져야 할 이론이다. 궁합은 서로의 장단점을 비교해서 단점은 서로 이해하고 장점은 서로 살려주어 사랑을 확대하고 단점을 극복해가는 과정이라고 할 수 있다. 서로를 이해하고 사랑할 수 있도록 서로의 장단점을 들려주고 상담해주는 것이 진정한 궁합 상담이다.

11Q 아들을 어떻게 키워야 할지 너무 어렵네요

누나 있고 5살 터울로 낳은 아들입니다. 저랑 워낙 많은 시간을 같이 보냈고 정말 애정을 다 쏟아부으며 키웠는데, 아들이 제 말을 듣지 않고 약속도 안 지키고 학교 특기적성도 자기 마음대로 하네요. 아빠한테 혼나도 이제 별로 신경 쓰지 않는 분위기입니다. 그래도 아직까지는 믿는 구석이 있는데 도대체 아들이 무슨 생각으로 사는지 정말 이해가 안 될 때가 많아요. 얼마 전부터는 학교에서 아이들과 문제가 생겼는지 아이들과 어울리지 못하는 것 같고, 이사를 가자느니 다른 학교로 가자느니 하면서 저를 애먹인답니다. 자꾸 그러니까 가볍게 넘기기에는 좀 걱정됩니다. 어떻게 키워야 할지, 또 앞으로 언제까지 힘들게 할지, 커서는 사람구실 잘하고 사회생활은 잘할지, 이 시기가 지나면 나아질지 궁금합니다.

1999년 5월 11일(양) 오(午)시생

시	일	월	연
戊	癸	己	己 (乾)
午	亥	巳	卯

72	62	52	42	32	22	12	2
辛	壬	癸	甲	乙	丙	丁	戊
酉	戌	亥	子	丑	寅	卯	辰

사주 답변 >>>

대덕이론분석 1 답변 드립니다. 이 아이의 사주는 전체적으로 보면 재관다신약 사주입니다. 쉽게 말하면 관계성과 리더십을 같이 가져가는 사주입니다. 아직 부모 밑에 있어서 그런 특징이 잘 드러나지 않을 수도 있지만, 그래도 독립하고 싶고 우두머리가 되고 싶어하는 기운은 있습니다. 그런 부분이 아마 자기 마음대로 하고 싶게 영향을 미치는 것 같습니다. 지금 친구들이나 학교생활이 잘 맞지 않는 것은 항상 1등을 해야 하는데 그런 욕심이 충족되지 않아서일 수도 있습니다. 아마 어머님께서 좀더 학교에 자주 찾아가는 노력이 필요할 것 같습니다. 그리고 아들 사주가 재관다신약, 즉 리더가 되고 싶어하는 사주이므로 부모 입장에서 믿어주는 연습이 필요할 것 같습니다. 옆에서 많이 시키는 것보다 "엄마 아빠는 우리 아들을 믿어" 이런 식으로 아들을 대하면 아드님의 사주 구성으로 봤을 때 부모님의 믿음에 부응하기 위해서 노력할 것입니다.

그리고 대운 자체가 12세 대운에 재성이 들어와서 조금은 '놀자'의 기운도 있습니다. 사주 자체도 재성 점수가 45점이고, 일간도 음의 계수(癸水) 일간이라서 놀고 싶으면 아예 아무 것도 안 하고 놀아버리는 경향이 있습니다. 공부를 시킬 때는 책상에 앉아서 공부하는 것보다는 동영상 위주의 흥미를 유발시키는 공부방식이 더 효율적일 듯합니다.

내 아이가 이렇게 컸으면 좋겠다는 바람은 요즘 시대에는 욕심인 것 같습니다. 아이와 대화를 나누고 여러 가지 다양한 경험을 바탕으로 아이가 가진 그만의 재능을 키워주는 것이 부모의 역할이라고 생각합니다.

지금 사주 구성으로 봤을 때 이 아이는 어디를 가든 다른 사람에게 인정받고 반장을 하거나 1등을 할 수 있는 곳에 가면 2배로 능력을 발휘하는 스타일입니다. 진학 문제에서도 그런 부분을 신경 쓰시면 좋을 것 같습니다. 아드님의 앞길에 좋은 일만 있기를 바라면서 이만 줄입니다.

<<< **대덕이론분석 2** 대덕이론분석 1님의 자상한 교육상담 정말 멋집니다.

<<< **대덕이론분석 1** 오랜만입니다. 항상 곁에서 응원해주시니 정말 고맙습니다.

일반이론분석 1 아이가 사춘기에 접어들어서 그런 것 같네요. 너무 걱정하지 마시고, 아이들은 부모가 믿어주는 만큼 큰다는 말이 있지요. 심정적으로 많이 이해해주고 늘 응원해주시면 멋지게 성장할 겁니다.

사주주인공 감사합니다.

김동완 교수의 해설

 부모가 애정을 지나치게 쏟아부으며 키우다 보면 부모 뜻대로 아이가 커주기를 바라게 된다. 위 사례에서도 "애정을 다 쏟아부으며 키웠는데, 아들이 제 말을 듣지 않고 약속도 안 지키고 학교 특기적성도 자기 마음대로 하네요"라는 말씀이 있는데, 아이와 충분히 대화하고 이해하여 서로의 생각을 접근시켜 나가는 것이 좋으리라 본다.

계수(癸水) 일간은 자신의 생각을 쉽게 드러내지 않는다. 충분히 대화를 나눈 후에야 자신의 감정을 드러낸다. 조금만 자신에게 불리하거나 위험하다고 생각하면 자신의 감정을 빠르게 감춘다. 회피형 사주라고 할 수 있다.

더불어 재관다 사주이므로 강압적이고 공격적인 사람에 대한 거부 반응이 크다. 부모가 충분히 이해하고 대화를 들어줄 때 아이는 자신을 열고 부모와 소통하려고 할 것이다.

덧붙여 12세 대운에 재성운이 오므로 사람들과의 관계성이나 어울림에 신경 쓰고, 공부에는 덜 집중할 가능성이 있다. 거기다 화토(火土)가 많으니 무조건적인 암기 위주의 공부보다 동영상이나 시청각 자료를 활용한 공부가 잘 맞는다. 한국의 교육현실상 쉽지 않겠지만 노력해야 할 부분이다.

한편, 재관다 신약에 화토(火土) 다신약 사주이므로 연예, 예술, 방송 분야의 끼도 다분히 존재한다고 본다.

⑫ 어떤 분야의 사업이 저에게 맞을까요?

 지금 20살이고 4년제 대학 경영학과를 다니고 있습니다. 전 또래와는 다르게 미래에 대한 생각이 아주 많아요. 미래에 대한 성공, 돈욕심도 많은 편이구요. 그래서 지금 다니는 대학이 좋은 4년제 대학이 아니라서 1학기만 다니고 군대를 다녀온 후 유학을 갈 생각입니다. 유학을 다녀온 후 사업을 할 생각인데 어떤 분야의 사업이 저에게 맞을까요? 아버지께서 기계부품 제조업을 하시는데 제가 이 일을 물려받아도 괜찮을까요? 개인적으로 연예계 엔터테인먼트 사업이나 여성을 상대하는 사업(유흥사업 같은 것은 아님)을 생각하고 있는데 괜찮을까요?

1991년 9월 14일(양) 유(酉)시생

시	일	월	연
己	丁	丁	辛 (乾)
酉	亥	酉	未

72	62	52	42	32	22	12	2
己	庚	辛	壬	癸	甲	乙	丙
丑	寅	卯	辰	巳	午	未	申

 사주 답변 >>>

일반이론분석 1   둘 다 괜찮긴 한데, 사주가 약하니 아버지 일을 물려받는 건 어떨까요?

대덕이론분석 1   답변 드립니다. 전체적으로 재다신약 사주라서 사주주인공님의 생각대로 여성을 상대하는 일이 잘 맞는 것 같습니다. 본인의 사주 자체가 연예인 기질이 많아 보이니 그런 사업에 관심이 많은 것입니다. 제조업도 나름대로 손기술이 있어 보여서 긍정적이지만, 전체적인 사주 구성으로 봤을 때는 엔터테인먼트 사업이 더 잘 맞을 듯 보입니다. 얼굴도 호감형으로 잘 생겨서 여자들한테 인기도 많아 보여서 긍정적입니다. 더 욕심을 낸다면 본인이 직접 연예인을 해도 괜찮아 보입니다. 제대 후 유학을 다녀와서 제2의 삶을 구상하시기를 빌며 이만 줄입니다.

일반이론분석 2   편재격에 식신이 발달했고, 재성이 관성을 잘 생해주고 있어서 사주 구성이 좋습니다. 일간이 약간 신약한 게 문제인데 대운에서 잘 받쳐주니 괜찮습니다. 무역 쪽이나 돈과 연관된 사업이나 유통 쪽도 괜찮고, 여자와 연관된 직종, 월급이 아닌 큰돈과 연관된 직업이 어울리네요.

사주주인공   고맙습니다.

 김동완 교수의 해설

신강 신약을 판단하기 위한 사주 분석은 이제는 사라져야 하지 않을까 생각한다. 신약하면 소심하고 삶의 굴곡이 심하니 나쁘고, 신강하면 적극적이고 안정적이니 좋다는 식의 사주 상담은 타당성이 없다고 할 것이다.

사주주인공 자신이 성공에 대한 욕망과 돈욕심이 많다고 했는데, 음팔통 사주는 사업가보다는 학자나 공무원 등의 직업이 어울려 보인다. 재성이라 조금은 낫지만, 금(金)이 강하므로 얼굴이 두껍지 못해서 사람을 가려 사귀고, 융통성이 없어서 사업가가 갖추어야 할 영업력이나 돌파력이 떨어진다. 다만, 기술이나 아이디어나 특허 등을 가지고 하는 사업이라면 무난하리라 본다.

1순위 직업은 안정된 직장에서 연구, 교육, 상담 또는 금융, 회계와 같은 수리능력을 발휘하는 일이 좋고, 사업은 2순위나 3순위에 가깝다.

아버지가 기계부품 제조업을 하신다고 했는데, 기술이나 아이디어 사업은 그래도 긍정적이다. 엔터테인먼트 사업도 무난하다고 볼 수 있다. 다만, 너무 과도한 욕심은 줄여야 할 것이다. 또한 고집불통인 성격, 집착적인 성격을 유통성 있는 성격으로 바꿔 나가면 더욱 좋을 것이다.

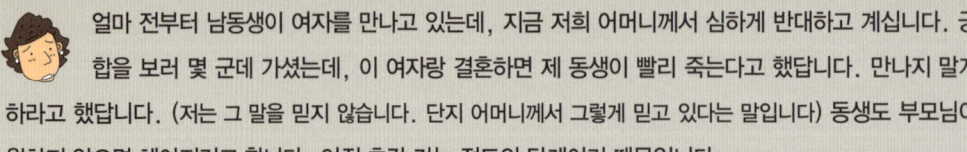

13Q 궁합 때문에 반대가 심합니다

얼마 전부터 남동생이 여자를 만나고 있는데, 지금 저희 어머니께서 심하게 반대하고 계십니다. 궁합을 보러 몇 군데 가셨는데, 이 여자랑 결혼하면 제 동생이 빨리 죽는다고 했답니다. 만나지 말게 하라고 했답니다. (저는 그 말을 믿지 않습니다. 단지 어머니께서 그렇게 믿고 있다는 말입니다) 동생도 부모님이 원하지 않으면 헤어지려고 합니다. 아직 호감 가는 정도의 단계이기 때문입니다.

그렇지만 여자 사주에 남편복이 없다고 나와서 그런 건지 무척 궁금합니다. 아니면 여자 사주가 좋은 편이 아니라 부부로 살면 동생이 고달파질 수도 있기 때문에 그런 건지도 궁금합니다. 무조건 나쁘다가 아니라 구체적으로 어떤 부분이 나쁜 건지 알고 싶습니다.

사랑에 빠진 사이도 아니고 몇 번 만난 게 전부입니다. 그래서 궁합이 그냥 평범하고 여자분 사주가 좋은 편이 아니면 동생도 만남을 계속하길 원하지 않습니다. 제대로 알고 싶습니다. 동생이 결혼할 때가 되어 선을 보고 있는 상황입니다. 좋은 배우자를 잘 선택해서 좋은 삶을 살 수 있도록 부정적인 면과 긍정적인 면 모두 알려주시면 감사하겠습니다.

1979년 5월 21일(음) 진(辰)시생

시	일	월	연
丙	癸	庚	己 (乾)
辰	丑	午	未

73	63	53	43	33	23	13	3
壬	癸	甲	乙	丙	丁	戊	己
戌	亥	子	丑	寅	卯	辰	巳

1980년 2월 13일(음) 유(酉)시생

시	일	월	연
丁	辛	己	庚 (坤)
酉	丑	卯	申

78	68	58	48	38	28	18	8
辛	壬	癸	甲	乙	丙	丁	戊
未	申	酉	戌	亥	子	丑	寅

 사주 답변 >>>

대덕이론분석 1   사주를 올려주신 두 분은 사주 구성상 많이 닮아 있습니다. 인연인 것 같습니다. 재성이 월지에 동시에 발달한 것과, 사주에 귀문관살이 있는 것이 그렇습니다. 내년 신묘(辛卯)년과 내후년 계사(癸巳)

년에 결혼 가능성이 많아 보입니다.

그리고 사주에 둘 다 식상이 없는데, 식상이 없다고 해서 식상복이 없다고 하지는 않습니다. 그것은 지식이 짧은 일부 철학관 사람들이 하는 말입니다. 지금 식상이 없어도 여자나 남자나 재성이 잘 발달되어 있어서 나름대로 재성복이 있어 보입니다. 그리고 특히 남자는 관성도 잘 발달된 재관다신약이어서 한국사회에서 성공 가능성이 가장 많은 사주입니다.

다음에 점집이나 철학관에 사주를 보러 가셔서 다음 두 가지의 말이 나온다면 그냥 나오시면 됩니다. "언제 언제 죽는다, 부적 사용해라." 사주에 절대 죽는 날짜는 나오지 않습니다. 상식적으로 생각해도, 예를 들어 동생분의 사주와 똑같은 시간대에 태어난 사람이 한국에서만 평균 20명이 넘습니다. 그럼 그 사람들은 태어날 때부터 죽을 운명인 거죠. 자기가 어떤 노력을 해도 말입니다. 그 역술가의 말대로라면. 그리고 죽는다는 말을 그렇게 쉽게 말하는 이유는 상담자에게 겁을 줘서 부적이나 다른 것을 요구하기 위해서입니다. 그런 것에 현혹되지 않았으면 합니다. 지금은 IT 시대입니다. 스마트폰으로 모든 것을 하고, 조금 있으면 차가 하늘을 나는 시대가 다가올 것입니다. 이런 시대에 그런 말을 하고 다니는 사람도 이상이 있지만, 믿는 사람도 이상이 있다고 생각합니다.

궁합상 여자는 금(金) 일간이고, 남자는 수(水) 일간이라서 여자가 남자를 생해줘서 둘이서 많이 끌리는 듯 보입니다. 그리고 저는 항상 상담하면서 "사랑은 항상 궁합을 극복합니다"라고 적습니다. 이 말을 기억하시면서 동생분의 앞날을 축복해주시기를 바랄게요. 두 분의 앞날을 축복하는 의미로 글 하나 선물로 드리면서 저는 이만 물러갑니다. "이인동심(二人同心), 기리단금(其利斷金), 동심지언(同心之言), 기취여란(其臭如蘭)." 두 사람이 마음을 같이 하면 그 날카로움이 쇠를 자르고, 같은 뜻의 말은 그 향기가 난과 같다는 뜻입니다.

<<< **사주주인공**   아직 사랑하는 단계까지는 아니고 끌리는 정도입니다. 그래서 이왕이면 더 좋은 분과 맺어졌으면 해서요. 님이 정확하게 보셨어요. 동생이 다른 여자는 눈에 안 들어오고 이 여자분에게 끌리고 있답니다. 하지만 굳이 나쁜 것을 극복할 단계는 아니랍니다. 선자리가 계속 들어오고 있는 상황이라 인연이 아니면 그만 만나고 선을 계속 볼까 합니다.

여자분의 사주가 어떤지 알고 싶습니다. 사주에 불 같은 성격이라고 나온다고 들었습니다. 그래서 주변에 사람이 없다고……. 여자분이 남편복이 없는 사주라 동생이 빨리 죽는다고 표현한 건지도 알고 싶습니다. 좀더 신중해질 수 있도록 도움을 부탁드립니다. 남동생의 사주보다 여자분의 사주가 더 궁금합니다. 또 철학

관이나 점집을 잘못 갔다간 잘못된 정보를 들을 것 같은 생각에 여기다가 글을 올리게 되었습니다. 대덕이론분석 1님의 글을 보고 저도 감동했기 때문입니다. 해석이 확연하게 달라지는 것도 보았습니다. 제 동생이 인생의 기로에서 배우자를 선택해야 될 나이가 된 듯합니다. 결혼할 의지도 보이구요. 그래서 선도 많이 보고 있습니다. 좀더 옳은 판단을 내릴 수 있도록 도움 글 부탁드립니다.

일반이론분석 1 저도 학인입니다만, 긍정적 요소가 있는 궁합, 즉 무난한 궁합이라고 여겨집니다. 여자분 사주는 내 것을 지키는 능력이 뛰어나고 부동산복도 있으며 모성애도 강하니 며느릿감으로 충분하다고 여겨집니다. 대덕이론분석 1님의 글귀, "두 사람이 마음을 같이 하면 그 날카로움이 쇠를 자르고, 같은 뜻의 말은 그 향기가 난과 같다"는 뜻이 매우 훌륭합니다.

<<< **사주주인공** 제가 글재주가 없어 감사의 인사를 드리는 게 우선인데 급한 마음에 궁금한 것만 잔뜩 다시 적었네요.

둘의 사주가 닮아서 끌리는 것과 나름대로 장점이 있는 것 말고도 더 알고 싶습니다. 긍정적인 부분 말고 부정적인 부분까지도요. 부정적인 부분을 알고 싶어서 글을 남긴 것이라 그런 이야기가 왜 나왔는지를 알고 싶습니다. 현재까지 긍정적인 요소에 대해서만 답변해주셔서……. 단지 동생이 잘 되길 바라는 마음뿐이랍니다.

일반이론분석 2 다른 분과 하시는 게 좋을 것 같네요. 신중히 생각하세요.

<<< **사주주인공** 좀더 구체적으로 알려주시면 안 될까요? 속시원하게 말씀해주십시오. 부탁드립니다. 제가 알고 싶은 건 여자분의 사주랍니다. 이왕이면 더 좋은 사람 만나길 바라는 마음이니 헤아려주세요. 여자분 사주가 장점만 있는 것은 아닌 것 같은데 모두들 장점만 말씀하시니 좀 아쉽습니다.

일반이론분석 2 여성분 사주에서 남편이 정화(丁火)인데 대운도 수금(水金)운으로 흐르고, 묘(卯)월에 태어났으나 묘신(卯申) 암합으로 정화(丁火)에게 별 도움이 안 되고, 천간으로 갑을목(甲乙木)이 들어와도 갑기합(甲己合)과 을경합(乙庚合)으로 도움이 안 되고, 28세 대운에 병신합(丙辛合)으로 32세까지 잠시 결혼운이 왔으나 제가 보기에는 남편이 힘들고 외로워 보이네요.

<<< **사주주인공** 신중히 생각할 수 있도록 도움글 주셔서 감사합니다.

대덕이론분석 2   사랑은 모든 것을 믿고, 바라고, 견디어낸답니다. 사랑은 바보라서 이익을 추구하지 않거든요. '사랑은 항상 궁합을 극복합니다.' 대덕이론분석 1님 빙고~.

대덕이론분석 3   대덕이론분석 1님을 비롯해 여러분이 좋은 말씀을 해주셔서 저는 간단히 말씀드립니다. 지금 질문하신 분의 궁금증은 여자분 사주가 남자를 죽이는 사주라고 하는데 '무엇이 그렇게 안 좋아서 그런가' 이 부분 같습니다. 그러나 이 세상에 어떤 경우도 자기의 생사문제가 남의 사주에 나타나지는 않습니다. 즉, 자기가 죽을 운명이라면 죽는 것이지 여자 사주가 남자를 죽이는 경우는 없다는 것입니다. 제가 늘 말씀드리지만 이런 허무맹랑한 말에 괘념치 마세요.

그 다음, 이 세상의 부부인연이라는 것은 반드시 두 손이 부딪쳐야 소리가 나는 것처럼 혼자만의 문제가 아니고 공통점을 가지고 있어야 합니다. 일단 일간이 남자는 계수(癸水), 여자는 신금(辛金)이라 화(火)가 두 분의 공통점입니다. 즉, 남자는 화(火)가 재성(여자)이고, 여자는 화(火)가 관성(남자)입니다. 이런 분들은 화(火)가 강한 연운에 만나면 확 끌리게 됩니다. 또 하나, 두 분은 사주에 결정적인 공통점이 있습니다. 여자분은 관성 정화(丁火)가 고립되어 있고, 남자분도 월지에 있는 재성 오화(午火)는 잘 있지만, 시간에 있는 재성 병화(丙火)는 고립되어 있습니다. 두 분이 각각 관성과 재성이 고립되어 있으니 일정 부분 호감이 가는 것입니다. 예를 들어, 남자 사주는 재성이 고립 없이 잘 있고 여자 사주만 관성 고립이면 둘은 절대로 부부의 인연을 맺지 않습니다. 여기까지가 이 두 분 사주에서 공통점이고 서로 끌리는 이유입니다.

그런데 이 두 분 사주는 이렇게 닮은 부분도 있는데, 미묘하게 다른 부분도 많습니다. 먼저 여자분은 사주 자체가 비겁 발달에 재성도 월지에 있어 어느 정도 힘이 있다고 보면 재성 발달, 그리고 인성 발달을 이루고 있어 긍정적인 것이 많은 사주입니다. 누가 이 분의 성격이 불 같다고 했다 하셨는데 그냥 웃을 일입니다. 사주 일간이 신금(辛金)이고 사주에 금(金) 기운도 강하기 때문에 오히려 원칙적이고 끊고 맺음이 정확한 분입니다. 융통성은 약간 떨어지지만 자기관리능력도 강합니다. 또한 월지 재성도 어느 정도 힘이 있으므로 금(金)의 딱딱한 성향을 보완해줍니다. 목(木)의 부드럽고 배려적인 성향이 있어서 주위의 어른들에게도 사랑받을 수 있는 사주입니다. 즉, 금(金)의 자기관리능력도 있으면서 목(木)의 부드러운 관계성도 있는 것이 긍정적인 부분입니다. 다만, 이 사주는 합국이 되면 금(金)이 다소 강해지는 사주가 됩니다. 그러면 월간 기토(己土)는 금(金)으로 빨려들어가 고립 상태가 되고, 월지의 묘(卯)도 고립될 수 있습니다. 다만, 28세 대운과 38세 대운에서 수(水)가 들어오는 것은 매우 좋습니다. 금목상쟁으로 목(木)이 심각하게 공격당할 수 있는데, 대운에서 수(水)가 들어와 목(木)을 도와주면서 금(金)과 목(木)을 통관시켜주니 긍정적입니다.

그런데 이 여자분 사주에서 힘든 것은 관성 정화(丁火)가 늘 고립되는 것입니다. 사주원국에서도 고립인데 대운에서도 계속 고립을 가지고 갑니다. 28세 대운에 병(丙)이 들어오지만 병신합수(丙辛合水)로 배신해버리고, 38세 대운도 을(乙)이 들어와 목생화(木生火)를 해줄 것 같은데 을경합금(乙庚合金)으로 나 몰라라 하며, 48세 대운의 갑(甲)도 갑기합토(甲己合土)를 하여 늘 정화(丁火) 관성이 고립됩니다. 대운도 지지가 금수(金水)로 흘러가므로 관성 입장에서 더 부정적입니다. 즉, 이 여자분은 본인이 능력을 발휘하면서 살 사주이지만, 남자 관성은 늘 고립을 가지고 가므로 힘든 부분이 있다는 겁니다.

남자분 사주를 보면 병화(丙火)가 고립이기는 하지만 재성도 힘이 있고 토(土) 관성도 발달되어 있는 재관다신약 사주로, 화(火) 재성의 붙임성과 관계성을 가지고 가면서 토(土) 관성의 명예도 가지고 가는 사주입니다. 토(土) 관성들은 관성 중에서 가장 튀지 않습니다. 나름대로 타협의 능력이 있다는 말씀입니다. 남의 비위도 맞추면서 실속도 챙기는 스타일이니 긍정적이지요. 남자분은 병화(丙火) 재성이 고립되어 있기는 한데, 이 사주는 대운 분석에서 합국을 고려하면 월지 오화(午火)가 늘 오미합화(午未合火)를 하여 재성 점수를 가지고 가므로 병화(丙火) 재성의 고립이 풀어집니다. 즉, 사주원국에서는 재성 하나가 고립이지만, 대운에서는 고립을 풀어주는 형태로 가므로 재성의 여자문제가 긍정적으로 풀릴 수 있다는 겁니다. 그리고 한국사회에서 여자의 관성 고립보다 남자의 재성 고립은 그 심각성이 덜할 수 있습니다.

여자분 사주는 관성 정화(丁火)가 늘 고립되는 반면, 동생분 사주는 재성 병화(丙火)가 사주원국에서는 고립이지만 대운에서는 고립에서 풀려난다는 차이가 있습니다. 이런 차이점은 두 분이 인연이 아닐 수도 있음을 암시하기도 합니다. 그러나 어느 경우도 여자 사주가 남자를 죽이는 그런 허무맹랑한 경우는 없습니다. 만약에 이 여자분이 그런 말을 직접 듣는다면 얼마나 마음 아프겠습니까?

연운을 살펴보면 남자분 사주는 2010년 경인(庚寅)년, 2011년 신묘(辛卯)년, 2012년 임진(壬辰)년, 2013년 계사(癸巳)년으로 계속 식상과 재성이 꾸준히 들어옵니다. 이 시기를 전후하여 결혼할 가능성이 많습니다. 다만, 이 여자분과 결혼하느냐는 저의 작은 지혜로는 알 수 없는 부분이고, 설령 언급한다 해도 바람직하지 않은 부분입니다. 오직 하늘이 알아서 결정해주는 부분이라 봅니다. 동생분 앞날에 행복이 가득하길 기원합니다.

<<< **사주주인공** 다른 분들도 도움글 주셔서 매우 감사드리지만 대덕이론분석 3님께서 제 의문에 확실하게 대답해주셔서 속이 후련합니다. 다시 한번 감사드립니다.

일반이론분석 5

대덕이론분석 3님의 글 중에 "이런 차이점은 두 분이 인연이 아닐 수도 있음을 암시하기도 합니다"라는 내용이 있는데, 만약 사주에서 궁합상 인연이 아니라고 판단되는 경우 일부러 헤어지려고 하지 않아도 그 기운에 의해서 헤어지게 되는지 무척 궁금합니다.

 김동완 교수의 해설

여자 사주에서 결혼운은 식상 자식운과 관성 남자운을 보고, 남자 사주에서 결혼운은 식상운과 재성운을 본다. 특히 결혼 적령기에 그 작용이 커서, 남자와 여자가 같은 해에 결혼운이 들어올 때 두 사람이 만나면 서로 마음에 끌리게 된다.

질문에 올린 두 분의 사주를 보면, 남자 사주에서는 재성이 고립되어 있고 여자 사주에서는 관성이 고립되어 있는 점, 그리고 대운에서 그 고립을 해소시켜주는 것이 닮아 있다. 그러므로 두 사람은 궁합적으로 반드시 만나게 되어 있다. 만약 이 두 사람의 사주원국에서 각자 배우자에 해당하는 재성(남자 사주 기준)과 관성(여자 사주 기준)이 고립되고, 이 고립이 대운에서 해소되지 않으면 반드시 헤어지게 된다. 그러나 대운에서 고립을 해소시키므로 문제가 없으리라고 본다.

궁합 상담은 서로간의 장단점을 알려주는 것으로 충분하다고 본다. 아쉽게도 좋다 나쁘다의 이분법으로 철학관이나 점집에서 궁합을 많이 사용하고 있다. "원진살이 있으니 절대 결혼하지 마라", "충살이 있으니 남편이 죽어", "백호대살이 있으니 남편을 잡아먹을 팔자야" 등의 험악한 궁합법이 판을 치고 있다.

그러나 궁합 상담은 좋다 나쁘다를 말하는 것이 아니다. 두 사람의 사랑을 전제하고, 장단점을 분석해주어 서로간의 장점을 살려주고 단점을 보완해주고 감싸주도록 도와주고 조언해주는 상담이 진정한 궁합 상담이다. 오랜 기간 사귄 남녀를 궁합이 나쁘다는 이유로 헤어지게 하는 상담, 정말 사랑하는 연인 사이를 궁합이 나쁘다는 이유로 결혼하지 못하게 만드는 상담은 이제는 사라져야 한다.

 ## 직장에서 잘렸어요. 왜 이렇게 일이 꼬이나요?

 수고 많으십니다. 2009년도에 직장을 잃었어요. 모든 일이 순탄치가 않네요. 왜 이런 걸까요? 그리고 저는 용신이 무엇인지요? 그리고 언제나 좋아질까요?

1982년 5월 27일(양) 술(戌)시생

	시	일	월	연
	丙	庚	乙	壬 (乾)
	戌	戌	巳	戌

73	63	53	43	33	23	13	3
癸	壬	辛	庚	己	戊	丁	丙
丑	子	亥	戌	酉	申	未	午

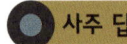 사주 답변 >>>

일반이론분석 1

이 사주는 건조한 토(土)인 술(戌) 속의 정화(丁火), 그리고 월지 사화(巳火)가 있어서 화(火)의 기운이 강대합니다. 따라서 시간 병화(丙火)에 종할 것 같지만, 일간 경금(庚金)이 사(巳) 중에 장생하므로 종은 하지 않습니다.

    일주 경술(庚戌)이 괴강살이고, 연과 시에 백호대살을 놓아 기세가 하늘을 찌를 듯합니다. 연주 백호대살이 어릴 적 생사의 어려움이 있었음을 짐작하게 합니다.

    병화(丙火)의 세력이 강대하므로 금수(金水)를 용신으로 정하는데, 연간 임수(壬水)를 써야 하나 용신 무력입니다. 하지만 28세 신(申) 대운부터 용신이 힘을 얻는 서북방의 운로로 들어가니 불행 중 다행이라고 하겠습니다. 올해와 내년이 재물운입니다. 좋은 일들이 있을 것이니 매사 최선을 다해 보세요.

    <<< **사주주인공**   2009년 기축(己丑)년에 실직한 것은 토(土)가 많은 사주에 또 토(土)들이 들어와서인가요? 용신과 희신은 수(水)와 목(木)인가요? 토(土)는 흉신이고요?

<<< 일반이론분석 1 축(丑)년은 사축(巳丑) 반합국으로 관(官), 즉 자리의 변동이 생기는 해였습니다. 올해 강력한 재운이 오므로 다시 직장을 구하실 것으로 보입니다. 군(軍), 검경 내지는 지도적 위치에서 일하는 직업군이면 본인 적성에 잘 맞을 듯합니다. 교직도 좋고요. 제 사주와 연주만 빼고 모두 일치하는군요. 편인 발달을 잘 살려보세요. 명리학도 공부하시면 잘하실 것이고요.

대덕이론분석 1 직장을 그만두는 것은 사주 이외에 외적인 문제도 있을 것입니다. 사주가 전부를 말해주지는 않습니다. 즉, 사주가 일상의 모든 문제를 말해주지는 않는다는 뜻입니다.

그 다음, 사주주인공님은 용신과 희신을 언급하셨는데, 사주에서 용신을 안다는 것은 매우 중요합니다. 그러나 용신론에 초점을 맞추면 대운 위주의 사주 해석이 되어 사주원국을 등한시하게 됩니다. 사주원국을 읽어 장점을 취한 삶을 사는 사람들은 대운의 흐름에 크게 좌우되지 않습니다. 그리고 용신운이 들어온다고 해도 사업하는 사람과 공무원은 그 느낌이 다릅니다. "몇 살 때 용신운이 들어오니까 당신 운은 좋아", 지금까지도 이렇게 상담을 하는 사람들이 많습니다. 물론 그 방법이 옳고 그름을 말씀드리는 것이 아니라, "이 사람은 사주원국에 이러한 장점이 있으니 이 직업을 택하면 좋고, 대운에서도 용신이 아니라 몇 살 때는 육친 중에 무엇에 초점을 맞추면 좋다", 이런 식의 상담이 더 긍정적이지 않을까 생각합니다(용신과 희신을 언급하셨기에 드리는 말씀입니다).

또 하나 비유를 들면, 우리가 밥을 너무 많이 먹어도 힘들고(과다), 아예 쫄쫄 굶어도(고립) 못 삽니다. 배가 적당히 고프지도 않고 부르지도 않으면(발달) 활동할 수 있습니다. 사주도 마찬가지라고 생각합니다. 즉, 어느 오행이나 육친이 과다나 고립이면 그것에 대한 문제가 발생하고, 발달이면 긍정적인 부분이 많습니다. 사주원국과 대운을 고립, 과다, 발달의 개념으로 접근하시면 좀더 쉽게 인생의 긍정적·부정적 일들을 알 수 있지 않을까 해서 말씀드립니다.

그런 시각으로 님의 사주를 보면, 경금(庚金) 일간에 화(火) 관성 발달, 토(土) 인성 발달인 사주입니다. 특히 한국사회에서 토(土) 인성 발달은 부동산복이 많음을 암시합니다. 그리고 일간이 금(金)이면 자기관리를 잘합니다. 원칙적이고 완벽을 추구하는 성향이 강하기 때문입니다. 그런데 금(金)들은 단계적이라서 주어진 틀 안에서는 능력을 발휘하지만, 융통성이 조금 떨어지므로 틀이 파괴되는 순간 힘들어질 수 있습니다. 그런데 님의 사주를 보면 임술(壬戌)·경술(庚戌)·병술(丙戌)의 백호괴강격에, 사(巳)·술(戌)·병(丙)·경(庚) 등의 역마격이어서 양적인 기운도 매우 강합니다. 활동적이면서, 빠듯한 것을 싫어하는 성향입니다. 그러면서도 지지에 사술(巳戌) 귀문관살이 강합니다. 이는 음적인 기운입니다. 소심하고 배짱이 떨어지는 성향입니다.

그 다음, 님의 천간을 보면 을목(乙木) 재성이 고립되어 있습니다. 물론 월상일위정재격을 이루고 있어서 고립 문제가 어느 정도 심각하지 않을 수 있지만, 건강으로는 간이나 뼈나 사건사고를 조심해야 한다는 의미입니다. 또한 직접 재성을 추구하는 사업을 하면 약간 힘들 수 있음을 말해줍니다. 절대로 사업을 해서는 안 된다는 것은 아니지만, 돈을 직접 버는 형태보다는 간접적인 형태로 버는 것이 좋습니다.

님은 시간 병화(丙火)도 고립입니다. 물론 이 병화(丙火)도 편관격을 이루고 있어서 다행입니다. 그런데 이 병화(丙火)는 고립되어 있으면서 병경충(丙庚沖)과 병임충(丙壬沖)이 중복되어 두 줄 금이 가 있습니다. 여기서 병화(丙火)는 관성을 의미합니다. 관성은 직장, 명예, 리더십 등을 말합니다. 이러면 직장이 불안정할 수 있습니다. 거기다 23세 대운을 보면 관성 사(巳)가 사신합수(巳申合水)로 사라지고, 대운 전체가 토(土)와 금(金)과 수(水)만 남아 병화(丙火) 관성이 고립되어버립니다. 이러면 관성의 문제가 발생할 가능성이 많습니다. 기축(己丑)년도 토(土)가 늘어나니 병화(丙火) 입장에서는 힘들 수 있습니다. 사주로 보면 이 시기에 관성의 고립이 심해지므로 이러한 문제(실직)가 발생할 수도 있다고 봅니다. 또한 님은 사주에 역마살의 기운이 강하기 때문에 진득하게 한 곳에서 일하기가 힘든 부분도 있습니다.

앞으로 직장을 구할 때는 빠듯한 곳보다는 여유로우면서 활동적인 분야가 좋습니다. 또한 직접 사업이나 장사를 하기보다는 사주에 잘 발달되어 있는 인성과 관성을 추구하는 직업이 좋습니다. 즉, 사람을 상대하면서(사람을 매개체로 하여) 돈을 벌면서 명예를 추구하는 직업이 좋습니다. 또한 33세 대운과 43세 대운에는 금(金) 비겁과 토(土) 인성이 몰려옵니다. 이 시기에 재성을 직접 추구하면 목(木)이 더 고립되므로 힘들겠지만, 비겁인 사람을 활용한다면 긍정적일 것입니다. 반드시 사람을 가지고 돈을 간접적으로 버는 형태여야 합니다. 님의 생각은 어떨지 모르나, 장기적으로는 부동산 분야의 일도 한번 생각해보시라고 권해드립니다. 그리고 올해와 내년은 재성과 관성이 묘술합화(卯戌合火)로 늘어나니 긍정적입니다. 다시 직장을 잡으신다면 긍정적인 연운입니다.

님의 사주를 보면서 경찰도 매우 잘 맞는 사주라는 생각이 듭니다. 처음부터 이 쪽에 매진하셨더라면 훨씬 좋지 않았을까 싶습니다. 즉, 경찰은 일정 부분 조직의 보호를 받으면서 님의 인정받고자 하는 심리를 충족시켜줍니다. 게다가 남 밑에 있는 것을 싫어하는 백호대살과 괴강살의 성질도 충족되고, 많이 돌아다니는 역마살의 기운도 충족시켜줍니다. 지금 님의 상황을 잘 모르지만 올해 29세면 그렇게 늦은 나이도 아닙니다. 이 분야도 한번 생각해보시라는 말씀을 드리면서 이만 줄입니다.

<<< 김동완 교수의 해설

대덕이론분석 1님이 잘 설명해주었다. 즉, 이 사주는 사주원국의 시간 병화(丙火) 관성이 고립된데다가 병경충(丙庚冲)과 병임충(丙壬冲)이 중복되어 두 줄 금이 가서 직장(관성)의 불안정을 암시하고 있다. 여기에 23세 대운에 월지 사화(巳火)가 사신합수(巳申合水)를 하여 사라지고, 대운에서 병화(丙火) 관성이 또 다시 고립된다. 결국 관성의 고립이 실직을 불러왔다고 풀이할 수 있다.

한편 일반이론분석 1님이 축(丑)년은 사축(巳丑) 반합국을 이룬다고 했다. 일반이론에서는 삼합이나 방합에서 자오묘유(子午卯酉)의 사정(四正)이 없어도 합이 된다고 하지만, 대덕 이론에서는 합이 불가능하다고 본다.

직업 적성은 사주원국의 음양, 오행, 육친, 신살 등을 살펴서 판단해야 한다. 먼저 이 사주는 괴강살과 백호대살이 연주, 일주, 시주에 3개가 있으니 은근한 고집과 지기 싫어하는 성격을 가지고 있다. 관인다신약의 사주이므로 관성 발달의 지기 싫어하면서도 인정받고 싶어하는 기질, 그리고 인다의 의존적이고 대접받고 싶어하는 기질이 혼합되어 있다. 초년에 관성이 들어와 남 앞에서 칭찬받고 인정받고 싶어하는 기질이 강하게 나오는데, 외동아들이라면 모를까 자신의 능력(공부)을 모두 발휘하지 못했을 것이라 본다. 부모님이 적극적으로 칭찬해주고 인정해주면서 마음껏 공부할 수 있게 해주었더라면 좋았을 것 같은데 아쉽다.

교수, 교사, 공무원 등 평생 연구하고 공부하면서 자유롭고 인정받는 직업을 가졌으면 좋았을 것이다. 둘째로 건축사, 건축, 설계사, 부동산, 경찰 등의 직업도 무난하다. 아직 젊은 나이니 적극적으로 준비하면 좋을 것이다. 아직 살아갈 날이 많이 남아 있다. 젊었을 때 몇 년 고생은 미래를 보장한다는 신념으로 열심히 공부하길 바란다.

15. 이 아이가 장애를 입을 사주인지요?

 안녕하세요. 언니가 며칠 전 가족 사주를 보고 왔는데, 큰딸이 항상 뼈, 골절, 교통사고가 빈번하고 장애를 입을 사주라는 말을 듣고는 걱정이 큽니다. 거기서 100만원 주고 풀어주라고 했답니다. 언니는 추호도 그럴 생각이 없고요. 정말 우리 조카 사주 안에 그런 게 있는지 아니면 그 점집에서 돈을 벌려고 그런 이야기를 한 건지 궁금합니다. 많은 고수님들께 조언 꼭 듣고 싶습니다. 솔직한 말씀 부탁드려요.

2003년 11월 21일(양) 술(戌)시생

시	일	월	연
壬	戊	癸	癸 (坤)
戌	戌	亥	未

75	65	55	45	35	25	15	5
辛	庚	己	戊	丁	丙	乙	甲
未	午	巳	辰	卯	寅	丑	子

 사주 답변 >>>

대덕이론분석 1

자격 미달의 점집이나 철학관에 대해 이제는 말하는 것조차 입이 아플 지경입니다. 아주 고약한 점집에 가셨군요. 제가 늘 말씀드리지만, 사주 지식이 없어도 늘 상식선에서 생각하셔야 합니다. 그러면 위에서 자격 미달의 점쟁이가 한 말이 얼마나 엉터리인지 알게 됩니다. 장애를 입을 운명이라고 해놓고는 돈 100만원을 내면 자기가 그것을 고친다고 하니 이 얼마나 논리적 모순입니까? 이러니 사주명리학을 무조건 배타하고 미신이라고 매도하는 겁니다. 참 안타까운 일입니다. 그 점쟁이가 왜 이 사주를 보고 그렇게 무시무시한 말을 했는지를 제가 말씀드리겠습니다.

먼저 이 사주는 일주가 무술(戊戌) 괴강살입니다. 그리고 또한 임술(壬戌) 백호대살도 있습니다. 대덕 이론에서는 이 신살이 자유롭고 독립적이며 남의 지배를 받기 싫어하고, 맡겨주면 2배의 능력을 발휘한다고 봅니다. 대덕 교수님이 오랜 기간 임상을 통해 밝혀내신 부분입니다. 특히 여성의 권리가 존중되는 현대에는 아주 긍정적인 작용을 많이 합니다.

그런데 문제는 자격 미달의 술사들이 상담시에 가장 겁을 주는 신살들이 백호대살과 괴강살이란 겁니다. 백호대살은 피를 흘리며 죽는다고 하는 살이고, 괴강살도 특히 여자 사주에서 매우 부정적으로 봅니다. 괴강살은 긍정적 요소와 부정적 요소가 있습니다. 긍정적으로 보면 부와 명성을 얻고 영웅호걸이 된다고 보는 것이고, 부정적 요소로는 극빈, 단명, 횡액, 살상, 재앙 등의 극단적 불행이 있다는 것입니다. 이 괴강살에는 교묘하게 남존여비사상이 들어 있습니다. 조선시대에는 여자가 숨죽이고 살아야 하는 시대였으므로 남자들이 독립적이고 억압을 거부하는 여자들을 싫어하는 것은 당연했습니다. 그래서 여자 사주, 특히 일주에 괴강살이 있으면 위에서 말한 부정적 요소에 바람을 피워 남편과 헤어지고 패가망신한다고 보았던 겁니다. 이런 웃지 못할 이론을 지금도 버젓이 점집이나 철학관에서 적용하고 있는 현실이 안타까울 뿐입니다

그 다음으로 많이 보는 것이 12운성입니다. 어떤 술사들은 이를 전가의 보도처럼 활용하고 있고 일본에서 무척 유행하고 있는 이론인데, 한국에서는 의식 있는 명리학자들은 아예 이를 무시하고 있습니다. 12운성을 몰라도 사주를 더 깔끔하게 풀 수 있기 때문입니다. 대덕 교수님도 아예 무시하고 계십니다. 이 사주는 12운성의 양포태(양간이므로 양포태와 음포태 구별이 의미가 없습니다)를 적용하면 일간이 무토(戊土)입니다. 그런데 무토(戊土)는 지지에 술(戌)이 있으면 이를 묘궁(墓宮)이라 하여 본인이 사건사고가 생기거나 횡사하여 묘자리에 눕는다고 해석합니다. 이 사주는 지지에 술(戌)이 2개나 있고 일지에 있으니 더 부정적으로 보겠지요.

이렇게 허무맹랑한 이론을 가지고 상담자를 겁주고 그러면서 죽을 운명이라고 해놓고선 자기가 그것을 고칠 수 있다고 하니 개탄스러운 일입니다. 전혀 걱정하실 필요가 없다고 봅니다. 오히려 이 사주는 신왕재왕의 사주입니다. 평생 안정을 추구하면서 돈을 벌 수 있는 사주입니다. 특히 일간 무토(戊土)는 큰 산, 큰 흙이라 하여 지지의 웬만한 수(水)나 화(火)도 견뎌내는 능력이 있습니다. 아주 긍정적입니다. 그리고 사주에 수(水) 재성이 강하니 정보저장능력도 뛰어나고 암기력도 좋으며, 또한 재성은 숫자감각을 의미하기 때문에 금융, 회계, 경제 등의 분야도 잘 맞는 사주입니다. 역마살도 아주 강한 사주라서 해외관련 금융업무도 잘 맞으리라 보입니다. 또한 재성은 어울림 등을 의미하기 때문에 어른들에게서 사랑을 많이 받을 수 있는 사주입니다. 재성은 어울림과 끼 등을 의미하고, 이 사주는 천간에 계계(癸癸) 병존, 임수(壬水)까지 도화적 글자도 많기 때문에 연예, 예술, 방송 분야에도 적성이 있습니다.

다만, 초년에 들어오는 갑(甲) 관성, 자(子) 재성, 을(乙) 관성, 축(丑) 비겁은 공부에 집중하기보다

는 튀고 싶고 친구들과 어울리는 데 관심이 많을 수 있으므로 가정에서 부모님이 많은 관심을 가져주시는 것이 필요합니다. 여러 가지 상황을 고려하여 판단하시고, 제가 위에서 말씀드린 대로 일정 부분 자기를 통제하고 관리하면서 안정성을 가지고 가는 사주이니 많은 관심으로 키우시길 바랍니다. 수다(水多)라서 생각이 많고 스트레스를 저장할 수 있는 아이이므로 부모님과 대화를 자주 하는 것도 좋은 교육이 될 것입니다.

<<< **사주주인공**   대덕이론분석 1님 자세한 풀이에 감탄합니다. 감사합니다. 자세한 말씀 언니한테 꼭 전할 게요. 힘이 될 겁니다.

일반이론분석 1

대덕이론분석 1님의 자상한 해설에 경의를 보냅니다. 아주 명쾌하게 의구심을 해소해주셨군요. 백호대살 등이 있으니 어릴 때 아이가 자주 다친다고 한 모양인데 근거 없는 이야기지요. 어린 아이의 사주에 대해서는 논하면 안 되지만, 이 아이는 현대적 개념에서 참으로 좋은 사주를 가지고 있음을 알려드립니다. 직업에 편견을 가지면 안 되겠지만, 현실적으로 최고의 직업이 의사, 법조인이라면 이 아이는 적어도 그렇게 될 그릇이니 위의 대덕이론분석 1님의 조언을 참고하셔서 어릴 때 공부할 수 있도록 잘 보살피셨으면 합니다.

<<< **사주주인공**   일반이론분석 1님 조언 감사합니다. 언니한테 꼭 전하겠습니다.

대덕&일반이론 혼합분석 1

사주 봐주고 돈 많이 요구하는 사람들은 거의 사이비라고 생각하심이 좋을 듯합니다. 사주가 목화금(木火金)이 없고 토(土)와 수(水)로만 이루어졌고, 괴강살과 백호대살이 있어서 장애를 이야기한 것이 아닌가 생각됩니다.

그러나 이 사주는 화(火)가 용신인데, 천간에서 무계합화(戊癸合火)와 무임충(戊壬沖)이 중복되어 화(火)의 덕을 못 봐도 미(未)와 술(戌) 속에 화(火)가 잠재되어 있고, 다행히 대운에서 평생까지 목화(木火)운으로 이어지면서 충으로 금(金) 기운과 화(火) 기운을 내뿜는 형상이니 걱정 안 하셔도 되겠네요.

김동완 교수의 해설

사주 분석은 대덕이론분석 1님의 설명을 참고하면 된다. 대덕&일반이론 혼합분석 1님은 화(火) 용신이 들어오니 긍정적이라고 했는데, 용신이 들어오면 장애가 없고 기신이 들어오면 장애가 있다는 내용처럼 들린다. 하지만 용신만으로는 장애를 분석할 수 없다.

여기에 설명을 추가한다. 대덕 이론으로 보면, 이 사주는 시간 임수(壬水)가 고립이지만 임수(壬水)는 양수(陽水)로 큰 물이라 문제 없고, 미토(未土) 고립은 대운에서 화(火)와 토(土)로 흘러가니 고립이 해소된다.

대덕 이론에서는 괴강살, 백호대살, 양인살과 같은 신살 등이 죽음을 부르는 살(殺)이라는 고전 이론을 강력하게 비판한다. 이는 전혀 타당성이 없는 이론이다. 이러한 신살들이 연주에 있으면 조부모, 월주에 있으면 부모형제, 일주에 있으면 본인과 배우자, 시주에 있으면 자식에게 사망과 관련된 사건사고가 생긴다고 한다. 그러나 연주에 괴강살, 백호대살, 양인살이 있을 확률은 15/60, 무려 25%나 되어 4명 중에 1명이 사망하게 되어 있다. 실제로 그러한가? 전혀 아니다. 그래서 타당성이 없는 이론이라는 것이다. 이런 이론으로 사주를 보려고 찾아온 사람들을 겁주고 협박하는 것이 대다수의 사이비다.

굿이나 부적은 인생을 바꾸어줄 수 없다. 그저 마음의 위안과 미래의 희망을 가져다 줄 뿐이다. 겁을 주고 굿과 부적을 권하고 돈을 요구하는 자들은 모두 사라져야 한다고 생각한다. 자신들이 무슨 신이나 되는 것처럼 누구는 언제 죽고 누구는 언제 큰 사건이 난다며 허무맹랑한 협박을 일삼는 행위는 근절해야 한다. 정말 백번 양보해서 굿이나 부적이 효과가 있다면 무료로 해주길 바란다.

사주가 상담이나 조언자 역할을 하지 못하고 오히려 아픔을 주는 경우가 너무 많아 안타까운 현실이다. 부모님들도 자신의 아이에 대하여 상담시 직업, 적성, 성격, 특성 분석 정도로 한정하여 상담하길 바란다. 어린 아이가 언제 부자가 될지 언제 성공할지보다는, 어떻게 키워야 잘 키울 수 있는지 이 아이는 어떤 성향의 아이인지 감추어진 성격은 어떤지 부모와의 궁합은 어떻게 풀어갈 것인지 등에 초점을 맞추어 상담하길 간절히 바란다.

 **일을 실패한 뒤 기가 죽어 아무 것도 못하겠습니다**

 지금까지 살아오면서 한번도 무엇인가를 이루어본 적이 없습니다. 가정형편도 어려워 어린 시절은 불행했으며, 고등학교를 졸업한 후에는 하던 일을 실패하고 기가 죽어 아무 것도 못하겠습니다. 꿈은 높아 하루에도 수백 번씩 만리장성을 세웠다 부수기를 반복합니다.

그러다가 인간의 본질적인 근원을 찾고 싶어 철학을 공부하려 합니다. 늦었지만 대학에도 진학하여 본격적인 철학공부를 하고 싶은데 향후 학업의 방향성이나 현실적인 문제들로 너무 괴롭습니다.

어떤 분이 사주원국이 좋고 운이 흘러가는 방향이 좋다고 말씀하셨는데, 제 삶이 아무리 긍정하려 해도 긍정적이지 못했기 때문에 의문이 듭니다. 도와주십시오.

1986년 6월 15일(음) 자(子)시생

시	일	월	연
戊	丙	乙	丙 (乾)
子	寅	未	寅

76	66	56	46	36	26	16	6
癸	壬	辛	庚	己	戊	丁	丙
卯	寅	丑	子	亥	戌	酉	申

 사주 답변 >>>

일반이론분석 1 사주원국이 좋지 않으면 운이 좋아도 대발(大發)하지 않습니다. 사주의 그릇이 작으면 그 크기 이상의 물을 담을 수 없는 것입니다. 사주주인공님의 사주는 그릇이 크지 않으며, 매우 조열하여 궁핍한 느낌이 강합니다. 목화분멸이라 하여 이 사주는 뜻을 쉽게 이루기도 힘들며, 부를 쌓기도 힘들 것입니다.

다행히 자인(子寅) 사이의 축(丑)이 재성 금(金)의 고장(창고)이므로 작은 장사 정도로 생활은 가능할 것입니다. 26세 무술(戊戌) 대운은 시련의 시간이 될 것입니다. 축(丑)중 신(辛)을 뽑아 쓸 수 있는 것이 유일한 삶의 해결책으로 여겨집니다. 규모를 작게 하여 장사를 하시도록 권하고 싶습니다.

일반이론분석 2　　병인(丙寅) 일주면 경자(庚子)시가 되는데 확인해보세요. 무자(戊子)시가 되려면 일주가 병인(丙寅)이 아닙니다.

<<< **일반이론분석 1**　　인터넷 만세력으로는 무자(戊子)시가 맞는 것 같습니다.

일반이론분석 3　　인(印)이 너무 강해 내 재능이 묻혀버려 뭘 해도 크게 발할 사주는 아니지만, 학문을 하는 것이 그나마 낫지 않을까요. 특이한 학문이나 성직자, 스님도 괜찮지만 대운이 재관운으로 흘러 그것도 쉽지 않겠네요. 본인도 갈등이 많을 것 같습니다.

　　15년간은 인성이 식상을 극하고 식상이 관성을 극해 되는 일이 별로 없으므로 열심히 공부하시고, 15년 후에 재관운이 왔을 때 좋은 운을 맞이하세요.

사주주인공　　신경 써주셔서 감사합니다. 제가 내년이나 내후년 편입을 고려하고 있는데 학업에 관한 운은 어떨지 염치 없지만 다시 여쭙니다.

대덕이론분석 1　　아직 젊으시지만 사주주인공님의 힘든 부분이 사주를 보니 느껴집니다. 저의 조그마한 글이 님에게 힘을 줄 수 있으면 고맙겠습니다.

　　1. 먼저 님의 사주는 한여름에 태어났고, 일간도 병화(丙火)라서 사주가 덥습니다. 미(未)월은 염천지절(炎天之節)이라 화(火)로 봅니다. 그리고 오행상 목화(木火)로 편중되어 있습니다. 육친으로는 화(火) 비겁과 목(木) 인성으로 편중되어 있습니다. 사주가 이렇게 편중되면 인생에서 자유롭고 독립적인 기질이 있습니다. 안정성보다는 모험적 기질이 있다는 것입니다.

　　님은 비겁과 인성이 강하므로 남들에게 인정받고 싶은 욕구가 매우 강합니다. 여기에 사주가 편중되어 있어서 남 밑에서 억눌려 사는 삶은 매우 힘들어할 수 있습니다. 즉, 내가 남에게 인정받고 살려면 이 세상을 내 뜻대로 해야 하고, 배짱 있고 추진력 있게 밀고 나가야 합니다. 님은 사주가 편중되어 있고, 게다가 오행도 활동적인 목화(木火)라서 마음 속에 이러한 성향이 강하게 자리잡고 있습니다. 이를 양적인 기질이라고 합니다.

　　문제는 편중된 육친이 비겁과 인성이라는 것입니다. 인성은 인생에서 치고 나가는 기질보다는 안정성을 가지고 가는 성분입니다. 그러면서도 의존적인 성분입니다. 또한 비겁도 남에게 인정받아야 하는 성분이라 항상 남이 나를 어떻게 바라볼까 하는 조심성이 있습니다. 즉, 욕망적 구조에 비해 님은 확 치고 나가지 못합니다. 거기다 님의 사주는 지지에 인목(寅未) 귀문관살이 강하게 자리잡고 있습니다. 섬세하고 여리고 소심하면서도 결정적인 배짱은 떨어지는 성분입니다. 이러한 성분은 음적인 기질들입니다.

이렇게 님은 사주에 양적인 기운과 음적인 기운이 혼재되어 있습니다. 이러면 마음 속에 갈등구조가 늘 있습니다. 일관성 있게 밀어붙이기가 힘들 수 있습니다. 그래서 기분이 어떨 때는 업 되고 어떨 때는 다운 되는 조울증을 조심해야 합니다. 참고하세요.

화(火)들은 스트레스를 받으면(이를 분리불안장애라고 합니다) 산만해집니다. 즉, 사람들과의 관계가 산만해진다는 뜻인데, 어릴 적 사람들에게 인정받지 못했다면 더욱 그럴 수 있습니다. 특히 화비다(火比多)들은 인정과 칭찬에 민감합니다. 그래서 이런 분들이 사람으로 인해 스트레스를 받으면 사람들에게 버림받을까 두려워서 사람들을 사귈 때 집중하지 못합니다. 즉, 한 사람에게 집중하면 버림받을까 두려워 여러 사람을 옆에 두고 사귀게 된다는 것입니다. 그러면서도 인정받지 못한다고 느끼기 때문에 마음 속은 늘 공허하고 쓸쓸하겠지요. 또한 이런 분들은 스트레스를 받으면 사람들과 교류를 단절하고 취미생활이나 애완동물 등에 집착할 수 있고, 여자분 같은 경우엔 쇼핑중독에 걸릴 확률도 높습니다.

2. 한국에서는 초년의 부모복이 중요합니다. 초년의 부모복을 보기 위해선 인성(어머니)과 재성(아버지)을 봅니다. 님은 사주원국에 인성이 점수로는 35점으로 잘 발달되어 있는데, 월지 미(未) 속의 을목(乙木) 인성이 불 속에서 타고 있는 것이 문제입니다. 이렇게 인성이 고립되어 있으면 발달된 인성의 복을 가져가기 힘듭니다.

또한 님의 사주는 사주원국에 재성이 없습니다. 사주원국에 없는데 6세 대운과 16세 대운에 병신(丙申)과 정유(丁酉) 형태로 들어오는 것이 부정적입니다. 이 경우 재성 신(申)과 유(酉)는 화(火)로 인해 녹아버립니다. 즉, 사주원국에 없는 재성이 대운에서 들어와도 간지로 힘있게 들어오지 않으면 오히려 화(火)의 공격을 받아 고립된다는 말씀입니다.

또 사주원국에 화(火)가 강한데, 한참 공부할 나이인 16~20세까지인 정화(丁火)운도 불리합니다. 위에서 말씀드린 미(未) 속의 을목(乙木)이 불 속에서 고립되어 있는데, 이 시기에 화(火)가 들어와 인성 을목(乙木)을 더 고립시키는 것도 문제입니다. 만약 이 시기에 사주주인공님이 칭찬받고 인정받았으면 공부를 하셨을 텐데, 그러지 못했다면 이러한 비겁운에 친구들과 어울려 공부를 등한시했을 것입니다. 님이 학창시절에 공부에 매진할 수 없었던 이유가 바로 이 때문이 아닌가 생각됩니다.

그 다음 미(未) 속의 을목(乙木)이 불 속에서 타고 있으므로 뼈의 건강을 조심하셔야 합니다. 기본적으로 미(未)월이라 화(火)의 건강, 즉 혈관질환 등도 장기적으로 조심하셔야 합니다. 그 다음으로 시지 자수(子水)가 고립입니다. 그러면 신장이나 전립선 등의 건강도 살피셔야 하나, 대운이 금수(金水)로 흘러가 고립을 풀어주고 있어서 이 부분은 긍정적입니다. 또한 목(木)이 화(火)로 둘러싸여 고립되면 당뇨 등의 건강도 장기적으로 신경 써야 합니다. 님이 그렇다는 의미가 절대 아니고, 님의 사주를 보고 조심할 부분을 언급한 것이니 참고하셨음 합니다.

3. 지금 한국에서는 반드시 대학을 마쳐야 합니다. 물론 대학을 안 가도 능력이 있으면 살 수 있겠지만, 현실적으로 남들이 대학을 다 가는 시대라면 대학 졸업장은 반드시 필요하겠지요. 다행히 님은 내년(2010년) 경인(庚寅)년과 내후년 신묘(辛卯)년에 인(寅)과 묘(卯)로 인성운이 강하게 들어옵니다. 인성은 학문과 부동산, 문서 등을 의미하는데, 이 시기에 님이 대학공부에 매진하신다면 충분하리라 생각됩니다.

그 다음, 님은 직접 돈을 버는 장사나 사업 형태보다는 평생 사람을 상대하면서 지식을 가지고 가는 그러면서 평생 연구하는 직업이 좋습니다. 님이 언급하신 철학공부도 어울립니다. 또한 님의 사주는 월지의 미토(未土) 식상(언어능력, 의식주, 처세술 등을 의미)이 자체적으로 고립입니다. 그래서 직접 재물을 추구하는 사업이나 장사 쪽으로 가면 힘들 수 있습니다. 사주원국 분석시에도 님은 사업할 스타일이 못 되고, 식상마저 고립되면 사람들과 돈거래로 인해 구설수에 오를 수 있으니 조심하세요. 그런데 님의 사주는 고립된 미토(未土) 식상을 26세 무술(戊戌) 대운과 36세 기(己)운까지 15년 동안 고립을 풀어주는 것이 매우 긍정적입니다.

그 다음, 월지 미토(未土)는 대운을 읽을 때는 항상 토(土)로 봅니다. 그래서 대운에서 식상이 발달 형태로 들어올 확률이 높은 사주입니다. 아마 이 시기는 경제적으로 매우 안정된 시기가 되리라 봅니다(재성만 돈이 아니고 식상도 돈입니다). 또한 식상이란 언어능력을 말하므로 26세 대운부터는 입을 가지고 가는 직업에 대해 관심이 많아질 수 있고, 남들 앞에서 말할 기회도 많이 생기리라 봅니다. 46세 대운과 56세 대운을 포함한 나머지 대운은 설명을 생략하지만, 더운 사주에서 차가운 금수(金水)운으로 가는 것은 긍정적이라 봅니다.

직업 선택시 참고하시라고 제가 개인적으로 생각하는 직업군을 추천해드립니다. 일단 님은 사주에 역마살이 강합니다. 즉, 인(寅)과 병(丙)과 무(戊) 등은 다 역마살에 해당합니다. 역마살은 많이 돌아다니는 활동적인 직업이 좋습니다. 또한 지지에 있는 인(寅)은 사람의 생명을 다루는 데 유리한 형살입니다. 그 다음, 님은 인성과 비겁이 강해서 자존심을 세우면서도 남에게 인정받는 직업이 좋습니다.

또한 경찰 쪽을 추천하는데, 경찰은 대장이나 리더는 아니지만 조직에서 보호해줍니다. 님의 자존심과 인정받고 싶은 욕구를 경찰조직 안에서 보호해주므로, 님이 역마살의 활달함에 이런 기질을 발휘하시면 많은 성과가 있으리라 봅니다. 즉, 님은 대장을 할 성격이 못 되므로 자기의 일을 끌고 가는 능력이 떨어질 수 있습니다. 그래서 지배를 받으면서도 자기 나름의 행동영역이 있는 직업이 좋다는 것입니다. 제가 경찰을 언급한 것은 이러한 님의 사주 성향과 맞지 않을까 싶어서입니다.

사주주인공님은 일간이 병화(丙火)라서 표현주의자 기질에, 남들에게 붙임성도 좋습니다. 또한 인성이 발달되어 있어서 결정적일 때 자기절제능력이 있습니다. 이러한 부분도 앞으로 잘 활용하면 매우 긍정적인 삶이 되리라 생각합니다.

제가 적어드린 내용을 참고하셔서 인생의 좋은 방향을 잡으시기 바라며, 고민으로 보내는 불면의 젊은 날들이 앞으로의 삶에 좋은 밑거름이 되길 기원합니다.

<<< 김동완 교수의 해설

일반이론분석 1님의 사주 분석 중에서, 이 사주는 그릇이 크지 않으며 조열하여 궁핍한 느낌이 강하다고 했는데, 사주에 화(火)의 기운이 강한 조열한 사주도 충분히 자신의 능력을 살려 나가는 사람들이 많다.

다만, 이 사주는 사주원국에 화(火)가 강한데 초년에 금(金) 재성이 와서 부모와 인연이 적다. 또한 화국(火局)이 강하니 매우 급하고, 인성과 비겁이 강하니 독립적이고 자유롭고 인정받고 싶어한다. 그러므로 마음이 너무 앞서고, 노력은 부족하다. 1986년생이면 한국나이로 25세이므로 아직 앞날이 밝다. 과거에 얽매여 있지 말고 다듬어 나가는 것이 좋겠다. 일반이론분석 1님이 이런 상담을 해주었더라면 더 좋았을 것이다.

일반이론분석 2님의 경자(庚子)시는 잘못되었고, 무자(戊子)시가 맞다.

일반이론분석 3님은 인성이 과다한 사람은 무엇을 해도 재능이 묻혀버리고 크게 발달할 수 없다고 했는데, 김연아 아사다 마오나 탤런트 김명민 등의 사주는 인다신약 사주이지만 자신의 능력을 모두 발휘하고 있다. 또한 목화(木火)가 강한 사람은 성직자나 스님처럼 수양을 하는 직업보다는 활동적인 일이 잘 맞는다. 즉, 예술, 연예, 방송 등의 직업이 더 어울리지 않을까 생각한다. 15년 후에 운이 들어온다고 하는데, 이 또한 사주를 너무 숙명론에 빠지게 할 수 있다. 젊은이에게 너무 가혹한 상담이다.

전반적인 사주 분석 내용은 대덕이론분석 1님의 내용을 참조하면 될 것이다. 즉, 이 사주는 화(火) 비겁이 50점에, 초년에 화(火) 비겁이 들어오면서 6세 대운의 재성 신금(申金)을 극하여 아버지와 인연이 적다. 더불어 20세 이전에 아버지와 인연이 없는데 비겁과 재성이 들어오므로 학업을 중도에 그만둘 가능성이 높다. 칭찬에 목 말라하는 비겁운과, 놀고 싶어지는 재성운이라 아쉽다. 인성과 비겁의 점수가 85점인 종왕격으로, 칭찬에 민감하고 지기 싫어하며 간접받기 싫어하고 왕자병 기질이 있어 꿈이 높다.

그러나 미인(未寅) 귀문관살이 2개나 있어서, 생각은 많지만 실천력이 떨어진다. 자유롭고 인정받는 직업이 좋다. 어릴 적 무용, 뮤지컬, 예술, 연예, 방송으로 진출했으면 가장 좋은 방향이었을 텐데 초년복이 뒷받침해주지 못해 아쉽다.

일단 1순위 직업을 선택하기에는 나이가 많지만, 지금이라도 고생한다고 생각하고 연극이나 뮤지컬 쪽으로 공부해서 대학에 입학하는 방법도 있다. 늦었다고 생각할 때 빠른 것이 아닌가. 러시아의 소설가 고골리는 말했다. 청소년들이 가장 행복한 것은 미래가 있기 때문이라고.

다음으로, 경찰이나 공무원, 외교관, 교사처럼 자유로운 직장이 좋다. 다만, 이 사주는 집중해서 공부하지 않고 산만하며 생각이 많아 다른 사람보다 공부하지 않는 단점이 있다. 일단 목표를 세운 후에는 공부에 매진하면 좋겠다.

격국은 내격에 정인격, 시하일위정관격, 인성발달격, 비겁발달격 등이 있다.

17Q 3년 후에 닥칠 좋지 않은 일에 어떻게 대처해야 할까요?

안녕하세요. 김동완 선생님이 저술하신 책들의 내용에 매료되어 어느덧 '사주를 사랑하는 사람'이 된 올해 나이 52세 남자입니다. 사실, 제가 사주를 공부하게 된 것은 우연히 한 철학관에서 제가 55세에 현재 다니는 직장을 그만둘 가능성이 매우 높다는 충격적인 이야기를 들은 것이 계기였습니다. 인터넷에서 볼 수 있는 만세력에 의하면 2010년이 52세니까 55세가 되는 해는 지금부터 3년 후인 2013년으로 생각됩니다.

김동완 선생님의 책을 혼자서 6권까지 공부하고 나니 대운이 무엇이고 합충이 무엇인지 알게 되었습니다. 아닌 게 아니라 제 나이 55세에 사주원국과 대운과 연운을 함께 살펴보니, 천간에서 쟁충을 포함해 4개의 충이 복잡하게 발생하고, 지지에서도 4개의 충이 발생하는 것을 발견할 수 있었습니다.

김동완 선생님은 책에서 자신의 운명을 개척하고 준비하기 위해 사주명리학을 공부하는 것이라고 했습니다. 제 나이 55세가 되는 해는 2013년 계사(癸巳)년입니다. 그 해에 사주원국과 대운 임술(壬戌)과 연운 계사(癸巳)의 천간들 사이에서 비겁이 관성과 충하는 것을 보면 아마도 제 직장운에 좋지 않은 일이 있을 것이 확실합니다. 직장은 저와 제 가족의 생계에 매우 중요한 존재이며, 직장 변동은 저에게 매우 심각한 일입니다. 어떻게 대처할지 조언해주시면 감사하겠습니다.

참고로 저는 공기업에 다니고 있으며 비교적 직장이 안정된 상태이고, 현재 상하로부터 능력을 인정받고 있는 간부급 사원입니다.

1959년 3월 13일(음) 자(子)시생

시	일	월	연
庚	壬	戊	己 (乾)
子	申	辰	亥

75	65	55	45	35	25	15	5
庚	辛	壬	癸	甲	乙	丙	丁
申	酉	戌	亥	子	丑	寅	卯

사주 답변 >>>

일반이론분석 1

보통 신자진(申子辰) 삼합에서 신(申)과 진(辰)은 본성을 잃어버리지만, 이 사주의 월지 진토(辰土)는 월간에 투간되어 있어 본성을 잃지 않습니다. 또 연지 해수(亥水)는 진토(辰土)에 입묘되어서 사주원국의 상황에서 큰 힘을 발휘하지 못하는 것으로 보입니다. 다만, 45세 계해(癸亥) 대운에 연지 해수(亥水)의 입묘가 해소되어 있고, 천간으로 계수(癸水)가 같이 들어와 물이 범람하는 것을 무기토(戊己土)가 힘들지만 선방하고 있는 형국입니다. 55세까지는 계해(癸亥) 대운으로 보고(만 나이를 적용합니다), 계사(癸巳)년은 불리한 해이나 관(官)이 떨어질 정도는 아니라고 봅니다. 다만, 연운의 사(巳)가 해(亥)의 쟁충으로 재물이 파괴되니 관성을 생조하지 못하고 금전적 손실이 있을 것으로 보입니다. 55세 임술(壬戌)을 보면 계해(癸亥)보다 더 좋습니다. 제가 보기에는 퇴직운이 아닌 걸로 보입니다. 다른 공력 높으신 분들의 견해를 더 경청해보시기 바랍니다.

일반이론분석 2

월간 무토(戊土)를 용신으로 하는 관인상생격입니다. 따라서 공직에 들어가 살아가는 것이 명조의 직분입니다. 흠이라면 화기(火氣)가 전무한 것입니다. 현재 52세 해(亥) 대운으로, 명조는 토(土)를 용신으로 하고 화(火)를 기뻐하는 바, 올해는 이동운이 발생함과 동시에 인해합목(寅亥合木)으로 기신운입니다. 해(亥) 대운은 용신 무토(戊土)의 절지로 변화의 다양성을 예고하고 있습니다. 만반의 준비를 성실히 하심이 좋을 듯합니다. 운명을 두려워하기보다 신변의 변화에 적극적으로 임하심이 좋아 보입니다. 예로 들어 관련 업체로부터의 이직 제의가 있으면 적극적으로 임하시는 것이 좋아 보입니다.

사주주인공

도움말씀 주신 분들에게 진심으로 감사드립니다. 앞날에 대비해 열심히 준비하고 열심히 살겠습니다.

일반이론분석 3

미래에 대해 밑그림을 그려보고 미리 대비책을 세울 수 있도록 도와주는 것이 명리의 중요한 기능 중 하나이니만큼, 어느 시기에 직장의 변동이 있는지 보셨으리라 생각합니다. 단순하게 보시기에는 55세가 변동 시기인 것 같지만, 진짜 변동은 임술(壬戌) 대운 중에서 지지의 기운이 들어오는 60세에 올 것입니다. 월간에 잘 솟은 직업을 의미하는 무토(戊土) 편관을 다스려온 월지 진(辰)의 지장간인 을목(乙木)이 금(金) 대운에 극을 당하는 시기가 60세 무렵입니다. 이 시기 이후는 관성의 인연이 끝나고 인성과 인연이 깊어지므로 인성업계로 이직하시는 방식으로 미리 대비하심이 현명합니다. 인성업은 대개 부동산이나 문서 등을 다루거나 교육을 하는 업을 말합니다. 그 외에도 다양한 인성업이 있으니 본인과 인연이 있는 인성업이 무엇인지 고민해보셔야 합니다.

대덕이론분석 1 제가 한 말씀 드립니다. 앞날에 대해 어디서 들으셨는지 모르지만 제가 보기엔 전혀 근거 없는 이야기입니다. 오히려 사주주인공님은 55세 대운에 최고의 능력을 발휘할 가능성이 많다고 보여집니다.

1. 님의 사주는 육친의 발달 형태가 3개 이상이라서 긍정적인 면이 많습니다. 즉, 수(水) 비겁이 35점, 금(金) 인성이 25점, 토(土) 관성이 40점으로 잘 발달되어 있습니다. 특히 3개 모두 임자(壬子), 경신(庚申), 무진(戊辰) 등 간지로 붙어 있습니다. 금(金) 인성은 점수로는 25점이지만, 이렇게 붙어 있으면 30점 이상의 기운이 있습니다. 그 다음으로 이 사주에서 눈여겨볼 것이 진(辰)월입니다. 보통 진(辰)월은 목(木)과 토(土)의 기운을 반반 정도로 읽어주는데 이 사주는 목(木)이 없습니다. 목(木)이 없고 토(土)가 사주에 많으면 토(土) 점수를 더 주어야 합니다. 그래서 저는 진(辰)에 토(土) 20점을 주었는데, 20점 이상으로 봐도 무리가 없다고 봅니다. 또 하나 지지에 있는 신자진(申子辰) 삼합의 문제인데, 이는 사주원국 분석시에는 신경 쓰지 않아도 됩니다. 만약 왕지인 자(子)가 월지에 있다면 이 삼합의 영향력이 크겠지만, 진(辰)월의 신자진(申子辰)은 삼합의 영향력이 거의 없다고 봅니다. 물론 대운 분석에서는 고려해야 합니다.

사주를 이렇게 분석해보면 신왕(인성과 비겁) 관왕(관성)의 사주가 됩니다. 직업 적성을 보면 평생 사람을 상대하면서(비겁), 공부하고 연구하거나 문서를 만지며(인성), 명예를 추구하는(관성) 분야에서 능력을 발휘하는 사주입니다. 님이 지금 공기업에 근무한다고 하셨는데, 사주의 장점을 잘 갖고 가셨다고 봅니다. 이 사주가 여자 사주라면 전문직이나 교수나 교사가 좋고, 남자들은 월급사장을 하면 좋은 사주입니다. 만약에 이 사주를 가지고 직접 나서서 사업을 하면 약간 힘들 수 있습니다.

기본적으로 신왕은 인생을 안정적으로 살아가려고 합니다. 거기다 님의 사주는 일간이 임수(壬水)입니다. 수(水)들은 생각지향적입니다. 모든 정보를 머릿속에 입력하고 생각하다 보니 결단력이 떨어질 수 있습니다. 또한 이 사주는 지지에 진해(辰亥) 귀문관살이 있습니다. 귀문관살도 음적인 기운입니다. 배짱이 떨어지는 기질입니다. 만약에 님의 사주가 목화(木火)가 강하고 양적인 기운이 강하면 좀더 모험적이고 행동지향적일 것입니다. 그럴 땐 귀문관살이 그것을 억제해주는 형태로 발휘됩니다. 님은 관왕이지만 사주에 금수(金水)가 강하고 일간이 임수(壬水)라 약간 음적인 기운이 강한데, 이 귀문이 있어서 인생을 더욱 안정적으로 끌고 가려고 합니다. 이런 형태가 좋다 나쁘다 평가하는 것은 아닙니다. 직접 대장을 하기에는 배짱이 약간 떨어질 수 있는 점을 말씀드리는 겁니다. 님은 대장을 하시더라도 생각하는 대장 정도가 되겠습니다.

대운을 분석할 때는 지지의 신자진(申子辰) 삼합을 고려해야 합니다. 특히 대운에서 신(申)이나 자(子)나 진(辰)이 또 들어오면 수(水) 비겁의 점수가 더 늘어납니다. 이 사주는 지지의 합국을 고려하면 수(水) 비겁이 많아집니다. 지지는 하나의 오행이 몰려오면 위험합니다. 그런데 그 위험하다는 의미는 다름 아닌 인생을 모험하려고 하기 때문에 붙여진 표현입니다. 즉, 지지가 하나의 오행으로 몰려오면 욕망이 강해집니다. 그 결과 잘 다니던 직장을 때려치우고 사업이나 정치를 하려고 하고, 사업하는 사람들은 확장을 하려고 합니다.

그런데 사주를 여기까지만 보고, 즉 대운만 보고 섣불리 판단해서는 안 됩니다. 바로 사주원국에 나타난 그 사람의 성향을 봐야 합니다. 님은 제가 위에서 말씀드린 것처럼 인생을 안정적으로 끌고 가는 성향이 강합니다. 반대로 사주가 완전 관다(官多)이거나 양적인 기운이 강한 분들은 이렇게 하나의 오행이 몰려오면 모험을 하므로 인생에 부침이 있을 수 있습니다.

님은 35세 갑자(甲子) 대운과 45세 계해(癸亥) 대운으로 수(水) 비겁이 몰려왔습니다. 이렇게 몰려오면 님도 마음 속으로는 독립의 욕구 등이 생길 수 있지만, 항상 인생을 안정적으로 끌고 가려고 하므로 이를 직장에서 노력하는 형태로 가지고 갑니다. 즉, 본인이 인정받기 위해서 더 열심히 직장에서 노력한다는 의미입니다. 만약 이 시기에 사업을 하게 되면 부정적인데, 오히려 사람을 가지고 가는 (비겁을 활용하는) 분야라면 더 긍정적으로 발휘됩니다. 이 시기에 사람을 활용하면 사람들에게 본인의 능력을 인정받을 가능성이 더 높아지는 것입니다.

정리하면, 사주의 지지가 하나의 합국으로 몰려가고 대운에서도 그러한 기운이 강해지더라도, 사주가 양적인 사람보다는 음적이면서 안정을 가지고 가는 사람들은 모험을 덜 하므로 위험 부담이 적고, 오히려 직장에서 인정받기 위해 노력하므로 더욱 긍정적일 수 있다는 말씀입니다.

2. 이제 질문하신 55세 대운과 계사(癸巳)년을 살펴보겠습니다. 항상 주의할 것이 합은 좋고 충은 부정적이라는 생각입니다. 그리고 어떤 사주든 50대 이후부터는 사주원국과 대운이 항상 합충을 합니다. 따라서 충에 대해 민감하게 반응할 필요가 없습니다. 일단 님은 사주원국의 천간이 임무충(壬戊沖)으로 한 줄 금이 가 있어서 좋습니다. 사주원국에 충이 하나도 없는 상태에서 갑자기 대운과 충을 하면 힘들어질 수 있습니다. 예방주사를 맞지 않은 상태에서 갑자기 병균이 침입하면 질병에 걸리기 쉬운 것처럼 말입니다. 그런 의미에서 님은 사주에 예방주사를 맞고 있습니다.

55세 대운이 임술(壬戌)인데, 토(土) 관성도 늘어나고(명예) 수(水) 비겁도 많이 늘어납니다. 이 시기에 비겁을 잘 활용하면 상당히 긍정적입니다. 예를 들어, 이 시기에 선거에 나가면 매우 긍정적입니다. 비겁은 사람을 의미하기 때문입니다. 특히 남자 사주에서 비겁은 사람 중에서도 남자를 의미합니다. 같은 선거라도 국회의원 선거는 여자를 의미하는 재성이 많으면 더 유리하고, 조직의 장(長)을 뽑는 선거는 비겁이 유리합니다(조직에는 남자가 많으므로). 그렇다고 선거에 나가시라는 말씀은 아닙니다. 55세 대운에 비겁이 몰려오니 조직 안에서 사람들에게 더 인정받을 가능성이 많다는 말씀입니다.

또한 이 시기엔 월주에 있는 무토(戊土) 관성이 임수(壬水) 비겁과 천간충을 하고, 지지에 있는 진(辰)과 술(戌)이 충을 합니다. 비겁과 관성을 가지고 가는 사주에서 이러한 충은 매우 긍정적입니다. 아마도 님이 이 시기에 좀더 높은 관리자로 승진할 가능성이 매우 높습니다. 계사(癸巳)년 역시 무계합(戊癸合)도 되지만 기계충(己癸沖)도 되고, 지지로는 사해충(巳亥沖)도 됩니다. 이 시기에 충이 많아지는 것은 관성과 비겁과 관련해서 좋은 변화변동을 암시합니다. 즉, 명예를 얻고 사람들에게 능력을 인정받을 가능성이 많다는 말씀입니다. 여러 가지 충이 있어서 걱정하시는데, 제가 보기에는 오히려 더 긍정적으로 발휘되어 아마도 최고관리자로 올라갈 가능성이 많다고 봅니다. 사주원국의 구성이 좋은 상태에서 이렇게 월주가 대운과 충을 하는 사주가 그 대운 시기에 승진 아니면 선거 당선, 장관 임명 같은 경우를 많이 보았습니다.

다만, 55세 대운 시기나 계사(癸巳)년의 경우 목(木)에 대한 건강은 신경 쓰셔야 합니다. 즉, 진술충(辰戌沖)으로 튀어나온 을목(乙木)은 튀어나오자마자 을경합금(乙庚合金)으로 인해 고립되어버립니다. 또한 계사(癸巳)년에 사해충(巳亥沖)으로 갑(甲)이 튀어나오는데 갑기합토(甲己合土)로 이 또한 고립됩니다. 사주원국에 목(木)이 기운도 없는데다가 이렇게 튀어나와 고립되면 위험할 수도 있습니다. 그러니 이 시기엔 생활역학으로 목(木)의 기운을 집중적으로 보충해주는 것이 좋습니다. 목(木)의 건강 중에서 간은 오랜 시간이 지나야 그 영향이 나타나지만, 뼈의 건강이나 사건사고는 갑작스럽게 발생할 수 있습니다. 이 부분은 항상 조심하시고 생활역학으로 잘 보충해준다면 무난하리라 봅니다.

그 다음, 진술충(辰戌沖)이 되면 정화(丁火)도 튀어나와 정임합목(丁壬合木)으로 인해 고립되고, 계사(癸巳)년의 사해충(巳亥沖)으로 튀어나온 병화(丙火)도 고립될 수 있습니다. 또한 사신합수(巳申合水)도 화(火) 입장에서는 약간 조심해야 합니다. 즉, 이 시기에는 목(木)이나 화(火)의 건강을 조심할 필요가 있는 거지요. 화(火)가 재성이라 재물 손실도 문제가 될 듯하지만, 직접 사업을 하지 않으시기에 별 무리가 없다고 봅니다. 건강에 신경 쓰셔서 반드시 생활역학으로 목(木)이나 화(火)를 지켜주는 것이 좋습니다.

65세 대운과 75세 대운도 인성이 간지로 몰려옵니다. 나이가 드시면 인성의 복(부동산복과 인덕)이 많겠습니다. 앞으로 인생항로가 좋다고 보여집니다. 긍정적인 마인드로 생활하신다면 더 좋으리라 봅니다. 앞으로 학문 성취도 높아지시길 기원합니다.

사주주인공 대덕이론분석 1님 진심으로 감사드립니다. 열심히 공부하겠습니다.

 김동완 교수의 해설

일반이론분석 1님의 분석에서는 정확한 용신 설명이 없이 수(水)를 부정적으로 보고 있다.

  일반이론분석 2님의 분석에서는 이 사주가 관인상생격으로 무토(戊土) 용신이라고 하였다. 그런데 관인상생격은 인성이 용신이고 관성이 강한 사주를 말하므로 잘못 표현한 것이다. 관성 무토(戊土)가 용신이라면 신약용편관격이 된다. 그런데 초년, 청년, 말년에 해당하는 10대, 20대, 30대, 40대, 50대 대운이 계속적으로 기신으로 들어오는데 이 부분에 대한 설명이 없다. 기신이 왔는데 왜 안정적인 공직자의 길을 잘 걸어오고 있는 것인지 설명했다면 좋았으리란 생각이 든다.

  그렇다면 대덕 이론에서는 이 사주를 어떻게 분석하는가? 사주원국이 소심한 사주다. 또한 임수(壬水) 일간에 비겁 발달, 인성 발달, 관성 발달로 매우 안정적인 사주다. 진해(辰亥) 귀문관살까지 있으므로 안정된 삶을 추구한다고 본다. 그러면서도 관성이 발달되어 있어 리더십도 있고, 금(金)이 발달되어 있어 일에서 완벽을 추구한다. 그러므로 회사에서는 능력을 인정받으리라 본다. 겉으로는 여려 보이고 유약해 보이지만, 강단 있고 끈기 있게 밀고 나가는 힘이 있어 보인다.

  그러므로 안정된 직장이 어울린다. 안정된 직장이 있는 사람은 모험을 하지 않는다. 그러므로 아무리 기신이 들어와도 모험을 하지 않으면 대운의 문제는 자연스럽게 피해갈 수 있다. 지금까지 해왔던 것처럼 꾸준히 밀고 나가면 좋을 것이라 본다.

  사주주인공님이 가장 궁금해하는 2013년 계사(癸巳)년의 분석은 대덕이론분석 1님의 설명을 참고한다.

18Q. 강사와 대기업 취직 중 제 사주에 적합한 것은 무엇인가요?

 전에 직업으로 강사를 선택하는 것이 어떨지 질문 드렸던 사람입니다. 아직 진로를 결정하지 않았기 때문에 제가 할 수 있는 다양한 직종에 대해 여러 고민을 하고 있습니다. 2009년 후반기에 만약 강사를 하지 않고 일반 대기업에 취직한다면 언제쯤 할 수 있을까요? 또 강사와 대기업 취직 중 어떤 것이 더 제 사주에 적합하다고 보시는지요? 답변 부탁드립니다.

1983년 1월 26일(음) 사(巳)시생

시	일	월	연
乙	丁	乙	癸 (乾)
巳	酉	卯	亥

71	61	51	41	31	21	11	1
丁	戊	己	庚	辛	壬	癸	甲
未	申	酉	戌	亥	子	丑	寅

 사주 답변 >>>

대덕이론분석 1

강사라 하시면 어떤 일을 하는 강사인지요? 사주주인공님의 사주는 음팔통에 편인과다발달격, 도화격, 연상편관격, 그리고 격은 아니지만 역마살의 기운이 강합니다. 그리고 천문격도 되는군요. 일단 음팔통에 역마살이면 적극적이고 활동적인 직업이 좋습니다. 도화격을 이루어 연예인 기질과 끼가 발달되어 있습니다. 편인도 끼를 나타냅니다. 또한 천문성이 있고 편인이 있어서 수학 같은 공부보다는 사람을 상대하는 머리가 발달되어 있습니다. 즉, 사람의 마음을 읽어내는 능력, 영감을 얻어서 활용하는 능력, 아이디어를 얻는 능력 등 말입니다.

또한 일지에 편재가 있습니다. 편재는 사업을 해서 큰돈을 만지고 싶은 욕망이고, 변화를 좋아하고 유행에 민감하여 멋을 부릴 줄 아는 성분이며, 남들을 즐겁게 해주는 오락부장 기질을 말합니다. 또한 규격화된 틀을 싫어하는 성분이기도 합니다. 제가 보기에 규격화된 틀을 싫어하는 성분은 직업 선택에서 1순위로 고려해야 하는 성분입니다. 또한 님은 사주에 인성이 매우 강합니다. 강한 기운이 성격에 가장 많은 영향을 미칩니다. 인성(위에서 말한 편인을 말함)이라는 것은 영적인 발달로도 해석하지만 괴짜 같은 기질로도 해석하며, 이 성분의 단점은 게으르다는 데 있습니다. 자기 능력과 머리를 믿고 할 일을 뒤로 미루는 성분입니다. 따라서 규격화된 조직생활엔 맞지 않는 성분입니다. 그리고 님의 사주에는 관성(명예·직장·관직을 의미)이 있지만 세력이 약합니다. 이러한 모든 특징을 종합하여 적성과 직업 선택에 참고합니다.

종합하면, 님은 끼를 가지고 사람을 상대로 하면서 인기를 얻으면서 큰돈을 버는 직업이 가장 좋습니다. 또한 사주에 관성이 있어서 직장생활도 좋은데, 직장을 선택할 경우에는 안정된 직업과 책상이나 기계 앞에서 하는 직업보다는 영업, 유통, 무역 등이 어울립니다. 강사를 하시든 취업을 하시든 이걸 참고하시면 좋겠네요.

이제 사주의 용신을 볼까요? 님의 사주는 일간 정화(丁火)가 일지에 유금(酉金)이고 목다화식(木多火熄)이어서 고립이 심해 보입니다. 심장과 혈관 그리고 목(木)이 과다하므로 간이나 골절 등도 조심하셔야 합니다. 따라서 고립된 정화(丁火)를 살려줄 화(火)를 고립용신으로 보는데, 강한 목(木) 기운을 견제하는 금(金)과 목(木)을 설기하는 수(水)도 좋아 보입니다.

살아갈 운을 보면 매우 좋습니다. 제가 이 이야기를 하는 것은 대운이 심리에 미치는 영향을 설명하기 위해서입니다. 현재 님은 임자(壬子) 대운, 소위 말하는 용신 대운에 있습니다. 그러면 심리적으로 남이 칭찬과 인정을 해주면 과도하게 지출을 하는 스타일입니다. 이런 분들은 술값을 본인이 내야 직성이 풀립니다. 님이 그렇다는 이야기가 아니고, 제 주위에 이 사주와 비슷한 분들이 그런 경향이 있어서 말씀드리니 오해 마시길 바랍니다.

또 인성이 발달하면 돈을 부동산 쪽에 투자하면 매우 유리합니다. 직업을 그 쪽으로 가지셔도 좋고요. 인성은 학문, 종교, 모성애, 문서, 부동산, 윤리의식 등을 의미합니다. 참고하세요. 그럼 좋은 결실 이루시길 빕니다.

<<< **사주주인공**   구체적이고 자세한 답변 진심으로 감사드립니다. 열심히 하겠습니다.

일반이론분석 1   운로의 흐름이 좋으니 어느 것을 해도 무방하지만, 식상이 없어서 언변은 그리 좋지 않을 것으로 보이는군요. 관성을 용신으로 하는 사주이니 직장생활이 좋아 보입니다. 26세 이후 검찰이나 경찰직으로 도전해보는 것도 고려해볼 만합니다.

<<< **사주주인공**   친절한 답변 진심으로 감사드립니다. 열심히 하겠습니다.

일반이론분석 2 이 사주는 조후부실격으로(조후부실격이란 용어는 없지만 조후가 균형을 이루지 못하고 편중되어 있다는 의미에서) 화(火)가 중요하게 쓰이는 명조입니다.

일반이론분석 3 나름대로 조후가 잘된 사주로 보입니다. 인성이 강한 사주라 강사(교육 계통)가 맞을 듯합니다. 만약 기업체에 취직한다면 연구직이 맞을 것 같습니다.

일반이론분석 2 해묘합(亥卯合)을 어떻게 이해하느냐가 중요할 것 같습니다. 묘(卯)월에 해묘합(亥卯合)을 했는데, 연간에 계수(癸水)가 개두하는 바람에 해묘합(亥卯合)이 양목(陽木)이 되지 못하고 습목(濕木)이 된 걸로 보이는 거지요. 해묘합(亥卯合)이 습목이 되다 보니 목생화(木生火)의 작용이 원활하지 않아 시지 사화(巳火)가 화(火)성을 지키기보다는 사유합(巳酉合)을 하여 금(金)으로 변했다고 이해됩니다. 이렇게 본다면 사주 자체에서 금수(金水)의 기운이 왕해지다 보니 상대적으로 화(火)성의 고립이 심해진다고 볼 수 있습니다. 결과적으로 을묘목(乙卯木)이 습목이 되다 보니 목생화(木生火)도 원활하지 못한 것으로 이해됩니다.

<<< **일반이론분석 3** 해묘합(亥卯合)은 묘유충(卯酉沖)으로 인해 성립되지 않습니다.

<<< **일반이론분석 4** 묘유충(卯酉沖)으로 인해 해묘합(亥卯合)은 반 정도 성립된다고 보면 됩니다. 합이 전혀 안 되지도 않고 100% 완벽한 합이 되지도 않습니다. 유금(酉金)도 사유합(巳酉合)으로 묶이는 맛이 있어서 100% 묘목(卯木)을 충하는 것에 집중할 수 없습니다.

<<< **일반이론분석 3** 반합을 보는 관점의 차이라고 생각됩니다.

일반이론분석 4 사주원국에서 식상의 기운이 약하고, 운에서도 식상이 강하게 들어오지 않아 강사의 길은 추천하지 않습니다. 도화격에 재성 발달로 보아 강사가 어울릴 것 같기도 하지만, 강사(말로 가르치는 능력, 관념적인 사고능력, 학습능력)의 능력을 보여주는 식상이 전무하므로 기업체 취직이 더 좋겠습니다.

<<< 김동완 교수의 해설

사주를 보고 직업 적성을 찾아낼 때는 사주원국에서 강점을 보이는 오행이나 육친을 봐야 한다. 용신 위주로 사주를 판단하는 사람들은 직업 역시 용신인 것을 선택해야 한다고 하지만, 대개 용신은 사주에 없기 때문에 필요로 하는 것이고 그 사주의 강점을 보여주지 못한다. 따라서 사주주인공님의 질문에 답하기 위해서는 사주원국의 오행과 육친의 발달과 과다를 바탕으로 설명해야 한다. 자세한 내용은 대덕 이론분석 1님의 설명을 참고한다.

한편, 일반이론분석 1님은 이 사주가 관성을 용신으로 한다고 설명하였다. 그러면 신약용편관격이 된다. 더불어 관성이 용신이므로 직장생활, 특히 검찰이나 경찰직이 좋다고 하였다. 용신론 입장에서 본다면 나름대로 잘 분석하였다. 그러나 인성이 강할 때는 관성보다는 재성이나 식상이 유리하다. 인성이 강한데 관성으로 용신을 삼으면 관인상생을 하여 매우 불리해질 수 있다.

그리고 일반이론분석 2님의 조후부실격이란 용어는 이론상으로는 없는 말이다. 다만, 조후부실격을 조후가 편중되었다는 의미로 이해하면 될 것 같다. 말 그대로 조후가 부실하다는 의미라면, 목화(木火)가 많아 조열하거나 건조한 이 사주에 화(火)가 중요하게 사용된다고 하지 않았을 것이다. 반대로 금(金)이나 수(水)를 중요하게 사용한다고 했을 것이다.

일반이론분석 3님의 분석은 용신론으로 분석하는 것과는 거리가 있다. 인성이 강하면 재성 용신이 될 가능성이 높고, 재성 용신이면 재성으로 직업을 삼아야 한다. 그런데 일반이론분석 3님은 인성이 강하니 인성으로 직업을 선택하였다. 대덕 이론의 분석과 비슷하다.

이 사주 분석에서 논점이 되는 합과 충에 대해 설명한다. 일반 이론에서는 충이 있으면 합이 되지 않는다고 한다. 그러므로 일반이론분석 3님의 견해처럼 묘유충(卯酉沖)이 있어서 해묘합(亥卯合)이 되지 않는다고 보는 것이다. 같은 논리로 사유합(巳酉合)도 되지 않는다고 볼 것이다.

그러나 세상은 그렇게 단순하지 않다. 사주팔자는 세상살이와 똑같다. 누군가와 사이가 안 좋다고 다른 사람과 사랑을 하지 말라는 논리, 아니 사랑이 안 된다는 논리는 성립될 수 없다. 오히려 그와 반대로 누군가와 싸웠어도 사랑하는 사람을 만나면 밖에서 싸우던 일을 곧 잊어버리고 기분이 좋아질 것이다. 다만, 다른 사람과 싸우지 않았던 상황보다는 사랑의 감정이 덜하겠지만.

충이 있으면 합이 조금 덜 되겠지만, 전혀 안 된다는 논리는 있을 수 없다. 충이 있으면 합이 되지 않는다는 논리는 부부싸움을 하는 사람들은 밖에서 전혀 바람을 피우지 않는다는 논리와 같다. 또한 합을 하면 충이 되지 않는다는 논리는 부부가 사이가 좋으면 밖에서 싸우지 않는다는 논리와 같다. 전혀 타당성이 없는 논리다. 합이나 충은 무조건 된다. 다만, 주변에서 방해하면 조금 덜 될 뿐이다.

19. 남편 사주의 용신을 무엇으로 봐야 하나요?

 제 남편의 사주팔자입니다. 용신을 인목(寅木) 속의 병화(丙火)로 보는 의견과, 경금(庚金) 정인으로 보는 견해 중에서 무엇이 맞는지요?

1963년 7월 10일(음) 인(寅)시생

시	일	월	연
甲	癸	庚	癸 (乾)
寅	卯	申	卯

77	67	57	47	37	27	17	7
壬	癸	甲	乙	丙	丁	戊	己
子	丑	寅	卯	辰	巳	午	未

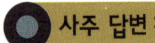 사주 답변 >>>

일반이론분석 1 이 사주에는 화(火)와 금(金)이 모두 필요합니다. 그런데 5운(48세부터)에서 배우자와 자식에게 엄청

난 변화가 예상됩니다.

일반이론분석 2 왕한 상관 목(木)을 견제하는 금(金)이 용신입니다.

사주주인공 화(火)운도 나쁘지는 않았습니다. 목(木)운이 오면 배우자와 자식에게 어떤 변화가 올까요?

일반이론분석 1 이 사주에서 목(木)운이 오면 배우자와 자식이 괴롭습니다. 말하자면, 목(木) 식상이 사주원국에 태과한데 대운에서 더 들어오면, 재관이 없는데 재는 과하게 생하고 관은 그대로 꺾여 배우자와 자식이 좋지 않게 됩니다. 게다가 48세부터 67세까지 목(木)이 비화되어오니 강한 목(木)운을 제어할 방법이 없겠네요. 배우자, 자식문제, 본인의 직장에서도 문제가 되겠죠. 그로 인해 본인 건강에도 적신호가 옵니다.

사주주인공 일반이론분석 1님, 낭월 박주현 선생님은 병화(丙火)가 용신이라 목화(木火)운이 좋다고 하셨는데, 다른 선생님은 경금(庚金)이 용신이라고 해서 헷갈려요. 제가 볼 때는 경금(庚金)이 월지에 득지하고 경금(庚金)이 투간하고 지지에 묘신(卯申)이 암합하여 오히려 금기(金氣)가 너무 강하므로 설기로 보나 조후로 보나 목화(木火)운으로 흐르는 게 좋을 것 같은데, 경금(庚金)이 용신이라고 하니 좀 이해하기 힘듭니다. 사주원국에 없는 재관이 영향을 미치는 건가요?

일반이론분석 1 사주 감명에서 가장 필요한 것은 중화의 도에 있습니다. 남편분 사주에서는 식(食)이 제일 강합니다. 뿌리도 강하고, 식상 자체도 강하며, 설기시키는 것은 없고 제어하는 인수가 2개 있어도, 그것만으로는 힘이 부족합니다. 월지에서 투출된 경금(庚金)과 일지에서 투출된 을목(乙木)이 합을 하고 있는데 연지의 묘목(卯木)과 또 합을 하니 일종의 투합이라 할 수 있는데, 이것으로 인해 오히려 약해지지요. 즉, 간합은 연애를 하느라 정신이 없는데 그 옆에서 방해꾼이 나타나니 그 작용이 떨어진다고 보면 됩니다.

　이 사주의 체가 불이라면 금(金)이 1희신이 되겠지만 왕(旺) 아래 정도는 되므로 설기시키는 화(火)를 1희신으로 보는데, 화(火)가 1개 와서는 설기하는 힘이 약하니 대운과 연운의 흐름에서 약간의 변화가 생길 수 있습니다. 즉, 이럴 경우 콕 집어 말하기는 힘들지만 제가 볼 때는 화(火)를 1희신, 금(金)을 2희신으로 봅니다.

사주원국이 무재(無財) 사주에 관성은 명궁에 쥐꼬리만큼 붙어 있는데, 사주원국만 보는 게 아니고 살아가면서 운의 흐름이 오히려 더 큰 작용을 하는 경우가 있습니다. 사주원국에 재성이 없다고 재물이 없다는 것은 말이 안 됩니다. 사주원국에 관성이 없다고 자식이 없다는 것 역시 말이 안 되지요. 운의 흐름에서 재관운이 강하게 오면 달라집니다. 이 사주에서 재운이 살아가는 동안 오지 않는다면 식상이 재성에게 아무런 작용을 못 미치겠지요. 그러나 10년에 한번 연운에서 재운이 오잖아요. 10년마다 대운이 흐르잖아요. 이 사주에서 관운이 오지 않는다면 자식에게 아무런 영향을 못 미치겠죠. 그러나 10년마다 연운에서 관운이 들어오니 그 때 자식이 다칩니다(단, 자식의 사주 구성에서 문제가 있다면). 1년에 한번은 관운이 오죠. 그 때 자식이 다칠 확률이 높겠죠. 아니면 자신의 직장과 명예에 문제가 생길 겁니다. 이 사주는 목(木)이 오면 큰일납니다.

<<< 김동완 교수의 해설

이 사주는 대덕 이론으로는 분석하지 않고 일반 이론만으로 분석하였다.

그 중에서 일반이론분석 1님은 화(火)와 금(金)은 모두 필요하다는 분석을 내놓았다. 원래 일반 이론, 즉 고전 이론에서는 용신이 하나 있고 서로 극하는 것은 기신이 되므로, 금(金)이 용신이면 화(火)는 절대 사용할 수 없다. 그런데 화(火)와 금(金)을 모두 용신으로 본 것은 용신론을 바탕으로 하되, 나름대로 기존의 용신론에서 벗어난 새로운 시도로 보인다. 다만, 목(木)이 사주에 강한데 또 목(木)운이 오면 식상과 다이므로 배우자와 자식 그리고 본인에게 문제가 발생한다고 했는데, 그렇게 심각한 상황은 아닐 것이라고 본다. 금(金)의 견제가 충분히 있기 때문이다.

일반이론분석 2님의 왕한 목(木)을 견제하는 금(金)이 용신이라는 분석은 전형적인 일반 이론(고전 이론)의 해석이다. 신왕용정인격(실상용정인격)의 사주를 보고 식상이 강하니 정인으로 용신을 삼는다는 이론이다. 다만, 현대에서는 이 고전적인 일반 이론의 용신으로는 사주주인공의 인생을 모두 설명하기 힘들다는 문제가 있다.

사주주인공님에 따르면 낭월스님께서는 이 사주가 병화(丙火) 용신이라고 하셨다는데, 목화(木火)가 좋다는 것은 이 사주를 신강으로 판단하고 신강용정재격으로 봤다는 의미다. 이 또한 일반 이론에서 분석할 수 있는 방법으로, 인(寅)의 지장간인 병화(丙火)를 용신으로 정한 것이다. 이 이론으로 보면 용신이 천간도 아니고 지지도 아니고 지장간으로 들어 있으니 사주의 그릇이 나쁘다고 봐야 한다.

그렇다면 대덕 이론에서는 이 사주를 어떻게 판단하는가? 계수(癸水)가 고립이므로 수(水)를 보강해주어야 한다. 수(水)가 고립되면 신장이나 전립선 등의 건강을 조심해야 하고, 옷이나 집안의 인테리어 색상을 수(水), 즉 검정 계통으로 활용하는 것이 필요하다. 이것이 바로 고립용신이다.

한편 화(火)와 토(土)는 사주에 존재하지 않으므로 대운에서 집중적으로 몰려와야 긍정적이다. 5년 들어오다가 안 들어오면 고립되어 오히려 불리해질 수 있다. 그러므로 화(火)와 토(土)처럼 사주에 존재하지 않는 것은 대운에서 간지의 형태로 뭉쳐서 들어오는 것이 좋다. 사주주인공님은 대운에서 토(土)와 화(火)가 뭉쳐서 몰려오므로 매우 긍정적이다.

그러나 목(木)은 사주원국에서 고립되어 있고 화(火)와 토(土)는 전혀 없으므로, 이들이 대운에서 너무 강력하게 몰려오는 것은 해당 육친에 사건사고를 불러오고, 해당 오행의 건강에 문제를 가져올 수 있다. 그러므로 목(木)이 사주원국에서 50점인데 또 다시 대운에서 간지로 몰려오면 구설수나 관재수를 조심해야 한다. 다만, 재물은 꾸준히 들어온다. 식상은 의식주를 상징하고, 재성은 재물을 상징하기 때문이다.

또한 목(木)이 강해지므로 수(水)의 고립이 심해져서 목(木)의 뼈, 관절, 수술, 간기능에 대한 건강, 그리고 수(水)의 신장, 전립선, 비뇨기과의 건강을 조심해야 한다.

20Q 남편이 제 인생의 걸림돌인 것 같습니다

 제 생각으로는 전 그다지 욕심이 많지도 않습니다. 그저 행복한 가정을 꾸려 나가는 것이 소망입니다. 남편을 사랑합니다. 그러나 알코올 중독으로 여러 가지 문제를 만듭니다. 가끔은 이 사람 때문에 내 인생이 꼬여서 풀리지 않나 생각될 정도로 무슨 일이든 잘 풀리지 않습니다.

제 인생에 걸림돌이 되지 않나 싶어 헤어지고 싶도록 밉다가도, 안쓰럽기도 하고 내가 놓아버리면 폐인이 될 것도 같고, 그렇다고 해서 모든 걸 참고 살기엔 너무 버겁습니다. 작은 실마리나마 제 운명을 알고 싶습니다. 독학한답시고 책을 파보지만 그리 쉽지만은 않아 사주를 올려봅니다.

1969년 11월 8일(음) 유(酉)시생

시	일	월	연
乙	乙	丙	己 (坤)
酉	丑	子	酉

77	67	57	47	37	27	17	7
甲	癸	壬	辛	庚	己	戊	丁
申	未	午	巳	辰	卯	寅	丑

 사주 답변 >>>

일반이론분석 1   마음고생이 많으셨겠네요. 남편분의 사주를 같이 올려주세요.

일반이론분석 2   중동지절(重冬之節), 즉 한겨울의 을목(乙木)이니 월간 병화(丙火)를 용신으로 하지만, 용신의 뿌리가 없어서 힘을 발휘하기 어려워 보입니다. 목화(木火)를 용하고, 금수(金水)를 기피하는 명식입니다. 따라서 명조 분석상으로는 부군성이 님에게 기신 역할밖에는 못하고 있는데, 그것도 합을 하여 공격하니 고생이 이만저만이 아닙니다. 특히 37세 경진(庚辰) 대운은 화기(火氣)가 쇠몰하는 운이니 특히나 어려움이 많을 것으로 보입니다. 하지만 내년부터 연운으로 동방운이 시작되어 남방운으로 흐르는 운이 오니 점차 나아지리라 보입니다. 님의 명조로 미루어 자식은 1명 두셨을 것으로 보이는 군요.

사주주인공 남편 사주를 올립니다. 봄부터 슬슬 꼬이기 시작하더니 5월에 알코올 중독을 치료하러 병원에 한 달 동안 입원했다가, 퇴원 첫날부터 술 마시고 2층 높이에서 떨어져 발목 부상, 그래서 또 한 달 동안 치료하고 실랑이 끝에 술을 끊겠다는 다짐을 받았지만 걱정입니다. 가끔 완전히 다른 사람이 되어 제 말은 귀에는 들어오지도 않는 듯 밖으로 나돌다가, 제 정신이 든 듯 제 곁으로 다시 오곤 합니다. 궁금합니다. 이 사람 사주가 그런 것인지 알코올 중독이라 그런 것인지. 알코올 중독도 사주에 나오는지요.

1968년 6월 28일(음) 인(寅)시생

시	일	월	연
丙	甲	己	戊 (乾)
寅	午	未	申

75	65	55	45	35	25	15	5
丁	丙	乙	甲	癸	壬	辛	庚
卯	寅	丑	子	亥	戌	酉	申

일반이론분석 1 솔직히 말씀드려도 될까요? 두 분 사주에 원진살이 들었습니다. 지지 모두 원진살이라고 해도 과언이 아닙니다. 원진살이란 같이 살 때는 서로 죽일 것처럼 밉고, 떨어지면 서로를 그리워하게 되는 살입니다. 원진살이라 하여 부부 모두 해로하기 어려운 것은 아니지만, 두 분은 좀 심각한 경우에 해당합니다. 게다가 부인께서도 남편복이 약한 사주이기 때문에 더욱 그렇습니다. 올해 기축(己丑)년이 남편분에게 많이 힘든 해입니다. 45세 넘어서 오는 대운도 자오충(子午沖)으로 일간을 치기 때문에 남자분도 사실 이별수가 있다고 봐야 맞습니다. 이혼하는 게 좋을 것 같기는 한데 마음이 여린 부인께서는 그것 또한 쉽지 않겠지요.

재가를 한다 해도 길하리란 장담은 못 하고, 자식이 있어서 이혼만은 피해야겠다고 생각하시면 부인께서 직접 생활전선에 뛰어들 수밖에 없습니다. 역학 쪽에 관심이 있으신 듯한데 이 쪽으로 공부해

보는 것이 물질적으로 도움이 될 것입니다. 남편분은 재다신약 사주에 일주가 갑오(甲午)이니 풍류를 좋아하고 여자도 좋아하니 늘 문제가 따를 것입니다. 성정은 남자답고 재주도 좋고 시원시원하여 부인의 마음에 들진 모르나, 부인께서 많이 고생하실 듯하네요.

힘들 때 종교에 의지하시는 게 도움이 될 것입니다. 교회나 성당보다는 인근 사찰이나 절이 좋을 것입니다. 아무리 운이 따라주지 않는다 해도 모든 일은 마음먹기 나름이기에 마음을 강하게 다잡으시고 당당히 맞서 살아가시면 전화위복이란 말이 있듯 흉도 길로 변하게 될 것입니다. 운로가 나빠서 그렇지 남자로서 능력 있고 수완도 좋으신 분입니다. 올해만 넘기면 내년부터 남편분도 스스로 바르게 변화하려 노력하실 것입니다. 이혼을 생각하지 않으신다면 마음 좋은 부인께서 남편분을 많이 다독이고 믿음을 주세요. 스스로 강하다고 믿는 분이기에 부인의 위로와 마음씀씀이에 큰 위로를 얻을 것입니다.

일반이론분석 2

남편분의 사주는 6월의 찌는 듯한 더위가 한창인 명조에 수기(水氣)라고는 한 점 찾을 수 없습니다. 이러한 명조의 경우 그 부족한 수기를 찾아 술중독이 되기도 합니다. 계해(癸亥) 대운이 찾아왔으나 모두 무계합(戊癸合), 해미합(亥未合)으로 수기가 힘을 쓰지 못하니 참으로 안타까울 따름입니다. 위 명조로 볼 때 30세를 넘어서면서 과거와 달리 하는 일들에 막힘이 많았을 것으로 보이는군요. 45세가 넘어서면서 안정되리라 보입니다. 가능하면 사는 곳으로 수기가 강한 곳을 택하는 것도 좋은 방법이고, 거실에 물이 가득한 동양화 한 폭을 거는 것도 정서적으로 많은 도움이 될 것으로 보입니다.

사주주인공

갈피를 못 잡고 헤맬 때 이렇게 길을 안내해주시는 여러분께 감사합니다. 좀더 희망을 가지며 살아보겠습니다. 말씀대로 헤어지고 싶은 맘은 굴뚝 같고 이성적으로 생각해도 그러고 싶지만, 무엇이 나를 이끄는지 도무지 떨쳐버릴 수가 없습니다. 고맙습니다. 명심하겠습니다.

<<< 일반이론분석 3

명리학을 공부하는 사람이지만 알코올 중독에 대해 말씀드리고 싶습니다. 알코올 중독은 본인과 온 가족을 파괴하는 아주 고약한 병입니다. 사주와 관계없이 전문치료를 받으셔야 합니다.

일반이론분석 4

사주는 통계학이라고 생각됩니다. 100%는 없어요. 사주가 안 좋아도 서로를 이해하고 최선을 다하는 것이 더 좋을 것 같아요. 운명이 좋으면 사랑이고 그렇지 않으면 버리란 말인가요? 사주와 토정비결은 통계학입니다. 서로 운명이 안 좋아도 같이 이해하고 이겨 나가시길 바랍니다. 행복은 결과가 아니고 과정입니다. 두 분 함께 이겨 나가시길 바랍니다. 제갈공명도 어려서 관상이 안 좋아 부모님이 걱정을 했지만, 정말 유명한 점쟁이는 제갈공명 눈 속의 문자를 발견했습니다. 두 분도 분명 좋은 장점이 있으리라 믿습니다. 님의 남편분은 사람은 참 좋아 보이네요. 마음이 약해서 손해는 보지만 같이 극복하면서 인생을 즐기시길.

대덕이론분석 1

사주주인공님의 사주를 보면서 인연에 대해서 한번 생각해볼 수 있네요. 인간의 힘으로 어쩔 수 없는 자석과도 같은 인연의 끈 말입니다. 제가 아는 분도 님의 남편분처럼 불바다인 사주였는데 그 분도 술과 정신적인 문제로 힘들어하는 것을 봤습니다. 님의 사주를 보면 남편 때문에 고생할 것이 뻔히 보이는데도 쉽게 헤어지는 못할 거란 생각이 듭니다. 우선 님이 사주를 공부하신다기에 이렇게 글 올립니다.

1. 님의 사주는 내격에 시상비겁격, 재관발달격, 인성발달격, 도화격 등이 있고, 지지에 자유(子酉) 귀문관살이 강합니다. 재관이 발달하여 집에 있는 것보다 활발히 사회활동을 하실 사주입니다. 인성과 귀문관살이 있어 감성이 풍부하고, 도화격이 있어서 끼를 발휘하는 분야도 어울립니다. 또한 재관이 합을 하여(자강 이석영 선생님 이론) 금융계통의 일도 맞는 사주이구요. 더군다나 일주가 을축(乙丑)이라 재물에 대한 관념이 확실하시고, 생활력이 굉장히 강합니다. 암튼 여자분은 능력이 많은 분입니다.

그런데 이 사주는 지지의 유축(酉丑)이 쟁합의 형태라 금(金)이 두 줄 가 있습니다. 대운에서 합으로 금(金) 기운이 과다해지면 언제라도 일간 겨울 을목(乙木)이 힘들어질 수 있는 사주입니다. 쟁합이라 했는데, 재물을 가리키는 일지 축(丑)이 남편을 가리키는 관성에 의해 깨져 있는 형국이지요. 남편 때문에 경제적으로 힘들어질 수 있다는 말씀입니다. 또한 관성인 유금(酉金)에 귀문관살이 있습니다. 자강 이석영 선생님은 이럴 경우 남편으로 인해 정신적 문제가 발생한다고 했습니다.

그러면 남편분에 대한 사주주인공님의 심리를 볼 수가 있습니다. 궁성론에 의하면 월지가 정관궁입니다. 사회궁도 되지만 여자 사주에서 정관은 남편을 의미하므로 남편궁도 됩니다. 그런데 님은 월지에 자수(子水)인 인성이 있습니다. 인성은 나를 생하는 성분이라 모성애를 의미합니다. 물론 문서와 부동산도 의미하지요. 월지에 인성이 임하여 님은 남편을 어머니가 자식을 대하듯 합니다. 애는 타지만 한없이 베풀고 싶은 마음이지요. 따라서 쉽게 남편 곁을 떠날 수가 없습니다. 즉, 보면 속 터지지만 안 보면 불쌍히 생각하는 마음이 생깁니다.

특히 님의 사주에서 37세 대운은 경진(庚辰)입니다. 김동완 선생님 이론대로 관성 대운 점수를 계산하면 37세 대운에 연운 기축(己丑)년의 점수까지 하면 거의 100점 정도 됩니다. 천간으로 을경합(乙庚合)과 지지로 유축합(酉丑合), 진유합(辰酉合)으로 인해 그야말로 금(金) 기운이 과다합니다. 여기서 금(金)은 관성이라 남편, 명예, 직장, 관재구설 등을 의미합니다. 이러한 일들로 인해 사주주인공님 본인이 힘들어질 수 있습니다. 그래서 올해는 본인이 많이 힘든 해입니다. 그래도 희망이라면 내년엔 연운에서 약하지만 목(木) 기운이 온다는 것입니다.

2. 남편분 사주는 건강이 매우 걱정되는 사주입니다. 미(未)월이라 화(火)로 보기 때문에 여름 나무가 불바다 속에 타고 있는 형국입니다. 고립이 심하다는 의미입니다. 목(木)의 건강은 간, 뼈, 관절 등을 의미하고요. 또한 화(火)가 과다하여 혈관과 심장도 염려됩니다. 한 줄기 소낙비라도 오면 좋으련만, 연주 신(申) 속에 임수(壬水)가 있긴 해도 턱없이 모자랍니다.

원래 갑오(甲午) 일주는 능력이 좋은 분들이 많습니다. 남에게 고개 숙이지 않는 자존심, 본인의 일을 척척해내는 능력. 그런데 남편분은 식상이 과다합니다. 이럴 경우 부정적인 영향이 큽니다. 쑥쑥 자라는 여름 나무는 어디에서든 본인이 잘난 것을 자랑하고 싶고 뭐든지 의욕적으로 합니다. 그런데 남편분은 화(火) 식상이 과다하고 갑목(甲木)이 고립되어 사회에서 안 되는 일들이 많고, 그래서 스트레스 받고 불평불만을 많이 하며, 직장에 들어가도 당최 본인의 기를 펼 수 없고, 그래서 술을 드시지 않나 생각해봅니다. 술을 드시면 힘든 일들을 잊어버릴 수 있어서 말입니다.

남편분 사주에서 수(水)는 인성을 의미합니다. 사주에 식상이 이렇게 강하면 어디에 구속되지 않고 자기 마음대로 하려는 기질이 매우 강합니다. 이러한 기질을 잡아줄 수 있는 힘은 인성의 힘입니다. 인성은 학문, 종교, 윤리의식, 모성애 등을 의미하는데, 마치 자기 멋대로 하고 반항심이 많은 어린 아이에게 매보다는 모성애와 교육, 따뜻한 관심이 필요한 것과 마찬가지입니다. 그런데 남편분 사주에서 인성이 약하다 보니 자기 통제력이 현저히 떨어지게 됩니다.

또한 올해는 기축(己丑)이라 천간으로 갑기합(甲己合)이 되고, 지지로 축미충(丑未沖)이 되어 토(土)의 세력이 매우 강해집니다. 대운이 계해(癸亥)인데, 계(癸)는 무계합(戊癸合)으로 인해 화(火)로 변해버렸고, 지지에 있는 해수(亥水)도 인해합(寅亥合)을 하여 목(木)으로 변해버렸습니다. 즉, 사주에서 약한 수(水)의 기운이 들어왔지만, 자기 본분을 망각하고 합을 해서 다른 성분으로 변해버려 도움을 못 받게 된 것입니다. 올해는 토(土)가 너무 강해 그나마 약한 대운에 있는 수(水)를 극하기 때문에 힘이 듭니다. 그러나 45세 대운과 55세 대운은 좋아 보입니다. 즉, 희망이 보인단 말씀입니다. 올해와 내년 정도만 잘 넘기면 남편분도 분명 회복되실 겁니다.

겉으로 보기엔 도저히 살 수 없는 부부 같지만 이렇게 속을 들여다보면 희망이 있습니다. 특히 님은 남편분 곁을 쉽게 떠나실 수 없습니다. 더 냉정하게 말씀드리면 남편분보다 더 나은 분을 만나기 힘듭니다. 희망이 없다면야 문제가 되겠지만 제가 보기에 앞으로 분명 희망이 있습니다. 우선 남편분 건강을 챙기세요. 말로 안 되면 금주학교에라도 강제로 보내세요. 남편분이 님의 말이라면 들으실 겁니다. 알코올 중독 사주가 따로 있는 것이 아니고 그 사람이 처해 있는 상황과 마음을 읽으면 분명 치료할 수 있습니다. 사주를 공부하신다니까 남편에게 좋은 방향을 아실 겁니다. 큰 강가나 바닷가에서 치료를 하시는 것도 좋고요. 한번 맺어진 인연 소중히 하셔서 좋은 날이 되셨음 합니다. 부족한 글 읽어주셔서 감사합니다.

회원 1 답글을 읽을 때마다 느끼는 거지만, 대덕이론분석 1님은 훌륭한 상담가이십니다. 우리 시대의 명리학도들은 이렇게 해야 한다는 모범을 보여주는 듯합니다. 저도 공부를 열심히 해서 주변인들에게 그런 상담을 해주고 싶네요.

회원 2 동감입니다. 대덕이론분석 1님의 글을 읽을 때마다 정겨움을 느낍니다. 님은 훌륭한 상담자입니다. 앞으로도 더 많은 활동을 부탁드립니다.

사주주인공 감사합니다. 희망이 느껴져 좀더 열심히 살아보겠습니다. 정말 죽이고 싶도록 밉다가도 자는 모습만 보면 안쓰럽습니다. 주위에선 제가 이해가 안 된다고 하지만 헤어져도 폐인이 될까 두려워 지키고 있습니다. 말씀대로 제가 사회활동 하는 걸 좋아하고 생활력도 강한 것 같아요. 요즘은 제가 더 벌어서 먹고 살고 있으니까요. 제 팔자려니 하고 더 열심히 살아야겠군요. 정말 고맙습니다.

 <<< 김동완 교수의 해설

일반이론분석 2님의 사주 분석에서 중동지절은 겨울이 중첩되었다는 뜻, 즉 한겨울이라는 의미다. 한겨울의 을목(乙木) 일간이므로 병화(丙火)가 용신이라는 분석이다. 조후를 중심으로 하고 월지를 중시하는 『난강망』의 사주 분석법의 하나다. 투파론도 『난강망』의 이론을 응용한 이론으로 보면 된다.

일반이론분석 2님의 목화(木火)를 용하는데 금수(金水)를 기피하고, 특히 관성이 기신이기 때문에 남편복이 없다는 이론은 전형적인 용신론, 고전적인 용신으로 볼 수 있다. 일반 이론(고전 이론)의 용신론에서는 관성이 기신이면 남편복이 없다고 본다. 위 사주에서는 상관이 용신이므로 자식복이 있고, 관성이 기신이므로 남편복이 없다고 해석한다.

그런데 상관이 용신이니 자식복이 있고, 관성이 기신이니 남편복이 없다는 것은 맞을 수도 있고, 틀릴 수도 있다. 이것은 이론에 타당성이 있어서 맞는다는 것이 아니라 우연히 맞는 사람이 있다는 의미다. 예를 들어, 관성이 용신이면 무조건 식상이 기신이다. 이것이 일반 이론의 용신론이다. 그렇다면, 남편복이 있는 여자는 무조건 자식복이 없다는 말이 되는데, 이런 분석은 전혀 타당성이 없고 논의할 가치도 없다.

한편, 일반이론분석 2님은 사주주인공님의 남편 사주처럼 화(火) 기운이 강한 사람은 술중독이 되기 쉽다고 하였다. 화(火)가 많은 사람이나 수(水)가 많은 사람 중에 술을 잘 마시는 사람들이 많다. 그러나 화(火)가 많고 수(水)가 부족하다고 술중독이 된다는 것은 타당성이 부족하다.

그러나 거실에 물이 가득한 동양화를 걸어놓으라는 사주 상담은 적극 권장한다. 반드시 동양화가 아니어도 매우 중요한 상담이다. 사주에 필요한 수(水)를 보충하기 위해 수(水)와 관련된 색상(검정)뿐만 아니라 방향(북쪽)도 실생활에서 의상이나 인테리어 등으로 적극적으로 활용하면 좋을 것이다.

다음으로, 일반이론분석 1님은 원진살에 대해 분석하고 있다. 두 사람 사주에서 일지와 일지의 오축(午丑) 원진살을 중심으로 월지 자미(子未) 원진살과 시지의 유인(酉寅) 원진살 등 원진살이 월일시에 매우 강하게 자리하고 있다. 일반적으로 많은 철학관이나 점집에서 원진살에 대해 부정적인 상담을 하고 있다. 원진살 때문에 사랑하는 연인이 결혼하지 못하는 경우도 상당히 많을 것이다.

원진살에 대한 대덕 이론의 입장은 다음과 같다. 자신의 사주에 배우자복이 있는 사람이 배우자와 원진살이 있다면 어떨까? 자신의 사주가 우선일까? 아니면 원진살이 우선일까? 또한, 예를 들어 쥐띠와 양띠는 서로 원진살이 있는데 두 띠가 결혼하면 100% 사이가 나쁘거나 부부복이 없는가? 이런 의문들이 계속 생각나는 것을 보면 원진살이란 너무나 일방적이고 황당한 이론이 아닐까? 이 이론이 타당성이 있다면 실제 사주 중에서 최소 100여 쌍 정도 분석해서 통계를 내놓았으면 좋겠다.

다만, 일반이론분석 1님의 종교에 대한 권장과 같은 사주 상담이나, 남편을 다독이고 믿음을 주라는 말씀은 가슴에 와 닿는다.

대덕이론분석 1님의 사주 분석을 보면, 무엇보다 부인인 사주주인공의 사주를 분석하였고 이어서 남편의 사주를 함께 보고 있다. 이처럼 궁합은 어느 한 사람의 사주가 문제인 것이 아니라 두 사람의 사주를 함께 맞춰보는 것이 중요하다. 대덕이론분석 1님의 사주 분석을 참고하면 되겠다.

개인적인 의견을 추가하면, 아내의 사주는 겨울에 태어나고 금수(金水)가 많으며, 자유(子酉) 귀문관살이 겹쳐 감수성이 발달하여 신경이 예민하고 걱정이 많다. 여유 있게 생각하고 느긋하게 바라보는 습관이 필요하다. 자칫하면 본인에 대한 자책감이 심해져서 우울증에 빠질 가능성도 있다. 그리고 생시가 유(酉)시인데 만약 이 시간이 정확하다면 사주의 유금(酉金) 남편이 안정되게 잘 있다고 본다. 1969년생이니 생시를 정확하게 확인해야 하지만, 걱정하는 것보다 미래의 인생이 희망적이고 행복하게 잘 해결되리라 본다.

글쓴이 | 김동완
펴낸이 | 유재영
펴낸곳 | 주식회사 동학사
기 획 | 이화진
편 집 | 나진이
본문 디자인 | 문정혜
본문 일러스트 | 김문수

1판 1쇄 | 2010년 8월 13일
1판 9쇄 | 2024년 8월 30일
출판등록 | 1987년 11월 27일 제10-149

주 소 | 04083 서울 마포구 토정로 53(합정동)
전 화 | 324-6130, 324-6131
팩 스 | 324-6135
E-메일 | dhsbook@hanmail.net
홈페이지 | www.donghaksa.co.kr
　　　　 www.green-home.co.kr

ⓒ 김동완, 2010

ISBN 978-89-7190-318-6 03150

저자와의 협의에 의해 인지를 생략합니다.
잘못된 책은 구매처에서 교환하시고, 출판사 교환이 필요할 경우에는
사유를 적어 도서와 함께 위의 주소로 보내주세요.